D1395145

F-3

£2

THE HARRAP ANTHOLOGY OF
GERMAN POETRY

THE HARRAP ANTHOLOGY

OF

GERMAN POETRY

edited by

AUGUST CLOSS

PROFESSOR EMERITUS OF GERMAN
UNIVERSITY OF BRISTOL

and

T. PUGH WILLIAMS

PROFESSOR OF GERMAN
UNIVERSITY COLLEGE OF SOUTH WALES AND MONMOUTHSHIRE

GEORGE G. HARRAP & CO. LTD
LONDON TORONTO WELLINGTON SYDNEY

First published in Great Britain 1957
by GEORGE G. HARRAP & CO. LTD
182 High Holborn, London, W.C.1

Reprinted: 1961; 1963; 1965
Second Edition 1969'

© *August Closs and T. Pugh Williams 1957, 1969*

Copyright. All rights reserved

SBN 245 59913 4

Composed in Bembo type and printed by
Butler and Tanner Ltd, Frome and London
Made in Great Britain

PREFACE

IT is believed that this *Anthology of German Poetry* is the first published in this country to attempt to survey the entire development of German verse from its beginnings to the present day. The editors felt that to exclude examples of the poetic achievements of the *Althochdeutsch* and the *Mittelhochdeutsch* periods would be to overlook some of the most remarkable and significant work in the language. No anthology could claim to be representative without it.

Although this Anthology aims at presenting a coherent view of the growth and development of the German lyric through all the periods of its history, it does, it will be noticed, give emphasis to certain climaxes in the story, to periods and authors representing stages in the narrative when creative activity seems to burst out with greater vigour, to reach new heights and to produce work which makes that of preceding and following epochs less exciting by comparison. Such emphasis, it was felt, was called for and given in the treatment of *Minnesang*, of the folksong, of the great names of the late eighteenth and nineteenth centuries, of Stefan George and Rainer Maria Rilke. Here the editors felt justified in being generous—without, it is hoped, doing violence to any other individual poet or movement.

Certain limiting factors have had to be borne in mind. Annotation and translation are extravagant of space; but they were obviously necessary in presenting *Althochdeutsch* and *Mittelhochdeutsch* material. Consequently some work by such poets as Walther von der Vogelweide, Heinrich von Môrungen and Wolfram von Eschenbach, in spite of its quality, has had to be omitted.

Only very occasionally has the liberty of modernization been taken, and that mainly to render superseded orthographical forms such as *giebt* and *Thür* in the accepted present-day manner. Hölderlin's peculiar orthography, as well as Baroque modes of spelling, have been preserved.

In the case of Klopstock and Goethe, each poem has been given its date; those of Schiller and Hölderlin have been grouped chronologically wherever possible.

Our thanks are due to the following publishers, poets and poets' relatives and representatives who have kindly allowed us to reprint copyright works:

Stefan Andres, Ingeborg Bachmann, Werner Bergengruen, Bertelsmann Verlag, Johannes Bobrowski, Georg Britting, Paul Celan, Claasen und Goverts Verlag, Vera Tügel-Dehmel, Deutsche Verlags-Anstalt, Deutscher Verlag, Eugen Diederichs Verlag, Günter Eich, Heinrich Ellermann Verlag, Hans Magnus Enzensberger, S. Fischer Verlag, Günter Grass, Hanseatische Verlagsanstalt, Carl Hanser Verlag, Bernt von Heiseler, Helmut Heissenbüttel, Otto Heuschele, Hoffmann und Campe Verlag, Walter Höllerer, Hans Egon von Holthusen, Peter Huchel, Insel Verlag, F. G. Jünger, Klostermann Verlag, W. Kosch, Karl Krolow, Helmut Küpper Verlag (formerly G. Bondi), Albert Langen Verlag, Wilhelm Lehmann, Magda von Liliencron, Limes Verlag, Hermann Luchterhand Verlag, Ernst Meister, Verlag Otto Müller, Piper Verlag, Heinz Piontek, Christa Reinig, Nelly Sachs, Reinhold Schneider, Karl Schwedhelm, Suhrkamp Verlag, Victoria Verlag, Georg von der Vring.

Finally, we thank Professor Elizabeth Closs Traugott for her painstaking scrutiny of our proofs and Dr P. Bridgwater for his generous help with the bibliography.

CONTENTS

[8]

[9]

DICHTER UNBEKANNT (*continued*)
  VOLKSLIEDER: (*continued*)
    Liebeslieder

Balladen

Historisches Volkslied

Trinklieder

Kinderlieder

Rätsellied

Erntelied

ULRICH VON HUTTEN (*1488–1523*)
  Ain neu lied

[11]

[12]

[13]

JOHANN WOLFGANG VON GOETHE (1749–1832)

(continued)

[16]

[17]

[18]

[19]

[20]

[21]

[22]

[30]

INTRODUCTION

Historical Survey

THE history of German poetry reaches back at least as far as the time when Germanic tribes were on the move southwards and westwards across the frontiers of a collapsing Roman Empire; but of the verse of this early period there remain only fragments and references to witness to the existence of a body of heroic, elegiac, erotic, and gnomic poetry which the Church by its prohibitive laws succeeded in discouraging and almost eliminating. The *Hildebrandslied*, saved from oblivion by being entered in a Latin manuscript by two monks of the monastery of Fulda during the second decade of the ninth century, is a rugged survival of the conflicts of the *Völkerwanderung*, while the few magic spells and charms which have survived enshrine a pre-Christian attitude to the mysterious forces of nature. The heathen tradition did not vanish without a trace; some of its qualities live on in the Christian literature of the Carolingian epoch, in the apocalyptic *Mûspilli* and the *Wessobrunner Gebet*. It was for Otfried in his *Evangelienbuch* to temper the Germanic harshness, to sing of the love of God in rhymed stanzas and in a more mellifluous language than the native tradition had hitherto known.

It is not until the twelfth century, however, that it is proper to speak of lyric poetry in German. That poetry emerges unexpectedly at the end of a Latin letter addressed to a cleric by a learned lady in the simple:

> Dû bist mîn, ih bin dîn,

—the precursor of *Minnesang*, the courtly love-song of the age of chivalry. There had already been lyric and epic effusions on religious themes, but with the advent of a more gracious way of life the stark *memento mori* of an earlier phase could yield to a form of lyric poetry which was the expression of a social and ethical code which framed in the ideals of knighthood an intimate correlation of spiritual and secular values—*gottes hulde und der werlde fröude*.

The question of the origins of *Minnesang* has been a matter of controversy since the eighteenth century. Certainly Old High German literature stresses *triuwe*, the unquestioning loyalty of a man to his lord, but it has nothing which might be compared to the *Minnedienst* of the twelfth and thirteenth centuries—that complex and stylized convention of the singer as the servant of a married lady who does not and cannot return his love. That some elements in the convention reached the German courts—and *Minnesang* is a courtly art and a knightly accomplishment—from Provence and the South is clear; the links between the court of the Staufen and the Mediterranean world were close, and both German and Romance singers met at festivals such as the one held by the Emperor Frederick I in Mainz in 1184. But how the traditions of *amour courtois* became crystallized in Provence, from there to influence the verse of western Europe generally, is still not fully explained. Prototypes have been sought in Saracen Spain, in Arabic and Persian literature generally, in the Cathar movement, in medieval Latin love poetry, in the verse of Ovid— a favourite throughout the Middle Ages—, in the cult of the Virgin Mary, which had become intensified in the early years of the present millennium. It is possible, indeed most likely, that *Minnesang* has drawn elements from a number of these sources.

The native German roots of *Minnesang*, particularly of that early phase known as *Minnesangs Frühling*, must not, however, be overlooked. In the Danube valley, in particular, we encounter as early as 1160 a knightly love-song, composed in homage to a woman and intended as a form of entertainment, showing little of any direct Romance or other exotic influence. Its ancestor is to be sought rather in the less sophisticated native tradition which towards the middle of the century had produced *Dû bist mîn*. Only a few of the singers of this Danubian group are known by name— Der von Kürenberc, Meinlôh von Sevelingen, the Burggraf von Regensburg, the Burggraf von Rietenburg, Dietmâr von Aist (who has left the earliest and simplest example of the *Tagelied*— a form to be much exploited later). In these poems of *Minnesangs*

[34]

Frühling, the convention of the poet's devotion to a lady who cannot return his love has not yet become established. Here the woman can love as warmly as the poet; she can beg for his favour, and attempt to outwit envious courtiers, spies and jealous women.

Slight traces of Provençal mannerisms may be detected in some of these poems—the work of the Burggraf von Rietenburg suggests as much; there may be in them some general anticipation of the conventions of *Frauendienst*, but fundamentally the love-song of the Danube valley is still a thing apart. It is easier to trace the Provençal element in the songs of the poets who hail from further West and North, from the Rhineland (Friderich von Hûsen, Heinrich von Veldeke), Thuringia (Heinrich von Môrungen), Franconia (Wolfram von Eschenbach), Swabia (Hartman von Ouwe) and Alsace (Reinmâr von Hagenouwe). Here there can be discerned a concept of love, as well as a formal and stylistic virtuosity, which allow parallels to be drawn with the work of the troubadours. But there are personal and individual qualities in the work of these poets which break through the conventions of *hohe Minne*, qualities of passion, imagination, and humour. This is particularly the case with Heinrich von Môrungen. And there is one poet, who in the wide range of his subject-matter and of his moods, in his ebullience and versatility, continues to fascinate as no other of the purely lyric poets of his age can do—Walther von der Vogelweide.

Of Walther's life little is known; the date and place of his birth cannot be named with certainty, whether he was ever dubbed a knight is conjectural, the location of his grave is not known. He lived between 1170 and 1228, learned his art in Austria, roamed afield from Vienna, where he spent many years under the patronage of Duke Leopold V (died 1194), to Magdeburg, the Wartburg and Frankfurt before being at last granted a home and a fief by Frederick II in 1220. Before his death his reputation was secure in the praise bestowed upon him by his greatest contemporaries, Wolfram von Eschenbach and Gottfried von Strassburg, and it has persisted down the centuries since his death.

Walther sang of *Minne* but, when the conventions of *hohe Minne* threatened to become a tyranny, he could abandon them in songs about the less complicated love of lowlier folk, and still reconcile the requirements of courtly *mâze* with the reality of love. Walther was not limited to the theme of *Minne*; he surveyed the political and social scene, composed patriotic, political, and religious epigrams, and championed in turn the Staufen and Guelph claimants to the Imperial crown, sensitive always to the well-being of Germany, whose virtues and delights inspire the lines:

Ir sult sprechen willekomen.

That at the end of his wandering life he reached a safe haven must gratify his readers as they encounter his final, exuberant tribute to his patron:

Ich hân mîn lêhen, al diu werlt, ich hân mîn lêhen!

Even before the death of Walther there are signs that the civilized and precariously poised society whose ethical and spiritual values he aspired to uphold was disintegrating. Its literature begins to show evidence of decay, the refinements of *Minnesang* yield increasingly to the crudities of 'courtly village poetry,' or they live on as a fixed mannerism. In the work of Nîthart von Reuenthal there are indeed sprightly pictures of country life, but gradually these disappeared as the aristocratic poet and singer gave way to the wandering burgher, and as the refined and exclusive values which had produced the *Sängerkrieg* in the Wartburg became more and more of a faded memory. No sense of *mâze* restrains, for instance, the unbridled song of Oswald von Wolkenstein who died in 1445.

Fragments of the traditions of *Minnesang* were preserved by the craftsman-guild poets who produced what is known as *Meistergesang* in the cities of the sixteenth century—Hans Sachs (1494–1576) being the most versatile and productive of these worthies—and elaborate rules of versification and procedure were evolved to govern the art and the methods of the Mastersinger schools (Wagner's *Die Meistersinger von Nürnberg* vividly re-creates the atmosphere of these verse tournaments). But the mastery was a pedantic and sterile accomplishment soon to be swept away, except for some isolated and quaint survivals, by the stirring social and intellectual developments of the Reformation and Renaissance.

Both *Minnesang* and *Meistergesang*, despite their differences, were conscious, cultivated and exclusive arts. But as the former was decaying and the latter developing, there grew among the unlettered section of the people the untutored *Volkslied*. The term itself we owe to Herder, who used it for the first time in *Von deutscher Art und Kunst* in 1773, and it is used to signify what is frequently an anonymous song which draws its life from the community of peasants, huntsmen, soldiers, students, craftsmen, who went to make up late medieval society. It draws upon all the legendary, religious, literary, historical, topographical, social, and permanently human traditions of that society at its broadest. The *Volkslied* is no respecter of material, motif, or form; one theme may have many variants, it is a skeleton around the bare bones of which fancy and local or topical requirements can create new variations. It is a conglomerate into which new elements can be drawn, and in which old ones can be suppressed or modified, changed and *zersungen* by the many tongues over which it has passed. Not until the fifteenth century did the *Volkslied* begin to be preserved in writing. And yet despite its mixed ancestry, its wayward development, and the freedom with which it has been treated, it can often hold in its restricted compass the crises of life in a way such as the conscious artistry of the *Kunstlied* can equal only at moments of the highest inspiration.

Early humanism, though it produced in Germany a number of neo-Latin poets of considerable distinction and thereby prepared the way for some of the aesthetic criteria of the following century, did not do much at first to stimulate a new German lyric. Impulses were to come from another direction to create the Protestant and Catholic hymns, both deriving their impetus from the principles of the Lutheran Reformation. Martin Luther (1483–1546) himself, the author of eighteen of the twenty-five hymns of the Erfurt *Enchiridion* (the first evangelical hymnal), published in 1523, and of twenty-five of the thirty-two hymns of the *Geystliches Gesangk Buchleyn* (1524), finds that 'religious songs are good and pleasing to God,' and that they help to tear

youth away ' from love songs and other fleshly allurements.'
The great reformer was not primarily concerned with the aesthetics of his hymns; music, though he gave it ' the highest place
and honour,' was a means of saving souls, and the words must
serve in the proclamation of the Truth. The text of the hymns
is accordingly based on Scripture—*Ein feste burg*, for instance, on
Psalm XLVI, ' The Lord is my refuge and strength '—on the
catechism and on such old church music as the Latin antiphony
of Notker Balbulus, *Media vita in morte sumus*, an echo of which
is heard in *Mitten wir im Leben sind* . . . With their strong reminiscences of the folksong style, Luther's hymns were helped to make
their way into the hearts of the Protestant congregation. In certain instances the melodies of secular folksongs were adapted for
religious purposes, that of Paul Gerhardt's (1607–76) well-known
O Haupt voll Blut und Wunden, for example, being that of the
love-song by H. L. Hassler, *Mein Gmüth ist mir verwirret*.

Though the Catholic church preserved its Latin liturgy, it did
not remain uninfluenced by the Protestant congregational song
in the vernacular, and the publication of several hymnals was
authorized.

Before the end of the sixteenth century Germany, like the rest
of Western Europe, was to react to the stimulus of the Italianate
mode in music and lyric poetry, as Jacob Regnart's collection of
Villanelles (1574–76), the first in the German tongue, testifies.
These, and the madrigals of writers such as H. L. Hassler, set the
pattern for the so-called *Gesellschaftslied*, and enriched both the
form and the content of the German lyric. It was not, however,
until the third decade of the seventeenth century that the great
developments took place which are inevitably linked with the
name of Opitz.

Martin Opitz (1597–1639), the Silesian Protestant, knighted in
1628 by the Emperor Ferdinand II for his services to poetry, and
endowed with the title *princeps poetarum Germaniae*, enjoyed a
European reputation, and drew from his contemporary, Paul
Fleming, the grandiloquent epitaph:

> Du Pindar,
> du Homer,
> du Maro unsrer Zeiten.

His reputation has survived him in the handbook, *Das Buch von der deutschen Poeterey*, which he published in Breslau in 1624. Opitz was a German patriot, and the service which he rendered his country as a scholar and humanist was to enumerate and explain the principles of poetic composition by drawing up a comprehensive account of the grammar of poetry. He is no philosopher of aesthetics but a critic and arbiter of taste standing on the threshold of a new era in German verse. His eye is on what the French, particularly Ronsard, had achieved, and his hope is to produce similarly satisfactory results in Germany by urging the necessity for submission by the poet to the strict discipline of a code regulating language and versification. Language must be ' pure,' elegant and graceful. Padding, uncertain rhyme, irregularity in a metrical pattern, lack of clarity in syntax, are to be shunned. The questions of alternating rhyme, the position of the caesura in the alexandrine, the structure of the sonnet, are subjected to his precise ruling in the section entitled *Regeln für deutsche Verse*. Pedantic and hectoring Opitz may be, restrictive in his influence, yet by his insistence on a knowledge of the rules and on training in craftsmanship, by his respect for the poet's medium, he was able to remould the language and form of German poetry, and to stimulate an interest in linguistic and formal problems which encouraged the activities of the widely diffused *Sprachgesellschaften* of the seventeenth century.

As Fleming's epitaph suggests, Opitz was himself an artificer as well as a theorist; in epic, religious, and secular poems he practised what he advocated. His didacticism and elaborate rhetoric, his fundamentally frigid intellectualism, have not attracted a later public to him, but in spite of posterity's strictures he is important as the one above all others who set the fashionable stage, and fixed the properties used by the poets of the epoch now known as the Baroque. In Opitz we encounter the Pantheon of gods, heroes, allegorical and pastoral figures, the sensuous, prolific imagery, the verbal and metrical virtuosity which do not disappear entirely until well on in the eighteenth century.

Even though the stress on certain themes and methods may change from poet to poet, and the gallantries of the *carpe diem* motif yield in the poems of Andreas Gryphius (1616–64), for instance, to cries of torment at living in a world of suffering, to a repudiation of earthly values, the wealth of imagery (though of a different order), the conceit, the paradox, the antithesis, and the elaborately graded hyperbole remain. In the poems of the Jesuit Friedrich von Spee (1591–1635) the soul's yearning for union with God is expressed in the terms and pattern of the profane song. This poet's apostrophe to the breast of the Lord, *du Paradeiss der Liebe, du Meer der Süssigkeit, du Abgrund alles Wollusts* equals in sensuousness the tribute of Daniel Casper von Lohenstein (1635–83) to the rose. The couplet form adopted by that other mystic poet, Angelus Silesius (Johann Scheffler, 1624–77), for his *Geistreiche Sinn- und Schlußreime* (1657)—better known by the title of the second, augmented edition *Der Cherubinische Wandersmann* (1674)—is exploited with as much intellectual agility and *esprit* as the worldly epigrams of the lawyer Friedrich von Logau (1604–55).

The lyric of the seventeenth century presents in baffling juxtaposition the themes of *memento mori* and *carpe diem*, of extravagant splendour and the vanity of human wishes, of pomp and circumstance on the one hand and of asceticism on the other, the burning passions of the flesh and the enduring love of God. Antithesis is at its very root and it works in terms of antithesis. The humanitarian rationalism of the eighteenth century will attempt to arrive at a synthesis, a way out of the agony of infinite contradiction. The fault, says Leibniz, is not in nature but in man's disordered intellect.

Although Daniel Casper von Lohenstein's *Blumen*, as conceited and glittering as anything written during the course of the previous century, were still being published in the early eighteenth century, the satires of Christian Warnecke (1661–1725), directed against the strained affectations of the Baroque style and published as early as 1697 under the title of *Überschrifſte Oder Epigrammata*, ridiculed the ostentation of established metaphors and mannerisms, the recurrent and stilted word-play of the fashion for the *Zwilling-Wort*, which he caricatures in such inventions of his own as *das Aug', ein Stirn-Gestirn, die Au, die Bühn' der Bienen*. By 1736, when Luise Gottsched wrote her birthday ode in honour of her husband and mentor in poetics, the reaction against such preciosities is well advanced, and the poetess, with the relief of one who has escaped grave danger, can look back on the errors and false idols of her youth—and Lohenstein is among them—and she is grateful to the destiny that brought to her aid the husband whose *verklärter Kopf* can save the honour of German poetry, banish *den falschen Dunst* and establish order, reason and propriety where *des Wälschen Schwulstes Joch* had been such a heavy burden.

The spirit of the new age, rationalist, conciliatory and pietistic at the same time, is apparent in the title of Barthold Heinrich Brockes' (1680–1747) *Irdisches Vergnügen in Gott* (1721 ff.). There are certainly traces of seventeenth-century devices still present (as there are even in Luise Gottsched's ode) in such lines as:

> Der Blüte Schnee schien schwartz zu sein

but the Baroque torment and travail have vanished before a more harmonious conception of the cosmic order. Evil, as Leibniz taught, is regarded as synonymous with ignorance, and the experience of the senses affirms the oneness of God with His world. The Silesian J. Christian Günther (1695–1723), also a disciple of Leibniz and Wolff, had a lyric gift denied to the moralizing and often pedantic Brockes, and though he schools himself to a withdrawn contentment, there is about his poems a real poetic fervour and a faith in his art and personality. Baroque elements are indeed still present in Günther, but he anticipates the character of eighteenth-century writing in his subjectivity and love of solitude—

> In den Wäldern will ich irren,
> Vor den Menschen will ich fliehn.
> Mit verwaysten Tauben girren,
> Mit verscheuchtem Wilde ziehn —

and in the comfort which comes from communion with a nature modified by human culture—

> Ein Lager an den grünen Flüssen
> Ergetzt mich in gelehrter Ruh'.

The Swiss poet, Albrecht von Haller (1708–77) goes a step further. He is a trained naturalist, and in *Die Alpen* (1729) he brings the mountain landscape—*Ein angenehm Gemisch von Bergen, Fels und Seen*—into German poetry, and contributes substantially to the eighteenth-century cult of the picturesque. In the regular, contented life of the Alpine community he sees a vision of *das stille Glück des Mittelstands*, where the black brood of the vices has not yet taken its seat, a society living in a golden age of peace, harmony and simplicity, loving its condition and seeking in no way to change it or improve upon it.

The subjectivism (*Meine Seele will ich schildern*), the sensibility poised on the edge of sentimentality (*Die zarte Regung sanfter Schmerzen, die süßer sind als alle Lust*), the denial of the pleasures of the world, all so characteristic of Haller, seem to have little affinity with the <u>Anacreontic</u> *carpe diem* vogue of the mid-century, associated with the exquisitely mannered hedonism of Friedrich von Hagedorn (1708–54) and Johann Wilhelm Ludwig Gleim (1719–1803). Yet the Rococo elegance and the contrived pastoral artificialities of this group of poets are clearly related to the re-strained affirmation of life which is found in the work of Brockes, Günther, and Haller. What is lacking is the gentle piety, what is added is the cultivated civility. In Christian Fürchtegott Gellert (1715–69), best known for his fables (for did they not attract the attention of Frederick the Great?), pietism acquires a sharp vigour, and becomes a forthright, 'enlightened' morality:

> Ich bin dein Schöpfer, bin Weisheit und Güte,
> Ein Gott der Ordnung und dein Heil;
> Ich bin's! Mich liebe von ganzem Gemüte,
> Und nimm an meiner Gnade teil!

This stirring religious verse—which, according to its author, must 'possess a universal comprehensibility which nurtures reason'—avoids like so much of the verse of the first half of the eighteenth century the deeps of human experience. To plumb these, and to satisfy the passionately fervent heart which the tenets of *Auf-klärung* held in uneasy bondage, to open windows on to the sublime, was a task which Friedrich Gottlieb Klopstock (1724–1803) was destined to fulfil. With him an entire generation soared to visions of a new heaven and a new earth.

Klopstock felt himself endowed with a divine mission, and in his powerful cadences the most unnoticed of earthly phenomena, emerging like *der Tropfen am Eimer*, in the ode *Die Frühlingsfeier*,

from the hand of God, possess a cosmic significance. His lines
are intoxicated with sublime rapture:

> Herr! Herr! Gott!
> Barmherzig und gnädig!
> Angebetet, gepriesen
> Sei dein herrlicher Name!

When the first three cantos of *Der Messias* appeared in 1748 it was
clear that the poet had found the theme to which his own intense
and exultant feelings could respond. With Klopstock, poetry—
fusing the temporal and the eternal in its heady rhythms—has the
power to transform and transfigure; the Muse is *Gespielin der
Engel, Seherin Gottes, Hörerin unsterblicher Stimmen*, and poetic inspiration is fraught with intimations of immortality. In that he
restores to poetry a central place in human experience, Klopstock,
as Goethe points out in the tenth book of *Dichtung und Wahrheit*,
represents a turning-point in the history of German literature.

Klopstock released the imagination, gave it wings to personal
vital genius, liberated the poetic urge from the mechanics of
academic prosody, and helped to sweep away the pretty versification and the often trifling themes of the *Anakreontiker*. The
way was open to *Sturm und Drang*. There is still bourgeois resig-
nation and piety in the poems of Matthias Claudius (1740–1815),
but the poetry of the seventies, with its impatience of external
constraint, is essentially that of the *Genie*, accommodating equally
the bold protests of Daniel Schubart (1739–91) and the spectral
melodrama of Gottfried August Bürger's *Lenore*.

When *Lenore* appeared in 1773, Goethe was twenty-four years
old, and he had already collaborated with Herder in the collection of essays which had been anonymously published in the
same year as Bürger's ballad, under the name of *Von deutscher Art
und Kunst*. Herder had been profoundly influenced by Johann
Georg Hamann whose *Sokratische Denkwürdigkeiten* (1759) and
Kreuzzüge des Philologen (1762), (by postulating that imagination
and feeling have profounder roots than the sober labour of the
intellect, and that the senses and passions, the prime sources of
life, work in terms not of intellectual concepts but of image and
symbol—the whole treasure of human knowledge and human

happiness consists in pictures—)led his disciple to seek in poetry an intuitive and direct emotional idiom which expresses spiritual truths in terms of imagery. This idiom Herder finds particularly in the folksong which he rediscovered, named and endowed with a significance which the men of learning had refused to admit. The fact that Goethe encountered in Straßburg the most stimulating and critical personality of an age of unparalleled ferment, and that by Herder the poet's creative impulse was set free and shown its scope, is one of the lucky accidents of literary history.

Johann Wolfgang Goethe's life spans more than eighty years of momentous change in Germany and Europe. Seldom during his long life of intense creative activity in almost every literary genre did Goethe's lyric impulse flag, from his early student days in Leipzig, when his poems bore the evidence of Rococo graces, to the last months in Weimar, when as Lynkeus, the watchman on the tower, he sees life both afar and close at hand, and finds that all his eyes have beheld is fair. His poetic progress is one of continuous metamorphosis and growth, disturbed at intervals by some overwhelming new experience—be it the troubling and exciting stimulus of Herder, the soothing influence of Charlotte von Stein, the ' birthday ' of Rome and Italy, the companionship of Schiller, the ' renewed puberty ' of 1814 and the experiences which together fused into *Der West-Östliche Divan*, or the last passion of an old man at Marienbad for the young Ulrike von Levetzow, when he found himself and the world he had created destroyed by the gods whose favourite he once had been. But the *Marienbader Elegie*, where he finds himself lost in chaos—*Mir ist das All, ich bin mir selbst verloren*—is followed by *Aussöhnung* in the completed *Trilogie der Leidenschaft*, and another experience has been integrated into the continually enriched pattern of his life.

There are two elements always present in Goethe's work. One is the thirst for experience, and the other is the need to see the experience in a meaningful context. In 1774, as a young man he calls upon Father Time, the driver of life's coach, to hasten:

> Spude dich, Kronos!
> Fort den rasselnden Trott!
> Bergab gleitet der Weg;
> Ekles Schwindeln zögert

> Mir vor die Stirne dein Haudern.
> Frisch den holpernden
> Stock Wurzeln Steine den Trott
> Rasch in's Leben hinein!

A related theme is given its utterance forty years later in *Selige Sehnsucht*:

> Und solang du das nicht hast,
> Dieses: Stirb und werde!
> Bist du nur ein trüber Gast
> Auf der dunklen Erde.

Time's coach may bring the poet blinded and reeling to the dark gate of hell; the longing of the moth for the flame can mean the destruction of the moth. The choice in both cases is between stagnation and the risk which is implicit in the process of renewal.

Life's experiences are not capricious, fortuitous and therefore meaningless phenomena; they have unity, the unity which Goethe once found embodied in the Minster in Straßburg. In all the crises of his life he seeks to find the evidence of pattern, however confused the elements in the pattern might appear to be. *Es geht bey mir noch alles entsetzlich durcheinander*, he writes to Herder in 1772, but he can at the same time envisage the moment when the plunging horses of his passions, each seeking its own path, have been brought under unified control, and reach their goal *in einem Takt*. In 1798, in much the same way in *Die Metamorphose der Pflanzen*, he reveals to his wife's puzzled eye the ' secret law ' which governs the life of the multifario us riot of the flowers in the garden. As by a secret process of nature, intellect and feeling, change and permanence, life and death, the shapeless stirrings of the creative imagination and the controlling, moulding function of the mind are transfused in perpetual interplay into a harmony, the final nature of which cannot be analysed but only reverently accepted. Life's glory is that everywhere, in *dem farbigen Abglanz* of a reality beyond the range of the human faculty, the eternal is present:

> So weit das Ohr, so weit das Auge reicht,
> Du findest nur Bekanntes, das ihm gleicht,
> Und deines Geistes höchster Feuerflug
> Hat schon am Gleichnis, hat am Bild genug.

[45]

Goethe's glory is that he has senses sufficiently perceptive and a mind sufficiently wide-ranging to perceive and to respond to the symbol wherever it presents itself to him.

Goethe's name has such resonance, his performance in its quality and its range is so vast, his creative impulse so persistent throughout a long life that it is difficult to group around him the many contemporaries and near-contemporaries who contributed with him to that flowering of the German lyric genius which the late eighteenth and early nineteenth centuries witnessed. In 1772, just a year after Goethe had left Straßburg, a group of young poet students of Göttingen, among them Johann Heinrich Voss (1751–1826)—the later translator of Homer and author of the successful idyll *Luise*—and Ludwig H. C. Hölty (1748–76), on a September evening under a full moon in an oak grove in a village outside the University town, took a vow of eternal friendship and formed the *Göttinger Dichterbund* or *Göttinger Hainbund*, as the association was soon to become known. The founder members were joined three months later by the brothers Christian and Friedrich Leopold, Grafen zu Stolberg (1748–1821 and 1750–1819), and they found the vehicle for the publication of their work already to hand in the *Göttinger Musenalmanach*, the first number of which had appeared in 1770. The Messianic fervour of Klopstock inspires these poets to sing of nature and fatherland from a full and reverent heart. F. L. Stolberg is the passionate enthusiast of liberty, Hölty, the most promising and shortlived of the group, the poet of the delicate nuance. There are in his verses persistent echoes of the Anacreontic manner, as in *Lebenspflichten* with its opening lines:

> Rosen auf den Weg gestreut,
> und des Harms vergessen!

but underlying the surface hedonism is the intolerable consciousness of death. The melody of the verse, whether in a German or Classical form, and the disciplined but persistent melancholy of his themes mark Hölty as a precursor of the coming Romantic movement, however much there is in his work which harks back to earlier tradition.

Friedrich Schiller's (1759–1805) first collection of poems,

Anthologie auf das Jahr 1782, appearing a year after *Die Räuber*, bears witness to an immature but ebullient genius: feverish passion, Klopstockian *Schwärmerei*, reminiscences of *Lenore*, praise of manliness, *Schöpferfluß und Götterkraft*, scorn of *klügelnde Vernunft*, together with a vigorous rhetoric are the characteristics of the *Anthologie*. In such poems as *Die Schlacht*, with its fine sense of drama, there is a promise of the ballads that the future was to produce. When Schiller returned to poetry with the ode *An die Freude* in 1785 his genius had won a sense of direction which is most successfully made manifest in *Die Künstler* (1788–89), the crown of that intellectual lyric which is generally associated with his name. Here against the background of history of human culture, the poet sets his grandiose conception of the place of art, and of the responsibility of the artist in life: art is the result of the harmonizing of sense and spirit, instinct and intellect, and through its medium—and through its medium alone—a new and unified civilization can be rebuilt, a civilization which is not permanently bedevilled by the incompatibility of *Sinnenglück* and *Seelenfrieden*.

Schiller's friendship with Goethe helped to attract him back to poetry from the history, philosophy and aesthetics which, while he was a professor in Jena, had been his field. Equipped now with the intellectual clarity which his studies and his thinking had brought to him, together with what he had learned from Goethe, he produced the ballads of 1797, which above all his other verse writings have secured his fame. It is true that the language is at times wilfully powerful and emotional, but often, as in *Die Kraniche des Ibykus*, Schiller achieves an indisputably evocative, dramatic effect. His reiterated contrivances and rhetorical flourishes may on occasion strike harshly on a modern ear, but when criticism is done there remain the sincerity and the nobility of his vision of the redemptive function of poetry in a disintegrating world.

In his own day Schiller's reputation, though he had his critics, was established. A greater lyric poet than he, Friedrich Hölderlin (1770–1843), tormented by similar problems, though now acclaimed as one of the very greatest of Germany's lyric geniuses, was not known and appreciated until long after his death. A tragic figure, sinking into insanity in his early thirties, knowing only a few years of intense creative activity, he has given us from the heart of his torment the most profound and moving vision of the rapture of a life lived in the presence of the Gods. Schooled by the Greeks, Rousseau, Klopstock, and Schiller, seeing around him a piteous materialist world, sunk in barbarism, *dumpf und harmonienlos*, Hölderlin perceives in the figure of Diotima the supreme of the human potential, flesh made divine. In his great hymns, looking back to Hellas and forward into the future, he outlines in mighty rhythms, with the exultant strength of the prophet, the contours of an age where human and divine are reconciled, the ecstasy of the reconciliation producing again in a despiritualized Europe the glory that once was Greece:

> Dann, dann, o ihr Freuden Athens! ihr Taten in Sparta!
> Köstliche Frühlingszeit im Griechenlande! wenn unser
> Herbst kömmt, wenn ihr, gereift, ihr Geister alle der Vorwelt!
> Wiederkehret und siehe! des Jahrs Vollendung ist nahe!

There is tragedy in the poet's exultation, for around him the icy winter winds are blowing, and there is no one to heed his revelation:

> Die Mauern stehn
> Sprachlos und kalt, im Winde
> Klirren die Fahnen.

The poet has invoked God, the divine fire has descended upon him, and he himself is destroyed by the intensity of the experience.

Klopstock, *Sturm und Drang*, Goethe, Schiller, and Hölderlin have given to poetry a place central in life. Poetry is not an ornament of idle hours: emerging from the depths of human consciousness, embracing and fusing into unity the warring faculties of mind and heart, reason and instinct, the finite and the infinite, it is the very crown of human activities. That the literary developments of the early nineteenth century draw upon this heritage is clear from one of the most celebrated of the *Fragmente* written by Friedrich Schlegel (1772–1829) for *Athenaeum*, the journal which he founded together with his brother August Wilhelm Schlegel (1767–1845) in 1798. *Die romantische Poesie ist eine progressive Universalpoesie . . . Sie will und soll auch Poesie und*

Prosa, Genialität und Kritik, Kunstpoesie und Naturpoesie bald mischen, bald verschmelzen. The tendencies towards fusion inherent in this declaration are evident in Romantic writing, and integration remains the prime Romantic goal. But regarding themselves as the heirs of a tradition in which the intuitive and irrational elements in life have been denied or suppressed by one-sided rationalist and utilitarian ways of thinking—*Die Herzensergießungen eines kunstliebenden Klosterbruders* (1797), written by W. H. Wackenroder (1773–98) and Ludwig Tieck (1773–1853) in collaboration, may be evidenced as an expression of this critical attitude to some of the distinctive traits of *Aufklärung*—the Romantics are impelled in order to arrive at a synthesis to explore the irrational in its varied manifestations, and to stress the importance of its function in both life and art. Novalis (Friedrich von Hardenberg, 1772–1801), the poet of *Hymnen an die Nacht* and *Geistliche Lieder*, follows the ' mysterious path,' and at the end of it finds in Night and Death a reality more profound and infinitely more revealing than that of Day and Life. The end and the aim of progress is reached when that which is perceptible to the inner and the outward eye is reconciled—*die Welt wird Traum, der Traum wird Welt.* Tieck is drawn, like Novalis, to Night, to the remote, the dim and magical (symbolized in *Waldeinsamkeit* and *Mondbeglänzte Zaubernacht*), though for him, as is clear from his *Märchen*, it is horror and not the ecstatic bliss of *Hymnen an die Nacht* that lurks in the hidden recesses behind the veil of consciousness.

Tieck, despite some memorably melodious lines, is not a great lyric poet. Some of his attempts to re-create the quality of music by means of obviously engineered consonant and vowel chimes are wearisome if not ludicrous, but there is no denying the importance of the stimulus he gave his age, a stimulus that reaches down to Wagner and beyond. His invocation of the *wundervolle Märchenwelt* of the Middle Ages, for him as for Novalis a golden age of poetry and harmony, contributed, at a time when the political fortunes of Germany were at their nadir, to the rediscovery of the proud medieval heritage of song and epic verse.

Clemens Brentano (1778–1842), the half-Italian son of Maximiliane von Laroche, and the Prussian Ludwig Achim von Arnim

(1781–1831) collaborated in systematically studying the folksong collections of the sixteenth, seventeenth, and eighteenth centuries and in editing between 1805 and 1808 the three volumes of *Alte deutsche Lieder*, better known by the more fanciful primary title *Des Knaben Wunderhorn*. Here Herder's challenge and promise to his fellow countrymen, whom he urged in his *Auszug aus einem Briefwechsel über Ossian und die Lieder alter Völker*—incorporated into *Von deutscher Art und Kunst*—to see the value of traditional popular poetry, was fully met. Purists might protest over the way in which the editors treated their material, but the results of their efforts were to give the old traditions new and readily assimilable vitality. The *Volkslied* form was given for the contemporary generation of poets to exploit. Brentano himself can achieve a real folksong quality, using the medieval settings and mannerisms with great skill (as in *Die Lore Lay*); his character was too mercurial, however, and his poetic gifts too diverse to be exclusively held by any one particular mode.

Romanticism in its early phases had been non-political. The Wars of Liberation, and the national fervour which they evoked, gave the lyric a new direction. The names of Theodor Körner (1791–1813), Ernst Moritz Arndt (1769–1860), and Max von Schenkendorf (1783–1817) are the ones most closely related with this outburst of national feeling. Körner's *Leyer und Schwerdt* was published in 1814, a year after the poet's death in the national cause.

To the same generation belongs the Silesian Joseph Freiherr von Eichendorff (1788–1857). In the universities of Halle and Heidelberg he came under the influence of Tieck and of Arnim and his circle; he was closely in touch with the compilers of *Des Knaben Wunderhorn* and assisted J. J. Görres (1776–1848) with *Die teutschen Volksbücher* (1807), which may be regarded as a prose companion volume to *Des Knaben Wunderhorn*. Later, in response to King Friedrich Wilhelm's proclamation to his people, Eichendorff joined the ranks of Lutzow's *Jäger*, with whom Körner too had served. But though Eichendorff had been schooled to simplicity by the *Volkslied* and found no difficulty in adopting its idiom in his popular *Wanderlied der Prager Studenten* and *Das zerbrochene Ringlein*, though he composed patriotic verses well suited to the temper of the time, he was not limited by the traditional style or the warlike mood. It is the world of nature—where he hears the language of God spoken at its clearest and most urgent—his native Silesian forests, the sea, the wind and the sky that move him to write his essentially religious verse. By the apparently simplest of means and by the manipulation of a limited number of themes and symbols he creates the most exciting effects, and none of his contemporaries has more successfully conveyed the sense of the mystery and wonder of creation, without ever losing the common touch which makes his appeal so immediate and permanent. Adalbert von Chamisso (1781–1838), the French *émigré*, who attained such a mastery of the melodies and rhythms of the German lyric, and the robust Swabian Ludwig Uhland (1787–1862), the powerful resurrector and renewer of things past, fall short of the enchantments of Eichendorff.

Although in the writing of Wackenroder there is already an underlying awareness that the artist is doomed by the very nature of his being to creep into a private world of creative ecstasy, and to see thereby his hand losing its ability to reach out to his fellow men, Romanticism was in its early stages in Germany inspired by a prophetic zeal, by the vision of a Paradise that could be discovered and possessed anew if poetry were once again wedded to life; or as Hölderlin puts it: *Wer das Tiefste gedacht, liebt das Lebendigste*. But this marriage of the visible and the invisible proves, in the work of the poets born in the nineties and beginning to gain utterance towards the end of the second and during the third decade of the new century, to be a mirage, and the longing for it a forlorn illusion. The poetic gift has taken on the character of a curse which sets the mark of Cain on its possessor and condemns him to solitary self-torment. For Franz Grillparzer (1791–1872) the creative impulse is *der Qualen Grund*, the poet himself *der welke Baum, vom Blitz geschlagen*. August Graf von Platen-Hallermünde (1796–1835), concealing his despair under a mask of aristocratic aloofness, feels himself a being apart, a victim of his own awareness of beauty:

> Wer die Schönheit angeschaut mit Augen,
> Ist dem Tode schon anheimgegeben.

Nikolaus Lenau (Niembsch von Strehlenau, 1802–50) wears the mantle of melancholy, speaks of his *wunde Brust*, and seeks escape in wild rides across the Hungarian plain and in dreams of a new life and the ultimate healing of his sickness in America. His love is for the free and unperplexed life of the gipsy, defiant and scornful of the deceits of life, but it is in mournful autumnal scenes, with gentle breezes teasing the dying leaves from the trees that he sees the image of his private woes. In its phases of decay, holding no promise of the return of the vigour of spring, nature is most in tune with the poet's grief, and he welcomes its resigned acquiescence in death.

Heinrich Heine (1797–1856), too, is tormented by his sense of the fundamental antagonisms of life, and by the impermanence of the good and the beautiful:

> Ja, zu Grund muß alles gehn,
> Was hienieden groß und schön . . .
>   das ist das Los,
> Das Menschenlos — was gut und groß
> Und schön, das nimmt ein schlechtes Ende.

With the greatest virtuosity he exploits the inescapable dichotomy of existence, and he reveals its workings everywhere with a startling and often disconcerting juxtaposition of disparate images and emotions. The world is beyond all saving by poetry and the dreams of romance; but their siren song goes on being heard. Out of this ironical situation, turning the conventions of Romanticism to purposes which long continued to shock his critics, Heine creates his bittersweet and often rather studied poems.

While Lenau and Platen were agonized by the duplicity of the Romantic dream, and Grillparzer shook his head at contemporary tendencies, seeing the path of culture leading from ' humanity through nationality to bestiality,' and while Heine was questioning all values, the thirties and forties—reacting against the otherworldliness of Romanticism—witnessed something of a revival of the political lyric. The inspiring force behind such a resurgence was in the first place the passion for political freedom, whether it be that of the Greeks or the Poles (even Lenau and Platen were moved by the fate of Poland to write their *Polenlieder*). The international note becomes less marked in the forties when the poet becomes—as in the case of Georg Herwegh (1817–75) and Ferdinand Freiligrath (1810–76)—the mouthpiece of specifically German aspirations. The excitements of the era preceding the year of revolutions, 1848, are well illustrated in such poems as *Das Lied der Deutschen* by Hoffmann von Fallersleben (1798–1874) or Herwegh's *Aufruf*.

The glory of the German lyric, however, during the second third of the century was maintained not by the politically inspired poets, interesting though their work may be, but by the more personal and perennially valid utterances of the Westphalian Annette von Droste-Hülshoff (1797–1848) and the Swabian Eduard Mörike (1804–75). Droste-Hülshoff, regarded as Germany's greatest poetess, possesses an extraordinarily acute sensibility to the smallest forms of life, and she immerses herself in her subject with the zeal of a collector. Yet woven into the texture of these impressionistic evocations of the Westphalian scene there is a passionate, demonic element, evidence of a stormy spirit attuned to haunting, elemental forces. The elemental is present too in the work of Mörike, where the lyric reaches heights and depths it had not known since Goethe, Hölderlin, and Novalis. The *Irrsal* and *Schauder* motifs of the Peregrina poems remain constants in his work, a reminder that he is heir to the disintegrating tendencies of late Romanticism; but opposed to these concepts are other recurring symbols, such as *Morgenglocken* and *Mutterquelle*. No other poet has explored with such delicacy those fields of experience which lie in the twilight regions between the two worlds of terror and returning confidence, the moods of that *flaumenleichte Zeit der dunkeln Frühe*, with its gracious promise of liberation from the dark. Equally effective are the poems in which the pendulum swings in the opposite direction, from *des Tages Lieblichkeit* to *Nachtgeläut*. In the well-known *Denk' es, o Seele* the transition is given classic utterance.

For all their undertones there is a precision and exactness in the imagery of Droste-Hülshoff and Mörike, indicative of a loving appreciation of the scene around them, a realism associated with much mid nineteenth century art. In the poems of Friedrich

Hebbel (1813–63), Theodor Storm (1817–88), Gottfried Keller (1819–90), Conrad Ferdinand Meyer (1825–98), the vague outlines of Romanticism disappear and an equilibrium—more easily achieved, it is true, by some of the poets named than it is by others—between the visible and the invisible is attained. A serene joy in life, and a glad acceptance of it as the only reality that can be truly apprehended, illumines the robust art of Keller. Storm, aware always of hostile shadows, and troubled by the consciousness of their final victory, finds solace in the comforting presence of intimate and familiar things—his native town, the landscape of Schleswig-Holstein, friendship and family ties, which, for a time at least, can banish *die Schatten der Zukunft*. The fastidious and hypersensitive Swiss Patrician, C. F. Meyer, hides almost successfully his personal torments in delicately wrought, admirably controlled, and dramatically juxtaposed images from the visual world, particularly memorable being those like *Der römische Brunnen* or *In der Sistina* which make use of the artistic masterpieces of the past.

When the thunderbolts of revolt against accepted literary fashions came to be hurled in the eighties by such iconoclasts as Heinrich and Julius Hart in their *Kritische Waffengänge* (1882–84) —Karl Bleibtreu's *Die Revolution in der Literatur* followed in 1885—calling for passion and profundity in place of smoothness of form, the targets were not Keller, Storm, and Meyer but Emanuel Geibel (1815–84) and Paul Heyse (1830–1914), the high priests and laureates of the circle of the men of letters who had enjoyed the favour of Maximilian II of Bavaria in Munich. No breath of the *Heimatkunst*, which gives its colour to Keller and Storm, disturbs the studied aestheticism of their work; there is a quality of exoticism about it, a refined sensuality, a dressed-up historicism, which have won for it from its critics such varying labels as *Butzenscheibenlyrik*, *Goldschnittlyrik*, and *Backfischpoesie*. Superficial and sentimental though this verse often is, it is interesting in that it shows how domesticated and innocuous the originally stimulating motifs of the early Romantic era had become. Joseph Viktor von Scheffel's (1826–86) *Alt Heidelberg, du feine* may be mentioned as one instance.

The trumpetings of a literary and ethical revolution, directed against the matter and methods of 'accepted' poetry, were to sound persistently in the years following *Kritische Waffengänge*. A generation regarding themselves as latter-day *Stürmer und Dränger*, bent on bringing literature into touch with contemporary economic and spiritual problems, calling themselves Realists and Naturalists, making Truth and not Beauty their watchword, were not afraid of the bare facts of existence as revealed by the philosophers of positive materialism, and they added the ugliness and brutality of an industrialized society to the stock of the poet's material. Arno Holz (1863–1929) published his *Buch der Zeit* in 1885, announcing himself in it as *ein Sohn der Zeit*; but this collection in which Romantic songs mingle with those showing a social tendency indicates by its very eclecticism of theme and largely traditional forms that the new poetic idiom was still not fully evolved. Out of the author's concern with the question of what constituted art and determined its nature grew the study *Die Kunst, ihr Wesen und ihre Gesetze* (1891–92), where, after an examination of his French contemporaries and particularly of Zola, Holz evolves his *konsequenter Naturalismus*, based on the formula: *Die Kunst hat die Tendenz, wieder die Natur zu sein. Sie wird sie nach Maßgabe ihrer Mittel und deren Handhabung.* Having in this treatise inquired in terms compatible with the scientific thinking of his time into the nature of artistic activity in general, he comes in *Revolution der Lyrik* (1899) to propound his theories on the lyric in particular. He rejects repetitive metrical patterns and rhyme schemes in favour of an inner rhythm born directly of the ranging poetic stimulus, and in his *Phantasus* (1898)—which was to be elaborated later into the immense seven-part folio edition of 1916, with sentences of labyrinthine structure extending over whole pages—he gives his violently attacked examples of what the 'new lyric' is. It is an accumulated analysis of sense impressions, the flux of an inner and outer landscape, where no conclusions are drawn and no argument developed. *Draußen die Düne* is a good example. Whatever objection may be raised to the validity of Arno Holz's theories and the success of his methods, there is here an obvious break with the past and an influential stimulus for the future.

The ferment of the period and its contempt for the effete and decorous are expressed in the work of Friedrich Nietzsche (1844–1900)—whose influence was to be enormously extended in the years after his death—in that of Detlev von Liliencron (1844–1909) and Richard Dehmel (1863–1920). All three reject the values of a complacent and wealthy civilization: Nietzsche, intense and tragic, after ' revaluing all values ' and seeing good and evil as relative terms, postulates ultimately the power of the human spirit to re-create a nobler existence which future generations shall attain: D. von Liliencron, intrepid and vigorous, can scorn and shock the school of *l'art pour l'art*—as when he apostrophizes the Muse as *du alte Kuh* in *Poggfred, ein kunterbuntes Epos* —but he is able to bring his entire vitality and an acute awareness of light and sound into his poetry. His friend Dehmel is a more passionately inquiring spirit yet he is at one with D. v. Liliencron in his rejection of a cloistered art for art's sake. There is in his work a zest and ready affirmation of life which finds expression in the handling of themes as disparate as those of *Trinklied* and *Arbeitsmann*.

The revolt against the past, the winning through to new themes and methods tended in the nineties—when the battle-cries were no longer sounding quite so shrilly and when *Großstadtlyrik* was already becoming tiresome—to evolve into introspective self-analysis, the portrayal of fine-drawn, world-weary states of mind. Poets like the Viennese Hugo von Hofmannsthal (1874–1929), endowed with a precocious and subtle nervous sensibility, remote from *Proletarierdichtung* and its stark effects, portray the tortured moods of modern man—*frühgereift und zart und traurig*— refined and cultivated to an extent that renders him, like Claudio in the lyric drama *Der Tor und der Tod* (1893), incapable of responding to life's most direct appeals. A similar *fin de siècle* mood of isolation from life characterizes the work of Max Dauthendey (1867–1918), acutely aware (as in *Rosenduft*) of nature's colour harmonies and of subtle correspondences between colour and scent, yet feeling himself empty of the vitality which will make life go on:

> Unsere Augen so leer,
> Unsere Küsse so welk.

Something of the same qualities is discernible in the poems of Hugo Salus (1866–1929), Ricarda Huch (1864–1947), and Richard Schaukal (1874–1942).

In his early poems Rainer Maria Rilke (1875–1926) shares in the mood of his contemporaries. In *Kindheit*, for instance, he dwells on the solitude and sadness of childhood:

> O Kindheit, o entgleitende Vergleiche.
> Wohin? Wohin?

The solitude of the vast Russian steppe, of Worpswede—and later of Duino and Muzot—corresponds to his own. But from that solitude he is able, as others of his time were not, to win his way to an understanding and love of all things, of death which is one with life, and of God who is the permanent centre and the goal of human aspiration. This mystic way he follows and explores throughout his work from *Das Buch der Bilder* to *Duineser Elegien* and *Die Sonette an Orpheus*; even in *Neue Gedichte* (1907–1908), with their plastically rendered and apparently objective images, where emotion has been crystallized into abiding form, the symbol is the carrier of the mystery of which the poet is aware. Withdrawn as he is in his fastnesses, timid of human contact and of a loud, all-knowing civilization—*der Städte bange Bacchanale*—Rilke's self-imposed solitude is not an escape or a negation. The poet has taken on himself the contemporary human dilemma, wrestles with it and finally, in *Die Sonette an Orpheus*, arrives at an affirmation of life. Serenity comes when the knowledge is gained that salvation lies not in feverish activity; light, the presence of God, *der graue Mitwisser deiner Einsamkeit*, are in the tranquil heart of darkness:

> Knaben, o werft den Mut
> nicht in die Schnelligkeit,
> nicht in den Flugversuch.
>
> Alles ist ausgeruht:
> Dunkel und Helligkeit,
> Blume und Buch.

In *Das Stundenbuch* Rilke calls himself a seeker, and the search ends with that vision of the deep harmony of all experience suggested in the words from the late poem *Nicht Geist, nicht Inbrunst wollen wir entbehren*:

> aus Traum und Sein, aus Schluchzen und Gelächter
> fügt sich ein Sinn.

The other most compelling poetic figure of his age, Stefan George (1868–1933), is also a questing visionary in that he too is born into a world in which the unity of individual, society, and God seems to have been shattered. Unswervingly and without concessions, he attempts to re-establish it, developing art and life into an ordered, coherent entity. He begins by restoring to language and poetic form—and quite logically, to the printed page—the dignity which is a reflection of his protest against the ethical and spiritual decay of his time. With his circle of associates—it is through this circle, the *Georgekreis*, that his influence reached out—he published in 1892 the first number of *Die Blätter für die Kunst* where the discipline of form and the principle of the mastery of the poet over his material are accepted. George's earliest poems, written between 1886 and 1889 and collected under the title *Die Fibel* in 1901, appear frigidly ascetic and forced; but gradually over the years which followed, until the appearance of the last cycle, *Das neue Reich* (1928), there is evolved that closely articulated view of life which is associated with his name. The poet emerges from the remoteness of *Algabal*, exemplified in such passages as:

> Mein garten bedarf nicht luft und nicht wärme,
> Der garten den ich mir selber erbaut
> Und seiner vögel leblose schwärme
> Haben noch nie einen frühling geschaut. —

to the *Zeitgedichte* of *Der siebente Ring* (1907). Here he becomes the ' conscience ' and ' voice ' of his time, invoking the heroes and the traditions of the past, and celebrating in Maximin the visible, living symbol of the perfect life in which physical and spiritual beauty are one, the Dionysian and Apollonian elements merged, and the hope of mankind revealed in palpable form. A god-man can exist on earth, and George is his prophet. The functions of the poet-prophet, and the destiny of the new race of the heroes of the spirit who will re-create civilization, are some of the themes of *Das neue Reich*.

George's conception of an integrated community has been criticized for its hubris, its austerity, its disregard of natural passions—though in such late poems as *Der Mensch und der Drud* there seems to be a recognition of such forces as indispensable to life. It may be true that the heroic element is overstressed, tha the grandeur sometimes verges on the grandiose. Nevertheless, George's influence has been very considerable, and it has extended far beyond the limits of his ' circle,' and it is likely that future readers, when the pinnacled fabric of the Georgean edifice has crumbled, will find pleasure in the poignant utterances of *Das Jahr der Seele*, *Der siebente Ring*, and of some of the last and simpler songs, where the hieratic mask is at least partially removed, and human grief speaks not in solemn chant but in accents almost reminiscent of the folksong.

Rilke, hesitantly out of his solitude, George, with conviction and force, face modern civilization's most persistent problems and they arrive at answers which, in their very different ways, encompass the fundamental questions of their time. Towards the end of the first decade and during the second decade of the present century a less patient and more clamant generation of poets attempted to diagnose the European sickness, to probe into its symptoms, and to prescribe means for its cure. They protest with Ernst Stadler (1883–1914) against the futility of a one-sided concern with merely aesthetic considerations—as in *Form ist Wollust*—and they search at a time when poets are increasingly estranged from the world—nimbly stringing syllables like polished beads, as Franz Werfel (1890–1945) puts it in *Gebet um Sprache*—for a fuller and more significant function. The world is out of joint, and the task of the poet is not to dwell on his private sorrows but, like a visionary, to reveal, to awaken (with violent means if need be), and to proclaim. The Expressionists, as these poets (and artists) came to be known—the label distinguishing them from the earlier Impressionists whose aim, it was argued, was merely to record impressions—do not ' render the visible ' (that is there for all to see), they ' render visible ' the human problem, particularly as it affects a despiritualized and enslaved proletariat. They do so in visionary, rhapsodic and often macabre terms, breaking down the constraints of traditional language and metre. They are world reformers, seeing the possibility of a new Paradise, and their watchwords are the dignity and brotherhood of man and the omnipresence of God.

A waste land and not a brave new world emerged from the First World War, and the poets of the twenties looked upon the scene around them with a dry-eyed and wry cynicism; the visions of the previous decade faded. Erich Kästner (1899–) would seem to express the revulsion of his time towards the emotionalism of apostolic expressionism in the lines which occur in *Geständnis einiger Dichter*:

> Wir sind, pfui Teufel, eine üble Sorte.
> Die Sehnsucht wird bei uns nach Maß bestellt.
> Was auch geschieht — wir machen daraus Worte.
> Was auch passiert — wir machen es zu Geld.
>
> ... Wir sollten lieber kaufen und verkaufen!
> Ob Häuser oder Kuxe, wär egal!
> Denn als ein Dichter durch die Städte laufen,
> ist ein Skandal...

Gottfried Benn (1886–1956), though some of his poems appeared as early as 1912, and Bertolt Brecht (1898–1956) represent the disillusion of the post-war world.

The National Socialist regime, notoriously tying artistic expression to the swastika and denouncing what it cared to label as 'degenerate,' effectively drove experimental, nonconforming German poets into exile or silence. *Heimatkunst*, or whatever might be acceptable as *volkhafte Dichtung*, alone were encouraged to flourish, though certain rare spirits such as the Austrian Josef Weinheber (1892–1945) were able to preserve their integrity. After the collapse of 1945, amid the ruins and confusion, the poets regained their liberty of expression and spoke words which held promise of deliverance from travail. And they continue to do so. The public for new poetry is relatively small in Germany as it is elsewhere in Western Europe; there is nevertheless in present-day Germany a concert of poetic voices which, now as ever during the centuries which have elapsed since the first beginnings of

German verse, give utterance—in an idiom which is often unfamiliar and sometimes baffling—to the persistent themes of poetry. The youngest generation, writing since 1945, wants to make an end of everything in order to start a new era: *Ein Ende machen. Einen Anfang setzen.* The continuity of the great poetic tradition in Germany can, however, not be broken, as is shown by Hans Egon Holthusen, R. Hagelstange and other representative German writers of today. With Karl Schwedhelm we may ask ourselves:

> Was verändert die Welt —
> Größe, Leiden und Macht? . . .
> Mehr noch ein singender Mund,
> Mehr noch der Liebenden Blick.

It is encouraging at the end of this survey to be able to quote from the last line of this collection of German poems and to behold, despite disaster and change:

> Prall wie am ersten Tag die Segel.   (W. Höllerer)

Versification

In the earliest Old High German verse, as in Old English, Old Norse and Old Saxon poetry, the metrical pattern is determined by the alliterative principle (*Stabreim*), which demands the binding together of the two half-lines which constitute the long line by means of identical or closely related consonants or of harmonizing vowels in those syllables which bear a principal stress (*Hebung*). The number of unstressed syllables between the *Hebungen* is not fixed and can vary quite considerably. The following examples taken from the *Hildebrandslied* will serve to illustrate this use of alliterated stresses in verse which, it is well to remember, was intended to be declaimed:

(*a*) consonantal.

> her furlaet in lante   luttila sitten
> prût in bûre, barn unwahsan.

(*b*) vocalic.

$$\acute{/} \times \acute{/} \times \times \times \acute{/} \times \overset{\acute{/}}{/} \times$$
arbeo laosa : hê raet ôstar hina

By the ninth century the technique of *Stabreim* was in an advanced stage of decay in Old High German and the use of end rhyme by Otfried in his *Evangelienbuch* (completed about 868), undoubtedly influenced by Latin religious verse which made use of rhyme, established in German prosody a new tradition which endured without serious challenge until the eighteenth century. The disappearance of alliteration and the use of end rhyme, however, did not put an end to the old freedom regarding the variability of the number of *Senkungen*, though the Minnesänger, influenced by Romance forms as well as Romance themes, tended to aspire to a smoother, more regular rhythmic flow with not only an increasing regularization of the number of syllables in the foot but also a greater meticulousness in the treatment of such matters as secondary stresses, elision and rhyme. The strophe with *Aufgesang* or two *Stollen* and *Abgesang* (two equal verses with a third of a different type attached), together with the *Leich* (song with irregular lines) and the usually monostrophic *Spruch*, are the favourite forms of the Middle High German lyric. The development of subtly articulated new strophic forms such as the polystrophic *Lied*, the *Leich*, and the didactic *Spruch* suggests the interest and pleasure of a highly cultivated society in purely formal considerations, and Gottfried von Strassburg's praise, on the one hand, of a finished craftsman such as Heinrich von Veldeke (*wie schône er sînen sin besneit*) and his strictures, on the other, of that wayward poet (*des hasen geselle*) with his irregularities and eccentricities are a significant comment on what a Middle High German poet considered to be the fine points of his art.

In the folksong and in the church hymn (as instanced in *Ein feste burg ist unser Gott*) the old Germanic freedom regarding the number of *Senkungen* is preserved, the number of *Hebungen* alone being of fundamental importance. The principle of regular alternation was, however, generally established in the more self-conscious *Kunstpoesie* of the later Minnesänger, and it became for the Mastersinger guilds of the subsequent period the wholeheartedly accepted norm. But the Mastersingers, by requiring

[62]

in their lines the fixed number of syllables which regular alternation produces, encountered the natural intractability of their linguistic material and often did violence to the natural accentuation
of a phrase, as for instance in:

$$\overset{\times}{\text{ich}} \overset{/}{\text{hör}} \overset{\times}{\text{singen}} \overset{/}{} \overset{\times}{\text{im}} \overset{/}{\text{grünen}} \overset{\times}{} \overset{/}{\text{hag.}}$$

If in such lines the natural accent was suspended (and there has
been much controversy on this issue), the Mastersingers dispensed
with the most marked feature of German prosody—the accentuation of the root syllable—and adopted an alien and forced system
of mere syllable-counting as the basis of their poetic practice.
Particularly when it was contracted and abbreviated so as to be
squeezed perforce into an eight-syllabled line, their work often
deserved the contemptuous label of *Knittelverse*.

Renaissance grammarians and verse theorists did much to pre-
pare the ground for the reconsideration of poetic practice and for
its reform, but it was Martin Opitz—though he had his fore-
runners in sixteenth-century Germany and his models in France
and Holland—who triumphed finally over chaos and who, at one
throw in his *Buch von der deutschen Poeterey* (1624), established a
body of precepts that contemporary and subsequent practitioners
of verse neglected at their peril. In his seventh chapter, entitled
Von den reimen, ihren wörtern und arten der getichte, Opitz, dealing
with the more purely technical aspects of his subject, formulates
the law of regularly alternating accentuation, recognizing as he
does so only two possible poetic feet—iambic and trochaic: *Noch-
mals ist auch ein jeder verß entweder ein iambicus oder trochaicus*. He
proceeds to elaborate his basic text and to emphasize that it is as
important for a German poet to move according to a strict
iambic or trochaic rhythm as it is for the Latin poet to observe the
rules of quantity. It is to be noted that he accepted the Germanic
stress principle and married it to that of syllabic regularity, and
by this achievement he formed a prosodic norm that was to determine the main lines of the development of the form of German
verse for over a century to come.

Certainly by limiting metrical possibilities to iambics and
trochees, Opitz put a heavy constraint on German poets, who if

they were to observe the letter of his law could find no place for such by no means unusual accent patterns as *zitterte* or *Wehklage*, for instance, in either of the accepted metrical feet. Furthermore, the prominent place which he gives to foreign verse forms, particularly to the alexandrine, which became the accepted heroic and dramatic metre, led ultimately to intolerable monotony. Nevertheless, by imposing a rigorous discipline, he gave future poets such a mastery over their material and imbued them with such a consciousness of the high demands of their craft, that when the time came for a loosening of the bonds there was no possibility of a return to disorder.

There were deviations from strict Opitzian precept in the seventeenth century—Opitz confesses to such even in his own work—and dactyls and anapaests may be found, for instance, in August Buchner's *Orpheo* (1638) and particularly amongst poets of the Königsberg and Nürnberg circles, but it is not until the eighteenth century that the tide of protest against the constraints of *Das Buch von der deutschen Poeterey* reaches full flow. Rhyme, the necessity of which even Gottsched doubted, is banished as *ein böser Geist* by Klopstock, and it disappears in his hexameters and free rhythms as it does in the blank verse which Lessing in *Nathan der Weise* (1779) finally established as the generally accepted vehicle of verse drama. In the hexameters of his *Messias* Klopstock breaks down the hegemony of iambic and trochaic feet, and in his great odes traditional 'metre' is abandoned in favour of a free form in which the promptings of the poetic impulse determine the flow and surge of the line. Mechanics break down before profound inner stirrings in such an ode as *Frühlingsfeier* (1759) which, even for its revolutionary form alone, would demand a significant place in the history of modern German poetry.

Klopstock's liberating example, reinforced by Hamann's rhapsodic *Aesthetica in nuce* (1762), by Herder's contributions to *Von deutscher Art und Kunst* and by the translations from Macpherson's *Ossian* which began to appear in 1763, gave the *Göttinger Hainbund*, the *Stürmer und Dränger*, and Goethe himself the stimulus which they needed. Classical verse forms, adapted to the Germanic principle of accentuation, were further exploited and they became in the hands of Goethe, Schiller, and Hölderlin established conventions. Free rhythms were still more successfully employed and they remained intermittently throughout the nineteenth century and up to the present day one of the most prolific and infinitely adaptable of German poetic media, being used by poets as varying in temper as Novalis, Heine, Mörike, Arno Holz, and Rainer Maria Rilke.

Romanticism with its keen awareness of past and foreign cultures, with its receptivity and sense of adventure, found both in its translations and in its original compositions an endless delight in restoring old forms and introducing new ones to the German Parnassus. The Sonnet, for instance, much cultivated in the seventeenth century and relatively neglected in the eighteenth, experienced a new vogue—Goethe himself yielding to the *Sonettenwut* of the first decade of the nineteenth century—after being resuscitated by Bürger and practised by A. W. Schlegel; the ottava rima, the terza rima, the madrigal, and the ritornelle were Italian forms to be experimented with; Spain and France supplied others such as the canzion and the triolet. Goethe, Rückert and Platen made use even of Oriental forms like the ghasel. At the same time German medieval and post-medieval forms were reinstated; the *Knittelvers* of the Mastersingers, rehabilitated by Goethe (*Faust*) and Schiller (*Wallensteins Lager*), lost its derogatory connotation; the folksong, as a result of the work of Herder and of Brentano and Arnim, offered a rich source of poetic forms and images; the Nibelungen strophe provided Uhland with a pattern to be followed in his ballad *Des Sängers Fluch*. Even *Stabreim*, after a lapse of so many centuries, did not leave Klopstock and Goethe uninfluenced and later, notably in some of the music dramas of Richard Wagner, found a skilful exponent. But it is undoubtedly in the Second Part of Goethe's *Faust*, with its enormous range and variety of forms, that the late eighteenth and early nineteenth century pleasure in extending the formal limitations of German poetry is best seen reflected.

The poets of the post-Romantic period entered upon a complex inheritance. Certain forms, it is true, have not maintained themselves: the ' Classical ' metres, for instance, have not survived to the present day and are felt to be an alien anachronism in spite of Goethe's success in handling them; the more elaborate stanzas of the Romantic innovators are little attuned to the temper of the present. But essentially all modern forms are variants on those of the past; the traditions established by Opitz on the one hand and Klopstock on the other, different and mutually antagonistic though they may appear to be, are still vital, and between the two poles of *entweder ein iambicus oder trochaicus* and *der Reim, ein böser Geist*, the German poet finds ample room to wander.

ALTHOCHDEUTSCH

(*c.* 800–*c.* 1050)

DICHTER UNBEKANNT

Das Wessobrunner Gebet

Dat gafregin ih mit firahim   firiuuizzo meista,
dat ero ni uuas   noh ûf himil,
noh paum   noh pereg ni uuas,
ni . . . . nohheinîg   noh sunna ni scein.
noh mâno ni liuhta   noh der mâreo sêo.
Dô dâr niuuiht ni uuas   enteo ni uuenteo,
enti dô uuas der eino   almahtîco cot,
manno miltisto,   enti dâr uuârun auh manake mit inan
cootlîhhe geistâ.   enti cot heilac . . .

Cot almahtîco, dû himil enti erda gauuorahtôs, enti dû mannun
sô manac coot forgâpi, forgip mir in dîno ganâdâ rehta galaupa
enti côtan uuilleon, uuîstôm enti spâhida enti craft, tiuflun zu
uuidarstantanne enti arc za piuuîsanne enti dînan uuilleon za
gauurchanne.

Neuhochdeutsch:

Das erfuhr ich unter den Menschen als der Wunder größtes, daß die
Erde nicht war, noch darüber der Himmel, noch Baum noch Berg war,
noch . . . noch die Sonne schien, noch der Mond leuchtete, noch das
große Meer. Als da nichts war an Enden und Wenden (= Grenzen),
und da war (doch) der eine allmächtige Gott, der Männer mildester, und
da waren auch bei ihm manche herrliche Geister. Und heiliger Gott . . .
    Allmächtiger Gott, (der) du Himmel und Erde wirktest und den
Menschen so manches Gut gabst, gib mir in deiner Gnade [1] rechten
Glauben und guten Willen, Weisheit und Klugheit und Kraft, Teufeln
zu widerstehen und Böses zu vermeiden und deinen Willen zu wirken.

---

[1] Although *dîno ganâdâ* is accusative, the translation should read: ' Give
me out of your goodness proper belief.'

... *sô daʒ Eliases pluot* ...

... sô daʒ Eliases pluot   in erda kitriufit,
sô inprinnant die pergâ,   poum ni kistentit
ênîhc in erdu,   ahâ artruknênt,
muor varsuuilhit sih,   suiliʒôt lougiu der himil,
mâno vallit,   prinnit mittilagart,
stên ni kistentit.   verit denne stûatago in lant,
verit mit diu vuiru   viriho uuîsôn:
dâr ni mac denne mâk andremo   helfan vora demo mûspille ...

Mûspilli

Neuhochdeutsch:

Wenn des Elias' Blut auf die Erde träufelt,
so entbrennen die Berge, kein Baum bleibt mehr stehen
auf der Erde, die Wasser vertrocknen,
das Moor verzehrt sich, es verbrennt langsam in Lohe der Himmel,
der Mond fällt, es brennt die Erde,
kein Stein bleibt stehen. Dann fährt der Gerichtstag ins Land,
er fährt daher, um mit dem Feuer die Menschen heimzusuchen:
dann kann kein Verwandter dem andern helfen vor dem Weltbrand. . .

Eiris sâʒun idisi . . .

Eiris sâʒun idisi,   sâʒun hera duoder.
suma hapt heptidun,   suma heri leʒidun,
suma clûbôdun   umbi cuoniouuidi:
insprinc haptbandun,   invar vîgandun!

Erster Merseburger Spruch

Neuhochdeutsch:

Einst setzten sich Frauen, setzten sich hierher und dorthin,
die einen hefteten Bande (*or* einen Gefangenen)
die anderen hielten das (feindliche) Heer auf,
die anderen pflückten an den Fesseln:
„ Entspring den Haftbanden, entfahr den Feinden! "

[68]

Phol ende Uuodan ...

Phol ende Uuodan   vuorun zi holza.
dû uuart demo Balderes volon   sîn vuoʒ birenkit.
thû biguolen Sinthgunt,   Sunna era suister,
thû biguolen Frîia,   Volla era suister,
thû biguolen Uuodan,   sô hê uuola conda:
Sôse bênrenkî,   sôse bluotrenkî,   sôse lidirenkî:
bên zi bêna,   bluot zi bluoda,
lid zi giliden,   sôse gelîmida sîn.

Zweiter Merseburger Spruch

Neuhochdeutsch:

Phol und Wodan ritten in den Wald.
Da ward dem Fohlen Balders sein Fuß verrenkt.
Da besprach ihn Sinthgunt, der Sunna Schwester;[1]
da besprach ihn Frija, der Volla Schwester;[2]
da besprach ihn Wodan, wie er es wohl konnte:
Sei es Bein — , sei es Blut — , sei es Gliedverrenkung.
„ Bein zu Bein, Blut zu Blut,
Glied zu Glied, als ob sie geleimt seien! "

[1] or *und Sunna, ihre Schwester*   [2] or *und Volla, ihre Schwester*

Der Münchener Wurmsegen

Gang ûʒ, nesso, mit niun nessinchlînon,
ûʒ fonna marge in deo âdrâ,
vonna dên âdrun in daʒ fleisk,
fonna demu fleiske in daʒ fel,
fonna demo velle in tiʒ tulli.[1]

Neuhochdeutsch:

Geh aus, Wurm, mit neun Würmlein,
heraus von dem Mark in die Adern,
von den Adern in das Fleisch,
von dem Fleisch in die Haut,
von der Haut in diese Tülle!

[1] *tulli = Röhre (am Schafte des Pfeiles)*

Der Lorscher Bienensegen

Kirst, imbi ist hûcʒe![1]   nû fluic dû, vihu mînaʒ, hera
fridu frôno in godes munt   heim zi comonne gisunt.
sizi, sizi,   bîna: inbôt dir sancte Maria.
hurolob ni habe dû: zi holce ni flûc dû,
noh dû mir nindrinnês,   noh dû mir nintuuinnêst.
sizi vilu stillo,   uuirki godes uuillon.

Neuhochdeutsch:

Christus, die Biene ist heraus! Nun flieg du, mein Getier, her
im Frieden des Herrn, in Gottes Schutz, um gesund heimzukommen.
Sitze, sitze Biene, (das) gebot dir die hl. Maria;
habe keinen Urlaub, in den Wald fliege nicht,
entrinne mir nicht, noch entkomme mir;
sitze ganz still, wirke Gottes Willen.

[1] *hûcʒe = ûʒʒe = ûʒ*

Der Züricher Segen

Ad signandum domum contra diabolum.

Wola, wiht, taʒ tu weiʒt,   taʒ tu wiht heiʒist,
taʒ tûne weiʒt noh ne chanst   cheden chnospinci.[1]

Neuhochdeutsch:

Wohl, Wicht, daß du weißt, daß du Wicht heißest,
daß du weder weißt noch kannst aussprechen chnospinci.

[1] Meaning obscure.

Ik gihôrta đat seggen . . .

Ik gihôrta   đat seggen,
đat sih urhêttun   ænon muotîn,
Hiltibrant enti Hađubrant   untar heriun tuêm.
sunufatarungo   iro saro rihtun,
garutun se iro gûđhamun,   gurtun sih iro suert ana,

[70]

helidos, ubar hringâ, dô sie tô dero hiltiu ritun.
Hiltibrant gimahalta Heribrantes sunu: her uuas hêrôro man,
ferahes frôtôro; her frâgên gistuont
fôhêm uuortum, hwer sîn fater wâri
fireo in folche . . .
. . . „ eddo hwelîhhes cnuosles dû sîs.
ibu dû mî ênan sagês, ik mî dê ôdre uuêt,
chind, in chunincrîche: chûd ist mir al irmindeot."
Hadubrant gimahalta, Hiltibrantes sunu:
„ dat sagêtun mî ûsere liuti,
alte anti frôte, dea êrhina wârun,
dat Hiltibrant haetti mîn fater: ih heittu Hadubrant.
forn her ôstar giweit, flôh her Ôtachres nîd,
hina miti Theotrîhhe, enti sînero degano filu.
her furlaet in lante luttila sitten
prût in bûre, barn unwahsan,
arbeo laosa: hê raet ôstar hina . . ."

Das Hildebrandslied

Neuhochdeutsch:

Ich hörte das sagen,
daß sich als Kämpfer einzeln begegnet seien
Hildebrand und Hadubrand, zwischen zwei Heeren.
Sohn und Vater richteten ihre Rüstung,
machten fertig ihre Kampfgewänder, gürteten sich ihre Schwerter fester,
die Helden, über die Panzerringe, als sie zu dem Kampfe ritten.
Hildebrand sprach, Heribrants Sohn: er der ältere Mann,
der lebenserfahrenere; er begann zu fragen
mit wenigen Worten, wer sein Vater wäre
in der Menschen Volke. . .
„ oder aus welchem Geschlechte du seist,
wenn du mir einen sagst, weiß ich (mir) die andern,
Jüngling, im Königreiche, kund ist mir das Gesamtvolk."
Hadubrand sprach, Hildebrands Sohn:
„ Das sagten mir unsere Leute,
alte und erfahrene, die vor Zeiten lebten,
daß Hildebrand geheißen mein Vater: ich heiße Hadubrand.
Vor Zeiten zog er ostwärts, er floh den Haß Otachers,
hinweg mit Dietrich und vielen seiner Degen.

Er ließ im Lande kläglich sitzen
die junge Frau im Hause und ein unerwachsenes Kind,
der Erbgüter verlustig; er ritt nach Osten hin …"

OTFRIED

Wolaga élilenti!

Wolaga élilenti!   hárto bistu hérti,
thu bist hárto filu suár, thaʒ ságen ih thir in álawar.
Mit árabeitin wérbent,   thie héiminges thárbent;
Ih haben iʒ fúntan in mír; ni fand ih líebes wiht in thír;
Ni fand in thír ih ander gúat suntar róʒagaʒ muat,
séragaʒ herza   ioh mánagfalta smérza.

Neuhochdeutsch:

Ach Fremdland!   sehr bist du hart,
Du bist gar sehr schwer,   das sage ich dir fürwahr.
In Mühsalen leben,   die der Heimat entbehren,
Ich habe es an mir erfahren; ich fand nichts Liebes an dir:
Ich fand in dir kein anderes Gut außer traurigen Sinn,
Schmerzerfülltes Herz   und mannigfaltigen Schmerz.

MITTELHOCHDEUTSCH

(c. 1050–c. 1450)

DICHTER UNBEKANNT

Dû bist mîn, ih bin dîn . . .

Dû bist mîn, ih bin dîn:
des solt dû gewis sîn.
dû bist beslozzen
in mînem herzen;
verlorn ist daz sluzzelîn:
dû muost immer drinne sîn.

Stetit puella . . .

Stetit puella
rufa tunica:
si quis eam tetigit,
tunica crepuit.   eia.
  Stetit puella,
tamquam rosula
facie splenduit,
et os ejus floruit.   eia.
  Stetit puella
bî einem boume,
scripsit amorem
an eime loube.
  Dar chom Vênus alsô fram[1];
caritatem magnam,
vil hôhe minne
bôt si ir manne.

[1] *sogleich*

[73]

Floret silva undiquê . . .

Floret silva undiquê,
nâh mîme gesellen ist mir wê.
gruonet der walt allenthalben,
wa ist mîn geselle alse lange?
der ist geriten hinnen:
owê, wer sol mich minnen?

Wær diu werlt alliu mîn . . .

Wær diu werlt alliu mîn
von dem mere unz an den Rîn,
des wolt ih mih darben,
daʒ diu künegîn von Engellant [1]
læge an mînen armen.

[1] Eleanor of Poitou(?)

" *Mir hât ein ritter* " . . .

„ Mir hât ein ritter ", sprach ein wîp,
„ gedienet nâch dem willen mîn.
Ê sich verwandelôt diu zît,
sô muoʒ im doch gelônet sîn.
Mich dunket winter unde snê
schœne bluomen unde klê,
swenn ich in umbevangen hân.
und wæreʒ al der werlte leit,
    sô muoʒ sîn wille an mir ergân."

Diu nahtegal diu sanc sô wol . . .

Diu nahtegal diu sanc sô wol
daʒ man irs iemer danken sol
und andern kleinen vogellîn.

[74]

dô dâhte ich an die frouwen mîn:
diu ist mîns herzen künigîn.

Ich hân eine senede nôt . . .

Ich hân eine senede nôt,
   diu tuot mir alsô wê;
Daʒ machet mir ein winder kalt
   und ouch der wîʒe snê:
Kœme mir diu sumerzît,
sô wolde ich prîsen mînen lîp
umb ein vil harte [1] schœneʒ wîp.

    [1] *stark, sehr*

Ich gesach den sumer nie . . .

Ich gesach den sumer nie,
   daʒ er sô schône dûhte mich.
Mit menigen bluomen wol getân
   diu heide hât gezieret sich.
Sanges ist der walt sô vol:
diu zît diu tuot den kleinen vogelen wol

   Compare:

   Estas non apparuit
   pręteritis temporibus
   quę sic clara fuerit:
   ornantur prata floribus.
   aves nunc in silva canunt
   et canendo dulce garriunt.

                Carmina Burana

Ich wil trûren varen lân . . .

„ Ich wil trûren varen lân.
ûf die heide sul wir gân,
ir vil liebe gespilen mîn:
dâ seh wir der bluomen schîn.
ich sage dir, ich sage dir,
mîn geselle, kum mit mir.
    Süeʒe Minne, râme [1] mîn,
mache mir ein krenzelîn:
daʒ sol tragen ein stolzer man,
der wol wîben dienen kan.
ich sage dir, ich sage dir,
mîn geselle, kum mit mir."

[1] *râmen* = weak vb. with gen. *zielen, trachten nach*

DER VON KÜRENBERC

(*c.* 1150–60)

Ich stuont mir nehtint spâte . . .

„ Ich stuont mir nehtint [1] spâte   an einer zinne,
dô hôrt ich einen ritter   vil wol singen
in Kurenberges wîse   al ûʒ der menigîn,
er muoʒ mir diu lant rûmen   ald ich geniete [2] mich sîn."
    Nu brinc mir her vil balde   mîn ros, mîn îsengwant,
wan ich muoʒ einer frouwen   rûmen diu lant:
diu wil mich des betwingen   daʒ ich ir holt sî.
si muoʒ der mîner minne   iemer darbende sîn.

[1] adv. dat. plur. *gestern abend*
[2] *sich genieten* = weak vb. with gen. *sich jemandes erfreuen*

Ich zôch mir einen valken . . .

Ich zôch mir einen valken   mêre danne ein jâr.
dô ich in gezamete   als ich in wolte hân

und ich im sîn gevidere   mit golde wol bewant,
er huop sich ûf vil hôhe   und floug in anderiu lant.
   Sît sach ich den valken   schône vliegen:
er fuorte an sînem fuoʒe   sîdîne riemen
und was im sîn gevidere   alrôt guldîn.
got sende si zesamene   die geliebe [1] wellen gerne sîn .[1]

[1] *geliebe sîn = einander lieben ; geliep (st.m.f.) Geliebter, Geliebte*

Der tunkele sterne . . .

Der tunkele sterne,[1]   sich, der birget sich.
als tuo du, frouwe schône,   sô du sehest mich.
sô lâ du dîniu ougen gên   an einen andern man:
son weiʒ doch lutzel ieman   wieʒ under uns zwein ist getân.

[1] *Abendstern (der schwach leuchtende Stern)*

SPERVOGEL

[*Sprüche* of at least two authors appear under this name.]

Weistu wie der igel sprach?

Weistu wie der igel sprach?
„ vil guot ist eigen gemach.“
zimber ein hûs, Kerlinc; [1]
dar inne schaffe dîniu dinc.
die hêrren sint erarget.[2]
swer dâ heime niht enhât, wie maneger
      guoter dinge der darbet!

patronymic, derived from Karl   [2] miserly; *erargen = geizig werden*

Ein wolf sîne sunde vlôch . . .

Ein wolf sîne sunde vlôch,
in ein klôster er sich zôch:

er wolde geistlîchen leben.
dô hiez man in der schâfe pflegen.
sît wart er unstâte.
dô beiz er schâf unde swîn: er jach daz ez des pfaffen rude[1]
tâte.

[1] hound

Zwên hunde striten umbe ein bein . . .

Zwên hunde striten umbe ein bein:
dô stuont der bôser unde grein.[1]
waz half in al sîn grînen?
er muostez bein vermîden.
der andere truogez
von dem tische hin ze der tur: er stuont ze sîner angesiht und
    gnuogez.[2]

pret. of *grînen* = gnash one's teeth   [2] pret. of *genagen*

In himelrîch ein hûs stât . . .

In himelrîch ein hûs stât,
ein guldîn wec dar în gât.
die siule die sint mermelîn,
die zieret unser trehtîn
mit edelem gesteine.
dâ enkumt nieman în,   ern sî vor allen sunden alsô reine.

Swer einen friunt . . .[1]

Swer einen friunt wil suochen da er sîn niht enhât
und vert ze walde spüren sô der snê zergât
und koufet ungeschouwet vil
und haltet gerne vlorniu spil
und dienet einem bœsen man   da ez âne lôn belîbet,
dem wirt wol afterriuwe kunt, ob erz die lenge trîbet.

[1] A so-called *Priamel* (*præambulum*)

HÊR DIETMÂR VON AIST

(twelfth century)

Eʒ stuont ein frowe alleine . . .

Eʒ stuont ein frowe alleine
und warte uber heide
und warte ire liebe.
so gesach si valken fliegen.
,, Sô wol dir valke daʒ du bist!
du fliugest swar dir lieb ist:
du erkiusest dir im walde
einen boum der dir gevalle.
alsô hân ouch ich getân.
ich erkôs mir selbe einen man:
den erwelten mîniu ougen.
daʒ nîdent schône frouwen.
owê wan lânt si mir mîn liep?
jo engerte [1] ich ir dekeiner trûtes [2] niet.''

[1] *gern* = weak vb. with gen. *begehren*   [2] *trût = Freund, Geliebte(r)*

Slâfst du, friedel ziere? . . .[1]

,, Slâfst du, friedel [2] ziere?
wan wekt uns leider schiere [3]
ein vogellîn sô wol getân
daʒ ist der linden an daʒ zwî [4] gegân.''
,, Ich was vil sanfte entslâfen:
nu ruofestu, kint, wâfen.[5]
lieb âne leit mac niht gesîn.
swaʒ du gebiutst, daʒ leiste ich, friundîn mîn.''
    Diu frowe begunde weinen.
,, du rîtst und lâst mich eine.[6]
wenn wilt du wider her zuo mir?
owê du fuorst mîn froude samet dir.''

[1] the oldest extant German dawn-song
[2] *Geliebter*   [3] *schiere* = quickly
[4] *Zweig*   [5] *Alarm*   [6] *alleine*

[79]

HÊR HEINRICH VON VELDEKE

(twelfth century)

Tristrant moeste sonder danc ...

Written in the dialect of Limburg near Maastricht.

Tristrant moeste sonder danc [1]
stâde sîn der koninginne,[2]
Wand [3] hem poisûn dar toe dwanc
mêre dan die kraht [4] der minne.
Des sal mich die goede [5] danc
weten,[6] dat ich nien gedranc
alsolh pîment [7] end ich sî minne
bat dan he end mach dat sîn.[8]
,, wale [9] gedâne ", valskes âne,
lâ mich wesen dîn
ende wis du mîn.

[1] *sonder danc = wider Willen*   [2] *Isolde*
[3] *wand = wan =* (conj.) *weil, denn*
[4] *kraft*   [5] *guote*   [6] *wiȥȥen*   [7] *wîn*
[8] *baȥ dann er, und mac daȥ sîn*   [9] *wolgetâne*

HÊR FRIDERICH VON HÛSEN

(twelfth century)

Gelebt ich noch die lieben zît ...

Gelebt ich noch die lieben [1] zît
daȥ ich daȥ lant solt abe [2] schouwen,
Dar inne al mîn froude lît
nu lange an einer schônen frouwen,
Sô gesâhe mînen lîp
niemer weder man noch wîp
getrûren noch gewinnen rouwen.[3]
mich dûhte nû vil manigeȥ gût
dâ von ê swâre was mîn mût.
Ich wânde ir ê vil verre sîn

[80]

dâ ich nu vil nâhe wâre.
Alrêrste hât daʒ herze mîn
von der fremde grôʒe swâre.
Eʒ tût wol sîne trouwe schîn.
wâre ich iender umb den Rîn,
sô friesche [4] ich lîhte ein ander mâre,[5]
des ich doch leider nie vernam
sît daʒ ich uber die berge [6] kam.

[1] happy time   [2] *aber(mals)*
[3] *riuwen = gereuen; rouwe:* Rhenish dialectal form of *riuwe* (st. f.) = *Reue*
[4] pret. subj. of *vreischen = erfahren*
[5] *mâre = maere, Nachricht*   [6] i.e., *die Alpen*

HÊR REINMÂR VON HAGENOUWE (DER ALTE)

(twelfth century)

Sô wol dir, wîp ...

Sô wol dir, wîp, wie reine ein nam!
wie sanfte er doch z'erkennen und ze nennen ist!
eʒ wart nie niht sô lobesam,
swâ [1] duʒ an rehte güete kêrest, sô du bist.
dîn lop niemán mit rede volenden kan.
swes du mit triuwen phligest, wol im, derst ein sælic [2] man
und mac vil gerne leben.
du gîst al der werlde hôhen muot:
wan maht [3] och mir ein lützel fröiden geben?

[1] *sofern*   [2] *beglückt; saelde = Glück, Heil*
[3] sec. pers. ind. of *mugen = können*

Wol den ougen diu sô welen kunden ...

Wol den ougen diu sô welen kunden
und dem herzen daʒ mir riet
an ein wîp diu hât sich underwunden [1]

[81]

guoter dinge und anders niet.
swaჳ ich durch si lîden sol,
dast [2] ein kumber den ich harte gerne dol.[3]

¹ *sich underwinden* (with gen.) = *auf sich nehmen*
² *das ist*   ³ *doln = dulden*

HÊR HARTMAN VON OUWE

(*c.* 1170–1215)

Dem kriuze zimt wol reiner muot . . .

Dem kriuze zimt wol reiner muot
und kiusche site:
sô mac man sælde und alleჳ guot
erweben mite.
Ouch ist eჳ niht ein kleiner haft [1]
dem tumben [2] man,
der sînem lîbe meisterschaft
niht halten kan.
Eჳ wil niht daჳ man sî
der werke drunder frî:
waჳ toug [3] eჳ ûf der wât,[4]
ders an dem herzen niene hât?
    Nû zinsent,[5] ritter, iuwer leben
und ouch den muot
durch [6] in der iu dâ hât gegeben
lîp unde guot.
Swes schilt ie was zer werlt bereit
ûf hôhen prîs,
ob er den [7] gote nu verseit,[8]
der ist niht wîs.
Wan swem daჳ ist beschert
daჳ er dâ wol gevert,[9]
daჳ giltet [10] beidiu teil,
der werlte lop, der sêle heil.

[82]

Diu werlt mich lachet triegent [11] an
und winket mir:
nû hân ich als ein tumber man
gevolget ir.
Der hacchen [12] hân ich manigen tac
geloufen nâch:
dâ niemen stæte vinden mac,
dar was mir gâch.[13]
Nû hilf mir, herre Krist,
der mîn dâ vârent [14] ist,
daʒ ich mich deme [15] entsage
mit dînem zeichen deich [16] hic trage
    Sît mich der tôt beroubet hât
des herren mîn,
swie nû diu werlt nâch ime gestât,
daʒ lâʒe ich sîn.
Der fröide mîn den besten teil
hât er dâ hin.
und schüefe ich nû der sêle heil,
daʒ wære ein sin.
Mag ime ze helfe komen
mîn vart diech hân genomen,
ich [17] wil irm halber jehen:
vor gote müeʒe [18] ich in gesehen.

[1] st. m. *Fessel*   [2] *jung, unerfahren*   [3] *tügen = nützen*
[4] *Kleidung*   [5] weak vb. *hingeben (als Zins)*   [6] *für*
[7] *den i.e., den Schild·*   [8] *verweigert*
[9] *wol gevarn = eine glückliche Reise tun*
[10] *gelten = Einkünfte bringen*   [11] *trügerisch*   [12] *Hexe, Buhlerin*
[13] *darnach eilte ich (gâch = eilig, jäh)*   [14] *vâren = nachstellen*
[15] *dem Teufel*   [16] *das ich*
[17] *ich will ir (dieser Fahrt) halber (die Hälfte) im jehen (zu eigen geben,*
zugestehen)   [18] *= möge*

HÊR HEINRICH VON MÔRUNGEN

(c. 1200)

Ich hôrt ûf der heide . . .

Ich hôrt ûf der heide
lûte stimme und süezen sanc.
dâ von wart ich beide
fröiden rîch und trûrens kranc.
nâch der mîn gedanc   sêre ranc   unde swanc,
die vant ich ze tanze dâ si sanc.
âne leide   ich dô spranc.

   Ich vant si verborgen
eine und ir wengel naz,
dô si an dem morgen
mînes tôdes sich vermaz.[1]
der vil lieben haz
tuot mir baz
danne daz
dô ich vor ir kniete dâ si saz
und ir sorgen
gar vergaz.
Ich vants [2]   an der zinnen,
eine, und ich was zir gesant.
dâ moht ichs ir minnen
wol mit fuoge hân gepfant.[3]
dô wând [4] ich diu lant   hân verbrant   sâ zehant,
wán daz mich ir süezen minne bant
an den sinnen   hât erblant.[5]

---

[1] *vermezzen* with gen. = (*sich*) *erkühnen*, firmly to resolve on (*als sie mir den Tod gewünscht hatte*). This was also C. von Kraus's interpretation, but in his poetic rendering of the poem he translates *vermaz* as *wähnte* which, however, does not go with what follows.

[2] *vant si*   [3] *pfenden = berauben*   [4] pt. of *waenen*
[5] *erblenden = blind machen*

Ôwê, sol aber mir iemer mê . . .

Ôwê,   sol aber mir iemer mê
geliuhten dur die naht
noch wîzer danne ein snê
ir lîp vil wol geslaht? [1]
der trouc [2]   diu ougen mîn.
ich wânde, ez solde sîn
des liehten mânen [3]   schîn.
   dô tagete ez.
   „ Ôwê,   sol aber er iemer mê
den morgen hie betagen? [4]
als uns diu naht engê,
daz wir niht durfin klagen:
, ôwê, nû ist ez tac ‘,
als er mit klage pflac
do’r jungest bî mir lac.
   dô tagete ez.“
   Ôwê, si kuste âne zal
in deme slâfe mich.
dô vielen hin ze tal
ir trêne nider sich,
icdoch getrôste ich sie,
daz si ir weinen lie
und mich alumbevie.
   dô tagete ez.
   „ Ôwê, daz er sô dicke sich
bî mir ersehen [5]   hât!
als er endahte [6] mich,
sô wolte er sunder wât
mîn arme [7] schouwen blôz.
ez was ein wunder grôz
daz in des nie verdrôz.
   dô tagete ez.“

---

[1] *(wohl) geartet, schön*   [2] *(be)trog*   [3] *Mond*   [4] *den Tag abwarten*
[5] *(v)ersehen = vor Schauen außer sich kommen*
[6] *endahte pt. of endecken = aufdecken*   [7] C. v. Kraus suggests *mich Arme.*

HÊR WALTHER VON DER VOGELWEIDE

(c. 1170–c. 1228)

Ich saȝ ûf eime steine . . .

Ich saȝ ûf eime steine,
und dahte [1] bein mit beine:
dar ûf satzt ich den ellenbogen:
ich hete in mîne hant gesmogen [2]
daȝ kinne und ein mîn wange.
dô dâhte ich mir vil ange,[3]
wie man zer werlte solte leben:
deheinen rât kond ich gegeben,
wie man driu dinc erwurbe,
der keines niht verdurbe.
diu zwei sint êre und varnde guot,[4]
daȝ dicke ein ander schaden tuot:
daȝ dritte ist gotes hulde,
der zweier übergulde.[5]
die wolte ich gerne in einen schrîn.
jâ leider desn mac niht gesîn,
daȝ guot und weltlich êre
und gotes hulde mêre [6]
zesamene in ein herze komen.
stîg unde wege sint in benomen:
untriuwe ist in der sâȝe,
gewalt vert ûf der strâȝe:
fride unde reht sint sêre wunt.
diu driu [7] enhabent geleites niht,
diu zwei [8] enwerden ê gesunt.

---

[1] pret. of *decken* (*das eine Bein mit dem andern*)
[2] past part. of *smiegen*
[3] adv. of *enge*: *ängstlich*, (*ich erwog*) *angelegentlich*
[4] *Reichtum, materieller Besitz*
[5] *das was übergiltet: mehr wert ist als ein anderes*   [6] *noch dazu*
[7] *Ehre-Gut-Gottes Huld* (*honestum-utile-summum bonum*); *cf.* E. R. Curtius: 'European Literature and the Latin Middle Ages,' 1953, and his excursus on the *ritterliches Tugendsystem*.
[8] *Friede und Recht*

Ich hôrte ein wazzer diezen . . .

Ich hôrte ein wazzer diezen [1]
und sach die vische fliezen,
ich sach, swaz in der welte was,
velt walt loup rôr unde gras,
swaz kriuchet unde vliuget
und bein zer erde biuget,
daz sach ich unde sage iu daz:
der keinez lebet âne haz.
daz wilt [2] und daz gewürme
die strîtent starke stürme,
sam tuont die vogel under in; [3]
wan daz sie habent einen sin: [4]
si dûhten sich ze nihte,
si enschüefen starc gerihte.
si kiesent künege unde reht,
si setzent hêrren unde kneht.
sô wê dir, tiuschiu zunge,
wie stêt dîn ordenunge! [5]
daz nû diu mugge ir künec hât,
und daz dîn êre alsô zergât.
bekêrâ dich, bekêre:
die cirkel [6] sint ze hêre,
die armen künege dringent [7] dich:
Philippe setze en weisen [8] ûf,
und heiz si treten hinder sich. [9]

[1] *tosen* [2] *die wilden Tiere* [3] *untereinander*
[4] *aber in einer Sache sind sie verständig*
[5] *Verfassung* [6] *goldener Reif (als Kopfschmuck der Könige)*
[7] *(die außerdeutschen Vasallenkönige) drängen;* probably Richard Lionheart and Philippe Auguste of France
[8] *der kostbarste Edelstein der deutschen Kaiserkrone (Philippe is* dative)
[9] *zurück*

Uns hât der winter geschadet über al . . .

Uns hât der winter geschadet über al:
heide unde walt sint beide nû val,

dâ manic stimme vil suoʒe inne hal.[1]
sæhe ich die megde an der strâʒe den bal
werfen, sô kæme uns der vogele schal.

Möhte ich verslâfen des winters zît!
wache ich die wîle, sô hân ich sîn nît,
daʒ sîn gewalt ist sô breit und sô wît.
weiʒgot er lât ouch dem meien den strît :[2]
sô lise ich bluomen dâ rîfe nû lît.

[1] *ertönte*   [2] *den strît lân = das Feld räumen*

Ir sult sprechen willekomen . . .[1]

Ir sult sprechen willekomen:
der iu mære [2] bringet, daʒ bin ich.
alleʒ daʒ ir habt vernomen,
daʒ ist gar ein wint:[3] nû frâget mich.
ich wil aber miete.[4]
wirt mîn lôn iht guot,
ich sage iu vil lîhte, daʒ iu sanfte tuot.
seht waʒ man mir êren biete.

Ich wil tiuschen frowen sagen
solhiu mære, daʒ si [5] deste baʒ
al der werlte suln behagen;
âne grôʒe miete tuon ich daʒ.
waʒ wold ich ʒe lône?
si sint mir ze hêr.
sô bin ich gefüege und bite si nihtes mêr
wan daʒ si mich grüeʒen schône.

Ich hân lande vil gesehen
unde nam der besten gerne **war**:
übel müeʒe mir geschehen,
kunde ich ie mîn herze bringen **dar**,[6]
daʒ im wol gevallen
wolde fremeder site.

[88]

nû waʒ hulfe mich, ob ich unrehte strite?[7]
tiuschiu zuht gât vor in[8] allen.

   Von der Elbe unz an den Rîn
und her wider unz an Ungerlant
sô mugen wol die besten sîn,
die ich in der werlte hân erkant.
kan ich rehte schouwen
guot gelâʒ[9] unt lîp,
sem[10] mir got, sô swüere ich wol, daʒ hie diu wîp
beʒʒer sint danne ander frouwen.

   Tiusche man sint wol gezogen,
rehte als engel sint diu wîp getân.
swer si schildet, derst betrogen:
ich enkan sîn anders niht verstân.[11]
tugent und reine minne,
swer die suochen wil.
der sol komen in unser lant, da ist wünne vil:
lange müeʒe ich leben dar inne!

Der ich vil gedienet hân
und iemer mêre gerne dienen wil,
diust von mir vil unerlân.[12]
iedoch sô tuot si leides mir sô vil.
si kan mir versêren
herze und den muot.
nu vergebeʒ ir got daʒs an mir missetuot.
her nâch[13] mac si sichs bekeren.

---

[1] W. Wilmanns calls this song *Mittelhochdeutsches 'Deutschland über alles.'* The authenticity of the last verse is doubtful.

[2] news   [3] *nichts*   [4] *Belohnung*
[5] *die Frauen oder die Nachrichten (maere pl.)*
[6] *dazu*   [7] *Falsches behaupten (... strîten)*   [8] *ihnen*
[9] *Benehmen, Gebaren*   [10] *sam ... (fürwahr!), so wahr (mir Gott helfe)*
[11] *sîn verstân = es verstehen*
[12] *von der lasse ich nicht*   [13] *in Zukunft*

Under der linden
an der heide,
dâ unser zweier bette was,
dâ mugent ir vinden
schône [1] beide [2]
gebrochen bluomen unde [2] gras.
vor dem walde in einem tal,
tandaradei,
   schône sanc diu nahtegal.

  Ich kam gegangen
zuo der ouwe:
dô was mîn friedel komen ê.
dâ wart ich enpfangen,
' hêre frouwe! ',
daʒ ich bin sælic iemer mê.
kust er mich? wol tûsentstunt:
tandaradei,
   seht wie rôt mir ist der munt.

  Dô het er gemachet
alsô rîche
von bluomen eine bettestat.
des wirt noch gelachet
inneclîche,
kumt iemen an daʒ selbe pfat.
bî den rôsen er wol mac,
tandaradei,
   merken wâ mirʒ houbet lac.

   Daʒ er bî mir læge,
wesseʒ [3] iemen
(nu enwelle got!), sô schamt ich mich.
wes er mit mir pflæge,
niemer niemen
bevinde daʒ, wan [4] er und ich,
und ein kleineʒ vogellîn:

[90]

¹ *vollständig, ganz und gar*   ² *sowohl . . . als auch*
³ *wüßte es (irgend jemand)*   ⁴ *außer*

GOTTFRIED VON STRASSBURG

(thirteenth century)

nu sprechet umbe die nahtegalen!

[A passage of literary criticism from *Die Schwertleite*, lines 4772 ff.]

nu sprechet ¹ umbe die nahtegalen!
die sint ir dinges wol bereit ²
und kunnen alle ir senede leit
sô wol besingen unde besagen;
welhiu sol ir baniere tragen,
sît diu von Hagenouwe,
ir aller leitevrouwe ³
der werlde ⁴ alsus geswigen ist,
diu aller dœne houbetlist
versigelt in ir zungen truoc?
von der denk' ich vil unde genuoc
(ich meine ab von ir dœnen ⁵
den süe3en, den schœnen),
wâ sî der ⁶ sô vil næme,
wannen ir da3 wunder kæme
sô maneger wandelunge.⁷
ich wæne, Orphêes zunge,
diu alle dœne kunde,
diu dœnete û3 ir munde.

Sît da3 man der nu niht enhât,
sô gebet uns etelîchen rât!
ein sælic man der spreche dar: ⁸
wer leitet nû die lieben schar?
wer wiset di3 gesinde?

[91]

ich wæne, ich sî wol vinde,
diu die baniere füeren sol:
ir meisterinne kan ez wol,
diu von der Vogelweide.
hei, wie diu über heide
mit hôher stimme schellet![9]
waz wunders sî gestellet!
wie spæhe s' organieret![10]
wie si ir sanc wandelieret![11]
(ich meine ab in dem dône
dâ her von Zithêrône,[12]
dâ diu gotinne Minne
gebiutet ûf und inne).
diu[13] ist dâ z' hove kamerærîn:[14]
diu sol ir leitærinne sîn!
diu wîset sî ze wunsche wol,
diu weiz wol, wâ si suochen sol
der minnen melodîe.
si unde ir cumpânîe
die müezen sô gesingen,
daz sî ze fröuden bringen
ir trûren unde ir senedez klagen:
und daz geschehe bî mînen tagen!

Tristan und Isolt (c. 1210)

---

[1] *wir wollen nun sprechen* . . .   [2] *die verstehen sich auf ihre Sache*
[3] *leitevrouwe*, leader, here meaning Reinmâr
[4] *der werlde* [dat.] *für die Welt (verstummt)*
[5] *cf.* 4805; Gottfried refers to the *Lieder* not to the *Sprüche*
[6] *wâ woher*; *der* refers to *dænen*   [7] *wandelunge* (sf.), variation
[8] *dar sprechen*, declare
[9] *cf.* Sievers, *Rhythm. melod. Studien*, 1912, pp. 71–2: ,, Ein norddeutscher
Leser . . . wird beispielsweise Hartmann von Aue beim Vortrag unwill-
kürlich stets tiefer legen als etwa Wolfram von Eschenbach oder gar Gottfried von Strassburg . . . Man kann eben nicht Gottfried mit tiefer Stimme
erzählen lassen.''
[10] *organieren*, make music   [11] *wandelieren, variare*
[12] *Zithêrône* < κύθηρα; island of Aphrodite; Gottfried confuses here
Cithaeron (the Greek mountain) with the island Cythera
[13] *diu (nahtegal) von der Vogelweide; cf.* 4799.   [14] *kamerærîn* 'Mistress
of the Robes,' Gottfried and Walther seem to have met about 1200.

HÊR WOLFRAM VON ESCHENBACH

(c. 1170–1220)

Sîne klâwen durch die wolken sint geslagen . . .

„ Sîne klâwen   durch die wolken sint geslagen,
er stîget ûf mit grôzer kraft,
ich sihe in grâwen   tegelîch, als er wil tagen,
den tac, der im geselleschaft
erwenden [1] wil, dem werden man,
den ich mit sorgen în bî naht verliez.
ich bringe in hinnen, ob ich kan:
sîn vil manegiu tugent mich daz leisten hiez."

„ Wahter, dû singes,   daz mir manege vreude nimt
unde mêret mîne klage.
mære dû bringes,   der mich leider niht gezimt,
iemer morgens gegen dem tage.
diu soltû mir verswîgen gar.
daz gebiute ich den triuwen dîn:
des lône ich dir, als ich getar.[2]
sô belîbet hie der geselle mîn."

„ Er muoz et hinnen   balde und âne sûmen sich:
nû gip im urloup, süezez wîp.
lâze in minnen   her nâch sô verholne dich,
daz er behalde êre und den lîp.
er gap sich mîner triuwe alsô,
daz ich in ouch braehte wider dan.
ez ist nû tac: naht was ez, dô
mit drucke an brust dîn kus mir in an gewan."[3]

„ Swaz dir gevalle,   wahter, sinc und lâ den hie,
der minne brâhte und minne emphienc.
von dînem schalle   ist er und ich erschrocken ie:
sô ninder morgensterne ûf gienc
ûf in, der her nâch minne ist kommen,
noch ninder lûhte et [4] tages lieht,

dû hâs in dicke mir benomen
von blanken armen und ûʒ herzen niht."

   Von den blicken,   die der tac tet durch diu glas,
und dô der wahter warnen sanc,
si muoste erschricken   durch den, der dâ bî ir was.
ir brüstelîn an brust si twanc.
der ritter ellens [5] niht vergaʒ
(des wolde in wenden wahtæres dôn):
urloup nâhe und nâher baʒ [6]
mit kusse und anders gap in minne lôn.

[1] *abbringen (von)*   [2] *getürren = sich getrauen*   [3] *abgewann*
[4] *nun, doch*   *ellen (st. n.) Stärke, Mut*   [6] *mehr*

HÊR NÎTHART (NEIDHART) VON REUENTHAL

(*c.* 1180–*c.* 1250)

Wintertanz in der Bauernstube

   Rûmet ûʒ die schæmel und die stüele!
heiʒ die schragen [1]
vürder tragen!
hiute sul wir tanzens werden müeder.
Werfet ûf die stuben, so ist eʒ küele,
daʒ der wint
an diu kint
sanfte wæje durch diu übermüeder.[2]
Sô die voretanzer danne swîgen,
sô sult ir alle sîn gebeten,
daʒ wir treten
aber ein hovetänzel nâch der gîgen.

   Los ûʒ! ich hœr in der stuben tanzen.
junge man,
tuot iuch dan:
da ist der dorfwîbe ein michel trünne.[3]

Dâ gesach man michel ridewanzen.⁴
zwêne gigen:
dô si swigen,
daȝ was geiler ⁵ getelinge ⁶ wünne.
Seht, dô wart ze zeche vor gesungen.
durch diu venster gie der galm.⁷
Adelhalm
tanzet niwan zwischen zweien jungen.

    Gesâht ir ie gebûren sô gemeiten⁸
als er ist?
wiȝȝe Krist,
er ist al ze vorderst anme reien.
Einen veȝȝel ⁹ zweier hende breiten
hât sîn swert.
harte wert
dunket er sich sîner niuwen treien:¹⁰
Diu'st von kleinen vier und zweinzec tuochen;
die ermel gênt im ûf die hant.
sîn gewant
sol man an eim œden kragen ¹¹ suochen.

    Vil dörperlîch stât alleȝ sîn gerüste
daȝ er treit.
mir'st geseit,
er sinn ¹² Engelboltes tohter Âven.
Den gewerp erteile ich im ze vlüste; ¹³
si ist ein wîp
daz ir lîp
zæme wol ze minnen einem grâven.
Dâ von lâȝe er sich des wîsen ¹⁴ tougen.¹⁵
zeche er anderthalben hin.
den gewin
trüege er hin ze Meinze in sînen ougen . . .

---

¹ *Gestell unter einer Tischplatte* (trestle)   ² *Leibchen über dem Hemde*
³ *Schwarm, Haufen*   ⁴ *tanzen*   ⁵ *froh, üppig*
⁶ *Bauernburschen*   ⁷ *Lärm, Schall*   ⁸ *stattlich* ⁹ *Band*
¹⁰ *treie = Wams*   ¹¹ *(eitler) Narr*   ¹² (with gen.) *begehren*
¹³ *vlust = Verlust*   ¹⁴ *anweisen*   ¹⁵ *geheim*

VRÎDANC (FREIDANK)

(early thirteenth century)

Von friunden

Ein friunt ist nützer nâhe bî
dan verre zwêne oder drî.
   Gemachet friunt ze nœten stât
dâ lîhte ein mâc [1] den andern lât.
   Gewisse friunt, versuochtiu swert
sint ze nœten goldes wert . . .

Swer niht wol gereden kan,
der swîge und sî ein wîse man.
   Kumt ein ohse in fremediu lant,
er wirt doch für ein rint erkant.
   Sich badet diu krâ mit allem flîʒ
und wirt durch daʒ doch niemer wîʒ.
   Armiu hôchvart ist ein spot,
rîche dêmuot minnet got.
   Hôchvart twinget kurzen man,
daʒ er muoʒ ûf den zêhen gân.
   Der rîchtuom ist von sælden niht,
dâ von nieman guot geschiht.
   Zer werlde mac niht süeʒers sîn
dan ein wort, daʒ heiʒet mîn . . .
   Ich wæne, daʒ iht bettes sî,
da'n sî ein bœsiu veder bî.
   Vil manic schœniu bluome stât,
diu doch vil bitter wurzel hât.

Bescheidenheit [2]

[1] *Verwandter*   [2] *Lebensklugheit*

MECHTHILD VON MAGDEBURG

(thirteenth century)

Wird ein Mensch zu einer Stund' . . .

[From an early New High German version of her book *Das fließende Licht der Gottheit*. The original Low German version is lost.]

Wird ein Mensch zu einer Stund'
von wahrer Minne recht wund,
der wird nimmermehr gesund,
er küsse denn denselben Mund,
von dem seine Seel' ist worden wund.

HEINRICH VON MÎSSEN (FRAUENLOB)

(1250–1318)

Priamel

Swer zeiget kunst, dâ man ir niht erkennet,[1]
swer ungezemtiu jungiu ros unkunde vürte [2] rennet,
swer lange krieget wider reht,
swer vil verstolnes koufet;
  Swer vil mit nâchgebûren [3] sich gebâget,[4]
swer ungewizzenlîchen [5] gar die ungezogenen vrâget,
swer strîchet [6] dicke vremden hunt,
swer alte juden toufet;
  Swer dienet, dâ man sîn niht gert,
swer sich mit lügen wil machen wert,
swer spotten wil der alten;
swer ûf die verre [7] vriunt sich sêre fîdet,[8]
swer sîn getriuwe sælic wîp durch valsche minne mîdet:
sol dem ez allez wol ergân,
des muoz gelücke walten.

---

[1] *anerkennt*   [2] *vurt = Weg*   [3] *Nachbarn*
[4] *bâgen = streiten*   [5] *indiskret, ungehörig*   [6] *streichelt*
[7] *fern*   [8] *(sich) verläßt*

HÊR OSWALD VON WOLKENSTEIN

(1377–1445)

Vier hundert Jar uff erden . . .

Vier hundert Jar uff erden, die gelten ainen tag,
Vnd wa sich lieb zu lieb haimlich verschließen mag,
Da wär ich nit ain zag! [1]
Ich truckt, ich schmuckt die mynneclichen an mein prust
Nach meines hertzen lust,
So wär mein leid vertust, [2]
Die lieb trüg mich zu lieb on vngemach!

Ich lob den tag und preys den wunneclichn schertz,
Seid sy mich hatt vßerwelt Ja für ir aigen hertz
So gar on allen schertz,
 Deßgeleihen vnuergessen ymmer vnd ewicleich
In meines hertzen teich,
Von der ich doch nit weich,
Wann ich das ir mündtleich vnd hoch versprochen han.

Mit vrlaub, fraw, kain schaiden tett mir nye so wee!
Vnd solt ich, fraw, dein leib gesehen nymmermer,
Das wär ein giftig wee!
So rewt mich, fraw! dein rosenuarber, zucker süßer mund
Hatt mir mein hertz verwundt
Bis vff des todes punt, [3]
Des mordaio vnd ach vnd ymmer we!

Clara Hätzlerins Liederbuch (fifteenth century)

Feigling   [2] *verjagt*   [3] *(Zeit) Punkt*

[98]

HEINRICH VON LOUFENBERG

(fifteenth century)

Komm heilger Geist, erfüll min Herz .. [1]

Komm heilger Geist, erfüll min Herz,
entzünd in mir din Minne.
Din Süßigkeit vertreib den Schmerz,
erleucht minr Seelen Sinne.

In dir allein ist Fried und Sunn,
in dir ruht das Gemüte,
in mir auch wollest Friede tun
durch din göttliche Güte.

Ach reiner Herzen lichter Schin,
glänz in minr finstren Kluse,
ach edler Trost, gieß dich darin,
min Seel werd hüt din Huse.

Ach edler Geist mit sieben Gaben,
nun si noch heut min Gaste,
daß ich dir leb und dich mög laben,
nimm bi mir Ruh und Raste.

Komm, min Heil, min Seligkeit,
durch dinen heilgen Namen,
von mir dich nimmermehr gescheidt
hie und dort immer. Amen.

[1] *cf.* the antiphony : *Veni sancte spiritus.*

NEUHOCHDEUTSCH

MARTIN LUTHER

(1483–1546)

Ein feste burg ist unser Gott . . . [1]

[First printed in 1529]

Ein feste burg ist unser Gott,
eine gute wehr und waffen.
Er hilft uns frei aus aller not,
die uns itzt hat betroffen.
Der alt böse feind,
mit ernst ers itzt meint.
Groß macht und vil list
sein grausam rüstung ist.
Auf erd ist nicht seins gleichen.

Mit unser macht ist nichts gethan.
Wir sind gar bald verloren.
Es streit für uns der rechte man,
den Gott hat selbs erkoren.
Fragstu, wer der ist?
Er heißt Jhesus Christ,
Der HERR Zebaoth,
und ist kein ander Gott.
Das felt muß er behalten.

Und wenn die welt vol Teufel wer
und wolt uns gar verschlingen,
so fürchten wir uns nicht so sehr,
es sol uns doch gelingen.
Der Fürst dieser welt
wie saur er sich stelt,
thut er uns doch nicht. [2]

[100]

Das macht er ist gericht.
Ein wörtlin kann in fellen.

Das wort sie söllen lassen stan
und kein dank [3] dazu haben.
Er ist bei uns wol auf dem plan
mit seinem Geist und gaben.
Nemen sie den leib,
gut, ehr, kind und weib,
laß faren dahin,
sie habens kein gewin,
das Reich [4] muß uns doch bleiben.

[1] *cf.* Psalm XLVI: *Deus noster refugium*   [2] *nichts*
[3] *keinen Gedanken, i.e., keine eigene subjektive Auslegung*
[4] *Gemeinschaft Christi, Reich Gottes*

Vom Himel hoch da kom ich her . . .

[A Christmas carol based on the second chapter of the Gospel according to Saint Luke.]

Vom Himel hoch da kom ich her,
Ich bring euch gute neue mer,
Der guten mer bring ich so viel,
Davon ich singen und sagen wil.

Euch ist ein kindlein heut geborn,
Von einer Jungfrau auserkorn,
Ein kindelein so zart und fein,
Das sol eur freud und wonne sein.

Es ist der Herr Christ unser Gott,
Der wil euch fürn aus aller not,
Er wil eur Heiland selber sein,
Von allen sunden machen rein.

Er bringt euch alle seligkeit,
Die Gott der Vater hat bereit,[1]

Das ir mit uns im himelreich
Solt leben nu und ewigleich.

So merket nu das zeichen recht,
Die krippen, windelein so schlecht,
Da findet ir das Kind gelegt,
Das alle welt erhelt und tregt.

Des laßt uns alle frölich sein
Und mit den hirten gehen hinein,
Zu sehen, was Gott uns hat beschert,
Mit seinem lieben Son verehrt.

Merk auf, mein herz, und sich dort hin,
Was ligt doch in dem krippelin?
Wes ist das schöne kindelin?
Es ist das liebe Jhesulin.

Bis willekom du edler gast,
Den Sunder nicht verschmehet hast
Und kömst ins elend [2] her zu mir,
Wie sol ich immer danken dir?

Ach Herr, du schöpfer aller ding,
Wie bistu worden so gering,
Das du da ligst auf dürrem gras,
Davon ein rind und esel aß.

Und wer die welt viel mal so weit
Von edel stein und gold bereit,[1]
So wer sie doch dir viel zu klein
Zu sein ein enges wigelein.

Der sammet und die seiden dein,
Das ist grob heu und windelein,
Dar auf du Köng so groß und reich
Her prangst, als wers dein Himelreich.

Das hat also gefallen dir,
Die warheit anzuzeigen mir,
Wie aller welt macht, ehr und gut
Für [3] dir nichts gilt, nichts hilft, noch thut.

Ach, mein herzliebes Jhesulin,
Mach dir ein rein sanft bettelin,
Zu rugen [4] in meins herzen schrein,
Das ich nimer vergesse dein.

Davon ich allzeit frölich sei,
Zu springen singen immer frei
Das rechte Sussaninne [5] schon
Mit herzen lust den süßen thon.

Lob ehr sei Gott im höchsten thron,
Der uns schenkt seinen einigen Son,
Des freuen sich der Engel schar
Und singen uns solchs neues jar.

[1] bereitet   [2] the old meaning: *Fremde, Verbannung*
[3] *vor*   [4] *ruhen*
[5] an old cradle-song: *sûsâ = sause! ninna = Wiege*

Aus tiefer not schrei ich zu dir . . . [1]

Aus tiefer not schrei ich zu dir,
Herr Got erhör mein rüfen,
Dein gnedig oren ker zu mir
Und meiner pit sic öffen,
Denn so du das wilt sehen an,
Wie manche sünd ich hab gethan,
Wer kan, herr, für dir bleiben?

Es steet bei deiner macht allein
Die sünden zu vergeben,
Das dich fürcht beide groß und klein
Auch in dem besten leben,

[103]

Darum auf Got wil hoffen ich,
Mein herz auf in sol lassen sich
Ich wil seins worts erharren.

Und ob es wert biß in die nacht
Und wider an den morgen,
Doch sol mein herz an Gottes macht
Verzweifeln nit noch sorgen,
So thu Israel rechter art,
Der aus dem geist erzeuget ward
Und seines Gots erharre.

Ob bei uns ist der sünden vil,
Bei Gott ist vil mer gnaden,
Sein hand zu helfen hat kein zil,
Wie groß auch sei der schaden,
Er ist allein der gute hirt,
Der Israel erlösen wirt
Aus seinen sünden allen.

[1] *cf.* Psalm cxxx: *De profundis*

Mitten wir im leben sind . . .

Mitten wir im leben sind
Mit dem tod umfangen,
Wen such wir, der hülfe thu,
Daß wir gnad erlangen?
Das bistu Herr alleine
Uns reuet unser missethat,
Die dich, Herr, erzürnet hat,
Heiliger Herre Gott,
Heiliger starker Gott,
Heiliger barmherziger Heiland,
Du ewiger Gott,
Laß uns nicht versinken
In des bittern todes not.
Kyrieleison.

Mitten in dem tod anficht
Uns der hellen rachen,
Wer wil uns aus solcher not
Frei und ledig machen?
Das thustu, Herr, alleine,
Es jamert dein barmherzigkeit [1]
Unser sund und großes leid,
Heiliger Herre Gott,
Heiliger starker Gott,
Heiliger barmherziger Heiland,
Du ewiger Gott,
Laß uns nicht verzagen
Für [2] der tiefen hellen glut.
    Kyrieleison.

Mitten in der hellen angst
Unser sund uns treiben,
Wo sollen wir denn fliehen hin,
Da wir mügen bleiben?
Zu dir Herr Christ alleine,
Vergossen ist dein theures blut,
Das gnug für die sunde thut,
Heiliger Herre Gott,
Heiliger starker Gott,
Heiliger barmherziger Heiland,
Du ewiger Gott,
Laß uns nicht entfallen
Von des rechten glaubens trost.
    Kyrieleison.

[1] accusative   [2] *vor*

Compare:
  Media vita in morte sumus.
  Quem quaerimus adiutorem,
  Nisi te, domine?
  Qui pro peccatis nostris
  Iuste irasceris.

Sancte deus, sancte fortis,
Sancte et misericors salvator,
Amarae morti ne tradas nos.[1]

[1] This *Antiphona de morte* is by Notker Balbulus (d. 912)

DICHTER UNBEKANNT

VOLKSLIEDER:
Geistliche
Lieder
Weihnachten

Gelobet seist du, Jesu Christ,
daß du Mensch geboren bist
von einer Jungfrau, das ist wahr:
des freuet sich der Engel Schar.
Kyrieleis!

Ostern

Christ ist erstanden
von der Marter alle.
Des sollen wir alle froh sein,
Christ will unser Trost sein.
    Kyrioleis!

Wär er nicht erstanden,
die Welt die wär vergangen;
seit daß er erstanden ist,
so loben wir den Herrn Jesum Christ.
    Kyrioleis!

Pfingsten

Nu biten wir den heiligen geist
umb den rechten glouben allermeist,
daß er uns behüete

an unserm ende,
so wir heim suln varn
us diesem ellende.
    Kyrieleis!

Kreuzleis

In gottes namen faren wir,
seiner genaden begeren wir,
das helf uns die gottes kraft
und das heilige grab,
da gott selber inne lag!
    kyrieleison!

Kyrieleis, Christeleis!
das helf uns der heilig geist
und die ware gottes stimm,
daß wir frölich farn von hinn!
    kyrieleison!

All mein Gedanken . . .

All mein Gedanken, die ich hab,
die sind bei Dir.
Du auserwählter einger Trost,
bleib stet bei mir.
Du sollt an mich gedenken!
Hätt ich aller Wunsch Gewalt,
von dir wollt ich nit wenken.

Du auserwählter einger Trost,
gedenk daran!
Leib und Gut, das sollt du ganz
zu eigen han!
Dein will ich beleiben.

Du gibst mir Freud und hohen Mut,
und kannst mir Leid vertreiben.

Ich hab' die Nacht geträumet ...

Ich hab' die Nacht geträumet
wohl einen schweren Traum:
es wuchs in meinem Garten
ein Rosmarienbaum.

Ein Kirchhof war der Garten,
das Blumenbeet ein Grab,
und von dem grünen Baume
fiel Kron und Blüten ab.

Die Blüten tät ich sammeln
in einen goldnen Krug,
der fiel mir aus den Händen,
daß er in Stücken schlug.

Draus sah ich Perlen rinnen
und Tröpflein rosenrot.
Was mag der Traum bedeuten?
— Herzliebster, bist du tot?

Ich hört' ein Sichelein rauschen ...

Ich hört' ein Sichelein rauschen,
wohl rauschen durch das Korn,
ich hört' eine feine Magd klagen,
sie hätt' ihr Lieb verlorn.

,, Laß rauschen, Lieb, laß rauschen,
ich acht nit, wie es geh;
ich hab' mir ein Buhlen erworben
in Veiel und grünem Klee."

„ Hast du einen Buhlen erworben
in Veiel und grünem Klee,
so steh ich hier alleine,
tut meinem Herzen weh."

Ach Elslein, liebes Elselein . . .

„ Ach Elslein, liebes Elselein,
wie gern wär ich bei dir!
So sein zwei tiefe wasser
wol zwischen dir und mir."

„ Das bringt mir großen schmerzen,
herzallerliebster gsell!
red ich von ganzem herzen,
habs für groß ungefell! " [1]

„ Hoff, zeit werd es vollenden,
hoff, glück werd kummen drein,
sich in als guts verwenden,
herzliebstes Elslein! "

[1] *Unfall, Unglück*

Dort hoch auf jenem Berge . . .

Dort hoch auf jenem Berge
da geht ein Mühlenrad,
das mahlet nichts denn Liebe
die Nacht bis an den Tag.

Die Mühle ist zerbrochen,
die Liebe hat ein End,
so gsegen dich Gott, mein feins Lieb!
Jetzt fahr ich ins Elend.

Ich fahr dahin, wann es muß sein ...

Ich fahr dahin, wann es muß sein,
ich scheid mich von der Liebsten mein;
zur Letz laß ich das Herze mein,
dieweil ich leb, so soll es sein.
Ich fahr dahin, ich fahr dahin.

Halt du dein Treu so stet als ich,
und wie du willst, so findst du mich.
Halt dich in Hut, das bitt ich dich.
Gesegn dich Gott! Ich fahr dahin,
ich fahr dahin, ich fahr dahin.

Ade zur guten Nacht!

Ade zur guten Nacht!
Jetzt wird der Schluß gemacht,
daß ich muß scheiden.
Im Sommer wächst der Klee,
im Winter schneit's den Schnee,
da komm ich wieder.

Es trauern Berg und Tal,
wo ich viel tausendmal
bin drüber gangen;
das hat deine Schönheit gemacht,
hat mich zum Lieben gebracht
mit großem Verlangen.

Das Brünnlein rinnt und rauscht
wohl unterm Holderstrauch,
wo wir gesessen.
Wie manchen Glockenschlag,
da Herz bei Herzen lag,
das hast vergessen.

Die Mädchen in der Welt
sind falscher als das Geld
mit ihrem Lieben.
Ade zur guten Nacht!
Jetzt wird der Schluß gemacht,
daß ich muß scheiden.

Innsbruck, ich muß dich lassen ...

Innsbruck, ich muß dich lassen
Ich fahr dahin mein Straßen
In fremde Land dahin.
Mein Freud ist mir genommen,
Die ich nit weiß bekommen, [1]
Wo ich im Elend bin.

Groß Leid muß ich ertragen,
Das ich allein tu klagen
Dem liebsten Buhlen mein.
Ach Lieb, nun laß mich armen
Im Herzen dein erwarmen,
Daß ich muß dannen sein.

Mein Trost ob allen Weiben,
Dein tu ich ewig bleiben,
Stet, treu, der Ehren frumm.[2]
Nun muß dich Gott bewahren,
In aller Tugend sparen,
Bis daß ich wieder kumm.

[1] zu finden   [2] tüchtig

Balladen

Zwei Königskinder

(Westfälisch)

Et wassen twe Künigeskinner,
de hadden enanner so lef;

de konnen tonanner nich kummen,
dat Water was vil to bred.

„ Lef Herte, kannst du der [1] nich swemmen?
lef Herte, so swemme to mi!
ick will di twe Keskes [2] upstecken
und de sölld löchten to di."

Dat horde ne falske Nunne
up ere Slopkammer, o weh!
Se dei de Keskes utdömpen: —
lef Herte blef in de See.

Et was up en Sundage morgen,
de Lüde wören alle so fro,
nich so des Küniges Dochter,
de Augen, de seten er to.[3]

„ O Moder", sede se, „ Moder!
Mine Augen dod mi der so weh:
mag ick der nich gon spazeren
an de Kant von de ruskende [4] Se? "

De Moder genk to de Kerken,
de Dochter genk an de Sekant,
se genk der so lange spazeren,
bes se enen Fisker fand.

„ O Fisker, leveste Fisker!
Ji könnt verdenen grot Lon,
settet jue [5] Netkes [5] to Water,
fisket mi den Künigesson! "

He sette sin Netkes to Water,
de Lotkes sünken to Grund,
he fiskde un fiskde so lange,
de Künigssohn wurde sin Fund.

Do nam de Künigesdochter
von Hoefd [6] ere goldene Kron:
„ Süh do, woledele Fisker!
Dat is ju verdende Lon." [7]

Se nam in ere blanke Arme
den Künigesson, o weh!
Se sprank mit em in de Wellen:
„ Lev Vader, lev Moder, ade! "

---

[1] Dativus ethicus *dir*   [2] *Kerzen*
[3] *saßen ihr zu: waren vom Weinen blind*   [4] *rauschende*
[5] *eure Netze*   [6] *Haupt*   [7] *euer verdienter Lohn*

Der Wassermann und die schöne Dorothee

Es freit' ein wilder Wassermann
von dem Berge bis über die See,
    er freite nach der Königin von Mohrenland,
    nach der schönen Dorothee.[1]

Er ließ ihr eine goldne Brücke baun
von dem Berge bis über die See,
    darauf sie sollte spazieren gehn,
    die schöne Dorothee.

Sie spazierte die Brücke wohl auf und ab
von dem Berge bis über die See,
    bis daß er sie in das Wasser nahm,
    die schöne Dorothee.

Im Wasser lebte sie sieben Jahr,
von dem Berge bis über die See,
    bis daß sie sieben junge Söhne gebar,
    die schöne Dorothee.

[113]

Und als sie an der Wiege stand,
von dem Berge bis über die See,
    da hörte sie die Glocken von Mohrenland,
    die schöne Dorothee.

Sie frug den wilden Wassermann,
von dem Berge bis über die See,
    ob sie könnte nach Mohrland in die Kirche gehn,
    die schöne Dorothee.

„ Willst du nach Mohrland in die Kirche gehn,
von dem Berge bis über die See,
    so mußt du deine sieben jungen Söhne mitnehmen,
    du schöne Dorothee.“

Und als sie in die Kirche kam,
von dem Berge bis über die See,
    da neigte sich alles, was in der Kirche war,
    vor der schönen Dorothee.

„ Ach Leute, liebe Leute mein,
warum neigt ihre euch alle vor mir?
    Ich bin ja das wilde Wasserweib,
    ich arme Dorothee.“

Und als sie aus der Kirche kam,
von dem Berge bis über die See,
    da stand der wilde Wassermann
    wohl in der Kirchentür.

„ Willst du mit mir ins Wasser gehn,
von dem Berge bis über die See,
    oder willst du hier lieber auf dem Kirchhof bleiben,
    du schöne Dorothee? “

„ Eh ich mit dir ins Wasser geh,
von dem Berge bis über die See,
    viel lieber will ich hier auf dem Kirchhof bleiben,
    ich arme Dorothee.“

Er legte sie auf einen steinernen Tisch
von dem Berge bis über die See,
    und zerteilte sie wie einen Wasserfisch,
    die arme Dorothee.

Und wo ein Tropfen Blut hinsprang,
von dem Berge bis über die See,
    da stand alle Morgen ein Engel und sang
    von der schönen Dorothee.

[1] *Lilofee* in other versions

Agnes Bernauerin

Es reiten drei Herren zu München hinaus,
sie reiten wol vor der Bernauerin ihr Haus:
„ Bernauerin, bist du darinnen, ja darinnen? "

„ Bist du dann darinnen, so tritt du heraus!
Der Herzog ist draußen vor deinem Haus,
mit all seinem Hofgesinde."

Sobald die Bernauerin die Stimme vernahm,
ein schneeweißes Hemd zog sie gar bald an,
wol vor den Herzog zu treten.

Sobald die Bernauerin vors Tor hinaus kam,
drei Herren gleich die Bernauerin vernahm'n:
„ Bernauerin, was willst du machen?

Ei, willst du lassen den Herzog entweg'n,
oder willst du lassen dein jung frisches Leb'n,
ertrinken im Donauwasser? "

„ Und eh ich will lassen mein'n Herzog entweg'n.
so will ich lassen mein jung frisches Leb'n,
ertrinken im Donauwasser.

[115]

Der Herzog ist mein, und ich bin sein,
der Herzog ist mein, und ich bin sein,
sind wir gar treu versprochen."

Bernauerin wol auf dem Wasser schwamm,
Maria, Mutter Gottes hat sie gerufen an,
sollt ihr aus dieser Not helfen.

„ Hilf mir, Maria, aus dem Wasser heraus,
mein Herzog läßt dir bauen ein neues Gotteshaus,
von Marmorstein ein'n Altar."

Sobald sie dieses hat gesprochen aus,
Maria, Mutter Gottes hat geholfen aus
und von dem Tod sie errettet.

Sobald die Bernauerin auf die Brucken kam,
drei Henkersknecht zur Bernauerin kam'n:
„ Bernauerin, was willst du machen?

Ei, willst du werden ein Henkersweib,
oder willst du lassen dein'n jung stolzen Leib
ertrinken im Donauwasser?"

„ Und eh ich will werden ein Henkersweib,
so will ich lassen mein'n jung stolzen Leib
ertrinken im Donauwasser."

Es stunde kaum an den dritten Tag,
dem Herzog kam eine traurige Klag:
Bernauerin ist ertrunken.

„ Auf, rufet mir alle Fischer daher,
sie sollen fischen bis in das rote Meer,
daß sie mein feines Lieb suchen."

Es kamen gleich alle Fischer daher,
sie haben gefischt bis in das rote Meer,
Bernauerin haben sie gefunden.

Sie legen s' dem Herzog wol auf den Schoß,
der Herzog wol viel tausend Tränen vergoß,
er tät gar herzlich weinen.

„ So rufet mir her fünftausend Mann!
Einen neuen Krieg will ich fangen an
mit meinem Herrn Vater eben.

Und wär mein Herr Vater mir nicht so lieb,
so ließ ich ihn auf henken als wie einen Dieb;
wär aber mir eine große Schande."

Es stunde kaum an den dritten Tag,
dem Herzog kam eine traurige Klag:
Sein Herr Vater ist gestorben.

„ Die mir helfen meinen Herrn Vater begrab'n,
rote Mäntel müssen sie hab'n,
rot müssen sie sich tragen.

Und die mir helfen, mein feines Lieb begrab'n,
schwarze Mäntel müssen sie hab'n,
schwarz müssen sie sich tragen.

So wollen wir stiften eine ewige Meß,
daß man der Bernauerin nicht vergeß,
man wölle für sie beten."

(1435)

Trinklieder   *Der liebste Buhle*

Den liebsten bulen, den ich han,[1]
der leit beim wirt im keller,

[117]

er hat ein hölzens rocklein an
und heißt der Muscateller;
er hat mich nechten trunken gmacht
und frölich heut den ganzen tag,
gott geb im heint ein gute nacht!

    Von disem bulen, den ich mein,
wil ich dir bald eins bringen,
es ist der allerbeste wein,
macht mich lustig zu singen,
frischt mir das blut, gibt freien mut,
als durch sein kraft und eigenschaft,
nu grüß dich gott, mein rebensaft!

[1] *cf.* the religious *Passionslied:* „ *Den liebsten Herren, den ich han.* "

Der Schwartenhals [1]

Ich kam für einr fraw wirtin haus,
man fragt mich, wer ich were?
„Ich bin ein armer schwartenhals,
ich eß und trink so gerne."

Man fürt mich in die stuben ein,
da bot man mir zu trinken,
mein augen ließ ich umbher gan,
den becher ließ ich sinken.

Man setzt mich oben an den tisch,
als ich ein kaufherr wäre,
und do es an ein zalen gieng,
mein seckel stund mir läre.

Do ich zu nachts wolt schlafen gan,
man wis mich in die scheure,
do wart mir armen schwartenhals
mein lachen vil zu teure.

Und do ich in die scheure kam
do hub ich an zu nisten, [2]
do stachen mich die hagedorn
darzu die rauhen distel.

Do ich zu morgens frü auf stund,
der reif lag auf dem dache,
do mußt ich armer schwartenhals
meins unglücks selber lachen.

Ich nam mein schwert wol in die hand
und gürt es an die seiten,
ich armer mußt zu füßen gan,
das macht ich het nicht zreiten.

Ich hub mich auf und gieng darvon
und macht mich auf die straßen,
mir kam eins reichen kaufmanns son,
sein tesch mußt er mir lassen.

[1] *Landsknecht oder Bettler mit grobem, nacktem Hals*
[2] *ein Lager bereiten*

Abzählreime

Wer geht mit nach Engelland?
Engelland ist zugeschlossen
Und der Schlüssel abgebrochen.
Zehn Pferd an einem Wagen,
Muß man mit der Peitsche schlagen.
Bauer, bind' den Pudel an,
Daß er mich nicht beißen kann!
Beißt er mich, so straf' ich dich
Um en Taler dreißig.

Durch Feld und Wald . . .

Durch Feld und Wald
Das Horn erschallt.
Frau Holda kömmt, huhu
Ihr Schätzchen das bist du!

Ente dente Tintenfaß . . .

Ente dente Tintenfaß,
Geh zur Schul' und lerne was.
Wenn du was gelernet hast,
Steck die Feder in die Tasch'.

Ene, dene, Tintenfaß . . .

Ene, dene, Tintenfaß,
Geh in die Schul' und lerne was.
Wenn du was gelernet hast,
Komm nach Haus und sag' mir was
Eins, zwei drei:
Du bist frei!

Eins, zwei, drei . . .

Eins, zwei, drei,
Rischerasche rei',
Rische, rasche,
Plaudertasche,
Eins, zwei, drei.

Änige, Bänige, Doppelde . . .

Änige, Bänige, Doppelde,
Reiffel, Raffel, Mummelme,
Ankebrod, i der Noth,
Das wo dinne dusse, dänne stoht.

Verkehrte Welt

Des Abends, wenn ich früh aufsteh',
Des Morgens, wenn ich zu Bette geh',
Dann krähen die Hühner, dann gackelt der Hahn.
Dann fängt das Korn zu dreschen an.
Die Magd, die steckt den Ofen ins Feuer,
Die Frau, die schlägt drei Suppen in die Eier,
Der Knecht, der kehrt mit der Stube den Besen,
Da sitzen die Erbsen, die Kinder zu lesen.
O weh, wie sind mir die Stiefel geschwollen,
Daß sie nicht in die Beine nein wollen!
Nimm drei Pfund Stiefel und schmiere das Fett,
Dann stelle mir vor die Stiefel das Bett.

Einsammeln zum Osterfeuer

Ostern, Ostern kumt heran,
Hat jo Dogter noch kien Mann?
So wünsch' ick ähr en Timmermann,
De sien Brood verdenen kann.

Jahreslied

Ach, du lieber Nikolaus,
Komm doch einmal in mein Haus!
Hab' so lang an dich gedacht!
Hast mir auch was mitgebracht?

Apfel, Hasel-Nüsse.
Ech well was va dr wisse!
(*oder auch:*
Ech well nix va dr wisse!)

Ernst und Scherz

Morgens früh um sechs
Kommt die kleine Hex,
Morgens früh um sieben
Schabt sie gelbe Rüben.
Morgens früh um acht
Wird der Kaffee gemacht.
Morgens früh um neun,
Geht sie in die Scheun'.
Morgens früh um zehn
Holt sie Holz und Spähn'.
Feuert an um elf,
Kocht dann bis um zwölf
Fröschebein' und Krebs und Fisch:
Hurtig Kinder, kommt zu Tisch!

Schaukel- und Kniereiterliedchen

Reite, reite Rößlein,
Zu Basel steht ein Schlößlein,
Zu Rom steht ein Glockenhaus.
Gucken drei schöne Jungfern heraus.
Eine die spinnt Seide,
Die andre wickelt Weide,
Die dritte spinnt das klare Gold,
Die viert' ist meinem Büblein hold.

Rätsellied

Tragemund

[Translated from a medieval version.]

Willkommen, fahrender Mann!
Wo lagst du diese Nacht?
Und womit warst du bedacht?
Und in welcher Weise
Erwarbst du Kleider und Speise?

„ Das hast du gefragt einen Mann,
Der es dir in Treun wohl sagen kann:
Mit dem Himmel war ich bedeckt
Und mit Rosen war ich umsteckt;
In eines stolzen Knappen Weise
Erwarb ich Kleider und Speise."

Nun sage mir, Meister Tragemund,
Zweiundsiebenzig Lande sind dir kund:
Welcher Baum trägt ohne Bluht?
Welcher Vogel säugt seine Jungen?
Welcher Vogel ist ohne Zunge?
Welcher Vogel ist ohne Magen?
Kannst du mir das nun sagen,
So will ich dich für einen weidlichen Knappen
    haben.

„ Das hast du gefragt einen Mann,
Der es dir in Treun wohl sagen kann:
Der Wachholder trägt ohne Bluht,
Der Storch hat keine Zunge,
Die Fledermaus säugt ihre Jungen,
Der Taucher hat keinen Magen:
Das will ich dir in ganzen Treuen sagen."

Nun sage mir, Meister Tragemund,
Zweiundsiebenzig Lande sind dir kund:
Was ist weißer als der Schnee?
Was ist schneller als das Reh?
Was ist höher als der Berg?
Was ist finstrer als die Nacht?
Kannst du mir das sagen,
So will ich dich für einen jägerlichen Knappen
    haben.

„ Das hast du gefragt einen Mann,
Der dir es gar wohl sagen kann:
Die Sonn ist weißer als der Schnee,

Der Wind ist schneller als das Reh,
Der Baum ist höher als der Berg,
Schwärzer als die Nacht sind Raben,
Das will ich dir in Treuen sagen."

Nun sage mir, Meister Tragemund,
Zweiundsiebenzig Lande sind dir kund;
Warum ist der Rhein so tief?
Warum sind die Fraun so lieb?
Wodurch sind die Matten so grün?
Wodurch sind die Ritter so kühn?
Kannst du mir das sagen,
So will ich dich für einen stolzen Knappen haben.

„ Das hast du gefragt einen Mann,
Der es dir in Treun wohl sagen kann:
Von vielem Wasser ist der Rhein so tief,
Durch Güte sind die Fraun so lieb,
Durch Kräuter sind die Matten grün,
Durch Wunden sind die Ritter so kühn.
Das will ich dir in Treuen sagen;
Was hast du weiter noch zu fragen? "

Nun sage mir, Meister Tragemund,
Zweiundsiebenzig Lande sind dir kund:
Wodurch ist der Wald so greis?
Wodurch ist der Wolf so weis?
Wodurch ist der Schild verblichen?
Warum ist mancher Gesell dem andern entwichen?
Kannst du mir das sagen,
So halt ich dich für einen weidlichen Knaben.

„ Das hast du gefragt einen Mann,
Der dir es gar wohl sagen kann:
Von Alter ist der Wald so greis,
Von unnützen Gängen ist der Wolf so weis,
Von mancher Heerfahrt ist der Schild verblichen,
Durch Untreu ist mancher Gesell dem andern entwichen."

Nun sage mir, Meister Tragemund,
Zweiundsiebenzig Lande sind dir kund:
Was ist grün wie der Klee,
Dazu weiß wie der Schnee
Und schwarz wie die Kohlen,
Und hüpft geschwinder als ein Fohlen?

„ Das hast du gefragt einen Mann,
Der dir es gar wohl sagen kann:
Die Elster ist grün (von Augen) wie Klee,
Dazu weiß wie der Schnee
Und schwarz wie die Kohlen,
Und hüpft geschwinder als ein Fohlen."

Erntelied   *Es ist ein Schnitter, heißt der Tod . . .*

Es ist ein Schnitter, heißt der Tod,
Hat Gewalt vom großen Gott.
Heut wetzt er das Messer,
Es schneidt schon viel besser,
Bald wird er drein schneiden,
Wir müssens nur leiden.
Hüt dich, schöns Blümelein!

Was heut noch grün und frisch dasteht,
Wird morgens weggemäht:
Die edel Narzissel,
Die englische Schlüssel,
Die schön Hyazinth,
Die türkische Bind.[1]
Hüt dich, schöns Blümelein!

Viel hundert tausend ungezählt
Da unter die Sichel hinfällt:
Rot Rosen, weiß Liljen,
Beid wird er austilgen.

[125]

Ihr Kaiserkronen,
Man wird euch nicht schonen.
Hüt dich, schöns Blümelein!

Das himmelfarbe Ehrenpreis,
Die Tulipan gelb und weiß,
Die silberne Glöckchen,
Die guldene Flöckchen,
Senkt alles zur Erden;
Was wird nur draus werden?
Hüt dich, schöns Blümelein!

Ihr hübsch Lavendel und Röselein,
Ihr Pappeln groß und klein,
Ihr stolze Schwertliljen,
Ihr krause Basiljen,
Ihr zarte Violen,
Man wird euch bald holen.
Hüt dich, schöns Blümelein!

Aus Seiden ist der Fingerhut,
Aus Sammet das Wohlgemut,
Noch ist er so blind,
Nimmt was er nur findt,
Kein Sammet, kein Seiden
Mag ihn vermeiden.
Hüt dich, schöns Blümelein!

So viel Maßlieb und Rosmarin
Schwellt [2] unter der Sichel hin,
Vergißmeinnit,
Du mußt auch mit,
Und du Tausendschön,
Man läßt dich nit stehn.
Hüt dich, schöns Blümelein!

Er macht so gar kein Unterschied,
Geht alles in einem Schnitt,
Der stolze Rittersporn
Und Blumen im Korn
Da liegens beisammen,
Man weiß kaum den Namen.
Hüt dich, schöns Blümelein!

Trutz, Tod! komm her, ich fürcht dich nit!
Trutz! komm und tu ein Schnitt!
Wenn er mich verletzet,
So werd ich versetzet,
Ich will es erwarten,
In himmlischen Garten.
Freu dich, schöns Blümelein!

[1] *Winde (Kletterpflanze)*   [2] *swellen* (M.H.G.): *sterben*

ULRICH VON HUTTEN

(1488–1523)

Ain neu lied

Ich habs gewagt mit sinnen
Vnd trag des noch kain reu,
Mag ich nit dran gewinnen
Noch muß man spüren treu;
Dar mit ich main   nit aim allain,
Wen man es wolt erkennen:
Dem land zu gut,   wie wol man thut
Ain pfaffen feyndt mich nennen.

Da laß ich yeden liegen [1]
Vnd reden, was er wil;
Het warhait ich geschwigen,
Mir weren hulder [2] vil:
Nun hab ichs gsagt,   bin drumb verjagt,

Das klag ich allen frummen,
Wie wol noch ich   nit weyter fleich,[3]
Vileycht werd wyder kummen.

Vmb gnad wil ich nit bitten,
Die weyl ich bin on schult;
Ich het das recht gelitten,
So hindert vngedult,
Das man mich nit   nach altem sit [4]
Zu ghör hat kummen lassen;
Vileycht wils got   vnd zwingt sie not
Zu handlen diser maßen.

Nun ist offt diser gleychen
Geschehen auch hie vor,
Daß ainer von den reychen
Ain gutes spil verlor;
Offt großer flam   von füncklin kam,
Wer wais, ob ichs werd rechen!
Stat schon im lauff,   so setz ich drauff: [5]
Muß gan oder brechen!

Dar neben mich zu trösten
Mit gutem gwissen hab,
Daß kainer von den bösten
Mir eer mag brechen ab
Noch sagen, daß   vff ainig maß
Ich anders sey gegangen
Dann Eren nach;   hab dyse sach
In gutem angefangen.

Wil nun yr selbs nit raten [6]
Dyß frumme Nation,
Irs schadens sich ergatten,[7]
Als ich vermanet han,
So ist mir layd;   hie mit ich schayd,

Wil mengen baß die karten,
Byn vnuerzagt,   ich habs gewagt
Vnd wil des ends erwarten.

Ob dan mir nach thut dencken
Der Curtisanen list:
Ain hertz last sich nit krencken,
Das rechter maynung ist;
Ich wais noch vil,   wöln auch yns spil,
Vnd soltens drüber sterben; [8]
Auff, landßknecht gut   vnd reutters mut,
Last Hutten nit verderben!

[1] *lügen*   [2] *Freunde*   [3] *flieh*   [4] *originally masc. (O.H.G. situ)*
[5] *wenn es einmal losgeht, dann fache ich den Funken zur Flamme an* (cf.
Denkmäler, K. Kinzel, Halle 1920).
[6] *Will sie sich nun nicht selbst raten*   [7] *erholen (sich vereinen)*
[8] *auch wenn es sie das Leben kostet*

HANS SACHS

(1494–1576)

Das Schlauraffenland

Ein Gegent heißt Schlauraffenland,
Den faulen Leuten wol bekant.
Das ligt drei Meil hinder Weihnachten,
Und welcher darein wölle trachten,
Der muß sich großer Ding vermessen
Und durch ein Berg mit Hirsbrei essen,
Der ist wol dreier Meilen dick.
Alsdann ist er im Augenblick
In demselbigen Schlauraffenland,
Da aller Reichtum ist bekant.
Da sint die Heuser deckt [1] mit Fladen,
Leckkuchen [2] die Haustür und Laden,
Von Speckkuchen Dielen [3] und Wend,

A.G.P.—E   [129]

Die Tröm [4] von schweinen Braten send.
Umb jedes Haus so ist ein Zaun
Geflochten von Bratwürsten braun.
Von Malvasier [5] so sind die Brunnen,
Kommen eim selbs ins Maul gerunnen.
Auf den Tannen wachsen Krapfen,
Wie hie zu Lant die Tannzapfen.
Auf Fichten wachsen bachen Schnitten. [6]
Eierpletz tut man von Pirken schütten. [7]
Wie Pfifferling wachsen die Flecken, [8]
Die Weintrauben in Dorenhecken.
Auf Weidenkoppen Semel stehn,
Darunter Bech mit Millich gehn;
Die fallen dann in Bach herab,
Daß Jedermann zu essen hab.
Auch gehen die Fisch in den Lachen
Gsotten, braten, gsultzt [9] und pachen
Und gehn bei dem Gestatt gar nahen,
Lassen sich mit den Henden fahen.
Auch fliegen umb, müget ir glauben,
Gebraten Hüner, Gens und Tauben.
Wer sie nicht facht und ist so faul,
Dem fliegen sie selbs in das Maul.
Die Säu all Jar gar wol geraten,
Laufen im Land umb, sind gebraten.
Jede ein Messer hat im Rück,
Darmit ein Jeder schneidt ein Stück
Und steckt das Messer wider drein.
Die Kreutzkes [10] wachsen wie die Stein,
So wachsen Bauern auf den Baumen,
Gleich wie in unserm Land die Pflaumen.
Wens zeitig sind, so fallens ab,
Jeder in ein par Stifel rab . . .
Auch ist in dem Land ein Junckbrunn,
Darin verjungen sich die Alten.
Viel Kurzweil man im Land ist halten.
So zu dem Ziel schießen die Gest,
Der weitst vom Blat gewint das Best,

Im Laufen gwint der Letzt allein.
Das Polster-Schlafen ist gemein,
Ir Waidwerck ist mit Flöh und Leusen,
Mit Wanzen, Ratzen und mit Meusen.
Auch ist im Land gut Gelt gewinnen:
Wer sehr faul ist und schleft darinnen,
Dem gibt man von der Stund zwen Pfennig,
Er schlaf ir gleich viel oder wenig.
Und welcher da sein Gelt verspilt,
Zwifach man im das wider gilt.[11]
Und welcher auch nicht geren zalt:
Wenn die Schult wird eins Jares alt,
So muß im jener darzu geben.
Und welcher geren wol ist leben,
Dem gibt man von dem Trunk ein Patzen.
Und welcher wol die Leut kan fatzen,[12]
Dem gibt man ein Plappert [13] zu Lohn.
Für ein groß Lüg gibt man ein Kron.
Doch muß sich da hüten ein Man,
Aller Vernunft ganz müßig stan.
Wer Sinn und Witz gebrauchen wolt,
Dem würd kein Mensch im Lande hold,
Und wer gern arbeit mit der Hand,
Dem verbeut mans Schlauraffenland.
Wer Zucht und Erbarkeit het lieb,
Den selben man des Lands vertrieb.
Wer unnütz ist, wil nichts nit lehren,[14]
Der kommt im Land zu großen Ehren,
Wann wer der Faulest wird erkant,
Derselb ist König in dem Land.
Wer wüst, wild und unsinnig ist,
Grob, unverstanden alle Frist,
Aus dem macht man im Land ein Fürsten.
Wer geren ficht mit Leberwürsten,
Aus dem ein Ritter wird gemacht.
Wer schlüchtisch [15] ist und nichtsen acht
Dann essen, trinken und viel schlafen,
Aus dem macht man im Land ein Grafen.

Wer tölpisch ist und nichtsen kann,
Der ist im Land ein Edelmann.
Wer also lebt wie obgenant,
Der ist gut im Schlauraffenland,
Das von den Alten ist erdicht,
Zu Straf der Jugend zugericht,
Die gwönlich faul ist und gefressig,
Ungeschickt, heillos und nachlessig,
Daß mans weis ins Land zu Schlauraffen,
Damit ir schlüchtisch Weis zu strafen,
Daß sie haben auf Arbeit acht,
Weil faule Weis nie Gutes bracht.

[1] *gedeckt*   [2] *Leb-, Pfefferkuchen*   [3] *Decke* or *Boden*   [4] *Balken*
[5] *Wein*   [6] *in Schmalz (Fett) gebackene Semmelschnitte*
[7] *schütteln*   [8] *Kuchen*   [9] *eingesalzen und gebacken*
[10] *mit einem Kreuz bezeichneter Käse (des Klosters zum heiligen Kreuz)*
[11] *ersetzen (widergelten)*   [12] *zum Narren haben*
[13] *drei Kreuzer*   [14] *lernen*   [15] *liederlich*

ERASMUS ALBERUS

(1500–53)

Morgengesang

Steht auf, ihr lieben Kinderlein!
Der Morgenstern mit hellem Schein
läßt sich frei sehen wie ein Held
und leuchtet in die ganze Welt.

Bis willekumm, du schöner Stern,
du bringst uns Christum unsern Herrn,
der unser lieber Heiland ist,
darumb du hoch zu loben bist.

Ihr Kinder sollt bei diesem Stern
erkennen Christum unsern Herrn,

Marien Sohn, den treuen Hort,
der uns leuchtet mit seinem Wort.

Gotts Wort, du bist der Morgenstern,
wir können dein gar nicht entbehrn,
du mußt uns leuchten immerdar,
sunst sitzen wir im Finstern gar.

Leucht uns mit deinem Glänzen klar
und Jesum Christum offenbar,
jag aus der Finsternis Gewalt,
daß nicht die Lieb in uns erkalt.

Bis willekumm, du lieber Tag,
für dir die Nacht nicht bleiben mag,
leucht uns in unsre Herzen fein
mit deinem himmelischen Schein.

O Jesu Christ, wir warten Dein,
Dein heiliges Wort leucht uns so fein.
Am End der Welt bleib nicht lang aus
und führ uns in Deins Vaters Haus.

Du bist die liebe Sonne klar;
wer an Dich glaubt, der ist fürwahr
ein Kind der ewigen Seligkeit,
die Deinen Christen ist bereit.

Wir danken Dir, wir loben Dich
hier zeitlich und dort ewiglich
für Deine große Barmherzigkeit
von nun an bis in die Ewigkeit.

MARTIN RINCKART

(1586–1649)

Nun danket alle Gott . . .

Nun danket alle Gott
Mit Herzen, Mund und Händen,
Der große Dinge tut
An uns und allen Enden,
Der uns von Mutterleib
Und Kindesbeinen an
Unzählig viel zu gut
Und noch itzund getan.

Der ewigreiche Gott
Woll uns bei unserm Leben
Ein immer fröhlich Herz
Und edlen Frieden geben
Und uns in seiner Gnad
Erhalten fort und fort,
Ja uns aus aller Not
Erlösen hier und dort.

Lob, Ehr und Preis sei Gott,
Dem Vater und dem Sohne
Und dem, der beiden gleich
Im höchsten Himmelsthrone,
Dem ewig-höchsten Gott,
Als es anfänglich war
Und ist und bleiben wird
Itzund und immerdar.

Neujahr-, Monat-, Wochen- und Tage-Segen

DICHTER UNBEKANNT

Palatinischer Catechismus

Gar nit erkennen seinen Gott,
Mit Füßen tretten sein Gebott,
Nichts vmb den Pabst noch Kesyer gebn,
Nach eignem Lust vnd Willen lebn.
Date DEO, quæ sunt DEI,
CÆSARIS quæ, date ei.
Diß ist ja Gottes Wort vnd Sinn,
Was kanst dann du da, *Pa-latin*?

Verwüsten alle Fürstenthumb,
Irrthumb einführen vmb vnd vmb,
Baldt man bekompt die Oberhandt,
Rauben, Stelen durch alle Landt:
Hoc nunc sic est prædestinatum,
Secundum librum reformatum.
O schöne Lehr von Hans Caluin,
Was kanst du da dann, *Pa-latin*?

Die Ketzer können sich verstelln
Wie Gleißner vnd dergleichen Gselln,
Biß daß sie durch Verrätherey
Den Gwalt bringen auff jhr Parthey.
Habere Lupi Symbolum
Sub vestimentis Ovium,
Das ist ja aller Ketzer Sinn,
Was kanst du dann da, *Pa-latin*?

Ein böser Anfang wert nit lang,
Macht dem Anfänger selber bang.
Was einr vnrecht einziehen thut,
Verleurt er sampt seim eignem Gut.
Qua tu mensus es mensura,
Tua erit et censura,
Diß ist aller Verrhäter Gwin.
Was kanst du dann da, *Pa-latin*?

Keinr soll seins Nechsten Guts begern.
Dann wenn das gelt, was wurd drauß wern?
Treibt man ein auß seim eignen Nest,
So kans ja seyn der nechst, der best,
Quod tibi non vis fieri,
Ne feceris tu alteri,
Das ist je Gottes Will vnd Sinn.
Was kanst du dann da, *Pa-latin*?

Stultetus, der Hoffpredicant,
Ein rechter Tölpel vnd *Bachant*,
Hat hui ein schönen König gmacht
Vnd disen Spruch gar nit bedacht:
Qui se exaltat stolide,
Humiliatur solide.
Drumb heist es jetzo, hin ist hin.
Was kan man da dann, *Pa-latin*?

Deutsche Lieder auf den Winterkönig

Böhmisch Vattervnser

Vatter vnser,
Vil Stätt vnd Schlößer sein vnser.

Der du bist Im himel,
Es gibt vil stöß vnd getümel,

Gehailliget werd dein Nam,
Die Papisten sein vnß Luterischen gram.

Zu khome vnß dein Reich,
Die Kirch zu Wien sicht vnß gleich.

Dein Will gescheh,
Das Bapstum wirdt bald vergehn.

Wie Im himel also auch auff erden,
Der Böhmisch Künig mueß noch Kayser werden.

Vnser täglich brot gib vnß heut,
Obs schon die Münech vnd Pfaffen gheut.[1]

Vnd vergib vnß vnser schuld

Der Kayser hatt verlohrn der Luterischen fürsten huldt.
            Als auch wir vergeben vnsern schuldigern,
Die Jesuiter müesen all vnser werden.
                  Vnd füehr vnß nit In versuechung,
Ein endt nümbt das abgötterisch Bapstum.
                        Sondern erlöß vnß vom Vbell,
Die haillig schrifft gült noch vnd die Bibel.
                              Amen, Amen zu aller stundt,
Wir sind noch wol auf vnd gesundt.

Ibid.

[1] *gehört*

FRIEDRICH VON SPEE

(1591–1635)

*Traurgsang von der Not Christi am
Ölberg in dem Garten*

Bei stiller Nacht zur ersten Wacht
ein Stimm sich gund zu klagen;
ich nahm in acht, was die dann sagt,
tat hin mit Augen schlagen.

Ein junges Blut, von Sitten gut,
alleinig, ohn Gefährten,
in großer Not, fast halber tot,
im Garten lag auf Erden.

Es war der liebe Gottessohn,
sein Haupt er hatt in Armen,
viel weiß und bleicher als der Mon,
ein Stein es möcht erbarmen.

   „ Ach, Vater, liebster Vater mein,
   und muß den Kelch ich trinken?

[137]

Und mags dann ja nit anders sein,
mein Seel nit laß versinken!"

„ Ach, liebes Kind, trink aus geschwind,
Dirs laß in Treuen sagen.
Sei wohl gesinnt, bald überwind,
den Handel mußt Du wagen."

„ Ach, Vater mein, und kanns nit sein,
und muß ichs je dann wagen,
will trinken rein den Kelch allein,
kann Dirs ja nit versagen.

Doch Sinn und Mut erschrecken tut,
soll ich mein Leben lassen.
O bitter Tod, mein Angst und Not
ist über alle Maßen.

Maria zart, jungfräulich Art,
sollt Du mein Schmerzen wissen,
mein Leiden hart zu dieser Fahrt,
Dein Herz wär schon gerissen.

Ach, Mutter mein, bin ja kein Stein,
das Herz mir dörft zerspringen;
sehr große Pein muß nehmen ein,
mit Tod und Marter ringen.

Ade, ade zu guter Nacht,
Maria, Mutter milde.
Ist niemand, der dann mit mir wacht
in dieser Wüsten wilde?

Ein Kreuz mir vor den Augen schwebt,
o weh der Pein und Schmerzen!
Dran soll ich morgen wern erhebt,
das greifet mir zum Herzen.

Viel Ruten, Geißel, Skorpion,
in meinen Ohren sausen.
Auch kommt mir vor ein dörnen Kron:
O Gott, wen wollt nit grausen?

Zu Gott ich hab gerufen zwar,
aus tiefen Todesbanden;
dennoch ich bleib verlassen gar,
ist Hilf noch Trost vorhanden.

Der schöne Mon will untergahn,
für Leid nit mehr mag scheinen;
die Sterne lan ihr Glitzen stahn,
mit mir sie wollen weinen.

Kein Vogelsang noch Freudenklang
man höret in den Luften,
die wilden Tier auch trauren mit mir
in Steinen und in Kluften."

MARTIN OPITZ

(1597–1639)

Ihr schwartzen Augen . . .

Ihr schwartzen Augen / jhr / und du / auch schwartzes Haar /
Der frischen Flavien die vor mein Hertze war /
    Auff die ich pflag zu richten /
    Mehr als ein weiser soll /
    Mein Schreiben / Thun und Tichten /
    Gehabt euch jetzund wol.
Nicht gerne sprech' ich so / ruff' auch zu Zeugen an
Dich / Venus / und dein Kind / daß ich gewiß hieran
    Die mindste Schuldt nicht trage /
    Ja alles Kummers voll
    Mich stündlich kränck' und plage /
    Daß ich sie lassen soll.

[139]

Ihr Parcen / die Ihr uns das Thun deß Lebens spinnt
Gebt mir und jhr das was ich jhr / und sie mir gönnt /
      Weil ich's ja soll erfüllen /
      Soll zähmen meinen Fuss /
      Und wieder Lust und Willen
      Auch nachmals sagen muss:
Jhr schwartzen Augen / jhr / unnd du / auch schwartzes Haar /
Der frischen Flavien / die vor mein Hertze war /
      Auff die ich pflag zu richten /
      Mehr als ein weiser soll /
      Mein Schreiben / Thun und Tichten /
      Gehabt euch jetzund wol.

Poetische Wälder, IV, 17

[The structure of this poem inspired many poets to imitations: *cf.* Stieler's *Die Nacht, die sonst den Buhlern fügt und süße Hoffnung macht*; Chr. Weise's *So geht das liebste Kind von euren Augen aus*; Angelus Silesius's *Ihr keuschen Augen ihr, mein allerliebstes Licht*; Schirmer's *Ihr Augen voller Brunst und du, du Purpur-Mund*; Fleming's *Aurora schlummre noch*, etc.]

FRIEDRICH VON LOGAU

(1604–55)

Fremde Tracht

Alamode Kleider / Alamode Sinnen;
Wie sichs wandelt außen / wandelt sichs auch innen.

Beliebliche Sachen

Wo in der Schale springt der Wein /
Wo kluge Seiten spielen rein /
Wo süße Küsse fallen drein /
Da kan man hertzlich lustig seyn.

Die deutsche Sprache

Kann die deutsche Sprache schnauben / schnarchen / poltern /
    donnern / krachen?
Kann sie doch auch spielen / schertzen / liebeln / gütteln /
    kürmeln / lachen.

Deutsche Sinn-Getichte

Den Geitzhals und ein fettes Schwein . . .

Den Geitzhals und ein fettes Schwein
schaut man im Tod erst nützlich seyn.

Ibid.

Sind meine Reime auch nicht alle gut . . .

Sind meine Reime auch nicht alle gut und richtig,
so sind die Leser auch nicht alle gleich und tüchtig.

Ibid.

Wer nimmer nichts verbringt . . .

Wer nimmer nichts verbringt, und dennoch viel fängt an,
wird in Gedanken reich, in Werk ein armer Mann.

Ibid.

Der Mai

Dieser Monat ist ein Kuß, den der Himmel gibt der Erde
daß sie jetzund seine Braut, künftig eine Mutter werde.

Ibid.

Wie willst du weiße Lilien ...

Wie willst du weiße Lilien
zu roten Rosen machen?
Küß eine weiße Galathee:
sie wird errötend lachen.

Ibid.

Die Freundschaft, die der Wein gemacht ...

Die Freundschaft, die der Wein gemacht,
wirkt wie der Wein nur eine Nacht.

Ibid.

HEINRICH ALBERT

(1604–51)

Trewe Lieb' ist jederzeit Zu gehorsamen bereit

[It is probable that this poem was written by the Königsberg poet
Heinrich Albert, and not by Simon Dach (1605–50), to whom it has
been attributed.]

Anke van Tharaw öß / de my geföllt /
Se öß mihn Lewen / mihn Goet on mihn Gölt.

Anke van Tharaw heft wedder eer Hart
Op my geröchtet ön Löw' [1] on ön Schmart.[2]

Anke van Tharaw mihn Rihkdom / mihn Goet /
Du mihne Seele / mihn Fleesch on mihn Bloet.

Quöm' allet Wedder [3] glihk ön ons tho schlahn [4] /
Wy syn gesönnt [5] by een anger tho stahn.

[142]

Kranckheit / Verfälgung / Bedröfnös on Pihn /
Sal vnsrer Löve Vernöttinge [6] syn.

Recht as een Palmen-Bohm äver söck [7] stöcht [8] /
Je mehr en Hagel on Regen anföcht.[9]

So wardt de Löw' ön onß mächtich on groht [10] /
Dörch Kryhtz / dörch Lyden / dörch allerley Noht.

Wördest du glihk een mahl van my getrennt /
Leewdest dar / wor öm [11] dee Sönne kuhm [12] kennt;

Eck wöll dy fälgen [13] dörch Wöler [14] / dörch Mär /
Dörch Yhß / dörch Ihsen / dörch fihndlöcket [15] Hähr.

Anke van Tharaw / mihn Licht / mihne Sönn /
Mihn Leven schluht [16] öck ön dihnet henönn.[17]

Wat öck geböde / wart van dy gedahn /
Wat öck verböde / dat lätstu my stahn.

Wat heft de Löve däch [18] ver een Bestand /
Wor nich een Hart öß / een Mund / eene Hand?

Wor öm söck hartaget [19] / kabbelt [20] on schleyht /
On glihk den Hungen on Katten begeyht.

Anke van Tharaw dat war wy nich dohn /
Du böst mihn Dühfken [21] myn Schahpken mihn Hohn.

Wat öck begehre / begehrest du ohck /
Eck laht den Räck [23] dy / du lätst my de Brohk.[24]

Dit öß dat / Anke / du söteste Ruh
Een Lihf on Seele wart vht öck on Du.

[143]

Dit mahckt dat Lewen tom Hämmlischen Rihk /
Dörch Zancken wart et der Hellen gelihk.

Arien und musikalische Kürbshütte

¹ *Liebe*   ² *Schmerz*   ³ *(käme alles) Wetter*   ⁴ *schlagen*
⁵ *gesinnt*   ⁶ *Verknüpfung*   ⁷ *sich*   ⁸ *steigt (wächst)*
⁹ *anficht*   ¹⁰ *groß*   ¹¹ *man*   ¹² *kaum*   ¹³ *folgen*
¹⁴ *Wälder*   ¹⁵ *feindliches (Heer)*   ¹⁶ *schließe (ich)*
¹⁷ *(in deines) hinein*   ¹⁸ *doch*   ¹⁹ *ärgert (an den Haaren zieht)*
²⁰ *zankt*   ²¹ *Täubchen*   ²² *Huhn*   ²³ *Rock*   ²⁴ *Bruch = Hose*

PAUL GERHARDT

(1607–76)

An das leidende Angesicht des Herrn Jesu

O Häupt vol Blut und Wunden /
  Vol Schmertz und voller Hohn!
O Häupt zum Spott gebunden
  Mit einer Dornen Krohn!
O Häupt! sonst schön gezieret
  Mit höchster Ehr und Ziehr /
Itzt aber höchst schimpfiret /
  Gegrüßet seyst du mir.

Du edles Angesichte /
  Dafür sonst schrickt und scheut
Das große Welt-Gewichte /
  Wie bist du so bespeyt?
Wie bist du so erbleichet?
  Wer hat dein Augenlicht
Dem sonst kein Licht nicht gleichet
  So schändlich zugericht?

Die Farbe deiner Wangen /
  Der rothen Lippen Pracht
Ist hin / und gantz vergangen:
  Des blassen Todes Macht

[144]

Hat alles hingenommen /
  Hat alles hingerafft /
Und daher bist du kommen
  Von deines Leibes Krafft.

Nun was du / Herr erduldet /
  Ist alles meine Last:
Ich hab es selbst verschuldet
  Was du getragen hast.
Schau her / hier steh ich Armer /
  Der Zorn verdienet hat /
Gib mir / o mein Erbarmer /
  Den Anblick deiner Gnad.

Erkenne mich / mein Hüter /
  Mein Hirte nim mich an:
Von dir / Quell aller Güter /
  Ist mir viel guts gethan:
Dein Mund hat mich gelabet
  Mit Milch und süßer Kost /
Dein Geist hat mich begabet
  Mit mancher Himmels-Lust.

Ich wil hier bey dir stehen /
  Verachte mich doch nicht:
Von dir wil ich nicht gehen /
  Wann dir dein Hertze bricht /
Wann dein Haupt wird erblassen
  Im letzten Todesstoß /
Alsdann wil ich dich fassen
  In meinen Arm und Schooß.

Es dient zu meinen Freuden /
  Und kömmt mir hertzlich wol /
Wann ich in deinem Leyden /
  Mein Heyl / mich finden sol!
Ach möcht ich / O mein Leben /
  An deinem Creutze hier /

Mein Leben von mir geben!
   Wie wol geschehe mir!

Ich dancke dir von Hertzen /
   O Jesu / liebster Freund
Für deines Todes Schmertzen /
   Da dus so gut gemeint:
Ach gib / daß ich mich halte
   Zu dir und deiner Treu /
Und wann ich nun erkalte /
   In dir mein Ende sey.

Wann ich einmal sol scheiden /
   So scheide nicht von mir!
Wann ich den Tod sol leyden /
   So tritt du dann herfür:
Wann mir am allerbängsten
   Wird umb das Hertze seyn:
So reiß mich aus den Aengsten
   Krafft deiner Angst und Pein.

Erscheine mir zum Schilde /
   Zum Trost in meinem Tod /
Und laß mich sehn dein Bilde
   In deiner Creutzes-Noht /
Da wil ich nach dir blicken /
   Da wil ich Glaubens vol
Dich fest an mein Hertz drücken.
   Wer so stirbt / der stirbt wol.

Abendlied

Nun ruhen alle Wälder,
Vieh, Menschen, Städt und Felder,
Es schläft die gantze Welt:
Ihr aber, meine Sinnen,
Auf, auf! ihr sollt beginnen,
Was eurem Schöpfer wohlgefällt.

Wo bist du, Sonne, blieben?
Die Nacht hat dich vertrieben,
Die Nacht, des Tages Feind:
Fahr hin, ein andre Sonne,
Mein Jesus, meine Wonne,
Gar hell in meinem Herzen scheint.

Der Tag ist nun vergangen,
Die güldnen Sternlein prangen
Am blauen Himmelssaal:
So, so werd ich auch stehen,
Wann mich wird heißen gehen
Mein Gott aus diesem Jammertal.

Der Leib eilt nun zur Ruhe,
Legt ab das Kleid und Schuhe,
Das Bild der Sterblichkeit:
Die zieh ich aus, dagegen
Wird Christus mir anlegen
Den Rock der Ehr und Herrlichkeit.

Das Häupt, die Füß und Hände
Sind froh, daß nun zu Ende
Die Arbeit kommen sey:
Herz, freu dich, du sollst werden
Vom Elend dieser Erden
Und von der Sünden Arbeit frey.

Nun geht, ihr matten Glieder,
Geht hin und legt euch nieder,
Der Betten ihr begehrt:
Es kommen Stund und Zeiten,
Da man euch wird bereiten
Zur Ruh ein Bettlein in der Erd.

Mein Augen stehn verdrossen,
Im Hui sind sie geschlossen,
Wo bleibt dann Leib und Seel?

Nimm sie zu deinen Gnaden,
Sei gut für allen Schaden,
Du Aug und Wächter Israel.

Breit aus die Flügel beide,
O Jesu, meine Freude,
Und nimm dein Küchlein ein:
Will Satan mich verschlingen,
So laß die Englein singen:
„Dies Kind soll unverletzet seyn."

Auch euch, ihr meine Lieben,
Soll heinte nicht betrüben
Ein Unfall noch Gefahr.
Gott laß euch ruhig schlafen,
Stell euch die güldnen Waffen
Ums Bett und seiner Helden Schar.

GEORG PHILIPP HARSDÖRFFER

(1607–58)

Alcaische Ode

Ein jeder steckt ihm selbest erwehltes Ziel:
Der liebet etwan künstliche Musicspiel' /
    erlustigt sich mit Orglen und Trompeten /
    schlurffenden Zinken und großen Flöten.

Posaunen / Geigen / Lauten und anders mehr /
beliebet vielen neben der Music-Lehr.
    Ein minderer Geist liebt auszuschweiffen /
    Bauren und Burgeren aufzupfeiffen.

Die Citter / Leyer / das schallende Jäger Hifft
im Feld und in den Dörfferen Freude stifft /
    Schalmayen / Triangel / Maultrommel
    liebet der Pövel im Zechgemommel.

Ein jeder lobt das Seine so viel er wil;
Vnkunst' und Künste / Saiten und Sinne-Spiel':
ich denk' ihr keinen zu befeden /
höret mich / höret von Spielen reden!

PAUL FLEMING

(1609–40)

Laß dich nur nichts nicht tauren . . .

Laß dich nur nichts nicht tauren [1]
Mit trauren /
Sey stille /
Wie GOTT es fügt /
So sey vergnügt /
Mein Wille.
Was wilst du heute sorgen /
Auff Morgen /
der eine
Steht allem für /
Der giebt auch dir /
das deine.
Sey nur in allen Handel
Ohn Wandel.
Steh feste /
Was GOTT beschleust /
Das ist und heist
Das beste.

Geist- und Weltliche Poemata

(ge)reuen

Wie Er wolle geküsset seyn

Nirgends hin / als auff den Mund /
da sinckts in deß Hertzens Grund.

[149]

Nicht zu frey / nicht zu gezwungen /
nicht mit gar zu fauler Zungen.

Nicht zu wenig / nicht zu viel!
Beydes wird sonst Kinder-spiel.
Nicht zu laut / und nicht zu leise /
Bey der Maß' ist rechte weise.

Nicht zu nahe / nicht zu weit.
Diß macht Kummer / jenes Leid.
Nicht zu trucken / nicht zu feuchte /
wie Adonis Venus reichte.

Nicht zu harte / nicht zu weich.
Bald zugleich / bald nicht zugleich.
Nicht zu langsam / nicht zu schnelle.
Nicht ohn Unterscheid der Stelle.

Halb gebissen / halb gehaucht.
Halb die Lippen eingetaucht.
Nicht ohn Unterscheid der Zeiten.
Mehr alleine denn bey Leuten.

Küsse nun ein Jedermann /
wie er weiß / will / soll und kan.
Ich nur und die Liebste wissen /
wie wir uns recht sollen küssen.

Ibid.

Aurora schlummre noch . . .

Aurora schlummre noch an deines Liebsten Brust /
Es ist der tieffen Nacht kein Morgen noch bewust.
Diana führt die Sternen
Noch höher in die Lufft /
Will weiter von mir lernen /
Was ich ihr vor gerufft.

[150]

Neun Stunden sind nun gleich von Nächten durchgebracht /
Neun Stunden hab ich nun an Korilen gedacht.
    An Korilen / die schöne /
      Von der ich bin so weit /
      Drüm klinget mein Gethöne
      Nach nichts denn Traurigkeit.

Nähmt Korilen in acht / ihr Wächter aller Welt /
Für ihren treuen Sinn / den sie mir vorbehält.
    Ich will nicht müde werden
      In ihrer festen Pflicht /
      Biß daß der Feind der Erden /
      Auch mir mein Urtheil spricht.

Aurora / lege nun um dich den Purpur-Flor /
Der junge Tag thut auff der Eas güldnes Thor.
    Wirstu mein Lieb ersehen /
      So gieb ihr einen Winck /
      Als mir von ihr geschehen /
      In dem ich von ihr gieng.

Ibid.

ANDREAS GRYPHIUS

(1616–64)

Schluß des 1648sten Jahres

Zeuch hin betruebtes Jahr / zeuch hin mit meinen Schmertzen!
Zeuch hin mit meiner Angst und ueberhaeufften Weh!
Zeuch so viel Leichen nach! Bedraengte Zeit vergeh /
Und fuehre mit dir weg die Last von diesem Hertzen!
HErr / vor dem unser Jahr als ein Geschwaetz und Schertzen /
Faellt meine Zeit nicht hin wie ein verschmeltzter Schnee /
Laß doch / weil mir die Sonn gleich in der Mittags-Hoeh /
Mich noch nicht untergehn / gleich ausgebrennten Kertzen.
HErr es ist genung geschlagen /

Angst und Ach genung getragen/
Gib doch nun etwas Frist / daß ich mich recht bedencke /
Gib daß ich der Handvoll Jahre
Froh werd' eins vor meiner Bahre /
Mißgoenne mir doch nicht dein liebliches Geschencke.

Verläugnung der Welt

Was frag ich nach der Welt! sie wird in Flammen stehn:
Was acht ich reiche Pracht: der Todt reißt alles hin!
Was hilfft die Wissenschafft / der mehr denn falsche Dunst:
Der Liebe Zauberwerck ist tolle Phantasie:
Die Wollust ist fürwahr nichts als ein schneller Traum;
Die Schönheit ist wie Schnee / diß Leben ist der Tod.
    Diß alles stinckt mich an / drum wündsch ich mir den Tod!
Weil nichts / wie schön und starck / wie reich es sey / kan stehn.
Offt / eh man leben wil / ist schon das Leben hin.
Wer Schätz' und Reichthum sucht: was sucht er mehr als Dunst.
Wenn dem der Ehrenrauch entsteckt' die Phantasie:
So traumt ihm wenn er wacht / er wacht und sorgt im Traum.
    Auf meine Seel / auf! auf! entwach aus diesem Traum!
Verwirff was irdisch ist / und trotze Noth und Tod!
Was wird dir / wenn du wirst für jenem Throne stehn /
Die Welt behülfflich seyn? wo dencken wir doch hin?
Was blendet den Verstand? sol dieser leichte Dunst
Bezaubern mein Gemüth mit solcher Phantasie?
    Bisher! und weiter nicht! verfluchte Phantasie!
Nichts werthes Gauckelwerck. Verblendung-voller Traum!
Du Schmertzen-reiche Lust! du folter-harter Tod!
Ade! ich wil nunmehr auf freyen Füßen stehn
Und treten was mich tratt! Ich eile schon dahin;
Wo nichts als Wahrheit ist. Kein bald verschwindend Dunst.
    Treib ewig helles Licht der dicken Nebel Dunst
Die blinde Lust der Welt: die tolle Phantasie
Die flüchtige Begierd' und dieser Güter Traum
Hinweg und lehre mich recht sterben vor dem Tod.
Laß mich die Eitelkeit der Erden recht verstehn /

Entbinde mein Gemüth und nimm die Ketten hin.
   Nimm was mich und die Welt verkuppelt! nimm doch hin
Der Sünden schwere Last: Laß ferner keinen Dunst
Verhüllen mein Gemüth / und alle Phantasie
Der Eitel-leeren Welt sey für mir als ein Traum /
Von dem ich nun erwacht / und laß nach diesem Tod
Wenn hin / Dunst / Phantasie / Traum / Tod / mich ewig stehn.

Die hölle

                Ach! und Weh:
   Mord! Zetter! Jammer / Angst / Creutz! Marter!
      Würme! Plagen.
   Pech! Folter! Hencker! Flamm! Stanck! Geister!
      Kälte! Zagen!
                Ach vergeh!
                Tieff' und Höh'!
   Meer! Hügel! Berge! Fels! wer kan die Pein ertragen?
Schluck Abgrund! ach schluck' ein! die nichts denn ewig
      klagen.
                Je und Eh!
Schreckliche Geister der dunkelen Hölen / ihr die ihr martert und
      Marter erduldet /
Kan denn der ewigen Ewigkeit Feuer / nimmermehr büssen diß
      was ihr verschuldet?
   O grausam Angst! stets sterben / sonder Sterben!
Diß ist die Flamme der grimmigen Rache / die der erhitzte Zorn
      angeblasen:
Hier ist der Fluch der unendlichen Straffen / hier ist das immerdar
      wachsende Rasen:
   O Mensch! verdirb / um hier nicht zu verderben.

Am dritten Sontag der zukunft Christi. Matt. 11

Das löesegeldt der Welt; der Väter langes hoffen,
   Komt noch den augenblick, und schleust die ohren auff,
      So taub und fest verstopft; er läst der stummen hauff'

[153]

Erzehlen seine vverk, ihm stehn die gräber offen.
VVer blindt vvar, siht das itzt gar eben zugetroffen
   VVas manch Prophet' versprach: vvas laam, helt graden lauff,
   Der aussatz mus vergehn, hier vvirdt ohn thevvren kauff,
Dehn trost geschenkt, so vor in threnen gantz ersoffen.
   O selig den von hier kein ärgernus abtregt
   Den keiner vvolust vvindt gleich leichtem schilf bevvegt,
Den keiner Feinde trutz, kein grauses keten klingen
   Kein Herrlikeit noch pracht, kein vveiches purpurkleidt,
   Kein angesetztes schvverdt; kein gutt noch grimmes leidt
Kein reichtumb, kein geschenck, kein armutt ab-mag-dringen.

Sonn- und Feiertags-Sonette

PHILIPP VON ZESEN

(1619–89)

Palm-baum
der höchst-löblichen Frucht-bringenden Geselschaft
zuehren aufgerichtet

übliche / liebliche
früchte mus allezeit bringen
des Palmen-baums ewige Zier /
darunter auch Fürsten selbst singen /
lehren und mehren mit heißer begier
die rechte der deutschen hoch-prächtigen zungen /
die sich mit ewigem preise geschwungen
hoch über die anderen sprachen empor:
wie fohr
dis land /
mit hand /
durch krieg /
durch sieg /
durch fleiß /
mit schweis /

[154]

den preis /
das pfand /
ent-wandt
der Welt;
wie aus der taht erhällt.

ANGELUS SILESIUS (JOHANN SCHEFFLER)
(1624–77)

Ich bin wie Gott . . .

Ich bin wie Gott / und Gott wie ich.
Ich bin so groß als Gott / Er ist als ich so klein:
Er kan nicht über mich / ich unter Ihm nicht sein.

Der Cherubinische Wandersmann

Ich selbst muß Sonne seyn . . .

Ich selbst muß Sonne seyn, ich muß mit meinen Strahlen
Daß farbenlose Meer der gantzen GOttheit mahlen.

Ibid.

Mensch werde wesentlich . . .

Mensch werde wesentlich: denn wann die Welt vergeht /
So fällt der Zufall weg / das wesen das besteht.

Ibid.

Das größte Wunderding . . .

Das größte Wunderding ist doch der Mensch allein:
Er kan, nach dem ers macht, GOtt oder Teufel sein.

Ibid.

Zeit ist wie Ewigkeit . . .

Zeit ist wie Ewigkeit, und Ewigkeit wie Zeit,
so du nur selber nicht machst einen Unterscheid.

Ibid.

Die Einsamkeit ist noth . . .

Die Einsamkeit ist noth: doch sey nur nicht gemein:
so kanstu überall in einer Wüsten seyn.

Ibid.

Rein wie daß feinste Goldt . . .

Rein wie daß feinste Goldt, steiff wie ein Felsenstein,
gantz lauter wie Crystall, sol dein Gemüthe seyn.

Ibid.

Wird Christus tausendmahl . . .

Wird Christus tausendmahl zu Bethlehem gebohren,
und nicht in dir, du bleibst noch ewiglich verlohren.

Ibid.

Ein abgefallnes Laub . . .

Ein abgefallnes Laub, ein saures Tröpfflein Wein,
was hat es mit dem Baum, was mit dem Most gemein?

Ibid.

Ein Kampffplatz ist die Welt . . .

Ein Kampffplatz ist die Welt. Das Kräntzlein und die Kron
trägt keiner, der nicht kämpfft, mit Ruhm und Ehrn davon.

Ibid.

(*c*. 1622–76)

Komm Trost der Nacht, o Nachtigal . . .

Komm Trost der Nacht, o Nachtigal,
Laß deine Stimm mit Freudenschall,
Auffs lieblichste erklingen;
Komm, komm, und lob den Schöpffer dein,
Weil andre Vöglein schlaffen seyn,
Und nicht mehr mögen singen!
    Laß dein Stimmlein,
        Laut erschallen, dan vor allen
           Kanstu loben
Gott im Himmel hoch dort oben.

Obschon ist hin der Sonnenschein,
Und wir im Finstern müssen seyn,
So können wir doch singen;
Von Gottes Güt und seiner Macht,
Weil uns kan hindern keine Macht,
Sein Lob zu vollenbringen.
    Drum dein Stimmlein,
        Laß erschallen, dan vor allen
           Kanstu loben
Gott im Himmel hoch dort oben.

Echo, der wilde Widerhall
Will seyn bey diesem Freudenschall,
Und lässet sich auch hören;
Verweist uns alle Müdigkeit,
Der wir ergeben allezeit,
Lehrt uns den Schlaff bethören.
    Drum dein Stimmlein,
        Laß erschallen, dan vor allen
           Kanstu loben
Gott im Himmel hoch dort oben.

Die Sterne, so am Himmel stehn,
Sich lassen zum Lob Gottes sehn,
Und Ehre ihm beweisen,
Die Eul auch die nicht singen kan,
Zeigt doch mit ihrem Heulen an,
Daß sie Gott auch thu preisen.
  Drum dein Stimmlein,
    Laß erschallen, dan vor allen
      Kanstu loben
Gott im Himmel hoch dort oben.

Nur her, mein liebstes Vögelein,
Wir wollen nicht die fäulste seyn,
Und schlaffend ligen bleiben,
Vielmehr biß daß die Morgenröth
Erfreuet diese Wälder öd,
In Gottes Lob vertreiben.
  Laß dein Stimmlein,
    Laut erschallen, dan vor allen
      Kanstu loben
Gott im Himmel hoch dort oben.

DANIEL CASPER VON LOHENSTEIN

(1635–83)

Die Augen

Laßt Archimeden viel von seinen Spiegeln sagen,
Da durch geschliffen Glas der heißen Sonne Rad
Der Römer Schiff und Mast in Brand gestecket hat,
Die in der Doris Schoß für Syracuse lagen:
Den Ruhm verdienet mehr der güldnen Sonne Wagen,
Als Archimedens Kunst und seines Spiegels Blatt.
Denn dies sein Meisterstück hat nur an Dingen statt,
Mit denen jede Glut pflegt leichtlich anzuschlagen.
In deinen Augen steckt mehr Nachdruck, Schwefel, Tag,

Als hohler Gläser Kunst der Sonnen-Strahl vermag,
Ja ihr geschwinder Blitz hat viel mehr Macht zu brennen:
Sie zünden übers Meer entfernte Seelen an
Und Herzen, denen sich kein Eis vergleichen kann.
Soll man die Augen nun nicht Brenne-Spiegel nennen?

[*cf.* Weckherlin's *Von ihren überschönen Augen*; Opitz's sonnet *Dies wunderliche Werk, das Gott hat aufgericht*; Zesen's *Das achte Lied auf die der überirdischen Rosemund liebes-reizende Augen!* etc.]

CHRISTIAN WARNECKE (WERNICKE)

(1661–1725)

Furor Poeticus

Wie glücklich ist der Mann / der sich vom Wind' ernährt /
Und Wolle von dem Schnee / gleich wie von Schafen / schert;
Der zu Dukaten-Gold der Sonnen Strahlen schlägt /
Und in ein Spinngeweb' ein Bild der Tichtkunst pregt;
Der Marmor und Albast aus Brüst- und Händen haut /
Und ein Escurial dem Ruhm zur Wohnung baut;
Der Edelstein' und Stern' aus seiner Feder spritzt /
Und dessen Muse nichts als Musck und Amber schwitzt;
Der in dem Aug' Achat / in Thränen Perlen findt /
Und aus den Disteln Zeug der Lust zum Schlaffrock spinnt;
Der dem Betrug aus Rauch / Helm / Schild / und Pantzer
    schmiedt /
Und wie ein Sonntags Kind / Nichts in Person / offt sieht:
Wie glücklich ist der Mann / der seine Noht vergißt /
Nicht Durst noch Hunger fühlt / weil er von Sinnen ist.

GOTTFRIED ARNOLD

(1666–1714)

Der ist vor allen dingen hochgestiegen . . .

Der ist vor allen dingen hochgestiegen
   Wer andern sich ganz unterwürffig macht:
Wer allen kan zu füßen liegen /
   Der ist von Gott und engeln hochgeacht /
Ist wie ein kind / das kein gepränge liebet /
   Nicht ämter sucht / nicht stolz und schwülstig ist /
Nicht wollust und die schnöde geldsucht liebet:
   So must du seyn in deinem sinn / mein Christ.
Je tieffer du zur erden wirst gebeugt /
   Je höher denn dein geist gen himmel steigt!

BARTHOLD HEINRICH BROCKES

(1680–1747)

Die Welt

Den schönen Bau der Welt sieht leider jedermann
Durch seiner Leidenschaft verkehrtes Fernglas an,
Das alles, nur nicht sich, verkleinert und entfernet,
Durch welches man nur sich allein vergrößern lernet.

Nur sich allein; denn was man sonsten sieht und hört,
Wofern man's nicht aus Geiz und Not für sich begehrt,
Das sieht und hört man nicht; man würdigt Gottes Werke
Bei weitem nicht so viel, daß man sie nur bemerke.

Dem Kaufmann kommt die Welt nur bloß als ein Contor,
Als eine Wechselbank, als eine Messe vor.
Voll Hoffnung zum Gewinn, voll Sorg' und Furcht für
   Schaden
Denkt er, die Erde sei ein großer Kaufmannsladen . . .

Betrachet, was, wodurch und ja, aus wessen Kraft
Ihr sehet, was ihr seht! Ihr seht die Eigenschaft,
Ihr seht sie durch die Sonn', ihr seht sie bloß aus Liebe,
Die Gott, euch Sonn' und Welt aus nichts zu schaffen, triebe.

So ruft denn stets erfreut durch der Geschöpfe Pracht:
Dies ist so schön, dies hat ein weiser Gott gemacht;
Gott Lob, daß es so schön! Gott Lob, daß mir die Sonne
Die Welt durchs Auge zeigt und zwar zu meiner Wonne.

Wer also jederzeit mit fröhlichem Gemüt
In allen Dingen Gott als gegenwärtig sicht,
Wird sich, wann Seel' und Leib sich durch die Sinne freuen,
Dem großen Geber ja zu widerstreben scheuen.

Aus Unerkenntlichkeit kommt alle Bosheit her.
Der beste Gottesdienst ist sonder Zweifel der,
Wenn man vergnüget schmeckt, recht fühlt, riecht, sieht und
        höret,
Aus Scham die Laster haßt, aus Liebe Gott verehret.

Die Welt allezeit schön

Im Frühjahr prangt die schöne Welt
In einem fast smaragdnen Schein;
Im Sommer glänzt das reife Feld
Und scheint dem Golde gleich zu sein;
Im Herbste sieht man als Opalen
Der Bäume bunte Blätter strahlen;
Im Winter schmückt ein Schein wie Diamant
Und reines Silber Flut und Land.
Ja kurz, wenn wir die Welt aufmerksam sehn,
Ist sie zu allen Zeiten schön.

JOHANN CHRISTIAN GÜNTHER
(1695–1723)

An seine Leonore
Die immer grünende Hofnung

Stürmt, reißt und rast, ihr Unglückswinde,
Zeigt eure ganze Tyranney!
Verdreht, zerschlizt so Zweig als Rinde
Und brecht den Hofnungsbaum entzwey!
    Dies Hagelwetter
    Trift Stamm und Blätter,
    Die Wurzel bleibt,
    Bis Sturm und Regen
    Ihr Wüten legen,
Da sie von neuem grünt und Äste treibt.

Mein Herz giebt keinen Diamanten,
Mein Geist den Eichen wenig nach;
Wenn Erd und Himmel mich verbannten,
So troz ich doch mein Ungemach.
    Schlagt, bittre Feinde,
    Weicht, falsche Freunde!
    Mein Heldenmuth
    Ist nicht zu dämpfen,
    Drum will ich kämpfen
Und sehn, was die Gedult vor Wunder thut.

Die Liebe schenckt aus göldnen Schaalen
Mir einen Wein zur Tapferkeit,
Sie spricht, mir guten Sold zu zahlen,
Und schickt mich in den Unglücksstreit.
    Hier will ich kriegen,
    Hier will ich siegen;
    Ein grünes Feld
    Dient meinem Schilde
    Zum Wappenbilde,
Bey dem ein Palmenbaum zwey Ancker hält.

Beständig soll die Losung bleiben:
Beständig lieb ich dich, mein Kind,
Bis dermahleinst die Dichter schreiben,
Daß du und ich nicht sterblich sind.
        Das Wort Beständig
        Macht alles bändig,
        Was Elend heist;
        Das stärckste Fieber
        Geht bald vorüber,
Wenn man nur mit Gedult den Frost verbeißt.

Nur zweifle nicht an meiner Treue,
Die als ein ewig helles Licht,
Wenn ich des Lebens mich verzeihe,
Die Finsternüß der Gräber bricht.
        Kein hartes Glücke,
        Ja kein Geschicke
        Trennt mich von dir;
        Du stirbst die Meine,
        Ich bin der Deine,
Drum wirf den Argwohn weg und glaube mir!

Trinklied

        Brüder! Laßt uns lustig seyn,
        weil der Frühling währet
        und der Jugend Sonnenschein
        unser Laub verkläret;
        Grab und Bahre warten nicht,
        wer die Rosen jetzo bricht,
        dem ist der Kranz bescheret.

        Unsers Lebens schnelle Flucht
        leidet keinen Zügel,
        und des Schicksals Eifersucht
        macht ihr stetig Flügel;

Zeit und Jahre fliehn davon,
und vielleichte schnitzt man schon
an unsers Grabes Riegel.

Wo sind diese? Sagt es mir!
Die vor wenig Jahren
eben also, gleich wie wir,
jung und fröhlich waren?
Ihre Leiber deckt der Sand,
sie sind in ein ander Land,
aus dieser Welt gefahren.

Wer nach unsern Vätern forscht,
mag den Kirchhof fragen:
Ihr Gebein, so längst vermorscht,
wird ihm Antwort sagen.
Kann uns doch der Himmel bald,
eh die Morgenglocke schallt,
in unsre Gräber tragen.

Unterdessen seyd vergnügt,
laßt den Himmel walten!
Trinckt, bis euch das Bier besiegt,
nach Manier der Alten.
Fort! mir wässert schon das Maul,
und ihr andern seyd nicht faul,
die Mode zu erhalten.

Dieses Gläsgen bring' ich dir,
daß die Liebste lebe
und der Nachwelt bald von dir
einen Abriß gebe!
Setzt ihr andern gleichfalls an,
und wenn dieses ist gethan,
so lebt der edle Rebe!

ALBRECHT VON HALLER

(1708–77)

Versucht's, ihr Sterbliche, macht euren Zustand besser . . .

Versucht's, ihr Sterbliche, macht euren Zustand besser.
Braucht, was die Kunst erfand und die Natur euch gab;
Belebt die Blumenflur mit steigendem Gewässer,
Teilt nach Korinths Gesetz gehau'ne Felsen ab;
Umhängt die Marmorwand mit persischen Tapeten,
Speist Tunkins Nest aus Gold, trinkt Perlen und Smaragd,
Schlaft ein beim Saitenspiel, erwachet bei Trompeten,
Räumt Klippen aus der Bahn, schließt Länder ein zur Jagd:
Wird schön, was ihr gewünscht, das Schicksal unterschreiben,
Ihr werdet arm im Glück, im Reichtum elend bleiben!

Wann Gold und Ehre sich zu Clives Dienst verbinden,
Keimt doch kein Funken Freud' in dem verstörten Sinn.
Der Dinge Wert ist das, was wir davon empfinden;
Vor seiner teuren Last flieht er zum Tode hin.
Was hat ein Fürst bevor, das einem Schäfer fehlet?
Der Zepter ekelt ihm wie dem sein Hirtenstab.
Weh ihm, wann ihn der Geiz, wann ihn die Ehrsucht quälet;
Die Schar, die um ihn wacht, hält den Verdruß nicht ab.
Wann aber seinen Sinn gesetzte Stille wieget,
Entschläft der minder sanft, der nicht auf Eidern lieget?

Beglückte güldne Zeit, Geschenk der ersten Güte,
O daß der Himmel dich so zeitig weggerückt!
Nicht, weil die junge Welt in stetem Frühling blühte
Und nie ein scharfer Nord die Blumen abgepflückt;
Nicht, weil freiwillig Korn die falben Felder deckte
Und Honig mit der Milch in dicken Strömen lief;
Nicht, weil kein kühner Löw' die schwachen Hürden schreckte
Und ein verirrtes Lamm bei Wölfen sicher schlief;
Nein, weil der Mensch zum Glück den Überfluß nicht zählte,
Ihm Notdurft Reichtum war und Gold zum Sorgen fehlte!

Ihr Schüler der Natur, ihr kennt noch güldne Zeiten!
Nicht zwar ein Dichterreich voll fabelhafter Pracht;
Wer mißt den äußern Glanz scheinbarer Eitelkeiten,
Wann Tugend Müh zur Lust und Armut glücklich macht?
Das Schicksal hat euch hier kein Tempe zugesprochen,
Die Wolken, die ihr trinkt, sind schwer von Reif und Strahl;
Der lange Winter kürzt des Frühlings späte Wochen
Und ein verewigt Eis umringt das kühle Tal;
Doch eurer Sitten Wert hat alles das verbessert,
Der Elemente Neid hat euer Glück vergrößert.

Wohl dir, vergnügtes Volk![1] O danke dem Geschicke,
Das dir der Laster Quell, den Überfluß, versagt;
Dem, den sein Stand vergnügt, dient Armut selbst zum Glücke,
Da Pracht und Üppigkeit der Länder Stütze nagt.
Als Rom die Siege noch bei seinen Schlachten zählte,
War Brei der Helden Speis' und Holz der Götter Haus;
Als aber ihm das Maß von seinem Reichtum fehlte,
Trat bald der schwächste Feind den feigen Stolz in Graus.
Du aber hüte dich, was Größers zu begehren!
Solang die Einfalt dau'rt, wird auch der Wohlstand währen.

Zwar die Natur bedeckt dein hartes Land mit Steinen,
Allein dein Pflug geht durch und deine Saat errinnt;[2]
Sie warf die Alpen auf, dich von der Welt zu zäunen,
Weil sich die Menschen selbst die größten Plagen sind;
Dein Trank ist reine Flut und Milch die reichsten Speisen,
Doch Lust und Hunger legt auch Eicheln Würze zu;
Der Berge tiefer Schacht gibt dir nur schwirrend Eisen,
Wie sehr wünscht Peru nicht, so arm zu sein als du!
Denn, wo die Freiheit herrscht, wird alle Mühe minder.
Die Felsen selbst beblümt und Boreas gelinder.

Glückseliger Verlust von schadenvollen Gütern!
Der Reichtum hat kein Gut, das eurer Armut gleicht;
Die Eintracht wohnt bei euch in friedlichen Gemütern,
Weil kein beglänzter Wahn euch Zwietrachtsäpfel reicht;

Die Freude wird hier nicht mit banger Furcht begleitet,
Weil man das Leben liebt und doch den Tod nicht haßt;
Hier herrschet die Vernunft von der Natur geleitet,
Die, was ihr nötig, sucht und mehrers hält für Last.
Was Epiktet getan und Seneca geschrieben,
Sieht man hier ungelehrt und ungezwungen üben. . . .

Die Alpen

[1] *cf.* Horace: *Beatus ille qui procul negotiis paterna rura bobus exercet suis.*
[2] *erblüht*

FRIEDRICH VON HAGEDORN

(1708–54)

Der erste May

Der erste Tag im Monat May
ist mir der glücklichste von allen.
Dich sah ich und gestand dir frey,
den ersten Tag im Monat May,
daß dir mein Herz ergeben sey.
Wenn mein Geständniß dir gefallen,
so ist der erste Tag im May
für mich der glücklichste von allen.

Das Hühnchen und der Diamant

Ein verhungert Hühnchen fand
Einen feinen Diamant
Und verscharrt' ihn in den Sand.

„ Möchte doch, mich zu erfreun ",
Sprach es, „ dieser schöne Stein
Nur ein Weizenkörnchen sein! "

[167]

Unglücksel'ger Überfluß,
Wo der nötigste Genuß
Unsern Schätzen fehlen muß!

An die Freude

Freude, Göttin edler Herzen,
Höre mich!
Laß die Lieder, die hier schallen,
Dich vergrößern, dir gefallen:
Was hier tönet, tönt durch dich.

Muntre Schwester süßer Liebe!
Himmelskind!
Kraft der Seelen! Halbes Leben!
Ach, was kann das Glück uns geben,
Wenn man dich nicht auch gewinnt?

Stumme Hüter toter Schätze
Sind nur reich.
Dem, der keinen Schatz bewachet,
Sinnreich scherzt und singt und lachet,
Ist kein karger König gleich.

Gib den Kennern, die dich ehren,
Neuen Mut!
Neuen Scherz den regen Zungen,
Neue Fertigkeit den Jungen
Und den Alten neues Blut!

Du erheiterst, holde Freude,
Die Vernunft.
Flieh auf ewig die Gesichter
Aller finstern Splitterrichter
Und die ganze Heuchlerzunft!

Der Maler

Ein kluger Maler in Athen,
Der minder, weil man ihn bezahlte,
Als, weil er Ehre suchte, malte,
Ließ einen Kenner einst den Mars im Bilde sehn,
Und bat sich seine Meynung aus.
Der Kenner sagt ihm frey heraus,
Daß ihm das Bild nicht ganz gefallen wollte,
Und daß es, um recht schön zu seyn,
Weit minder Kunst verrathen sollte.
Der Maler wandte vieles ein:
Der Kenner stritt mit ihm aus Gründen,
Und konnt ihn doch nicht überwinden.

Gleich trat ein junger Geck herein,
Und nahm das Bild in Augenschein.
O! rief er, bey dem ersten Blicke,
Ihr Götter! welch ein Meisterstücke!
Ach, welcher Fuß! O wie geschickt
Sind nicht die Nägel ausgedrückt!
Mars lebt durchaus in diesem Bilde!
Wie viele Kunst, wie viele Pracht,
Ist in dem Helm, und in dem Schilde,
Und in der Rüstung angebracht!

Der Maler ward beschämt gerühret,
Und sah den Kenner kläglich an.
Nun, sprach er, bin ich überführet!
Ihr habt mir nicht zu viel gethan.
Der junge Geck war kaum hinaus:
So strich er seinen Kriegsgott aus.

Wenn deine Schrift dem Kenner nicht gefällt:
So ist es schon ein böses Zeichen;

Doch wenn sie gar des Narren Lob erhält:
So ist es Zeit, sie auszustreichen.

Fabeln und Erzählungen

Die Ehre Gottes aus der Natur

Die Himmel rühmen des Ewigen Ehre;
   Ihr Schall pflanzt seinen Namen fort.
Ihn rühmt der Erdkreis, ihn preisen die Meere;
   Vernimm, O Mensch, ihr göttlich Wort!

Wer trägt der Himmel unzählbare Sterne?
   Wer führt die Sonn' aus ihrem Zelt?
Sie kömmt und leuchtet und lacht uns von ferne
   Und läuft den Weg, gleich als ein Held.

Vernimm's und siehe die Wunder der Werke,
   Die die Natur dir aufgestellt!
Verkündigt Weisheit und Ordnung und Stärke
   Dir nicht den Herrn, den Herrn der Welt?

Kannst du der Wesen unzählbare Heere,
   Den kleinsten Staub fühllos beschaun?
Durch wen ist alles? O gib ihm die Ehre!
   Mir, ruft der Herr, sollst du vertraun!

Mein ist die Kraft, mein ist Himmel und Erde;
   An meinen Werken kennst du mich,
Ich bin's und werde sein, der ich sein werde,
   Dein Gott und Vater ewiglich.

Ich bin dein Schöpfer, bin Weisheit und Güte,
   Ein Gott der Ordnung und dein Heil;
Ich bin's! Mich liebe von ganzem Gemüte
   Und nimm an meiner Gnade teil.

JOHANN WILHELM LUDWIG GLEIM

(1719–1803)

An Leukon

Rosen pflücke, Rosen blühn,
Morgen ist nicht heut!
Keine Stunde laß entfliehn,
Flüchtig ist die Zeit!

Trinke, küsse! Sieh, es ist
Heut Gelegenheit;
Weißt du, wo du morgen bist?
Flüchtig ist die Zeit!

Aufschub einer guten Tat
Hat schon oft gereut —
Hurtig leben ist mein Rat,
Flüchtig ist die Zeit!

GOTTHOLD EPHRAIM LESSING

(1729–81)

Die Sinngedichte an den Leser

Wer wird nicht einen Klopstock loben?
Doch wird ihn jeder lesen? — Nein.
Wir wollen weniger erhoben
Und fleißiger gelesen sein.

Sinngedichte

Der Stachelreim

Erast, der gern so neu als eigentümlich spricht,
Nennt einen Stachelreim sein leidig Sinngedicht.
Die Reime hör' ich wohl; den Stachel fühl' ich nicht.

Ibid.

In eines Schauspielers Stammbuch

Kunst und Natur
Sei auf der Bühne e i n e s nur;
Wenn Kunst sich in Natur verwandelt,
Dann hat Natur mit Kunst gehandelt.

Ibid.

An einen

Du schmähst mich hinterrücks? Das soll mich wenig kränken.
Du lobst mich ins Gesicht? Das will ich dir gedenken!

Ibid.

Auf einen unnützen Bedienten

Im Essen bist du schnell, im Gehen bist du faul.
Iß mit den Füßen, Freund, und nimm zum Gehn das Maul.

Ibid.

Auf den Maler Klecks

Mich malte Simon Klecks so treu, so meisterlich,
Daß aller Welt, so gut als mir, das Bildnis glich.

Ibid.

FRIEDRICH GOTTLIEB KLOPSTOCK

(1724–1803)

Der Zürchersee [1]

Schön ist, Mutter Natur, deiner Erfindung Pracht
Auf die Fluren verstreut, schöner ein froh Gesicht,

[172]

Das den großen Gedanken
Deiner Schöpfung noch einmal denkt.

Von des schimmernden Sees Traubengestaden her,
Oder, flohest du schon wieder zum Himmel auf,
Komm in rötendem Strahle
Auf dem Flügel der Abendluft,

Komm und lehre mein Lied jugendlich heiter sein,
Süße Freude, wie du, gleich dem beseelteren
Schnellen Jauchzen des Jünglings,
Sanft, der fühlenden Fanny gleich.

Schon lag hinter uns weit Uto, an dessen Fuß
Zürch in ruhigem Tal freie Bewohner nährt,
Schon war manches Gebirge,
Voll von Reben, vorbeigeflohn.

Jetzt entwölkte sich fern silberner Alpen Höh',
Und der Jünglinge Herz schon empfindender,
Schon verriet es beredter
Sich der schönen Begleiterin.

Hallers ,, Doris", [2] die [3] sang, selber des Liedes wert,
Hirzels Daphne, den Kleist [4] innig wie Gleimen liebt;
Und wir Jünglinge sangen
Und empfanden wie Hagedorn.

Jetzo nahm uns die Au in die beschattenden
Kühlen Arme des Walds, welcher die Insel krönt;
Da, da kamest du, Freude,
Volles Maßes auf uns herab!

Göttin Freude, du selbst! Dich, wir empfanden dich!
Ja, du warest es selbst, Schwester der Menschlichkeit,
Deiner Unschuld Gespielin,
Die sich über uns ganz ergoß!

Süß ist, fröhlicher Lenz, deiner Begeist'rung Hauch,
Wenn die Flur dich gebiert, wenn sich dein Odem sanft
  In der Jünglinge Herzen
    Und die Herzen der Mädchen gießt.

Ach, du machst das Gefühl siegend! es steigt durch dich
Jede blühende Brust schöner und bebender,
  Lauter redet der Liebe
    Nun entzauberter Mund durch dich!

Lieblich winket der Wein, wenn er Empfindungen,
Beßre, sanftere Lust, wenn er Gedanken winkt,
  Im sokratischen Becher
    Von der tauenden Ros' umkränzt;

Wenn er dringt dir ins Herz und zu Entschließungen,
Die der Säufer verkennt, jeden Gedanken weckt,
  Wenn er lehret verachten,
    Was nicht würdig des Weisen ist.

Reizvoll klinget des Ruhms lockender Silberton
In das schlagende Herz, und die Unsterblichkeit
  Ist ein großer Gedanke,
    Ist des Schweißes der Edlen wert!

Durch der Lieder Gewalt bei der Urenkelin
Sohn und Tochter noch sein, mit der Entzückung Ton
  Oft beim Namen genennet,
    Oft gerufen vom Grabe her,

Dann ihr sanfteres Herz bilden und, Liebe, dich,
Fromme Tugend, dich auch gießen ins sanfte Herz,
  Ist, beim Himmel! nicht wenig,
    Ist des Schweißes der Edlen wert!

Aber süßer ist noch, schöner und reizender,
In dem Arme des Freunds wissen ein Freund zu sein!
  So das Leben genießen,
    Nicht unwürdig der Ewigkeit!

Treuer Zärtlichkeit voll, in den Umschattungen,
In den Lüften des Walds, und mit gesenktem Blick
   Auf die silberne Welle,
     Tat ich schweigend den frommen Wunsch:

Wäret ihr auch bei uns, die ihr mich ferne liebt,
In des Vaterlands Schoß einsam von mir verstreut,
   Dic in seligen Stunden
     Meine suchende Seele fand:

O so bauten wir hier Hütten der Freundschaft uns!
Ewig wohnten wir hier, ewig! Der Schattenwald
   Wandelt' uns sich in Tempe,
     Jenes Tal in Elysium!

(1750)

[1] The poem is written in asclepiad metre.   [2] accusative   [3] accusative
[4] Ewald von Kleist, author of *Frühling*. Haller, Hagedorn, E. v. Kleist
and Gleim were the four most famous German poets at that time.

Das Rosenband

Im Frühlingsschatten fand ich sie,
da band ich sie mit Rosenbändern:
sie fühlt' es nicht und schlummerte.

Ich sah sie an; mein Leben hing
mit diesem Blick an ihrem Leben:
ich fühlt' es wohl und wußt' es nicht.

Doch lispelt' ich ihr sprachlos zu
und rauschte mit den Rosenbändern:
da wachte sie vom Schlummer auf.

Sie sah mich an; ihr Leben hing
mit diesem Blick an meinem Leben
und um uns ward's Elysium.

(1753)

[175]

Die Frühlingsfeier

Nicht in den Ocean der Welten alle
Will ich mich stürzen, schweben nicht,
Wo die ersten Erschaffnen, die Jubelchöre der Söhne des Lichts,
Anbeten, tief anbeten und in Entzückung vergehn.

Nur um den Tropfen am Eimer,
Um die Erde nur will ich schweben und anbeten.
Halleluja! Halleluja! Der Tropfen am Eimer
Rann aus der Hand des Allmächtigen auch.

Da der Hand des Allmächtigen
Die größeren Erden entquollen,
Die Ströme des Lichts rauschten und Siebengestirne wurden,
Da entrannest du, Tropfen, der Hand des Allmächtigen!

Da ein Strom des Lichts rauscht' und unsre Sonne wurde,
Ein Wogensturz sich stürzte wie vom Felsen
Der Wolk' herab und den Orion gürtete,
Da entrannest du, Tropfen, der Hand des Allmächtigen!

Wer sind die tausendmal Tausend, wer die Myriaden alle,
Welche den Tropfen bewohnen und bewohnten? Und wer bin
    ich?
Halleluja dem Schaffenden! Mehr wie die Erden, die quollen,
Mehr wie die Siebengestirne, die aus Strahlen zusammenström-
    ten!

Aber du, Frühlingswürmchen,
Das grünlichgolden neben mir spielt,
Du lebst,—und bist vielleicht
Ach, nicht unsterblich!

Ich bin herausgegangen, anzubeten.
Und ich weine? Vergib, Vergib
Auch diese Thräne dem Endlichen,
O du, der sein wird!

Du wirst die Zweifel alle mir enthüllen,
O du, der mich durch das dunkle Thal
Des Todes führen wird! Ich lerne dann,
Ob eine Seele das goldene Würmchen hatte.

Bist du nur gebildeter Staub,
Sohn des Mais, so werde denn
Wieder verfliegender Staub,
Oder was sonst der Ewige will!

Ergeuß von neuem du, mein Auge,
Freudenthränen!
Du, meine Harfe,
Preise den Herrn!

Umwunden wieder, mit Palmen
Ist meine Harf' umwunden; ich singe dem Herrn!
Hier steh' ich. Rund um mich
Ist alles Allmacht und Wunder alles!

Mit tiefer Ehrfurcht schau' ich die Schöpfung an,
Denn du,
Namenloser, du
Schufest sie!

Lüfte, die um mich wehn und sanfte Kühlung
Auf mein glühendes Angesicht hauchen,
Euch, wunderbare Lüfte,
Sandte der Herr, der Unendliche!

Aber jetzt werden sie still, kaum atmen sie.
Die Morgensonne wird schwül!
Wolken strömen herauf,
Sichtbar ist, der kommt, der Ewige!

Nun schweben sie, rauschen sie, wirbeln die Winde!
Wie beugt sich der Wald, wie hebt sich der Strom!
Sichtbar, wie du es Sterblichen sein kannst,
Ia, das bist du, sichtbar, Unendlicher!

[177]

Der Wald neigt sich, der Strom fliehet, und ich
Falle nicht auf mein Angesicht?
Herr! Herr! Gott! Barmherzig und gnädig!
Du Naher, erbarme dich meiner!

Zürnest du, Herr,
Weil Nacht dein Gewand ist?
Diese Nacht ist Segen der Erde.
Vater, du zürnest nicht!

Sie kommt, Erfrischung auszuschütten
Über den stärkenden Halm,
Über die herzerfreuende Traube.
Vater, du zürnest nicht!

Alles ist still vor dir, du Naher!
Rings umher ist alles still.
Auch das Würmchen, mit Golde bedeckt, merkt auf.
Ist es vielleicht nicht seelenlos? Ist es unsterblich?

Ach, vermöcht' ich dich, Herr, wie ich dürste, zu preisen!
Immer herrlicher offenbarest du dich,
Immer dunkler wird die Nacht um dich
Und voller von Segen!

Seht ihr den Zeugen des Nahen, den zückenden Strahl?
Hört ihr Jehovahs Donner?
Hört ihr ihn, hört ihr ihn,
Den erschütternden Donner des Herrn?

Herr! Herr! Gott!
Barmherzig und gnädig!
Angebetet, gepriesen
Sei dein herrlicher Name!

Und die Gewitterwinde? Sie tragen den Donner.
Wie sie rauschen, wie sie mit lauter Woge den Wald
    durchströmen!

Und nun schweigen sie. Langsam wandelt
Die schwarze Wolke.

Seht ihr den neuen Zeugen des Nahen, den fliegenden
    Strahl?
Höret ihr hoch in der Wolke den Donner des Herrn?
Er ruft: Jehovah! Jehovah!
Und der geschmetterte Wald dampft!

Aber nicht unsere Hütte!
Unser Vater gebot
Seinem Verderber,
Vor unsrer Hütte vorüberzugehn.

Ach, schon rauscht, schon rauscht
Himmel und Erde vom gnädigen Regen!
Nun ist — wie dürstete sie — die Erd' erquickt,
Und der Himmel der Segensfüll' entlastet.

Siehe, nun kommt Jehovah nicht mehr im Wetter;
In stillem, sanftem Säuseln
Kommt Jehovah,
Und unter ihm neigt sich der Bogen des Friedens.

                                 (1759)

Die frühen Gräber

Willkommen, o silberner Mond,
Schöner, stiller Gefährt' der Nacht!
Du entfliehst? Eile nicht, bleib', Gedankenfreund!
Sehet, er bleibt, das Gewölk wallte nur hin.

Des Maies Erwachen ist nur
Schöner noch wie die Sommernacht,
Wenn ihm Tau, hell wie Licht, aus der Locke träuft
Und zu dem Hügel herauf rötlich er kömmt.

Ihr Edleren, ach, es bewächst
Eure Male schon ernstes Moos!
O wie war glücklich ich, als ich noch mit euch
Sahe sich röten den Tag, schimmern die Nacht!

(1764)

Die États généraux [1]

Der kühne Reichstag Galliens dämmert schon,
Die Morgenschauer dringen den Wartenden
Durch Mark und Bein. O komm, du neue,
Labende, selbst nicht geträumte Sonne!

Gesegnet sei mir du, das mein Haupt bedeckt,
Mein graues Haar! die Kraft, die nach Sechzigen
Fortdauert! Denn sie war's, so weit hin
Brachte sie mich, daß ich dies erlebte.

Verzeiht, o Franken (Name der Brüder ist
Der edle Name), daß ich den Deutschen einst
Zurufte, das zu flieh'n, warum ich
Ihnen itzt flehe, euch nachzuahmen!

Die größte Handlung dieses Jahrhunderts sei,
So dacht' ich sonst, wie Herkules Friederich
Die Keule führte, von Europas
Herrschern bekämpft und den Herrscherinnen!

So denk' ich jetzt nicht. Gallien krönet sich
Mit einem Bürgerkranze, wie keiner war!
Der glänzet heller — und verdient es —
Schöner als Lorbeer',[2] die Blut entschimmert. [3]

(1788)

[1] The poem is written in Alcaic metre.   [2] *Lorbeer'(en)* = plural
[3] *um den Glanz bringen, trüben*

(1739–91)

Kaplied

Auf, auf, ihr Brüder, und seid stark,
Der Abschiedstag ist da!
Schwer liegt er auf der Seele, schwer!
Wir sollen über Land und Meer
Ins heiße Afrika.

Ein dichter Kreis von Lieben steht,
Ihr Brüder, um uns her:
Uns knüpft so manches teure Band
An unser deutsches Vaterland,
Drum fällt der Abschied schwer.

Dem bieten graue Eltern noch
Zum letztenmal die Hand;
Den kosen Bruder, Schwester, Freund;
Und alles schweigt und alles weint,
Todblaß von uns gewandt.

Und wie ein Geist schlingt um den Hals
Das Liebchen sich herum:
„Willst mich verlassen, liebes Herz,
Auf ewig?" — Und der bittre Schmerz
Macht 's arme Liebchen stumm.

Ist hart! — Drum wirble du, Tambour,
Den Generalmarsch drein.
Der Abschied macht uns sonst zu weich,
Wir weinten kleinen Kindern gleich;
Es muß geschieden sein.

Lebt wohl, ihr Freunde! Sehn wir uns
Vielleicht zum letztenmal,
So denkt: nicht für die kurze Zeit,

Freundschaft ist für die Ewigkeit
Und Gott ist überall.

An Deutschlands Grenze füllen wir
Mit Erde unsre Hand
Und küssen sie — das sei der Dank
Für deine Pflege, Speis' und Trank,
Du, liebes Vaterland!

Wenn dann die Meereswoge sich
An unsern Schiffen bricht,
So segeln wir gelassen fort;
Denn Gott ist hier und Gott ist dort
Und der verläßt uns nicht!

Und, ha! wenn sich der Tafelberg
Aus blauen Düften hebt:
So strecken wir empor die Hand
Und jauchzen: „ Land! ihr Brüder, Land! "
Daß unser Schiff erbebt.

Und wenn Soldat und Offizier
Gesund ans Ufer springt,
Dann jubeln wir, ihr Brüder, ha!
Nun sind wir ja in Afrika
Und alles dankt und singt.

Wir leben drauf in fernem Land
Als Deutsche brav und gut.
Und sagen soll man weit und breit:
Die Deutschen sind doch brave Leut',
Sie haben Geist und Mut.

Und trinken auf dem Hoffnungskap
Wir seinen Götterwein:
So denken wir, von Sehnsucht weich,
Ihr, fernen Freunde, dann an euch
Und Tränen fließen drein.

(1740–1815)

Die Sterne

Ich sehe oft um Mitternacht,
wenn ich mein Werk getan
und niemand mehr im Hause wacht,
die Stern' am Himmel an.

Sie gehn da, hin und her zerstreut,
als Lämmer auf der Flur;
in Rudeln auch, und aufgereiht
wie Perlen an der Schnur;

und funkeln alle weit und breit,
und funkeln rein und schön;
ich seh die große Herrlichkeit
und kann mich satt nicht sehn.

Dann saget unterm Himmelszelt
mein Herz mir in der Brust:
„ Es gibt was Bessers in der Welt,
als all ihr Schmerz und Lust."

Ich werf mich auf mein Lager hin
und liege lange wach
und suche es in meinem Sinn
und sehne mich darnach.

Der Mensch

Empfangen und genähret
vom Weibe wunderbar,
kömmt er und sieht und höret
und nimmt des Trugs nicht wahr;

[183]

gelüstet und begehret
und bringt sein Tränlein dar;
verachtet und verehret,
hat Freude und Gefahr;
glaubt, zweifelt, wähnt und lehret,
hält Nichts und Alles wahr;
erbauet und zerstöret
und quält sich immerdar;
schläft, wachet, wächst und zehret;
trägt braun und graues Haar.
Und alles dieses währet,
wenns hoch kommt, achtzig Jahr.
Dann legt er sich zu seinen Vätern nieder
und er kömmt nimmer wieder.

Abendlied

Der Mond ist aufgegangen,
Die goldnen Sternlein prangen
Am Himmel hell und klar;
Der Wald steht schwarz und schweiget,
Und aus den Wiesen steiget
Der weiße Nebel wunderbar.

Wie ist die Welt so stille
Und in der Dämmrung Hülle
So traulich und so hold!
Als eine stille Kammer,
Wo ihr des Tages Jammer
Verschlafen und vergessen sollt.

Seht ihr den Mond dort stehen?
Er ist nur halb zu sehen
Und ist doch rund und schön!
So sind wohl manche Sachen,
Die wir getrost belachen,
Weil unsre Augen sie nicht sehn.

Wir stolze Menschenkinder
Sind eitel arme Sünder
Und wissen gar nicht viel;
Wir spinnen Luftgespinste
Und suchen viele Künste
Und kommen weiter von dem Ziel.

Gott, laß uns dein Heil schauen,
Auf nichts Vergänglich's trauen,
Nicht Eitelkeit uns freun!
Laß uns einfältig werden
Und vor dir hier auf Erden
Wie Kinder fromm und fröhlich sein!

Wollst endlich sonder Grämen
Aus dieser Welt uns nehmen
Durch einen sanften Tod!
Und wenn du uns genommen,
Laß uns in Himmel kommen,
Du unser Herr und unser Gott!

So legt euch denn, ihr Brüder,
In Gottes Namen nieder!
Kalt ist der Abendhauch.
Verschon uns, Gott, mit Strafen,
Und laß uns ruhig schlafen,
Und unsern kranken Nachbar auch!

Der Tod

Ach, es ist so dunkel in des Todes Kammer,
tönt so traurig, wenn er sich bewegt
und nun aufhebt seinen schweren Hammer
und die Stunde schlägt.

Kriegslied

's ist Krieg! 's ist Krieg! O Gottes Engel, wehre
    Und rede du darein!
's ist leider Krieg — und ich begehre
    Nicht schuld daran zu sein!

Was sollt ich machen, wenn im Schlaf mit Grämen
    Und blutig, bleich und blaß
Die Geister der Erschlagnen zu mir kämen
    Und vor mir weinten, was?

Wenn wackre Männer, die sich Ehre suchten,
    Verstümmelt und halb tot
Im Staub sich vor mir wälzten und mir fluchten
    In ihrer Todesnot?

Wenn tausend tausend Väter, Mütter, Bräute,
    So glücklich vor dem Krieg,
Nun alle elend, alle arme Leute,
    Wehklagten über mich?

Wenn Hunger, böse Seuch und ihre Nöten
    Freund, Freund und Feind ins Grab
Versammleten und mir zu Ehren krähten
    Von einer Leich herab?

Was hülf mir Kron und Land und Gold und Ehre?
    Die könnten mich nicht freun!
's ist leider Krieg — und ich begehre
    Nicht schuld daran zu sein!

Der Tod und das Mädchen

DAS MÄDCHEN:

Vorüber! Ach, vorüber!
Geh, wilder Knochenmann!
Ich bin noch jung, geh, Lieber!
Und rühre mich nicht an.

DER TOD:

Gib deine Hand, du schön und zart Gebild!
Bin Freund und komme nicht, zu strafen.
Sei gutes Muts! ich bin nicht wild,
Sollst sanft in meinen Armen schlafen!

Die Liebe

Die Liebe hemmet nichts; sie kennt nicht Tür noch Riegel,
Und dringt durch alles sich;
Sie ist ohn Anbeginn, schlug ewig ihre Flügel,
Und schlägt sie ewiglich.

JOHANN GEORG JACOBI

(1740–1814)

An die Liebe

Von dir, o Liebe, nehm ich an
den Kelch der bittern Leiden;
nur einen Tropfen dann und wann,
nur einen deiner Freuden!

So wird dein Kelch, o Liebe, mir
wie Feierbecher glänzen;
auch unter Tränen will ich dir
mit Rosen ihn bekränzen.

JOHANN GOTTFRIED HERDER

(1744–1803)

Erlkönigs [1] *Tochter*

Herr Oluf reitet spät und weit,
Zu bieten auf seine Hochzeitleut';

Da tanzen die Elfen auf grünem Land,
Erlkönigs Tochter reicht ihm die Hand.

„ Willkommen, Herr Oluf! Was eilst von hier?
Tritt her in den Reihen und tanz mit mir.“

„ Ich darf nicht tanzen, nicht tanzen ich mag,
Frühmorgen ist mein Hochzeittag.“

„ Hör an, Herr Oluf, tritt tanzen mit mir,
Zwei güldne Sporne schenk' ich dir;

Ein Hemd von Seide so weiß und fein,
Meine Mutter bleicht's mit Mondenschein.“

„ Ich darf nicht tanzen, nicht tanzen ich mag,
Frühmorgen ist mein Hochzeittag.“

„ Hör an, Herr Oluf, tritt tanzen mit mir,
Einen Haufen Goldes schenk' ich dir.“

„ Einen Haufen Goldes nähm' ich wohl,
Doch tanzen ich nicht darf noch soll.“

„ Und willt, Herr Oluf, nicht tanzen mit mir,
Soll Seuch' und Krankheit folgen dir.“

Sie tät einen Schlag ihm auf sein Herz,
Noch nimmer fühlt' er solchen Schmerz.

[188]

Sie hob ihn bleichend auf sein Pferd:
„ Reit heim nun zu deinem Fräulein wert."

Und als er kam vor Hauses Tür,
Seine Mutter zitternd stand dafür.

„ Hör an, mein Sohn, sag an mir gleich,
Wie ist deine Farbe blaß und bleich? "

„ Und sollt' sie nicht sein blaß und bleich?
Ich traf in Erlenkönigs Reich."

„ Hör an, mein Sohn, so lieb und traut,
Was soll ich nun sagen deiner Braut! "

„ Sagt ihr, ich sei im Wald zur Stund',
Zu proben da mein Pferd und Hund."

Frühmorgen und als es Tag kaum war,
Da kam die Braut mit der Hochzeitschar.

Sie schenkten Met, sie schenkten Wein.
„ Wo ist Herr Oluf, der Bräut'gam mein? "

„ Herr Oluf, er ritt in Wald zur Stund',
Er probt allda sein Pferd und Hund."

Die Braut hob auf den Scharlach rot,
Da lag Herr Oluf, und er war tot.

[1] After a Danish ballad. *Erlkönig* is a wrong translation of the Danish
ellerkonge (*Elfenkönig*).

Romanze

Trauerndtief saß Don Diego.
Wohl war keiner je so traurig;
Gramvoll dacht' er Tag und Nächte
Nur an seines Hauses Schmach.

An die Schmach des edlen, alten,
Tapfern Hauses der von Lainez,
Das die Inigos an Ruhme,
Die Alarcos übertraf.

Tief gekränket, schwach vor Alter,
Fühlt er nahe sich dem Grabe,
Da indes sein Feind D o n   G o r m a z
Ohne Gegner triumphiert.

Sonder Schlaf und sonder Speise
Schläget er die Augen nieder,
Tritt nicht über seine Schwelle,
Spricht mit seinen Freunden nicht,

Höret nicht der Freunde Zuspruch,
Wenn sie kommen, ihn zu trösten;
Denn der Atem des Entehrten,
Glaubt' er, schände seinen Freund.

Endlich schüttelt er die Bürde
Los des grausam stummen Grames,
Lässet kommen seine Söhne,
Aber spricht zu ihnen nicht;

Bindet ihrer aller Hände
Ernst und fest mit starken Banden;
Alle, Tränen in den Augen,
Flehen um Barmherzigkeit.

Fast schon ist er ohne Hoffnung,
Als der jüngste seiner Söhne,
D o n   R o d r i g o, seinem Mute
Freud' und Hoffnung wiedergab.

Mit entflammten Tigeraugen
Tritt er von dem Vater rückwärts:

„ Vater ", spricht er, „ Ihr vergesset,
Wer Ihr seid und wer ich bin.

Hätt' ich nicht aus Euren Händen
Meine Waffenwehr' empfangen,
Ahndet' ich mit einem Dolche
Die mir jetzt gebot'ne Schmach! "—

Strömend flossen Freudentränen
Auf die väterlichen Wangen.
„ Du ", sprach er, den Sohn umarmend,
„ Du, Rodrigo, bist mein Sohn!

„ Ruhe gibt dein Zorn mir wieder,
Meine Schmerzen heilt dein Unmut!
Gegen mich nicht, deinen Vater,
Gegen unsers Hauses Feind

Hebe sich dein Arm! " — „ Wo ist er? "
Rief Rodrigo. „ Wer entehret
Unser Haus? " Er ließ dem Vater
Kaum, es zu erzählen, Zeit. . .

Der Cid

GOTTFRIED AUGUST BÜRGER

(1747–94)

Lenore

Lenore fuhr ums Morgenrot
Empor aus schweren Träumen:
„ Bist untreu, Wilhelm, oder tot?
Wie lange willst du säumen? " —

Er war mit König Friedrichs Macht
Gezogen in die Prager Schlacht
Und hatte nicht geschrieben,
Ob er gesund geblieben.

Der König und die Kaiserin,
Des langen Haders müde,
Erweichten ihren harten Sinn
Und machten endlich Friede;
Und jedes Heer, mit Sing und Sang,
Mit Paukenschlag und Kling und Klang,
Geschmückt mit grünen Reisern,
Zog heim zu seinen Häusern.

Und überall, allüberall,
Auf Wegen und auf Stegen,
Zog alt und jung dem Jubelschall
Der Kommenden entgegen.
„ Gottlob! “ rief Kind und Gattin laut,
„ Willkommen! “ manche frohe Braut.
Ach! aber für Lenoren
War Gruß und Kuß verloren.

Sie frug den Zug wohl auf und ab
Und frug nach allen Namen;
Doch keiner war, der Kundschaft gab,
Von allen, so da kamen.
Als nun das Heer vorüber war,
Zerraufte sie ihr Rabenhaar
Und warf sich hin zur Erde
Mit wütiger Gebärde.

Die Mutter lief wohl hin zu ihr:
„ Ach, daß sich Gott erbarme!
Du trautes Kind, was ist mit dir? “
Und schloß sie in die Arme. —
„ O Mutter, Mutter! hin ist hin!
Nun fahre Welt und alles hin!

Bei Gott ist kein Erbarmen.
O weh, o weh mir Armen!" —

„Hilf Gott, hilf! Sieh uns gnädig an!
Kind, bet' ein Vaterunser!
Was Gott tut, das ist wohlgetan.
Gott, Gott erbarmt sich unser!" —
„O Mutter, Mutter! eitler Wahn!
Gott hat an mir nicht wohlgetan!
Was half, was half mein Beten?
Nun ist's nicht mehr vonnöten." —

„Hilf Gott, hilf! Wer den Vater kennt,
Der weiß, er hilft den Kindern.
Das hochgelobte Sakrament
Wird deinen Jammer lindern." —
„O Mutter, Mutter, was mich brennt,
Das lindert mir kein Sakrament!
Kein Sakrament mag Leben
Den Toten wiedergeben." —

„Hör' Kind! Wie, wenn der falsche Mann
Im fernen Ungarlande
Sich seines Glaubens abgetan
Zum neuen Ehebande?
Laß fahren, Kind, sein Herz dahin!
Er hat es nimmermehr Gewinn:
Wann Seel' und Leib sich trennen,
Wird ihn sein Meineid brennen." —

„O Mutter, Mutter! Hin ist hin!
Verloren ist verloren!
Der Tod, der Tod ist mein Gewinn!
O wär' ich nie geboren!
Lisch aus, mein Licht, auf ewig aus!
Stirb hin! stirb hin in Nacht und Graus!
Bei Gott ist kein Erbarmen.
O weh, o weh mir Armen!" —

„Hilf, Gott, hilf! Geh nicht ins Gericht
Mit deinem armen Kinde!
Sie weiß nicht, was die Zunge spricht;
Behalt ihr nicht die Sünde!
Ach, Kind, vergiß dein irdisch Leid
Und denk an Gott und Seligkeit,
So wird doch deiner Seelen
Der Bräutigam nicht fehlen." —

„ O Mutter! was ist Seligkeit?
O Mutter! was ist Hölle?
Bei ihm, bei ihm ist Seligkeit,
Und ohne Wilhelm Hölle!
Lisch aus, mein Licht, auf ewig aus!
Stirb hin, stirb hin in Nacht und Graus!
Ohn' ihn mag ich auf Erden,
Mag dort nicht selig werden! " —

So wütete Verzweifelung
Ihr in Gehirn und Adern.
Sie fuhr mit Gottes Vorsehung
Vermessen fort zu hadern,
Zerschlug den Busen und zerrang
Die Hand bis Sonnenuntergang,
Bis auf am Himmelsbogen
Die goldnen Sterne zogen.

Und außen, horch! ging's trapp trapp trapp,
Als wie von Rosses Hufen;
Und klirrend stieg ein Reiter ab
An des Geländers Stufen.
Und horch! und horch! den Pfortenring
Ganz lose, leise, klinglingling!
Dann kamen durch die Pforte
Vernehmlich diese Worte:

„ Holla! Holla! Tu auf, mein Kind!
Schläfst, Liebchen, oder wachst du?

Wie bist noch gegen mich gesinnt?
Und weinest oder lachst du? " —
„ Ach, Wilhelm, du? . . . so spät bei Nacht?
Geweinet hab' ich und gewacht,
Ach, großes Leid erlitten!
Wo kommst du hergeritten? " —

„ Wir satteln nur um Mitternacht,
Weit ritt ich her von Böhmen.
Ich habe spät mich aufgemacht
Und will dich mit mir nehmen." —
„ Ach, Wilhelm, erst herein geschwind!
Den Hagedorn durchsaust der Wind.
Herein, in meinen Armen,
Herzliebster, zu erwarmen! " —

„ Laß sausen durch den Hagedorn,
Laß sausen, Kind, laß sausen!
Der Rappe scharrt; es klirrt der Sporn.
Ich darf allhier nicht hausen.
Komm, schürze, spring und schwinge dich
Auf meinen Rappen hinter mich!
Muß heut' noch hundert Meilen
Mit dir ins Brautbett eilen." —

„ Ach, wolltest hundert Meilen noch
Mich heut' ins Brautbett tragen?
Und horch! es brummt die Glocke noch,
Die elf schon angeschlagen." —
„ Sieh hin, sieh her! der Mond scheint hell.
Wir und die Toten reiten schnell.
Ich bringe dich, zur Wette,
Noch heut' ins Hochzeitsbette." —

„ Sag' an, wo ist dein Kämmerlein?
Wo? wie dein Hochzeitsbettchen? " —
„ Weit, weit von hier! . . . Still, kühl und klein! . . .
Sechs Bretter und zwei Brettchen! " —

„ Hats Raum für mich? " — „ Für dich und mich!
Komm, schürze, spring und schwinge dich!
Die Hochzeitsgäste hoffen!
Die Kammer steht uns offen." —

Schön Liebchen schürzte, sprang und schwang
Sich auf das Roß behende;
Wohl um den trauten Reiter schlang
Sie ihre Lilienhände;
Und hurre hurre, hopp hopp hopp!
Gings fort in sausendem Galopp,
Daß Roß und Reiter schnoben
Und Kies und Funken stoben.

Zur rechten und zur linken Hand,
Vorbei vor ihren Blicken,
Wie flogen Anger, Heid' und Land!
Wie donnerten die Brücken! —
„ Graut Liebchen auch?... Der Mond scheint hell!
Hurra! Die Toten reiten schnell!
Graut Liebchen auch vor Toten? " —
„ Ach nein!... Laß doch die Toten! " —

Was klang dort für Gesang und Klang?
Was flatterten die Raben?
Horch! Glockenklang! Horch! Totensang:
„ Laßt uns den Leib begraben! "
Und näher zog ein Leichenzug,
Der Sarg und Totenbahre trug;
Das Lied war zu vergleichen
Dem Unkenruf in Teichen.

„ Nach Mitternacht begrabt den Leib
Mit Klang und Sang und Klage!
Jetzt führ' ich heim mein junges Weib;
Mit, mit zum Brautgelage!

Komm, Küster, hier! Komm mit dem Chor
Und gurgle mir das Brautlied vor!
Komm, Pfaff, und sprich den Segen,
Eh' wir zu Bett uns legen!" —

Still, Klang und Sang ... Die Bahre schwand ...
Gehorsam seinen Rufen
Kam's hurre hurre! nachgerannt,
Hart hinter's Rappen Hufen.
Und immer weiter hopp hopp hopp,
Ging's fort in sausendem Galopp,
Daß Roß und Reiter schnoben
Und Kies und Funken stoben.

Wie flogen rechts, wie flogen links
Gebirge, Bäum' und Hecken!
Wie flogen links und rechts und links
Die Dörfer, Städt' und Flecken! —
,, Graut Liebchen auch? ... Der Mond scheint hell!
Hurra, die Toten reiten schnell;
Graut Liebchen auch vor Toten?" —
,, Ach laß sie ruhn, die Toten!" —

Sieh da! sieh da! Am Hochgericht
Tanzt um des Rades Spindel,
Halb sichtbarlich bei Mondenlicht,
Ein luftiges Gesindel. —
,, Sasa! Gesindel, hier! Komm hier!
Gesindel, komm und folge mir!
Tanz' uns den Hochzeitreigen,
Wann wir zu Bette steigen!" —

Und das Gesindel, husch, husch, husch!
Kam hinten nachgeprasselt,
Wie Wirbelwind am Haselbusch
Durch dürre Blätter rasselt.

Und weiter, weiter hopp hopp hopp!
Ging's fort in sausendem Galopp,
Daß Roß und Reiter schnoben
Und Kies und Funken stoben.

Wie flog, was rund der Mond beschien,
Wie flog es in die Ferne!
Wie flogen oben überhin
Der Himmel und die Sterne! —
„Graut Liebchen auch?... Der Mond scheint hell!
Hurra! Die Toten reiten schnell!
Graut Liebchen auch vor Toten?" —
„O weh! Laß ruhn die Toten!" —

„Rapp'! Rapp'! mich dünkt, der Hahn schon ruft...
Bald wird der Sand verrinnen...
Rapp'! Rapp'! ich wittre Morgenluft..
Rapp'! tummle dich von hinnen!
Vollbracht, vollbracht ist unser Lauf!
Das Hochzeitbette tut sich auf!
Die Toten reiten schnelle!
Wir sind, wir sind zur Stelle." —

Rasch auf ein eisern Gittertor
Ging's mit verhängtem Zügel;
Mit schwanker Gert' ein Schlag davor
Zersprengte Schloß und Riegel.
Die Flügel flogen klirrend auf
Und über Gräber ging der Lauf;
Es blinkten Leichensteine
Rundum im Mondenscheine.

Ha sieh! Ha sieh! Im Augenblick,
Huhu! ein gräßlich Wunder!
Des Reiters Koller, Stück für Stück,
Fiel ab wie mürber Zunder.

Zum Schädel ohne Zopf und Schopf,
Zum nackten Schädel ward sein Kopf,
Sein Körper zum Gerippe,
Mit Stundenglas und Hippe.

Hoch bäumte sich, wild schnob der Rapp
Und sprühte Feuerfunken:
Und hui! war's unter ihr hinab
Verschwunden und versunken.
Geheul, Geheul aus hoher Luft,
Gewinsel kam aus tiefer Gruft;
Lenorens Herz mit Beben
Rang zwischen Tod und Leben.

Nun tanzten wohl bei Mondenglanz
Rundum herum im Kreise
Die Geister einen Kettentanz
Und heulten diese Weise:
„ Geduld! Geduld! Wenn's Herz auch bricht!
Mit Gott im Himmel hadre nicht!
Des Leibes bist du ledig:
Gott sei der Seele gnädig! "

LUDWIG HEINRICH CHRISTOPH HÖLTY

(1748–76)

Lebenspflichten

Rosen auf den Weg gestreut,
und des Harms vergessen!
Eine kleine Spanne Zeit
ward uns zugemessen.

Heute hüpft im Frühlingstanz
noch der frohe Knabe;
morgen weht der Totenkranz
schon auf seinem Grabe.

Wonne führt die junge Braut
heute zum Altare;
eh' die Abendwolke taut,
ruht sie auf der Bahre.

Ungewisser, kurzer Daur
ist dies Erdeleben;
und zur Freude, nicht zur Traur
uns von Gott gegeben.

Gebet Harm und Grillenfang,
gebet ihn den Winden;
ruht bei frohem Becherklang
unter grünen Linden.

Lasset keine Nachtigall
unbehorcht verstummen,
keine Bien' im Frühlingstal
unbelauschet summen.

Fühlt, solang es Gott erlaubt,
Kuß und süße Trauben,
bis der Tod, der alles raubt,
kommt, sie euch zu rauben.

Unser schlummerndes Gebein,
in die Gruft gesäet,
fühlet nicht den Rosenhain,
der das Grab umwehet;

fühlet nicht den Wonneklang
angestoßner Becher,
nicht den frohen Rundgesang
weingelehrter Zecher.

Auftrag

Ihr Freunde, hänget, wann ich gestorben bin,
die kleine Harfe hinter dem Altar auf,
wo an der Wand die Totenkränze
manches verstorbenen Mädchens schimmern.

Der Küster zeigt dann freundlich dem Reisenden
die kleine Harfe, rauscht mit dem roten Band,
das, an der Harfe festgeschlungen,
unter den goldenen Saiten flattert.

„ Oft ", sagt er staunend, „ tönen im Abendrot
von selbst die Saiten leise wie Bienenton:
die Kinder, hergelockt vom Kirchhof,
hörten's, und sahn, wie die Kränze bebten."

Die Mainacht

Wenn der silberne Mond durch die Gesträuche blickt,
Und sein schlummerndes Licht über den Rasen geußt,
Und die Nachtigall flötet,
Wandl' ich traurig von Busch zu Busch.

Selig preis' ich dich dann, flötende Nachtigall,
Weil dein Weibchen mit dir wohnet in einem Nest,
Ihrem singenden Gatten
Tausend trauliche Küsse gibt.

Überhüllet von Laub girret ein Taubenpaar
Sein Entzücken mir vor: aber ich wende mich,
Suche dunklere Schatten,
Und die einsame Träne rinnt.

Wann, o lächelndes Bild, welches wie Morgenrot
Durch die Seele mir strahlt, find' ich auf Erden dich?
Und die einsame Träne
Bebt mir heißer die Wang' herab!

Willkommen und Abschied

Es schlug mein Herz, geschwind zu Pferde!
Es war getan, fast eh gedacht;
Der Abend wiegte schon die Erde
Und an den Bergen hing die Nacht:
Schon stand im Nebelkleid die Eiche,
Ein aufgetürmter Riese, da,
Wo Finsternis aus dem Gesträuche
Mit hundert schwarzen Augen sah.

Der Mond von einem Wolkenhügel
Sah kläglich aus dem Duft hervor,
Die Winde schwangen leise Flügel,
Umsausten schauarlich mein Ohr;
Die Nacht schuf teusend Ungeheuer,
Doch frisch und fröhlich war mein Mut:
In meinen Adern welches Feuer!
In meinem Herzen welche Glut!

Dich sah ich, und die milde Freude
Floß von dem süßen Blick auf mich;
Ganz war mein Herz an deiner Seite
Und jeder Atemzug für dich.
Ein rosenfarbnes Frühlingswetter
Umgab das liebliche Gesicht,
Und Zärtlichkeit für mich — ihr Götter!
Ich hofft' es, ich verdient' es nicht!

Doch ach, schon mit der Morgensonne
Verengt der Abschied mir das Herz:
In deinen Küssen welche Wonne!
In deinem Auge welcher Schmerz!
Ich ging, du standst und sahst zur Erden,
Und sahst mir nach mit nassem Blick:

Und doch, welch Glück, geliebt zu werden!
Und lieben, Götter, welch ein Glück!

(1771)

Mit einem gemalten Band

Kleine Blumen, kleine Blätter
Streuen mir mit leichter Hand
Gute junge Frühlingsgötter
Tändelnd auf ein luftig Band.

Zephyr, nimm's auf deine Flügel,
Schling's um meiner Liebsten Kleid!
Und so tritt sie vor den Spiegel
All in ihrer Munterkeit.

Sieht mit Rosen sich umgeben,
Selbst wie eine Rose jung.
Einen Blick, geliebtes Leben!
Und ich bin belohnt genung.

Fühle, was dies Herz empfindet,
Reiche frei mir deine Hand,
Und das Band, das uns verbindet,
Sei kein schwaches Rosenband!

(1771)

Heidenröslein

Sah ein Knab' ein Röslein stehn,
Röslein auf der Heiden,
War so jung und morgenschön,
Lief er schnell, es nah zu sehn,
Sah's mit vielen Freuden.
Röslein, Röslein, Röslein rot,
Röslein auf der Heiden.

[203]

Knabe sprach: „ Ich breche dich,
Röslein auf der Heiden! "
Röslein sprach: „ Ich steche dich,
Daß du ewig denkst an mich,
Und ich will's nicht leiden."
Röslein, Röslein, Röslein rot,
Röslein auf der Heiden.

Und der wilde Knabe brach
's Röslein auf der Heiden;
Röslein wehrte sich und stach,
Half ihm doch kein Weh und Ach,
Mußt'es eben leiden.
Röslein, Röslein, Röslein rot,
Röslein auf der Heiden.

(1771)

Mailied

Wie herrlich leuchtet
Mir die Natur!
Wie glänzt die Sonne!
Wie lacht die Flur!

Es dringen Blüten
Aus jedem Zweig
Und tausend Stimmen
Aus dem Gesträuch,

Und Freud' und Wonne
Aus jeder Brust.
O Erd', o Sonne!
O Glück, o Lust!

O Lieb', o Liebe!
So golden schön,

Wie Morgenwolken
Auf jenen Höhn!

Du segnest herrlich
Das frische Feld,
Im Blütendampfe
Die volle Welt.

O Mädchen, Mädchen,
Wie lieb' ich dich!
Wie blickt dein Auge!
Wie liebst du mich!

So liebt die Lerche
Gesang und Luft,
Und Morgenblumen
Den Himmelsduft,

Wie ich dich liebe
Mit warmem Blut,
Die du mir Jugend
Und Freud' und Mut

Zu neuen Liedern
Und Tänzen gibst.
Sei ewig glücklich,
Wie du mich liebst!

(1771)

Das Veilchen

Ein Veilchen auf der Wiese stand,
Gebückt in sich und unbekannt;
Es war ein herzigs Veilchen.
Da kam eine junge Schäferin,

Mit leichtem Schritt und munterm Sinn,
Daher, daher,
Die Wiese her, und sang.

„ Ach! “ denkt das Veilchen, „ wär’ ich nur
Die schönste Blume der Natur,
Ach, nur ein kleines Weilchen,
Bis mich das Liebchen abgepflückt
Und an dem Busen matt gedrückt!
Ach nur, ach nur
Ein Viertelstündchen lang! “

Ach! aber ach! das Mädchen kam
Und nicht in Acht das Veilchen nahm,
Ertrat das arme Veilchen.
Es sank und starb und freut sich noch:
„ Und sterb’ ich denn, so sterb’ ich doch
Durch sie, durch sie,
Zu ihren Füßen doch.“

Erwin und Elmire (1773)

Der König in Thule

Es war ein König in Thule,
Gar treu bis an das Grab,
Dem sterbend seine Buhle
Einen goldnen Becher gab.

Es ging ihm nichts darüber,
Er leert’ ihn jeden Schmaus;
Die Augen gingen ihm über,
So oft er trank daraus.

Und als er kam zu sterben,
Zählt’ er seine Städt’ im Reich,
Gönnt’ alles seinem Erben,
Den Becher nicht zugleich.

Er saß beim Königsmahle,
Die Ritter um ihn her,
Auf hohem Vätersaale,
Dort auf dem Schloß am Meer.

Dort stand der alte Zecher,
Trank letzte Lebensglut,
Und warf den heil'gen Becher
Hinunter in die Flut.

Er sah ihn stürzen, trinken
Und sinken tief ins Meer.
Die Augen täten ihm sinken;
Trank nie einen Tropfen mehr.

Faust I (1774)

Prometheus

Bedecke deinen Himmel, Zeus,
Mit Wolkendunst,
Und übe, dem Knaben gleich,
Der Disteln köpft,
An Eichen dich und Bergeshöhn;
Mußt mir meine Erde
Doch lassen stehn,
Und meine Hütte, die du nicht gebaut,
Und meinen Herd,
Um dessen Glut
Du mich beneidest.

Ich kenne nichts Ärmeres
Unter der Sonn' als euch, Götter!
Ihr nähret kümmerlich
Von Opfersteuern
Und Gebetshauch
Eure Majestät,

Und darbtet, wären
Nicht Kinder und Bettler
Hoffnungsvolle Toren.

Da ich ein Kind war,
Nicht wußte wo aus noch ein,
Kehrt' ich mein verirrtes Auge
Zur Sonne, als wenn drüber wär'
Ein Ohr, zu hören meine Klage,
Ein Herz, wie meins,
Sich des Bedrängten zu erbarmen.

Wer half mir
Wider der Titanen Übermut?
Wer rettete vom Tode mich,
Von Sklaverei?
Hast du nicht alles selbst vollendet,
Heilig glühend Herz?
Und glühtest jung und gut,
Betrogen, Rettungsdank
Dem Schlafenden da droben?

Ich dich ehren? Wofür?
Hast du die Schmerzen gelindert
Je des Beladenen?
Hast du die Tränen gestillet
Je des Geängsteten?
Hat nicht mich zum Manne geschmiedet
Die allmächtige Zeit
Und das ewige Schicksal,
Meine Herrn und deine?

Wähntest du etwa,
Ich sollte das Leben hassen,
In Wüsten fliehen,
Weil nicht alle
Blütenträume reiften?

Hier sitz' ich, forme Menschen
Nach meinem Bilde,
Ein Geschlecht, das mir gleich sei,
Zu leiden, zu weinen,
Zu genießen und zu freuen sich,
Und dein nicht zu achten,
Wie ich!

(1774)

Ganymed

Wie im Morgenglanze
Du rings mich anglühst,
Frühling, Geliebter!
Mit tausendfacher Liebeswonne
Sich an mein Herz drängt
Deiner ewigen Wärme
Heilig Gefühl,
Unendliche Schöne!

Daß ich dich fassen möcht
In diesen Arm!

Ach, an deinem Busen
Lieg' ich, schmachte,
Und deine Blumen, dein Gras
Drängen sich an mein Herz.
Du kühlst den brennenden
Durst meines Busens,
Lieblicher Morgenwind!
Ruft drein die Nachtigall
Liebend nach mir aus dem Nebeltal.

Ich komm'! ich komme!
Wohin? Ach, wohin?

Hinauf! Hinauf strebt's.
Es schweben die Wolken
Abwärts, die Wolken
Neigen sich der sehnenden Liebe.
Mir! Mir!
In euerm Schoße
Aufwärts!
Umfangend umfangen!
Aufwärts an deinen Busen,
Allliebender Vater!

(1774)

Auf dem See

Und frische Nahrung, neues Blut
Saug' ich aus freier Welt;
Wie ist Natur so hold und gut,
Die mich am Busen hält!
Die Welle wieget unsern Kahn
Im Rudertakt hinauf,
Und Berge, wolkig himmelan,
Begegnen unserm Lauf.

Aug', mein Aug', was sinkst du nieder?
Goldne Träume, kommt ihr wieder?
Weg, du Traum, so gold du bist;
Hier auch Lieb' und Leben ist.

Auf der Welle blinken
Tausend schwebende Sterne,
Weiche Nebel trinken
Rings die türmende Ferne;
Morgenwind umflügelt
Die beschattete Bucht,
Und im See bespiegelt
Sich die reifende Frucht.

(1775)

Herbstgefühl

Fetter grüne, du Laub,
Am Rebengeländer
Hier mein Fenster herauf!
Gedrängter quellet,
Zwillingsbeeren, und reifet
Schneller und glänzend voller!
Euch brütet der Mutter Sonne
Scheideblick; euch umsäuselt
Des holden Himmels
Fruchtende Fülle;
Euch kühlet des Mondes
Freundlicher Zauberhauch,
Und euch betauen, ach!
Aus diesen Augen
Der ewig belebenden Liebe
Vollschwellende Tränen.

(1775)

Wanderers Nachtlied

Der du von dem Himmel bist,
Alles Leid und Schmerzen stillest,
Den, der doppelt elend ist,
Doppelt mit Erquickung füllest,
Ach ich bin des Treibens müde!
Was soll all der Schmerz und Lust?
Süßer Friede,
Komm, ach komm in meine Brust!

(1776)

An den Mond

Füllest wieder Busch und Tal
Still mit Nebelglanz,

[211]

Lösest endlich auch einmal
Meine Seele ganz;

Breitest über mein Gefild
Lindernd deinen Blick,
Wie des Freundes Auge mild
Über mein Geschick.

Jeden Nachklang fühlt mein Herz
Froh- und trüber Zeit,
Wandle zwischen Freud' und Schmerz
In der Einsamkeit.

Fließe, fließe, lieber Fluß!
Nimmer werd' ich froh,
So verrauschte Scherz und Kuß
Und die Treue so.

Ich besaß es doch einmal,
Was so köstlich ist!
Daß man doch zu seiner Qual
Nimmer es vergißt!

Rausche, Fluß, das Tal entlang,
Ohne Rast und Ruh,
Rausche, flüstre meinem Sang
Melodien zu,

Wenn du in der Winternacht
Wütend überschwillst,
Oder um die Frühlingspracht
Junger Knospen quillst.

Selig, wer sich vor der Welt
Ohne Haß verschließt,
Einen Freund am Busen hält
Und mit dem genießt,

Was, von Menschen nicht gewußt
Oder nicht bedacht,
Durch das Labyrinth der Brust
Wandelt in der Nacht.

(1777)

Grenzen der Menschheit

Wenn der uralte,
Heilige Vater
Mit gelassener Hand
Aus rollenden Wolken
Segnende Blitze
Über die Erde sät,
Küss' ich den letzten
Saum seines Kleides,
Kindliche Schauer
Treu in der Brust.

Denn mit Göttern
Soll sich nicht messen
Irgend ein Mensch.
Hebt er sich aufwärts
Und berührt
Mit dem Scheitel die Sterne.
Nirgends haften dann
Die unsichern Sohlen,
Und mit ihm spielen
Wolken und Winde.

Steht er mit festen,
Markigen Knochen
Auf der wohlgegründeten
Dauernden Erde,
Reicht er nicht auf,
Nur mit der Eiche

[213]

Oder der Rebe
Sich zu vergleichen.

Was unterscheidet
Götter von Menschen?
Daß viele Wellen
Vor jenen wandeln,
Ein ewiger Strom:
Uns hebt die Welle,
Verschlingt die Welle
Und wir versinken.

Ein kleiner Ring
Begrenzt unser Leben,
Und viele Geschlechter
Reihen sich dauernd
An ihres Daseins
Unendliche Kette.

(c. 1778)

Gesang der Geister über den Wassern

Des Menschen Seele
Gleicht dem Wasser:
Vom Himmel kommt es,
Zum Himmel steigt es,
Und wieder nieder
Zur Erde muß es,
Ewig wechselnd.

Strömt von der hohen
Steilen Felswand
Der reine Strahl,
Dann stäubt er lieblich
In Wolkenwellen
Zum glatten Fels,
Und, leicht empfangen,
Wallt er verschleiernd,

[214]

Leisrauschend,
Zur Tiefe nieder.

Ragen Klippen
Dem Sturz entgegen
Schäumt er unmutig
Stufenweise
Zum Abgrund.

Im flachen Bette
Schleicht er das Wiesental hin,
Und in dem glatten See
Weiden ihr Antlitz
Alle Gestirne.

Wind ist der Welle
Lieblicher Buhler;
Wind mischt vom Grund aus
Schäumende Wogen.

Seele des Menschen,
Wie gleichst du dem Wasser!
Schicksal des Menschen,
Wie gleichst du dem Wind!

(1779)

Ein Gleiches [1]

Über allen Gipfeln
Ist Ruh,
In allen Wipfeln
Spürest du
Kaum einen Hauch;
Die Vögelein schweigen im Walde.
Warte nur, balde
Ruhest du auch.

(1780)

[1] I felt that I should retain this well-known title *Ein Gleiches*, indicating
that it is another *Nachtlied*, although the two night songs by Goethe (be-
cause of the strictly chronological order adopted here) are separated by
three other poems.—A. C.

Erlkönig

Wer reitet so spät durch Nacht und Wind?
Es ist der Vater mit seinem Kind;
Er hat den Knaben wohl in dem Arm,
Er faßt ihn sicher, er hält ihn warm.

„ Mein Sohn, was birgst du so bang dein Gesicht? —
„ Siehst, Vater, du den Erlkönig nicht?
Den Erlenkönig mit Kron’ und Schweif? “ —
„ Mein Sohn, es ist ein Nebelstreif.“ —

„ Du liebes Kind, komm, geh mit mir!
Gar schöne Spiele spiel’ ich mit dir;
Manch bunte Blumen sind an dem Strand;
Meine Mutter hat manch gülden Gewand.“ —

„ Mein Vater, mein Vater, und hörest du nicht,
Was Erlenkönig mir leise verspricht? “ —
„ Sei ruhig, bleibe ruhig, mein Kind;
In dürren Blättern säuselt der Wind.“ —

„ Willst, feiner Knabe, du mit mir gehn?
Meine Töchter sollen dich warten schön;
Meine Töchter führen den nächtlichen Reihn
Und wiegen und tanzen und singen dich ein.“ —

„ Mein Vater, mein Vater, und siehst du nicht dort
Erlkönigs Töchter am düstern Ort? “ —
„ Mein Sohn, mein Sohn, ich seh’ es genau;
Es scheinen die alten Weiden so grau.“ —

„ Ich liebe dich, mich reizt deine schöne Gestalt;
Und bist du nicht willig, so brauch’ ich Gewalt.“ —
„ Mein Vater, mein Vater, jetzt faßt er mich an!
Erlkönig hat mir ein Leids getan! “ —

[216]

Dem Vater grauset's, er reitet geschwind,
Er hält in Armen das ächzende Kind,
Erreicht den Hof mit Mühe und Not;
In seinen Armen das Kind war tot.

Die Fischerin (1782)

Das Göttliche

Edel sei der Mensch,
Hülfreich und gut!
Denn das allein
Unterscheidet ihn
Von allen Wesen,
Die wir kennen.

Heil den unbekannten
Höhern Wesen,
Die wir ahnen!
Ihnen gleiche der Mensch;
Sein Beispiel lehr' uns
Jene glauben.

Denn unfühlend
Ist die Natur:
Es leuchtet die Sonne
Über Bös' und Gute,
Und dem Verbrecher
Glänzen, wie dem Besten,
Der Mond und die Sterne.

Wind und Ströme,
Donner und Hagel
Rauschen ihren Weg
Und ergreifen,
Vorüber eilend,
Einen um den andern.

Auch so das Glück
Tappt unter die Menge,
Faßt bald des Knaben
Lockige Unschuld,
Bald auch den kahlen
Schuldigen Scheitel.

Nach ewigen, ehrnen,
Großen Gesetzen
Müssen wir alle
Unseres Daseins
Kreise vollenden.

Nur allein der Mensch
Vermag das Unmögliche:
Er unterscheidet,
Wählet und richtet;
Er kann dem Augenblick
Dauer verleihen.

Er allein darf
Den Guten lohnen,
Den Bösen strafen,
Heilen und retten,
Alles Irrende, Schweifende
Nützlich verbinden.

Und wir verehren
Die Unsterblichen,
Als wären sie Menschen,
Täten im großen,
Was der Beste im kleinen
Tut oder möchte.

Der edle Mensch
Sei hülfreich und gut!
Unermüdet schaff' er

Das Nützliche, Rechte,
Sei uns ein Vorbild
Jener geahneten Wesen!

(c. 1783)

Lied des Harfners

Wer nie sein Brot mit Tränen aß,
Wer nie die kummervollen Nächte
Auf seinem Bette weinend saß,
Der kennt euch nicht, ihr himmlischen Mächte!

Ihr führt ins Leben uns hinein,
Ihr laßt den Armen schuldig werden,
Dann überlaßt ihr ihn der Pein:
Denn alle Schuld rächt sich auf Erden.

Ihm färbt der Morgensonne Licht
Den reinen Horizont mit Flammen,
Und über seinem schuldgen Haupte bricht
Das schöne Bild der ganzen Welt zusammen!

(1783)

Mignon

I

Kennst du das Land, wo die Zitronen blühn,
Im dunkeln Laub die Goldorangen glühn,
Ein sanfter Wind vom blauen Himmel weht,
Die Myrte still und hoch der Lorbeer steht,
Kennst du es wohl?
            Dahin! Dahin
Möcht' ich mit dir, o mein Geliebter, ziehn!

[219]

Kennst du das Haus? Auf Säulen ruht sein Dach,
Es glänzt der Saal, es schimmert das Gemach,
Und Marmorbilder stehn und sehn mich an:
Was hat man dir, du armes Kind, getan?
Kennst du es wohl?
                    Dahin! Dahin
Möcht' ich mit dir, o mein Beschützer, ziehn.

Kennst du den Berg und seinen Wolkensteg?
 Das Maultier sucht im Nebel seinen Weg;
In Höhlen wohnt der Drachen alte Brut;
Es stürzt der Fels und über ihn die Flut,
Kennst du ihn wohl?
                    Dahin! Dahin
Geht unser Weg! O Vater, laß uns ziehn!

Wilhelm Meisters Lehrjahre

II

Nur wer die Sehnsucht kennt
Weiß, was ich leide!
Allein und abgetrennt
Von aller Freude,
Seh' ich ans Firmament
Nach jener Seite.
Ach! der mich liebt und kennt
Ist in der Weite.
Es schwindelt mir, es brennt
Mein Eingeweide.
Nur wer die Sehnsucht kennt
Weiß, was ich leide!

(1785)
Ibid.

Lied der Parzen

Es fürchte die Götter
Das Menschengeschlecht!
Sie halten die Herrschaft
In ewigen Händen
Und können sie brauchen,
Wie's ihnen gefällt.

Der fürchte sie doppelt,
Den je sie erheben!
Auf Klippen und Wolken
Sind Stühle bereitet
Um goldene Tische.

Erhebet ein Zwist sich:
So stürzen die Gäste,
Geschmäht und geschändet,
In nächtliche Tiefen,
Und harren vergebens,
Im Finstern gebunden,
Gerechten Gerichtes.

Sie aber, sie bleiben
In ewigen Festen
An goldenen Tischen.
Sie schreiten vom Berge
Zu Bergen hinüber;
Aus Schlünden der Tiefe
Dampft ihnen der Atem
Erstickter Titanen,
Gleich Opfergerüchen
Ein leichtes Gewölke.

Es wenden die Herrscher
Ihr segnendes Auge
Von ganzen Geschlechtern,
Und meiden, im Enkel

Die ehmals geliebten,
Still redenden Züge
Des Ahnherrn zu sehn.

So sangen die Parzen;
Es horcht der Verbannte
In nächtlichen Höhlen,
Der Alte, die Lieder,
Denkt Kinder und Enkel
Und schüttelt das Haupt.

Iphigenie auf Tauris (1786–87)

Klein ist unter den Fürsten Germaniens . . .

Klein ist unter den Fürsten Germaniens freilich der meine;
    Kurz und schmal ist sein Land, mäßig nur, was er vermag.
Aber so wende nach innen, so wende nach außen die Kräfte
    Jeder; da wär's ein Fest, Deutscher mit Deutschen zu sein.
Doch was priesest du ihn, den Taten und Werke verkünden?
    Und bestochen erschien deine Verehrung vielleicht;
Denn mir hat er gegeben, was Große selten gewähren,
    Neigung, Muße, Vertraun, Felder und Garten und Haus.
Niemand braucht' ich zu danken als ihm und manches bedurft'
    ich,
    Der ich mich auf den Erwerb schlecht, als ein Dichter, verstand.
Hat mich Europa gelobt, was hat mir Europa gegeben?
    Nichts! Ich habe, wie schwer! meine Gedichte bezahlt.
Deutschland ahmte mich nach, und Frankreich mochte mich
    lesen.
    England! freundlich empfingst du den zerrütteten Gast.
Doch was fördert es mich, daß auch sogar der Chinese
    Malet, mit ängstlicher Hand, Werthern und Lotten auf Glas?
Niemals frug ein Kaiser nach mir, es hat sich kein König
    Um mich bekümmert, und Er war mir August und Mäcen.

Venezianische Epigramme (1789)

Meeres Stille

Tiefe Stille herrscht im Wasser,
Ohne Regung ruht das Meer,
Und bekümmert sieht der Schiffer
Glatte Fläche rings umher.
Keine Luft von keiner Seite!
Todesstille fürchterlich!
In der ungeheuren Weite
Reget keine Welle sich.

(1794?)

Glückliche Fahrt

Die Nebel zerreißen,
Der Himmel ist helle,
Und Äolus löset
Das ängstliche Band.
Es säuseln die Winde,
Es rührt sich der Schiffer.
Geschwinde! Geschwinde!
Es teilt sich die Welle,
Es naht sich die Ferne;
Schon seh' ich das Land!

(1794?)

Natur und Kunst

Natur und Kunst, sie scheinen sich zu fliehen,
Und haben sich, eh man es denkt, gefunden;
Der Widerwille ist auch mir verschwunden,
Und beide scheinen gleich mich anzuziehen.

Es gilt wohl nur ein redliches Bemühen!
Und wenn wir erst in abgemeß'nen Stunden
Mit Geist und Fleiß uns an die Kunst gebunden,
Mag frei Natur im Herzen wieder glühen.

[223]

So ist's mit aller Bildung auch beschaffen:
Vergebens werden ungebundne Geister
Nach der Vollendung reiner Höhe streben.

Wer Großes will, muß sich zusammenraffen;
In der Beschränkung zeigt sich erst der Meister,
Und das Gesetz nur kann uns Freiheit geben.

(1802)

Mächtiges Überraschen

Ein Strom entrauscht umwölktem Felsensaale,
   Dem Ozean sich eilig zu verbinden;
   Was auch sich spiegeln mag von Grund zu Gründen,
Er wandelt unaufhaltsam fort zu Tale.

Dämonisch aber stürzt mit einem Male —
   Ihr folgen Berg und Wald in Wirbelwinden —
   Sich Oreas, Behagen dort zu finden,
Und hemmt den Lauf, begrenzt die weite Schale.

Die Welle sprüht, und staunt zurück und weichet,
   Und schwillt bergan, sich immer selbst zu trinken;
Gehemmt ist nun zum Vater hin das Streben.

Sie schwankt und ruht, zum See zurückgedeichet;
   Gestirne, spiegelnd sich, beschaun das Blinken
Des Wellenschlags am Fels, ein neues Leben.

(c. 1807–08)

Wer von der Schönen zu scheiden verdammt ist . . .

EPIMETHEUS:

Wer von der Schönen zu scheiden verdammt ist,
Fliehe mit abgewendetem Blick!
Wie er, sie schauend, im Tiefsten entflammt ist,
Zieht sie, ach! reißt sie ihn ewig zurück.

[224]

Frage dich nicht in der Nähe der Süßen:
Scheidet sie? scheid ich? Ein grimmiger Schmerz
Fasset im Krampf dich, du liegst ihr zu Füßen,
Und die Verzweiflung zerreißt dir das Herz.

Kannst du dann weinen und siehst sie durch Tränen,
Fernende Tränen, als wäre sie fern:
Bleib! Noch ist's möglich! Der Liebe, dem Sehnen
Neigt sich der Nacht unbeweglichster Stern.

Fasse sie wieder! Empfindet selbander
Euer Besitzen und euren Verlust!
Schlägt nicht ein Wetterstrahl euch auseinander,
Inniger dränget sich Brust nur an Brust.

Wer von der Schönen zu scheiden verdammt ist,
Fliehe mit abgewendetem Blick!
Wie er, sie schauend, im Tiefsten entflammt ist,
Zieht sie, ach! reißt sie ihn ewig zurück!

Pandora (1807–08)

Gefunden

Ich ging im Walde
So für mich hin,
Und nichts zu suchen,
Das war mein Sinn.

Im Schatten sah ich
Ein Blümchen stehn,
Wie Sterne leuchtend,
Wie Äuglein schön.

Ich wollt' es brechen,
Da sagt' es fein:
,, Soll ich zum Welken
Gebrochen sein? "

A.G.P.—H   [225]

Ich grub's mit allen
Den Würzlein aus,
Zum Garten trug ich's
Am hübschen Haus.

Und pflanzt' es wieder
Am stillen Ort;
Nun zweigt es immer
Und blüht so fort.

(1813)

Selige Sehnsucht

Sagt es niemand, nur den Weisen,
Weil die Menge gleich verhöhnet,
Das Lebend'ge will ich preisen,
Das nach Flammentod sich sehnet.

In der Liebesnächte Kühlung,
Die dich zeugte, wo du zeugtest,
Überfällt dich fremde Fühlung,
Wenn die stille Kerze leuchtet.

Nicht mehr bleibest du umfangen
In der Finsternis Beschattung,
Und dich reißet neu Verlangen
Auf zu höherer Begattung.

Keine Ferne macht dich schwierig,
Kommst geflogen und gebannt,
Und zuletzt, des Lichts begierig,
Bist du, Schmetterling, verbrannt.

Und so lang du das nicht hast,
Dieses: Stirb und werde!
Bist du nur ein trüber Gast
Auf der dunklen Erde.

(1814)

Proömion

Im Namen dessen, der Sich selbst erschuf,
Von Ewigkeit in schaffendem Beruf;
In Seinem Namen, der den Glauben schafft,
Vertrauen, Liebe, Tätigkeit und Kraft;
In Jenes Namen, der, so oft genannt,
Dem Wesen nach blieb immer unbekannt:

So weit das Ohr, so weit das Auge reicht,
Du findest nur Bekanntes, das Ihm gleicht,
Und deines Geistes höchster Feuerflug
Hat schon am Gleichnis, hat am Bild genug;
Es zieht dich an, es reißt dich heiter fort,
Und wo du wandelst, schmückt sich Weg und Ort;
Du zählst nicht mehr, berechnest keine Zeit,
Und jeder Schritt ist Unermeßlichkeit.

Was wär' ein Gott, der nur von außen stieße,
Im Kreis das All am Finger laufen ließe!
Ihm ziemt's, die Welt im Innern zu bewegen,
Natur in Sich, Sich in Natur zu hegen,
So daß, was in Ihm lebt und webt und ist,
Nie Seine Kraft, nie Seinen Geist vermißt.

(1816)

Eins und Alles

Im Grenzenlosen sich zu finden
Wird gern der Einzelne verschwinden,
Da löst sich aller Überdruß;
Statt heißem Wünschen, wildem Wollen,
Statt läst'gem Fordern, strengem Sollen,
Sich aufzugeben ist Genuß.

Weltseele, komm, uns zu durchdringen!
Dann mit dem Weltgeist selbst zu ringen,

Wird unsrer Kräfte Hochberuf.
Teilnehmend führen gute Geister,
Gelinde leitend, höchste Meister,
Zu dem, der alles schafft und schuf.

Und umzuschaffen das Geschaffne,
Damit sich's nicht zum Starren waffne,
Wirkt ewiges lebendiges Tun.
Und was nicht war, nun will es werden,
Zu reinen Sonnen, farbigen Erden,
In keinem Falle darf es ruhn.

Es soll sich regen, schaffend handeln,
Erst sich gestalten, dann verwandeln;
Nur scheinbar steht's Momente still.
Das Ewige regt sich fort in allen:
Denn alles muß in Nichts zerfallen,
Wenn es im Sein beharren will.

(1821)

Trilogie der Leidenschaft

I. An Werther

Noch einmal wagst du, vielbeweinter Schatten,
Hervor dich an das Tageslicht,
Begegnest mir auf neu beblümten Matten
Und meinen Anblick scheust du nicht.
Es ist, als ob du lebtest in der Frühe,
Wo uns der Tau auf einem Feld erquickt,
Und nach des Tages unwillkommner Mühe
Der Scheidesonne letzter Strahl entzückt;
Zum Bleiben ich, zum Scheiden du erkoren,
Gingst du voran — und hast nicht viel verloren.

Des Menschen Leben scheint ein herrlich Los:
Der Tag, wie lieblich, so die Nacht, wie groß!
Und wir, gepflanzt in Paradieses Wonne,
Genießen kaum der hocherlauchten Sonne,
Da kämpft sogleich verworrene Bestrebung
Bald mit uns selbst und bald mit der Umgebung,
Keins wird vom andern wünschenswert ergänzt,
Von außen düstert's, wenn es innen glänzt,
Ein glänzend Äußres deckt ein trüber Blick,
Da steht es nah — und man verkennt das Glück.

Nun glauben wirs zu kennen! Mit Gewalt
Ergreift uns Liebreiz weiblicher Gestalt:
Der Jüngling, froh wie in der Kindheit Flor,
Im Frühling tritt als Frühling selbst hervor,
Entzückt, erstaunt, wer dies ihm angetan?
Er schaut umher, die Welt gehört ihm an.
Ins Weite zieht ihn unbefangene Hast,
Nichts engt ihn ein, nicht Mauer, nicht Palast;
Wie Vögelschar an Wäldergipfeln streift,
So schwebt auch er, der um die Liebste schweift,
Er sucht vom Äther, den er gern verläßt,
Den treuen Blick, und dieser hält ihn fest.

Doch erst zu früh und dann zu spät gewarnt,
Fühlt er den Flug gehemmt, fühlt sich umgarnt,
Das Wiedersehn ist froh, das Scheiden schwer,
Das Wieder-Wiedersehn beglückt noch mehr,
Und Jahre sind im Augenblick ersetzt;
Doch tückisch harrt das Lebewohl zuletzt.

Du lächelst, Freund, gefühlvoll, wie sich ziemt:
Ein gräßlich Scheiden machte dich berühmt;
Wir feierten dein kläglich Mißgeschick,
Du ließest uns zu Wohl und Weh zurück;
Dann zog uns wieder ungewisse Bahn
Der Leidenschaften labyrinthisch an;
Und wir, verschlungen wiederholter Not,

[229]

Dem Scheiden endlich — Scheiden ist der Tod!
Wie klingt es rührend, wenn der Dichter singt,
Den Tod zu meiden, den das Scheiden bringt!
Verstrickt in solche Qualen, halbverschuldet,
Geb' ihm ein Gott zu sagen, was er duldet!

(1824)

II. *Marienbader Elegie*

Und wenn der Mensch in seiner Qual verstummt,
Gab mir ein Gott zu sagen, was ich leide.

Was soll ich nun vom Wiedersehen hoffen,
Von dieses Tages noch geschloss'ner Blüte?
Das Paradies, die Hölle steht dir offen;
Wie wankelsinnig regt sich's im Gemüte! —
Kein Zweifeln mehr! Sie tritt ans Himmelstor,
Zu ihren Armen hebt sie dich empor.

So warst du denn im Paradies empfangen,
Als wärst du wert des ewig schönen Lebens;
Dir blieb kein Wunsch, kein Hoffen, kein Verlangen,
Hier war das Ziel des innigsten Bestrebens,
Und in dem Anschaun dieses einzig Schönen
Versiegte gleich der Quell sehnsüchtger Tränen.

Wie regte nicht der Tag die raschen Flügel,
Schien die Minuten vor sich her zu treiben!
Der Abendkuß, ein treu verbindlich Siegel:
So wird es auch der nächsten Sonne bleiben.
Die Stunden glichen sich in zartem Wandern
Wie Schwestern zwar, doch keine ganz den andern.

Der Kuß, der letzte, grausam-süß, zerschneidend
Ein herrliches Geflecht verschlungner Minnen.
Nun eilt, nun stockt der Fuß, die Schwelle meidend,
Als trieb' ein Cherub flammend ihn von hinnen;

Das Auge starrt auf düstrem Pfad verdrossen,
Es blickt zurück, die Pforte steht verschlossen.

Und nun verschlossen in sich selbst, als hätte
Dies Herz sich nie geöffnet, selige Stunden
Mit jedem Stern des Himmels um die Wette
An ihrer Seite leuchtend nicht empfunden;
Und Mißmut, Reue, Vorwurf, Sorgenschwere
Belasten's nun in schwüler Atmosphäre.

Ist denn die Welt nicht übrig? Felsenwände,
Sind sie nicht mehr gekrönt von heiligen Schatten?
Die Ernte, reift sie nicht? Ein grün Gelände,
Zieht sich's nicht hin am Fluß durch Busch und Matten?
Und wölbt sich nicht das Überweltlich-Große,
Gestaltenreiche, bald Gestaltenlose?

Wie leicht und zierlich, klar und zart gewoben,
Schwebt, seraphgleich, aus ernster Wolken Chor,
Als glich'es ihr, am blauen Äther droben,
Ein schlank Gebild aus lichtem Duft empor!
So sahst du sie in frohem Tanze walten,
Die lieblichste der lieblichsten Gestalten.

Doch nur Momente darfst dich unterwinden,
Ein Luftgebild statt ihrer festzuhalten;
Ins Herz zurück! Dort wirst du's besser finden,
Dort regt sie sich in wechselnden Gestalten:
Zu vielen bildet E i n e sich hinüber,
So tausendfach und immer immer lieber.

Wie zum Empfang sie an den Pforten weilte
Und mich von dannauf stufenweis beglückte,
Selbst nach dem letzten Kuß mich noch ereilte,
Den letztesten mir auf die Lippen drückte:
So klar beweglich bleibt das Bild der Lieben,
Mit Flammenschrift ins treue Herz geschrieben.

[231]

Ins Herz, das fest wie zinnenhohe Mauer
Sich ihr bewahrt und sie in sich bewahret,
Für sie sich freut an seiner eignen Dauer,
Nur weiß von sich, wenn sie sich offenbaret,
Sich freier fühlt in so geliebten Schranken
Und nur noch schlägt, für alles ihr zu danken.

War Fähigkeit zu lieben, war Bedürfen
Von Gegenliebe weggelöscht, verschwunden;
Ist Hoffnungslust zu freudigen Entwürfen,
Entschlüssen, rascher Tat sogleich gefunden!
Wenn Liebe je den Liebenden begeistet,
Ward es an mir aufs lieblichste geleistet;

Und zwar durch sie! — Wie lag ein innres Bangen
Auf Geist und Körper, unwillkommner Schwere:
Von Schauerbildern rings der Blick umfangen
Im wüsten Raum beklommner Herzensleere;
Nun dämmert Hoffnung von bekannter Schwelle,
Sie selbst erscheint in milder Sonnenhelle.

Dem Frieden Gottes, welcher euch hienieden
Mehr als Vernunft beseliget — wir lesen's —
Vergleich' ich wohl der Liebe heitern Frieden
In Gegenwart des allgeliebten Wesens;
Da ruht das Herz, und nichts vermag zu stören
Den tiefsten Sinn, den Sinn, ihr zu gehören.

In unsers Busens Reine wogt ein Streben,
Sich einem Höhern, Reinern, Unbekannten
Aus Dankbarkeit freiwillig hinzugeben,
Enträtselnd sich den ewig Ungenannten;
Wir heißen's: fromm sein! — Solcher seligen Höhe
Fühl' ich mich teilhaft, wenn ich vor ihr stehe.

Vor ihrem Blick, wie vor der Sonne Walten,
Vor ihrem Atem, wie vor Frühlingslüften,
Zerschmilzt, so längst sich eisig starr gehalten,

Der Selbstsinn tief in winterlichen Grüften;
Kein Eigennutz, kein Eigenwille dauert,
Vor ihrem Kommen sind sie weggeschauert.

Es ist, als wenn sie sagte: „ Stund' um Stunde
Wird uns das Leben freundlich dargeboten,
Das Gestrige ließ uns geringe Kunde,
Das Morgende, zu wissen ist's verboten;
Und wenn ich je mich vor dem Abend scheute,
Die Sonne sank und sah noch, was mich freute.

Drum tu' wie ich und schaue, froh verständig,
Dem Augenblick ins Auge! Kein Verschieben!
Begegn' ihm schnell, wohlwollend wie lebendig,
Im Handeln sei's zur Freude, sei's dem Lieben;
Nur wo du bist, sei alles, immer kindlich,
So bist du alles, bist unüberwindlich."

Du hast gut reden, dacht' ich; zum Geleite
Gab dir ein Gott die Gunst des Augenblickes,
Und jeder fühlt an deiner holden Seite
Sich augenblicks den Günstling des Geschickes;
Mich schreckt der Wink, von dir mich zu entfernen,
Was hilft es mir so hohe Weisheit lernen!

Nun bin ich fern! Der jetzigen Minute,
Was ziemt denn der? Ich wüßt' es nicht zu sagen;
Sie bietet mir zum Schönen manches Gute,
Das lastet nur, ich muß mich ihm entschlagen;
Mich treibt umher ein unbezwinglich Sehnen,
Da bleibt kein Rat als grenzenlose Tränen.

So quellt denn fort! und fließet unaufhaltsam;
Doch nie geläng's, die innre Glut zu dämpfen!
Schon rast's und reißt in meiner Brust gewaltsam,
Wo Tod und Leben grausend sich bekämpfen.
Wohl Kräuter gäb's, des Körpers Qual zu stillen;
Allein dem Geist fehlt's am Entschluß und Willen,

[233]

Fehlt's am Begriff: wie sollt' er sie vermissen?
Er wiederholt ihr Bild zu tausendmalen.
Das zaudert bald, bald wird es weggerissen,
Undeutlich jetzt und jetzt im reinsten Strahlen;
Wie könnte dies geringstem Troste frommen,
Die Ebb' und Flut, das Gehen wie das Kommen?

⋆   ⋆   ⋆

Verlaßt mich hier, getreue Weggenossen!
Laßt mich allein am Fels, in Moor und Moos;
Nur immer zu! euch ist die Welt erschlossen,
Die Erde weit, der Himmel hehr und groß;
Betrachtet, forscht, die Einzelheiten sammelt,
Naturgeheimnis werde nachgestammelt.

Mir ist das All, ich bin mir selbst verloren,
Der ich noch erst den Göttern Liebling war;
Sie prüften mich, verliehen mir Pandoren,
So reich an Gütern, reicher an Gefahr;
Sie drängten mich zum gabeseligen Munde,
Sie trennen mich, und richten mich zugrunde.

(1823)

III. Aussöhnung

An Madame Marie Szymanowska

Die Leidenschaft bringt Leiden! — Wer beschwichtigt
Beklommenes Herz, das allzuviel verloren?
Wo sind die Stunden, überschnell verflüchtigt?
Vergebens war das Schönste dir erkoren!
Trüb ist der Geist, verworren das Beginnen;
Die hehre Welt, wie schwindet sie den Sinnen!

Da schwebt hervor Musik mit Engelschwingen,
Verflicht zu Millionen Tön' um Töne,
Des Menschen Wesen durch und durch zu dringen,
Zu überfüllen ihn mit ew'ger Schöne:

[234]

Das Auge netzt sich, fühlt im höhern Sehnen
Den Götterwert der Töne wie der Tränen.

Und so das Herz erleichtert merkt behende,
Daß es noch lebt und schlägt und möchte schlagen,
Zum reinsten Dank der überreichen Spende
Sich selbst erwidernd willig darzutragen.
Da fühlte sich — o daß es ewig bliebe! —
Das Doppelglück der Töne wie der Liebe.

(1823)

Gedichte sind gemalte Fensterscheiben . . .

Gedichte sind gemalte Fensterscheiben!
Sieht man vom Markt in die Kirche hinein,
Da ist alles dunkel und düster;
Und so sieht's auch der Herr Philister:
Der mag denn wohl verdrießlich sein
Und lebenslang verdrießlich bleiben.

Kommt aber nur einmal herein!
Begrüßt die heilige Kapelle;
Da ist's auf einmal farbig helle,
Geschicht' und Zierat glänzt in Schnelle,
Bedeutend wirkt ein edler Schein;
Dies wird euch Kindern Gottes taugen,
Erbaut euch und ergötzt die Augen!

Parabolisch (1826)

Ein alter Mann ist stets ein König Lear! . . .

„Ein alter Mann ist stets ein König Lear!"
Was Hand in Hand mitwirkte, stritt,
Ist längst vorbei gegangen,
Was mit und an dir liebte, litt,
Hat sich wo anders angehangen;
Die Jugend ist um ihretwillen hier;

[235]

Es wäre törig zu verlangen:
Komm, ältele du mit mir.

Zahme Xenien

Wär' nicht das Auge sonnenhaft . . .

Wär' nicht das Auge sonnenhaft,
Die Sonne könnt' es nie erblicken;
Läg' nicht in uns des Gottes eigne Kraft,
Wie könnt' uns Göttliches entzücken?

Ibid.

Was auch als Wahrheit oder Fabel . . .

Was auch als Wahrheit oder Fabel
In tausend Büchern dir erscheint,
Das alles ist ein Turm zu Babel,
Wenn es die Liebe nicht vereint.

Ibid.

Vom Vater hab' ich die Statur . . .

Vom Vater hab' ich die Statur,
Des Lebens ernstes Führen,
Vom Mütterchen die Frohnatur
Und Lust zu fabulieren.
Urahnherr war der Schönsten hold,
Das spukt so hin und wieder,
Urahnfrau liebte Schmuck und Gold,
Das zuckt wohl durch die Glieder.
Sind nun die Elemente nicht
Aus dem Komplex zu trennen,
Was ist denn an dem ganzen Wicht
Original zu nennen?

Ibid.

Wer mit dem Leben spielt . . .

Wer mit dem Leben spielt,
Kommt nie zurecht;
Wer sich nicht selbst befiehlt,
Bleibt immer ein Knecht.

Ibid.

Lynkeus der Türmer

Zum Sehen geboren,
Zum Schauen bestellt,
Dem Turme geschworen,
Gefällt mir die Welt.
Ich blick' in die Ferne,
Ich seh' in der Näh'
Den Mond und die Sterne,
Den Wald und das Reh.
So seh' ich in allen
Die ewige Zier,
Und wie mir's gefallen,
Gefall' ich auch mir.
Ihr glücklichen Augen,
Was je ihr gesehn,
Es sei, wie es wolle,
Es war doch so schön!

Faust II

FRIEDRICH LEOPOLD, GRAF ZU STOLBERG
(1750–1819)

Die Freiheit

Freiheit! Der Höfling kennt den Namen nicht!
Der Sklave! Ketten rasseln ihm Silberton!
  Gebeugt das Knie, gebeugt die Seele,
    Reicht er dem Joch den erschlafften Nacken!

Uns, uns ein hoher, seelenverklärender
Gedanke! Freiheit! Freiheit! wir fühlen dich!
  Du Wort, du Kraft, du Lohn von Gott uns!
    O! wo noch voller ins Herz der Helden

Dein Nektar strömte, jener, an deren Grab
Nachwelten staunen: ström'! o, entflamm' uns ganz!
  Denn sieh, in deutscher Sklaven Händen
    Rostet der Stahl, ist entnervt die Harfe!

Nur Freiheitsharf' ist Harfe des Vaterlands!
Wer Freiheitsharfe schlägt, ist wie Nachtorkan
  Vor Donnerwettern! Donnre! Schlachtruf!
    Schwerter, fliegt auf, dem Gesandten Gottes!

Nur Freiheitsschwert ist Schwert für das Vaterland!
Wer Freiheitsschwert hebt, flammt durch das Schlachtgewühl
  Wie Blitz des Nachtsturms! Stürzt, Paläste!
    Stürze, Tyrann, dem Verderber Gottes!

O Namen! Namen! festlich wie Siegsgesang!
Tell! Hermann! Klopstock! Brutus! Timoleon!
  O ihr, wem freie Seele Gott gab,
    Flammend ins eherne Herz gegraben!

FRIEDRICH VON SCHILLER

(1759–1805)

Erste
Periode

Die Schlacht

Schwer und dumpfig,
Eine Wetterwolke,
Durch die grüne Eb'ne schwankt der Marsch.
Zum wilden eisernen Würfelspiel
Streckt sich unabsehlich das Gefilde.
Blicke kriechen niederwärts,
An die Rippen pocht das Männerherz,
Vorüber an hohlen Totengesichtern
Niederjagt die Front der Major,
Halt!
Und Regimenter fesselt das starre Kommando.

    Lautlos steht die Front.

Prächtig im glühenden Morgenrot,
Was blitzt dort her vom Gebirge?
„ Seht ihr des Feindes Fahnen wehn? "
„ Wir seh'n des Feindes Fahnen wehn.
Gott mit euch, Weib und Kinder! "
„ Lustig, hört ihr den Gesang? "
Trommelwirbel, Pfeifenklang
Schmettert durch die Glieder;
Wie braust es fort im schönen wilden Takt!
Und braust durch Mark und Bein.

    „ Gott befohlen, Brüder!
    In einer andern Welt wieder! "

Schon fleugt es fort wie Wetterleucht,
Dumpf brüllt der Donner schon dort,
Die Wimper zuckt, hier kracht es laut,
Die Losung braust von Heer zu Heer,

Laß brausen in Gottes Namen fort,
Freier schon atmet die Brust.

      Der Tod ist los — schon wogt sich der Kampf,
      Eisern im wolkichten Pulverdampf,
      Eisern fallen die Würfel.

Nah umarmen die Heere sich,
„ Fertig! " heult's von Ploton zu Ploton;
Auf die Kniee geworfen
Feuern die Vordern, viele stehen nicht mehr auf,
Lücken reißt die streifende Kartätsche,
Auf Vormanns Rumpfe springt der Hintermann,
Verwüstung rechts und links und um und um,
Bataillone niederwälzt der Tod.

      Die Sonne löscht aus — heiß brennt die Schlacht,
      Schwarz brütet auf dem Heer die Nacht —
      „ Gott befohlen, Brüder!
      In einer andern Welt wieder! "

Hoch spritzt an den Nacken das Blut,
Lebende wechseln mit Toten, der Fuß
Strauchelt über den Leichnamen —
„ Und auch du, Franz? " — „ Grüße mein Lottchen, Freund! "
Wilder immer wütet der Streit,
„ Grüßen will ich " — „ Gott! Kameraden! seht,
Hinter uns wie die Kartätsche springt! "
„ Grüßen will ich dein Lottchen, Freund!
Schlumm're sanft! wo die Kugelsaat
Regnet, stürz' ich Verlass'ner hinein."

      Hierher, dorthin schwankt die Schlacht,
      Finst'rer brütet auf dem Heer die Nacht,
      „ Gott befohlen, Brüder!
      In einer andern Welt wieder! "

Horch! was strampft im Galopp vorbei?
Die Adjutanten fliegen,
Dragoner rasseln in den Feind,
Und seine Donner ruhen.

„ Viktoria, Brüder! "
Schrecken reißt die feigen Glieder,
Und seine Fahne sinkt —

Entschieden ist die scharfe Schlacht,
Der Tag blickt siegend durch die Nacht!
Horch! Trommelwirbel, Pfeifenklang
Stimmen schon Triumphgesang!
„ Lebt wohl, ihr gebliebenen Brüder,
In einer andern Welt wieder. "

Anthologie auf das Jahr 1782

Zweite
Periode

Freude, schöner Götterfunken . . .

Freude, schöner Götterfunken,
Tochter aus Elysium,
Wir betreten feuertrunken,
Himmlische, dein Heiligtum.
Deine Zauber binden wieder,
Was die Mode streng geteilt;
Alle Menschen werden Brüder,
Wo dein sanfter Flügel weilt.
   Seid umschlungen, Millionen!
   Diesen Kuß der ganzen Welt!
   Brüder — überm Sternenzelt
   Muß ein lieber Vater wohnen.

Wem der große Wurf gelungen,
Eines Freundes Freund zu sein,
Wer ein holdes Weib errungen,
Mische seinen Jubel ein!
Ja — wer auch nur e i n e Seele
S e i n nennt auf dem Erdenrund!
Und wer's nie gekonnt, der stehle
Weinend sich aus diesem Bund!
   Was den großen Ring bewohnet,
   Huldige der Sympathie!

Zu den Sternen leitet sie,
Wo der Unbekannte thronet.

Freude trinken alle Wesen
An den Brüsten der Natur;
Alle Guten, alle Bösen
Folgen ihrer Rosenspur.
Küsse gab sie uns und Reben,
Einen Freund, geprüft im Tod;
Wollust ward dem Wurm gegeben,
Und der Cherub steht vor Gott.
 Ihr stürzt nieder, Millionen?
 Ahnest du den Schöpfer, Welt?
 Such ihn überm Sternenzelt!
 Über Sternen muß er wohnen.

Freude heißt die starke Feder
In der ewigen Natur.
Freude, Freude treibt die Räder
In der großen Weltenuhr.
Blumen lockt sie aus den Keimen,
Sonnen aus dem Firmament,
Sphären rollt sie in den Räumen,
Die des Sehers Rohr nicht kennt.
 Froh, wie seine Sonnen fliegen,
 Durch des Himmels prächt'gen Plan,
 Wandelt, Brüder, eure Bahn,
 Freudig wie ein Held zum Siegen!

Aus der Wahrheit Feuerspiegel
Lächelt sie den Forscher an.
Zu der Tugend steilem Hügel
Leitet sie des Dulders Bahn.
Auf des Glaubens Sonnenberge
Sieht man ihre Fahnen wehn,
Durch den Riß gesprengter Särge
Sie im Chor der Engel stehn.

Duldet mutig, Millionen!
Duldet für die beß're Welt!
Droben überm Sternenzelt
Wird ein großer Gott belohnen...

An die Freude (1785)

Wie schön, o Mensch ...

Wie schön, o Mensch, mit deinem Palmenzweige
Stehst du an des Jahrhunderts Neige
In edler, stolzer Männlichkeit,
Mit aufgeschloß'nem Sinn, mit Geistesfülle,
Voll milden Ernsts, in tatenreicher Stille,
Der reifste Sohn der Zeit,
Frei durch Vernunft, stark durch Gesetze,
Durch Sanftmut groß, und reich durch Schätze,
Die lange Zeit dein Busen dir verschwieg,
Herr der Natur, die deine Fesseln liebet,
Die deine Kraft in tausend Kämpfen übet,
Und prangend unter dir aus der Verwild'rung stieg!

Berauscht von dem errung'nen Sieg,
Verlerne nicht, die Hand zu preisen,
Die an des Lebens ödem Strand
Den weinenden verlaß'nen Waisen,
Des wilden Zufalls Beute, fand,
Die frühe schon der künft'gen Geisterwürde
Dein junges Herz im Stillen zugekehrt
Und die befleckende Begierde
Von deinem zarten Busen abgewehrt,
Die Gütige, die deine Jugend
In hohen Pflichten spielend unterwies
Und das Geheimnis der erhab'nen Tugend
In leichten Rätseln dich erraten ließ,
Die, reifer nur ihn wieder zu empfangen,
In fremde Arme ihren Liebling gab;
O, falle nicht mit ausgeartetem Verlangen

[243]

Zu ihren niedern Dienerinnen ab!
Im Fleiß kann dich die Biene meistern,
In der Geschicklichkeit ein Wurm dein Lehrer sein,
Dein Wissen teilest du mit vorgezog'nen Geistern,
Die Kunst, o Mensch, hast du allein.

Nur durch das Morgentor des Schönen
Drangst du in der Erkenntnis Land.
An höhern Glanz sich zu gewöhnen,
Übt sich am Reize der Verstand...

Die Künstler (1789)

Dritte Periode

Die Kraniche des Ibykus

Zum Kampf der Wagen und Gesänge,
Der auf Korinthus' Landesenge
Der Griechen Stämme froh vereint,
Zog Ibykus, der Götterfreund.
Ihm schenkte des Gesanges Gabe,
Der Lieder süßen Mund Apoll;
So wandert' er, an leichtem Stabe,
Aus Rhegium, des Gottes voll.

Schon winkt auf hohem Bergesrücken
Akrokorinth des Wandrers Blicken,
Und in Poseidons Fichtenhain
Tritt er mit frommem Schauder ein.
Nichts regt sich um ihn her, nur Schwärme
Von Kranichen begleiten ihn,
Die fernhin nach des Südens Wärme
In graulichtem Geschwader ziehn.

,, Seid mir gegrüßt, befreund'te Scharen,
Die mir zur See Begleiter waren!
Zum guten Zeichen nehm' ich euch,
Mein Los, es ist dem euren gleich.

Von fern her kommen wir gezogen,
Und flehen um ein wirtlich Dach;
Sei uns der Gastliche gewogen,
Der von dem Fremdling wehrt die Schmach! "

Und munter fördert er die Schritte,
Und sieht sich in des Waldes Mitte;
Da sperren, auf gedrangem Steg,
Zwei Mörder plötzlich seinen Weg.
Zum Kampfe muß er sich bereiten,
Doch bald ermattet sinkt die Hand;
Sie hat der Leier zarte Saiten,
Doch nie des Bogens Kraft gespannt.

Er ruft die Menschen an, die Götter,
Sein Flehen dringt zu keinem Retter;
Wie weit er auch die Stimme schickt,
Nichts Lebendes wird hier erblickt.
,, So muß ich hier verlassen sterben,
Auf fremdem Boden, unbeweint,
Durch böser Buben Hand verderben,
Wo auch kein Rächer mir erscheint! "

Und schwer getroffen sinkt er nieder;
Da rauscht der Kraniche Gefieder.
Er hört, schon kann er nicht mehr sehn,
Die nahen Stimmen furchtbar krähn.
,, Von euch, ihr Kraniche dort oben!
Wenn keine andre Stimme spricht,
Sei meines Mordes Klag' erhoben! "
Er ruft es, und sein Auge bricht.

Der nackte Leichnam wird gefunden,
Und bald, obgleich entstellt von Wunden,
Erkennt der Gastfreund in Korinth
Die Züge, die ihm teuer sind.
,, Und muß ich so dich wieder finden
Und hoffte mit der Fichte Kranz

Des Sängers Schläfe zu umwinden,
Bestrahlt von seines Ruhmes Glanz!"

Und jammernd hören's alle Gäste,
Versammelt bei Poseidons Feste,
Ganz Griechenland ergreift der Schmerz;
Verloren hat ihn jedes Herz,
Und stürmend drängt sich zum Prytanen
Das Volk, es fordert seine Wut,
Zu rächen des Erschlag'nen Manen,
Zu sühnen mit des Mörders Blut.

Doch wo die Spur, die aus der Menge,
Der Völker flutendem Gedränge,
Gelocket von der Spiele Pracht,
Den schwarzen Täter kenntlich macht?
Sind's Räuber, die ihn feig erschlagen?
Tat's neidisch ein verborgner Feind?
Nur Helios vermag's zu sagen,
Der alles Irdische bescheint.

Er geht vielleicht mit frechem Schritte
Jetzt eben durch der Griechen Mitte,
Und während ihn die Rache sucht,
Genießt er seines Frevels Frucht;
Auf ihres eignen Tempels Schwelle
Trotzt er vielleicht den Göttern, mengt
Sich dreist in jene Menschenwelle,
Die dort sich zum Theater drängt.

Denn Bank an Bank gedränget sitzen,
Es brechen fast der Bühne Stützen,
Herbeigeströmt von fern und nah,
Der Griechen Völker wartend da,
Dumpfbrausend wie des Meeres Wogen;
Von Menschen wimmelnd, wächst der Bau,
In weiter stets geschweiftem Bogen
Hinauf bis in des Himmels Blau.

Wer zählt die Völker, nennt die Namen,
Die gastlich hier zusammen kamen?
Von Theseus' Stadt, von Aulis Strand,
Von Phocis, vom Spartanerland,
Von Asiens entlegner Küste,
Von allen Inseln kamen sie,
Und horchen von dem Schaugerüste
Des Chores grauser Melodie,

Der streng und ernst nach alter Sitte,
Mit langsam abgemeßnem Schritte,
Hervortritt aus dem Hintergrund,
Umwandelnd des Theaters Rund.
So schreiten keine ird'schen Weiber!
Die zeugete kein sterblich Haus!
Es steigt das Riesenmaß der Leiber
Hoch über menschliches hinaus.

Ein schwarzer Mantel schlägt die Lenden,
Sie schwingen in entfleischten Händen
Der Fackel düsterrote Glut;
In ihren Wangen fließt kein Blut.
Und wo die Haare lieblich flattern,
Um Menschenstirnen freundlich wehn,
Da sieht man Schlangen hier und Nattern
Die giftgeschwollnen Bäuche blähn.

Und schauerlich gedreht im Kreise,
Beginnen sie des Hymnus Weise,
Der durch das Herz zerreißend dringt,
Die Bande um den Sünder schlingt.
Besinnungraubend, herzbetörend
Schallt der Erinnyen Gesang,
Er schallt, des Hörers Mark verzehrend,
Und duldet nicht der Leier Klang:

„Wohl dem, der frei von Schuld und Fehle
Bewahrt die kindlich reine Seele!

Ihm dürfen wir nicht rächend nahn,
Er wandelt frei des Lebens Bahn.
Doch wehe, wehe, wer verstohlen
Des Mordes schwere Tat vollbracht;
Wir heften uns an seine Sohlen,
Das furchtbare Geschlecht der Nacht!

Und glaubt er fliehend zu entspringen,
Geflügelt sind wir da, die Schlingen
Ihm werfend um den flücht'gen Fuß,
Daß er zu Boden fallen muß.
So jagen wir ihn ohn' Ermatten,
Versöhnen kann uns keine Reu,
Ihn fort und fort bis zu den Schatten,
Und geben ihn auch dort nicht frei."

So singend tanzen sie den Reigen,
Und Stille, wie des Todes Schweigen,
Liegt über'm ganzen Hause schwer,
Als ob die Gottheit nahe wär',
Und feierlich, nach alter Sitte
Umwandelnd des Theaters Rund,
Mit langsam abgemeßnem Schritte,
Verschwinden sie im Hintergrund.

Und zwischen Trug und Wahrheit schwebet
Noch zweifelnd jede Brust und bebet,
Und huldiget der furchtbar'n Macht,
Die richtend im Verborgnen wacht,
Die unerforschlich, unergründet,
Des Schicksals dunkeln Knäuel flicht,
Dem tiefen Herzen sich verkündet,
Doch fliehet vor dem Sonnenlicht.

Da hört man auf den höchsten Stufen
Auf einmal eine Stimme rufen:
,, Sieh da! Sieh da, Timotheus,
Die Kraniche des Ibykus!" —

Und finster plötzlich wird der Himmel,
Und über dem Theater hin
Sieht man, in schwärzlichtem Gewimmel,
Ein Kranichheer vorüberziehn.

„ Des Ibykus! “ — Der teure Name
Rührt jede Brust mit neuem Grame;
Und wie im Meere Well' auf Well',
So läuft's von Mund zu Munde schnell:
„ Des Ibykus, den wir beweinen,
Den eine Mörderhand erschlug?
Was ist's mit dem? Was kann er meinen?
Was ist's mit diesem Kranichzug? “ —

Und lauter immer wird die Frage,
Und ahnend fliegt's mit Blitzesschlage,
Durch alle Herzen. „ Gebet Acht!
Das ist der Eumeniden Macht!
Der fromme Dichter wird gerochen;
Der Mörder bietet selbst sich dar!
Ergreift ihn, der das Wort gesprochen;
Und ihn, an den's gerichtet war. “

Doch dem war kaum das Wort entfahren,
Möcht' er's im Busen gern bewahren;
Umsonst! der schreckenbleiche Mund
Macht schnell die Schuldbewußten kund.
Man reißt und schleppt sie vor den Richter,
Die Szene wird zum Tribunal,
Und es gestehn die Bösewichter,
Getroffen von der Rache Strahl.

(1797)

Das Mädchen aus der Fremde

In einem Tal bei armen Hirten
Erschien mit jedem jungen Jahr,

Sobald die ersten Lerchen schwirrten,
Ein Mädchen schön und wunderbar.

Sie war nicht in dem Tal geboren,
Man wußte nicht, woher sie kam,
Und schnell war ihre Spur verloren,
Sobald das Mädchen Abschied nahm.

Beseligend war ihre Nähe,
Und alle Herzen wurden weit,
Doch eine Würde, eine Höhe
Entfernte die Vertraulichkeit.

Sie brachte Blumen mit und Früchte,
Gereift auf einer andern Flur,
In einem andern Sonnenlichte,
In einer glücklichern Natur;

Und teilte jedem eine Gabe,
Dem Früchte, jenem Blumen aus;
Der Jüngling und der Greis am Stabe,
Ein jeder ging beschenkt nach Haus.

Willkommen waren alle Gäste;
Doch nahte sich ein liebend Paar,
Dem reichte sie der Gaben beste,
Der Blumen allerschönste dar.

(1796)

Die Worte des Glaubens

Drei Worte nenn' ich euch, inhaltschwer,
Sie gehen von Munde zu Munde,
Doch stammen sie nicht von außen her;
Das Herz nur gibt davon Kunde.
Dem Menschen ist aller Wert geraubt,
Wenn er nicht mehr an die drei Worte glaubt.

Der Mensch ist frei geschaffen, ist frei,
Und würd' er in Ketten geboren.
Laßt euch nicht irren des Pöbels Geschrei,
Nicht den Mißbrauch rasender Toren!
Vor dem Sklaven, wenn er die Kette bricht,
Vor dem freien Menschen erzittert nicht!

Und die Tugend, sie ist kein leerer Schall,
Der Mensch kann sie üben im Leben,
Und sollt' er auch straucheln überall,
Er kann nach der göttlichen streben,
Und was kein Verstand der Verständigen sieht,
Das übet in Einfalt ein kindlich Gemüt.

Und ein Gott ist, ein heiliger Wille lebt,
Wie auch der menschliche wanke;
Hoch über der Zeit und dem Raume webt
Lebendig der höchste Gedanke,
Und ob alles in ewigem Wechsel kreist,
Es beharret im Wechsel ein ruhiger Geist.

Die drei Worte bewahret euch, inhaltschwer,
Sie pflanzet von Munde zu Munde,
Und stammen sie gleich nicht von außen her,
Euer Innres gibt davon Kunde.
Dem Menschen ist nimmer sein Wert geraubt,
So lang er noch an die drei Worte glaubt.

(1797)

Nänie

Auch das Schöne muß sterben! Das Menschen und Götter
    bezwinget,
Nicht die eherne Brust rührt es des stygischen Zeus.
Einmal nur erweichte die Liebe den Schattenbeherrscher,
Und an der Schwelle noch, streng, rief er zurück sein Geschenk.
Nicht stillt Aphrodite dem schönen Knaben die Wunde,

Die in den zierlichen Leib grausam der Eber geritzt.
Nicht errettet den göttlichen Held die unsterbliche Mutter,
Wann er, am skäischen Tor fallend, sein Schicksal erfüllt;
Aber sie steigt aus dem Meer mit allen Töchtern des Nereus,
Und die Klage hebt an um den verherrlichten Sohn.
Siehe, da weinen die Götter, es weinen die Göttinnen alle,
Daß das Schöne vergeht, daß das Vollkommene stirbt.
Auch ein Klaglied zu sein im Mund der Geliebten, ist herrlich,
Denn das Gemeine geht klanglos zum Orkus hinab.

(1799)

Das Lied von der Glocke

Vivos voco. Mortuos plango. Fulgura frango.

Fest gemauert in der Erden
Steht die Form, aus Lehm gebrannt.
Heute muß die Glocke werden,
Frisch, Gesellen! seid zur Hand.
    Von der Stirne heiß
    Rinnen muß der Schweiß,
Soll das Werk den Meister loben;
Doch der Segen kommt von oben.

Zum Werke, das wir ernst bereiten,
Geziemt sich wohl ein ernstes Wort;
Wenn gute Reden sie begleiten,
Dann fließt die Arbeit munter fort.
So laßt uns jetzt mit Fleiß betrachten,
Was durch die schwache Kraft entspringt;
Den schlechten Mann muß man verachten,
Der nie bedacht, was er vollbringt.
Das ist's ja, was den Menschen zieret,
Und dazu ward ihm der Verstand,
Daß er im innern Herzen spüret,
Was er erschafft mit seiner Hand.

Nehmet Holz vom Fichtenstamme,
Doch recht trocken laßt es sein,
Daß die eingepreßte Flamme
Schlage zu dem Schwalch hinein.
   Kocht des Kupfers Brei,
   Schnell das Zinn herbei,
Daß die zähe Glockenspeise
Fließe nach der rechten Weise.

   Was in des Dammes tiefer Grube
Die Hand mit Feuers Hilfe baut,
Hoch auf des Turmes Glockenstube
Da wird es von uns zeugen laut.
Noch dauern wird's in späten Tagen
Und rühren vieler Menschen Ohr,
Und wird mit dem Betrübten klagen,
Und stimmen zu der Andacht Chor.
Was unten tief dem Erdensohne
Das wechselnde Verhängnis bringt,
Das schlägt an die metallne Krone,
Die es erbaulich weiter klingt.

   Weiße Blasen seh' ich springen;
Wohl! die Massen sind im Fluß.
Laßt's mit Aschensalz durchdringen,
Das befördert schnell den Guß.
   Auch von Schaume rein
   Muß die Mischung sein,
Daß vom reinlichen Metalle
Rein und voll die Stimme schalle.

   Denn mit der Freude Feierklange
Begrüßt sie das geliebte Kind
Auf seines Lebens erstem Gange,
Den es in Schlafes Arm beginnt;
Ihm ruhen noch im Zeitenschoße
Die schwarzen und die heitern Lose;

Der Mutterliebe zarte Sorgen
Bewachen seinen goldnen Morgen —
Die Jahre fliehen pfeilgeschwind.
Vom Mädchen reißt sich stolz der Knabe,
Er stürmt ins Leben wild hinaus,
Durchmißt die Welt am Wanderstabe,
Fremd kehrt er heim ins Vaterhaus,
Und herrlich, in der Jugend Prangen,
Wie ein Gebild aus Himmels Höh'n,
Mit züchtigen, verschämten Wangen
Sieht er die Jungfrau vor sich stehn.
Da faßt ein namenloses Sehnen
Des Jünglings Herz, er irrt allein,
Aus seinen Augen brechen Tränen,
Er flieht der Brüder wilden Reih'n.
Errötend folgt er ihren Spuren,
Und ist von ihrem Gruß beglückt,
Das Schönste sucht er auf den Fluren,
Womit er seine Liebe schmückt.
O! zarte Sehnsucht, süßes Hoffen,
Der ersten Liebe goldne Zeit,
Das Auge sieht den Himmel offen,
Es schwelgt das Herz in Seligkeit.
O! daß sie ewig grünen bliebe
Die schöne Zeit der jungen Liebe!

   Wie sich schon die Pfeifen bräunen!
Dieses Stäbchen tauch' ich ein;
Sehn wir's überglast erscheinen,
Wird's zum Gusse zeitig sein.
   Jetzt, Gesellen, frisch!
   Prüft mir das Gemisch,
Ob das Spröde mit dem Weichen
Sich vereint zum guten Zeichen.

Denn wo das Strenge mit dem Zarten,
Wo Starkes sich und Mildes paarten,
Da gibt es einen guten Klang.

[254]

Drum prüfe, wer sich ewig bindet,
Ob sich das Herz zum Herzen findet!
Der Wahn ist kurz, die Reu ist lang.
Lieblich in der Bräute Locken
Spielt der jungfräuliche Kranz,
Wenn die hellen Kirchenglocken
Laden zu des Festes Glanz.
Ach! des Lebens schönste Feier
Endigt auch im Lebens-Mai.
Mit dem Gürtel, mit dem Schleier
Reißt der schöne Wahn entzwei.
Die Leidenschaft flieht,
Die Liebe muß bleiben;
Die Blume verblüht,
Die Frucht muß treiben.
Der Mann muß hinaus
Ins feindliche Leben,
Muß wirken und streben
Und pflanzen und schaffen,
Erlisten, erraffen,
Muß wetten und wagen,
Das Glück zu erjagen.
Da strömet herbei die unendliche Gabe,
Es füllt sich der Speicher mit köstlicher Habe,
Die Räume wachsen, es dehnt sich das Haus.
Und drinnen waltet
Die züchtige Hausfrau,
Die Mutter der Kinder,
Und herrschet weise
Im häuslichen Kreise,
Und lehret die Mädchen,
Und wehret den Knaben,
Und reget ohn' Ende
Die fleißigen Hände,
Und mehrt den Gewinn
Mit ordnendem Sinn,
Und füllet mit Schätzen die duftenden Laden,
Und dreht um die schnurrende Spindel den Faden,

Und sammelt im reinlich geglätteten Schrein
Die schimmernde Wolle, den schneeigten Lein,
Und füget zum Guten den Glanz und den Schimmer,
Und ruhet nimmer.

  Und der Vater mit frohem Blick,
Von des Hauses weitschauendem Giebel
Überzählet sein blühend Glück,
Siehet der Pfosten ragende Bäume,
Und der Scheunen gefüllte Räume
Und die Speicher, vom Segen gebogen,
Und des Kornes bewegte Wogen,
Rühmt sich mit stolzem Mund:
,, Fest, wie der Erde Grund,
Gegen des Unglücks Macht
Steht mir des Hauses Pracht! "
Doch mit des Geschickes Mächten
Ist kein ew'ger Bund zu flechten,
Und das Unglück schreitet schnell.

    Wohl! Nun kann der Guß beginnen;
Schön gezacket ist der Bruch.
Doch bevor wir's lassen rinnen,
Betet einen frommen Spruch!
    Stoßt den Zapfen aus!
    Gott bewahr' das Haus.
Rauchend in des Henkels Bogen
Schießt's mit feuerbraunen Wogen.

    Wohltätig ist des Feuers Macht,
    Wenn sie der Mensch bezähmt, bewacht,
    Und was er bildet, was er schafft,
    Das dankt er dieser Himmelskraft;
    Doch furchtbar wird die Himmelskraft,
    Wenn sie der Fessel sich entrafft,

Einhertritt auf der eignen Spur
Die freie Tochter der Natur.
Wehe, wenn sie losgelassen,
Wachsend ohne Widerstand,
Durch die volkbelebten Gassen
Wälzt den ungeheuren Brand!
Denn die Elemente hassen
Das Gebild der Menschenhand.
Aus der Wolke
Quillt der Segen,
Strömt der Regen;
Aus der Wolke, ohne Wahl,
Zuckt der Strahl!
Hört ihr's wimmern hoch vom Turm?
Das ist Sturm!
Rot wie Blut
Ist der Himmel;
Das ist nicht des Tages Glut!
Welch Getümmel
Straßen auf!
Dampf wallt auf!
Flackernd steigt die Feuersäule,
Durch der Straße lange Zeile
Wächst es fort mit Windeseile,
Kochend wie aus Ofens Rachen
Glühn die Lüfte, Balken krachen,
Pfosten stürzen, Fenster klirren,
Kinder jammern, Mütter irren,
Tiere wimmern
Unter Trümmern,
Alles rennet, rettet, flüchtet,
Taghell ist die Nacht gelichtet.
Durch der Hände lange Kette
Um die Wette
Fliegt der Eimer, hoch im Bogen
Spritzen Quellen, Wasserwogen.
Heulend kommt der Sturm geflogen,
Der die Flamme brausend sucht.

Prasselnd in die dürre Frucht
Fällt sie, in des Speichers Räume,
In der Sparren dürre Bäume,
Und als wollte sie im Wehen
Mit sich fort der Erde Wucht
Reißen in gewalt'ger Flucht,
Wächst sie in des Himmels Höhen
Riesengroß!
Hoffnungslos
Weicht der Mensch der Götterstärke;
Müßig sieht er seine Werke
Und bewundernd untergehen.

Leergebrannt
Ist die Stätte,
Wilder Stürme rauhes Bette.
In den öden Fensterhöhlen
Wohnt das Grauen,
Und des Himmels Wolken schauen
Hoch hinein.

Einen Blick
Nach dem Grabe
Seiner Habe
Sendet noch der Mensch zurück —
Greift fröhlich dann zum Wanderstabe.
Was Feuers Wut ihm auch geraubt,
Ein süßer Trost ist ihm geblieben,
Er zählt die Häupter seiner Lieben,
Und sieh! ihm fehlt kein teures Haupt.

In die Erd' ist's aufgenommen,
Glücklich ist die Form gefüllt;
Wird's auch schön zu Tage kommen,
Daß es Fleiß und Kunst vergilt?
Wenn der Guß mißlang?
Wenn die Form zersprang?
Ach! vielleicht, indem wir hoffen,
Hat uns Unheil schon getroffen.

Dem dunkeln Schoß der heil'gen Erde
Vertrauen wir der Hände Tat,
Vertraut der Sämann seine Saat
Und hofft, daß sie entkeimen werde
Zum Segen, nach des Himmels Rat.
Noch köstlicheren Samen bergen
Wir trauernd in der Erde Schoß
Und hoffen, daß er aus den Särgen
Erblühen soll zu schönerm Los.

    Von dem Dome,
Schwer und bang,
Tönt die Glocke
Grabgesang.
Ernst begleitet ihre Trauerschläge
Einen Wandrer auf dem letzten Wege.

    Ach! die Gattin ist's, die teure,
Ach! es ist die treue Mutter,
Die der schwarze Fürst der Schatten
Wegführt aus dem Arm des Gatten,
Aus der zarten Kinder Schar,
Die sie blühend ihm gebar,
Die sie an der treuen Brust
Wachsen sah mit Mutterlust.
Ach! des Hauses zarte Bande
Sind gelöst auf immerdar,
Denn sie wohnt im Schattenlande,
Die des Hauses Mutter war,
Denn es fehlt ihr treues Walten,
Ihre Sorge wacht nicht mehr;
An verwaister Stätte schalten
Wird die Fremde, liebeleer.

    Bis die Glocke sich verkühlet
Laßt die strenge Arbeit ruhn.
Wie im Laub der Vogel spielet,

Mag sich jeder gütlich tun.
   Winkt der Sterne Licht,
   Ledig aller Pflicht,
Hört der Bursch die Vesper schlagen;
Meister muß sich immer plagen.

   Munter fördert seine Schritte
Fern im wilden Forst der Wandrer
Nach der lieben Heimathütte.
Blökend ziehen heim die Schafe,
Und der Rinder
Breitgestirnte, glatte Scharen
Kommen brüllend,
Die gewohnten Ställe füllend.
Schwer herein
Schwankt der Wagen,
Kornbeladen;
Bunt von Farben
Auf den Garben
Liegt der Kranz,
Und das junge Volk der Schnitter
Fliegt zum Tanz.
Markt und Straße werden stiller;
Um des Lichts gesell'ge Flamme
Sammeln sich die Hausbewohner,
Und das Stadttor schließt sich knarrend.
Schwarz bedecket
Sich die Erde,
Doch den sichern Bürger schrecket
Nicht die Nacht,
Die den Bösen gräßlich wecket,
Denn das Auge des Gesetzes wacht.

   Heil'ge Ordnung, segenreiche
Himmelstochter, die das Gleiche
Frei und leicht und freudig bindet,
Die der Städte Bau gegründet,
Die herein von den Gefilden

Rief den ungesell'gen Wilden,
Eintrat in der Menschen Hütten,
Sie gewöhnt zu sanften Sitten,
Und das teuerste der Bande
Wob, den Trieb zum Vaterlande!

Tausend fleiß'ge Hände regen,
Helfen sich in munterm Bund,
Und in feurigem Bewegen
Werden alle Kräfte kund.
Meister rührt sich und Geselle
In der Freiheit heil'gem Schutz.
Jeder freut sich seiner Stelle,
Bietet dem Verächter Trutz.
Arbeit ist des Bürgers Zierde,
Segen ist der Mühe Preis;
Ehrt den König seine Würde,
Ehret uns der Hände Fleiß.

Holder Friede,
Süße Eintracht,
Weilet, weilet
Freundlich über dieser Stadt!
Möge nie der Tag erscheinen,
Wo des rauhen Krieges Horden
Dieses stille Tal durchtoben,
Wo der Himmel,
Den des Abends sanfte Röte
Lieblich malt,
Von der Dörfer, von der Städte
Wildem Brande schrecklich strahlt!

Nun zerbrecht mir das Gebäude,
Seine Absicht hat's erfüllt,
Daß sich Herz und Auge weide
An dem wohlgelungnen Bild.
Schwingt den Hammer, schwingt,
Bis der Mantel springt!

Wenn die Glock' soll auferstehen,
Muß die Form in Stücken gehen.

Der Meister kann die Form zerbrechen
Mit weiser Hand zur rechten Zeit;
Doch wehe, wenn in Flammenbächen
Das glüh'nde Erz sich selbst befreit!
Blindwütend mit des Donners Krachen
Zersprengt es das geborst'ne Haus,
Und wie aus offnem Höllenrachen
Speit es Verderben zündend aus;
Wo rohe Kräfte sinnlos walten,
Da kann sich kein Gebild gestalten;
Wenn sich die Völker selbst befrein,
Da kann die Wohlfahrt nicht gedeihn.

Weh, wenn sich in dem Schoß der Städte
Der Feuerzunder still gehäuft,
Das Volk, zerreißend seine Kette,
Zur Eigenhilfe greift!
Da zerret an der Glocke Strängen
Der Aufruhr, daß sie heulend schallt
Und, nur geweiht zu Friedensklängen,
Die Losung anstimmt zur Gewalt.

„ Freiheit und Gleichheit! " hört man schallen;
Der ruh'ge Bürger greift zur Wehr.
Die Straßen füllen sich, die Hallen,
Und Würgerbanden ziehn umher.
Da werden Weiber zu Hyänen
Und treiben mit Entsetzen Scherz;
Noch zuckend, mit des Panthers Zähnen,
Zerreißen sie des Feindes Herz.
Nichts Heiliges ist mehr, es lösen
Sich alle Bande frommer Scheu;
Der Gute räumt den Platz dem Bösen,
Und alle Laster walten frei.
Gefährlich ist's, den Leu zu wecken,

Verderblich ist des Tigers Zahn;
Jedoch der schrecklichste der Schrecken,
Das ist der Mensch in seinem Wahn.
Weh denen, die dem Ewigblinden
Des Lichtes Himmelsfackel leihn!
Sie strahlt ihm nicht, sie kann nur zünden
Und äschert Städt' und Länder ein.

    Freude hat mir Gott gegeben!
Sehet! wie ein goldner Stern
Aus der Hülse, blank und eben,
Schält sich der metallne Kern.
    Von dem Helm zum Kranz
    Spielt's wie Sonnenglanz.
Auch des Wappens nette Schilder
Loben den erfahrnen Bilder.

    Herein! herein!
Gesellen alle, schließt den Reihen,
Daß wir die Glocke taufend weihen!
Concordia soll ihr Name sein.
Zur Eintracht, zu herzinnigem Vereine
Versammle sie die liebende Gemeine.

    Und dies sei fortan ihr Beruf,
Wozu der Meister sie erschuf:
Hoch überm niedern Erdenleben
Soll sie in blauem Himmelszelt,
Die Nachbarin des Donners, schweben
Und grenzen an die Sternenwelt,
Soll eine Stimme sein von oben,
Wie der Gestirne helle Schar,
Die ihren Schöpfer wandelnd loben
Und führen das bekränzte Jahr.
Nur ewigen und ernsten Dingen
Sei ihr metallner Mund geweiht,
Und stündlich mit den schnellen Schwingen

Berühr' im Fluge sie die Zeit.
Dem Schicksal leihe sie die Zunge;
Selbst herzlos, ohne Mitgefühl,
Begleite sie mit ihrem Schwunge
Des Lebens wechselvolles Spiel.
Und wie der Klang im Ohr vergehet,
Der mächtig tönend ihr entschallt,
So lehre sie, daß nichts bestehet,
Daß alles Irdische verhallt.

Jetzo mit der Kraft des Stranges
Wiegt die Glock' mir aus der Gruft,
Daß sie in das Reich des Klanges
Steige, in die Himmelsluft!
Ziehet, ziehet, hebt!
Sie bewegt sich, schwebt!
Freude dieser Stadt bedeute,
Friede sei ihr erst Geläute.

(1799)

Das Distichon

Im Hexameter steigt des Springquells flüssige Säule,
Im Pentameter drauf fällt sie melodisch herab.

JOHANN PETER HEBEL

(1760–1826)

Trost

Bald denki, 's isch e bösi Zit,
und weger [1] 's End isch nümme wit;
bald denki wider: loß es goh,
wenn's gnug isch, wird's scho anderst cho.

Doch wenni näumen [2] ane gang
un 's tönt mer Lied und Vogelgsang,
so meini fast, i hör e Stimm:
„ Bis z'friede! 's isch jo nit so schlimm."

Alemannische Gedichte

[1] *wahrlich*   [2] *M.H D. neweiz wo = irgendwo*

Wächterruf

Loset,[1] was i euch will sage!
D'Glocke het Z e h n i gschlage.
   Jez betet und iez göhnt ins Bett,
   Und wer e rüeihig G'wisse het,
   Schlof sanft und wohl! Im Himmel wacht
   E heiter Aug die ganzi Nacht.

Loset, was i euch will sage!
D'Glocke het Ö l f i gschlage.
   Und wer no an der Arbet schwitzt,
   Und wer no bi der Charte sitzt,
   Dem bicti iez zuem letztemol.
   's isch hochi Zit! Und schlofet wohl!

Loset, was i euch will sage!
D'Glocke het Z w ö l f i gschlage.
   Und wo no in der Mitternacht
   E Gmüet in Schmerz und Chummer wacht,
   Se geb der Gott e rüeihige Stund
   Und mach di wieder froh und gsund!

Loset, was i euch will sage!
D'Glocke het E i s gschlage.
   Und wo mit Satans G'heiß und Roth
   E Dieb uf dunkle Pfade goht,
   — I will's nit hoffe, aber gschiehts —
   Gang heim! Der himmlisch Richter sieht's.

[265]

Loset, was i euch will sage!
D'Glocke het Z w e i gschlage.
  Und wem scho wieder, eb[2] 's no tagt,
  Die schweri Sorg am Herzen nagt,
  Du arme Tropf, die Schlof isch hi'!
  Gott sorgt! Es wär nit nöthig gsi.[3]

Loset, was i euch will sage!
D'Glocke het D r ü gschlage.
  Die Morgestund am Himmel schwebt,
  Und wer im Friede der Tag [4] erlebt,
  Dank Gott und faß e frohe Mueth,
  Und gang ans Gschäft, und — halt di guet!

Ibid.

[1] *horchtet* [2] *ehe* [3] *gewesen* [4] Nom. instead of Acc. here

Der Schreinergesell

Mi Hamberch [1] hätti g'lert, so, so, la la;
doch stoht mer 's Trinke gar viel besser a,
as 's Schaffe, sel bikenni frey und frank;
der Rucke bricht mer schier am Hobelbank.

Drum het mer d' Mutter mengmol profezeit:
„ Du chunnsch [2] ke Meister über wit und breit! "
I ha 's z'lezt selber glaubt, und denkt: Isch's so,
wie wirds mer echterst [3] in der Fremdi go?

Wie ischs mer gange? Numme z'gut! I ha
in wenig Wuche siebe Meister gha.
O Müetterli, wie falsch hesch profezeit?
I chömm kei Meister über, hesch mer gseit.

Ibid.

[1] *Handwerk* [2] *kommst* [3] *doch*

FRIEDRICH VON MATTHISSON

(1761–1831)

Adelaide

Einsam wandelt dein Freund im Frühlingsgarten,
Mild vom lieblichen Zauberlicht umflossen,
Das durch wankende Blütenzweige zittert,
Adelaide!

In der spiegelnden Flut, im Schnee der Alpen,
In des sinkenden Tages Goldgewölken,
Im Gefilde der Sterne strahlt dein Bildnis,
Adelaide!

Abendlüftchen im zarten Laube flüstern,
Silberglöckchen des Mais im Grase säuseln,
Wellen rauschen und Nachtigallen flöten:
Adelaide!

Einst, o Wunder, entblüht auf meinem Grabe
Eine Blume der Asche meines Herzens;
Deutlich schimmert auf jedem Purpurblättchen:
Adelaide!

JOHANN MARTIN USTERI

(1763–1827)

Rundgesang

Freut euch des Lebens,
Weil noch das Lämpchen glüht,
Pflücket die Rose,
Eh sie verblüht!

So mancher schafft sich Sorg und Müh,
Sucht Dornen auf und findet sie,

[267]

Und läßt das Veilchen unbemerkt,
Das ihm am Wege blüht.

Chor: Freut euch des Lebens,
      Weil noch das Lämpchen glüht,
      Pflücket die Rose,
      Eh sie verblüht!

Wenn scheu die Schöpfung sich verhüllt
Und lauter Donner ob uns brüllt,
So scheint am Abend nach dem Sturm
Die Sonne, ach! so schön!

Chor: Freut euch des Lebens, *u.s.w.*

Wer Neid und Mißgunst sorgsam flieht,
Genügsamkeit im Gärtchen zieht,
Dem schießt sie bald zum Bäumchen auf,
Das goldne Früchte bringt.

Chor: Freut euch des Lebens, *u.s.w.*

Wer Redlichkeit und Treue übt,
Und gern dem ärmern Bruder gibt,
Da siedelt sich Zufriedenheit
So gerne bei ihm an.

Chor: Freut euch des Lebens, *u.s.w.*

Und wenn der Pfad sich furchtbar engt
Und Mißgeschick uns plagt und drängt,
So reicht die Freundschaft stets
Dem Redlichen die Hand.

Chor: Freut euch des Lebens, *u.s.w.*

Sie trocknet ihm die Tränen ab
Und streut ihm Blumen bis ins Grab;

Sie wandelt Nacht in Dämmerung
Und Dämmerung in Licht.

Chor: Freut euch des Lebens, *u.s.w.*

Sie ist des Lebens schönstes Band,
Schlagt, Brüder, traulich Hand in Hand,
So wallt man froh, so wallt man leicht
Ins beßre Vaterland.

Chor: Freut euch des Lebens, *u.s.w.*

AUGUST WILHELM VON SCHLEGEL

(1767–1845)

August Wilhelm Schlegel

Der Völkersitten, mancher fremden Stätte
Und ihrer Sprache frühe schon erfahren,
Was alte Zeit, was neue Zeit gebaren,
Vereinigend in e i n e s Wissens Kette,

Im Stehn, im Gehn, im Wachen und im Bette,
Auf Reisen selbst wie unterm Schutz der Laren
Stets dichtend, aller, die es sind und waren,
Besieger, Muster, Meister im Sonette.

Der erste, der's gewagt auf deutscher Erde,
Mit Shakespeares Geist zu ringen und mit Dante,
Zugleich der Schöpfer und das Bild der Regel:

Wie ihn der Mund der Zukunft nennen werde,
Ist unbekannt; doch dies Geschlecht erkannte
Ihn bei dem Namen A u g u s t W i l h e l m S c h l e g e l.

Das Sonett

Zwei Reime heiß' ich viermal kehren wieder
Und stelle sie geteilt in gleiche Reihen,
Daß hier und dort zwei, eingefaßt von zweien,
Im Doppelchore schweben auf und nieder.

Dann schlingt des Gleichlauts Kette durch zwei Glieder
Sich freier wechselnd, jegliches von dreien.
In solcher Ordnung, solcher Zahl gedeihen
Die zartesten und stolzesten der Lieder.

Den werd' ich nie mit meinen Zeilen kränzen,
Dem eitle Spielerei mein Wesen dünket
Und Eigensinn die künstlichen Gesetze.

Doch wem in mir geheimer Zauber winket,
Dem leih' ich Hoheit, Füll' in engen Grenzen
Und reines Ebenmaß der Gegensätze.

ERNST MORITZ ARNDT

(1769–1860)

Deutscher Trost

Deutsches Herz, verzage nicht,
Tu, was dein Gewissen spricht,
Dieser Strahl des Himmelslichts,
Tue r e c h t und fürchte n i c h t s !

Baue nicht auf bunten Schein,
Lug und Trug ist dir zu fein,
Schlecht gerät dir List und Kunst,
Feinheit wird dir eitel Dunst.

Doch die Treue ehrenfest
Und die Liebe, die nicht läßt,
Einfalt, Demut, Redlichkeit
Stehn dir wohl, o Sohn vom Teut.[1]

Wohl steht dir das grade Wort,
Wohl der Speer, der grade bohrt,
Wohl das Schwert, das offen ficht
Und von vorn die Brust durchsticht.

Laß den Welschen Meuchelei,
Du sei redlich, fromm und frei;
Laß den Welschen Sklavenzier,
Schlichte Treue sei mit dir.

Deutsche Freiheit, deutscher Gott,
Deutscher Glaube ohne Spott,
Deutsches Herz und deutscher Stah
Sind vier Helden allzumal.

Diese stehn wie Felsenburg,
Diese fechten alles durch,
Diese halten tapfer aus
In Gefahr und Todesbraus.

Deutsches Herz, verzage nicht,
Tu, was dein Gewissen spricht,
Redlich folge seiner Spur,
Redlich hält es seinen Schwur.

[1] The alleged ancestor of the Germans

FRIEDRICH HÖLDERLIN

(1770–1843)

Da ich ein Knabe war . . .

Da ich ein Knabe war,
Rettet' ein Gott mich oft
Vom Geschrei und der Ruthe der Menschen,
Da spielt' ich sicher und gut
Mit den Blumen des Hains,
Und die Lüftchen des Himmels
Spielten mit mir.

Und wie du das Herz
Der Pflanzen erfreust,
Wenn sie entgegen dir
Die zarten Arme streken,
So hast du mein Herz erfreut
Vater Helios! und, wie Endymion,
War ich dein Liebling,
Heilige Luna!

O all ihr treuen,
Freundlichen Götter!
Daß ihr wüßtet,
Wie euch meine Seele geliebt!

Zwar damals rieff ich noch nicht
Euch mit Nahmen, auch ihr
Nanntet mich nie, wie die Menschen sich
    nennen,
Als kennten sie sich.

Doch kannt' ich euch besser
Als ich je die Menschen gekannt,
Ich verstand die Stille des Äthers,
Der Menschen Worte verstand ich nie.

Mich erzog der Wohllaut
Des säuselnden Hains
Und lieben lernt' ich
Unter den Blumen.

Im Arme der Götter wuchs ich groß.

An die Parzen [1]

Nur e i n e n Sommer gönnt, ihr Gewaltigen!
Und e i n e n Herbst zu reifem Gesange mir,
    Daß williger mein Herz, vom süßen
        Spiele gesättiget, dann mir sterbe!

Die Seele, der im Leben ihr göttlich Recht
    Nicht ward, sie ruht auch drunten im Orkus nicht
        Doch ist mir einst das Heil'ge, das am
            Herzen mir liegt, das Gedicht, gelungen,

Willkommen dann, o Stille der Schattenwelt!
    Zufrieden bin ich, wenn auch mein Saitenspiel
        Mich nicht hinabgeleitet; E i n m a l
            Lebt' ich, wie Götter, und mehr bedarfs nicht.

[1] Alcaic metre

Hyperions Schiksaalslied

Ihr wandelt droben im Licht
    Auf weichem Boden, seelige Genien!
        Glänzende Götterlüfte
            Rühren euch leicht,
                Wie die Finger der Künstlerin
                    Heilige Saiten.

[273]

Schiksaallos, wie der schlafende
Säugling, athmen die Himmlischen;
Keusch bewahrt
In bescheidener Knospe,
Blühet ewig
Ihnen der Geist,
Und die seeligen Augen
Bliken in stiller
Ewiger Klarheit.
Doch uns ist gegeben,
Auf keiner Stätte zu ruhn,
Es schwinden, es fallen
Die leidenden Menschen
Blindlings von einer
Stunde zur andern,
Wie Wasser von Klippe
Zu Klippe geworfen,
Jahr lang ins Ungewisse hinab.

Die Eichbäume

Aus den Gärten komm' ich zu euch, ihr Söhne des Berges!
Aus den Gärten, da lebt die Natur, geduldig und häuslich,
Pflegend und wieder gepflegt, mit den fleißigen Menschen zu-
    sammen.
Aber ihr, ihr Herrlichen! steht, wie ein Volk von Titanen
In der zahmeren Welt, und gehört nur euch und dem Himmel,
Der euch nährt' und erzog, und der Erde, die euch geboren.
Keiner von euch ist noch in die Schule der Menschen gegangen,
Und ihr drängt euch, fröhlich und frei, aus der kräftigen Wurzel
Untereinander herauf und ergreift, wie der Adler die Beute,
Mit gewaltigem Arme den Raum, und gegen die Wolken
Ist euch heiter und groß die sonnige Krone gerichtet.
Eine Welt ist jeder von euch, wie die Sterne des Himmels
Lebt ihr, jeder ein Gott, in freiem Bunde zusammen.
Könnt' ich die Knechtschaft nur erdulden, ich neidete nimmer
Diesen Wald und schmiegte mich gern ans gesellige Leben.

Fesselte nur nicht mehr ans gesellige Leben das Herz mich,
Das von Liebe nicht läßt, wie gern würd' ich zum Eichbaum.

Der Tod fürs Vaterland [1]

Du kömmst, o Schlacht, schon woogen die Jünglinge
    Hinab von ihren Hügeln, hinab ins Thal
        Wo kek herauf die Würger dringen,
            Sicher der Kunst und des Arms, doch sicher

Kömmt über sie die Seele der Jünglinge,
    Denn die Gerechten schlagen, wie Zauberer,
        Und ihre Vaterlandsgesänge
            Lähmen die Kniee den Ehrelosen.

O nimmt mich, nimmt mich mit in die Reihen auf,
    Damit ich einst nicht sterbe gemeinen Tods!
        Umsonst zu sterben, lieb ich nicht, doch
            lieb ich zu fallen am Opferhügel

Fürs Vaterland, zu bluten des Herzens Blut,
    Fürs Vaterland, und bald ists geschehn! Zu euch
        Ihr Theuern! komm ich, die mich leben
            Lehrten und sterben, zu euch hinunter!

Wie oft im Lichte dürstet' ich euch zu sehn,
    Ihr Helden und ihr Dichter aus alter Zeit!
        Nun grüßt ihr freundlich den geringen
            Fremdling, und brüderlich ists hier unten;

Und Siegesboten kommen herab; die Schlacht
    Ist unser! Lebe droben, o Vaterland,
        Und zähle nicht die Todten! Dir ist,
            Liebes! nicht Einer zu viel gefallen.

[1] Alcaic metre

Sokrates und Alkibiades

„ Warum huldigest du, heiliger Sokrates,
  Diesem Jünglinge stets? kennest du Größers nicht,
    Warum siehet mit Liebe,
      Wie auf Götter, dein Aug' auf ihn? "

Wer das Tiefste gedacht, liebt das Lebendigste.
  Hohe Tugend versteht, wer in die Welt geblikt,
    Und es neigen die Weisen
      Oft am Ende zu Schönem sich.

Buonaparte

Heilige Gefäße sind die Dichter,
  Worinn des Lebens Wein, der Geist
    Der Helden sich aufbewahrt,

Aber der Geist dieses Jünglings
  Der schnelle müßt' er es nicht zersprengen
    Wo es ihn fassen wollte, das Gefäß.

Der Dichter laß ihn unberührt
  Wie den Geist der Natur,
    An solchem Stoffe wird zum Knaben der Meister.

Er kann im Gedichte
  Nicht leben und bleiben
    Er lebt und bleibt in der Welt.

Menschenbeifall

Ist nicht heilig mein Herz, schöneren Lebens voll
  Seit ich liebe? Warum achtetet ihr mich mehr,
    Da ich stolzer und wilder,
      Wortereicher und leerer war?

Ach! der Menge gefällt, was auf den Marktplaz taugt,
  Und es ehret der Knecht nur den Gewaltsamen;
    An das Göttliche glauben
      Die allein, die es selber sind.

Diotima

Du schweigst und duldest, denn sie verstehn dich nicht,
  Du edles Leben! siehest zur Erd' und schweigst
    Am schönen Tag, denn ach! umsonst nur
      Suchst du die Deinen im Sonnenlichte,

Die Königlichen, welche, wie Brüder doch,
  Wie eines Hains gesellige Gipfel sonst
    Der Lieb' und Heimath sich und ihres
      Immerumfangenden Himmels freuten,

Des Ursprungs noch in tönender Brust gedenk;
  Die Dankbarn, sie, sie mein' ich, die einzigtreu
    Bis in den Tartarus hinab die Freude
      Brachten, die Freien, die Göttermenschen,

Die zärtlichgroßen Seelen, die nimmer sind;
  Denn sie beweint, solange das Trauerjahr
    Schon dauert, von den vor'gen Sternen
      Täglich gemahnet, das Herz noch immer,

Und diese Todtenklage, sie ruht nicht aus.
  Die Zeit doch heilt. Die Himmlischen sind jetzt stark,
    Sind schnell. Nimmt denn nicht schon ihr altes
      Freudiges Recht die Natur sich wieder?

Sieh! eh noch unser Hügel, o Liebe, sinkt,
  Geschiehts, und ja! noch siehet mein sterblich Lied
    Den Tag, der, Diotima! nächst den
      Göttern mit Helden dich nennt, und dir gleicht.

Der Abschied (Dritte Fassung)

Trennen wollten wir uns? wähnten es gut und klug?
   Da wirs thaten, warum schrökte, wie Mord, die That?
      Ach! wir kennen uns wenig,
         Denn es waltet ein Gott in uns.

Den verrathen? ach ihn, welcher uns alles erst
   Sinn und Leben erschuff, ihn, den beseelenden
      Schuzgott unserer Liebe,
         Diß, diß Eine vermag ich nicht.

Aber anderen Fehl denket der Weltsinn sich,
   Andern ehernen Dienst übt er und anders Recht,
      Und es listet die Seele
         Tag für Tag der Gebrauch uns ab.

Wohl ich wußt' es zuvor, seit die gewurzelte
   Ungestalte die Furcht Götter und Menschen trennt,
      Muß, mit Blut sie zu sühnen,
         Muß der Liebenden Herz vergehn.

Laß mich schweigen! o laß nimmer von nun an mich
   Dieses Tödtliche sehn, daß ich im Frieden doch
      Hin ins Einsame ziehe,
         Und noch unser der Abschied sei!

Reich die Schaale mir selbst, daß ich des rettenden
   Heilgen Giftes genug, daß ich des Lethetranks
      Mit dir trinke, daß alles
         Haß und Liebe vergessen sei!

Hingehn will ich. Vieleicht seh' ich in langer Zeit
   Diotima! dich einst. Aber verblutet ist
      Dann das Wünschen und friedlich
         Gleich den Seeligen, fremde gehn

Wir umher, ein Gespräch führet uns auf und ab,
　　Sinnend, zögernd, doch izt mahnt die Vergessenen
　　　　Hier die Stelle des Abschieds,
　　　　　　Es erwarmet ein Herz in uns,

Staunend seh ich dich an, Stimmen und süßen Sang
　　Wie aus voriger Zeit, hör' ich und Saitenspiel,
　　　　Und die Lilie duftet
　　　　　　Golden über dem Bach uns auf.

Hälfte des Lebens

　　　　Mit gelben Birnen hänget
　　　　Und voll mit wilden Rosen
　　　　Das Land in den See,
　　　　Ihr holden Schwäne,
　　　　Und trunken von Küssen
　　　　Tunkt ihr das Haupt
　　　　Ins heilignüchterne Wasser.

　　　　Weh mir, wo nehm' ich, wenn
　　　　Es Winter ist, die Blumen, und wo
　　　　Den Sonnenschein
　　　　Und Schatten der Erde?
　　　　Die Mauern stehn
　　　　Sprachlos und kalt, im Winde
　　　　Klirren die Fahnen.

Brod und Wein. An Heinze

I

Rings um ruhet die Stadt; still wird die erleuchtete Gasse,
Und, mit Fakeln geschmükt, rauschen die Wagen hinweg.
Satt gehn heim von Freuden des Tags zu ruhen die Menschen,
Und Gewinn und Verlust wäget ein sinniges Haupt
Wohlzufrieden zu Haus; leer steht von Trauben und Blumen,

Und von Werken der Hand ruht der geschäfftige Markt.
Aber das Saitenspiel tönt fern aus Gärten; vieleicht, daß
Dort ein Liebendes spielt oder ein einsamer Mann
Ferner Freunde gedenkt und der Jugendzeit; and die Brunnen
Immerquillend und frisch rauschen an duftendem Beet.
Still in dämmriger Luft ertönen geläutete Gloken,
Und der Stunden gedenk rufet ein Wächter die Zahl.
Jezt auch kommet ein Wehn und regt die Gipfel des Hains auf,
Sieh! und das Schattenbild unserer Erde, der Mond,
Kommet geheim nun auch; die Schwärmerische, die Nacht
    kommt,
Voll mit Sternen und wohl wenig bekümmert um uns,
Glänzt die Erstaunende dort, die Fremdlingin unter den
    Menschen
Über Gebirgeshöhn traurig und prächtig herauf.

II

Wunderbar ist die Gunst der Hocherhabnen und niemand
Weiß von wannen und was einem geschiehet von ihr.
So bewegt sie die Welt und die hoffende Seele der Menschen,
Selbst kein Weiser versteht, was sie bereitet, denn so
Will es der oberste Gott, der sehr dich liebet, und darum
Ist noch lieber, wie sie, dir der besonnene Tag.
Aber zuweilen liebt auch klares Auge den Schatten
Und versuchet zu Lust, eh' es die Noth ist, den Schlaf,
Oder es blikt auch gern ein treuer Mann in die Nacht hin,
Ja, es ziemet sich ihr Kränze zu weihn und Gesang,
Weil den Irrenden sie geheiliget ist und den Todten,
Selber aber besteht, ewig, in freiestem Geist.
Aber sie muß uns auch, daß in der zaudernden Weile,
Daß im Finstern für uns einiges Haltbare sei,
Uns die Vergessenheit und das Heiligtrunkene gönnen,
Gönnen das strömende Wort, das, wie die Liebenden, sei,
Schlummerlos und vollern Pokal und kühneres Leben,
Heilig Gedächtniß auch, wachend zu bleiben bei Nacht.

Auch verbergen umsonst das Herz im Busen, umsonst nur
Halten den Muth noch wir, Meister und Knaben, denn wer
Möcht' es hindern und wer möcht' uns die Freude verbieten?
Göttliches Feuer auch treibet, bei Tag und bei Nacht,
Aufzubrechen. So komm! daß wir das Offene schauen,
Daß ein Eigenes wir suchen, so weit es auch ist.
Fest bleibt Eins; es sei um Mittag oder es gehe
Bis in die Mitternacht, immer bestehet ein Maas,
Allen gemein, doch jeglichem auch ist eignes beschieden,
Dahin gehet und kommt jeder, wohin er es kann.
Drum! und spotten des Spotts mag gern frohlokkender Wahn-
    sinn,
Wenn er in heiliger Nacht plözlich die Sänger ergreift,
Drum an den Isthmos komm! dorthin, wo das offene Meer
    rauscht
Am Parnaß und der Schnee delphische Felsen umglänzt,
Dort ins Land des Olymps, dort auf die Höhe Cithärons,
Unter die Fichten dort, unter die Trauben, von wo
Thebe drunten und Ismenos rauscht im Lande des Kadmos,
Dorther kommt und zurük deutet der kommende Gott.

Seeliges Griechenland! du Haus der Himmlischen alle,
Also ist wahr, was einst wir in der Jugend gehört?
Festlicher Saal! der Boden ist Meer! und Tische die Berge,
Wahrlich zu einzigem Brauche vor Alters gebaut!
Aber die Thronen, wo? die Tempel, und wo die Gefäße,
Wo mit Nectar gefüllt, Göttern zu Lust der Gesang?
Wo, wo leuchten sie denn, die fernhintreffenden Sprüche?
Delphi schlummert und wo tönet das große Geschik?
Wo ist das schnelle? wo brichts, allgegenwärtigen Glüks voll
Donnernd aus heiterer Luft über die Augen herein?
Vater Äther! so riefs und flog von Zunge zu Zunge,
Tausendfach, es ertrug keiner das Leben allein;
Ausgetheilet erfreut solch Gut und getauschet, mit Fremden,

Wirds ein Jubel, es wächst schlafend des Wortes Gewalt
Vater! heiter! und hallt, so weit es gehet, das uralt
Zeichen, von Eltern geerbt, treffend und schaffend hinab.
Denn so kehren die Himmlischen ein, tiefschütternd gelangt so
Aus den Schatten herab unter die Menschen ihr Tag.

V

Unempfunden kommen sie erst, es streben entgegen
Ihnen die Kinder, zu hell kommet, zu blendend das Glük,
Und es scheut sie der Mensch, kaum weiß zu sagen ein Halbgott
Wer mit Nahmen sie sind, die mit den Gaaben ihm nahn.
Aber der Muth von ihnen ist groß, es füllen das Herz ihm
Ihre Freuden und kaum weiß er zu brauchen das Gut,
Schafft, verschwendet und fast ward ihm Unheiliges heilig,
Das er mit seegnender Hand thörig und gütig berührt.
Möglichst dulden die Himmlischen diß; dann aber in Wahrheit
Kommen sie selbst, und gewohnt werden die Menschen des
        Glüks
Und des Tags und zu schaun die Offenbaren, das Antliz
Derer, welche schon längst Eines und Alles genannt,
Tief die verschwiegene Brust mit freier Genüge gefüllet,
Und zuerst und allein alles Verlangen beglükt;
So ist der Mensch; wenn da ist das Gut, und es sorget mit Gaaben
Selber ein Gott für ihn, kennet und sieht er es nicht.
Tragen muß er, zuvor; nun aber nennt er sein Liebstes,
Nun, nun müssen dafür Worte, wie Blumen entstehn.

VI

Und nun denkt er zu ehren in Ernst die seeligen Götter,
Wirklich und wahrhaft muß alles verkünden ihr Lob.
Nichts darf schauen das Licht, was nicht den Hohen gefället,
Vor den Äther gebührt Müßigversuchendes nicht.
Drum in der Gegenwart der Himmlischen würdig zu stehen,
Richten in herrlichen Ordnungen Völker sich auf
Untereinander und baun die schönen Tempel und Städte
Vest und edel, sie gehn über Gestaden empor —

Aber wo sind sie? wo blühn die Bekannten, die Kronen des
    Festes?
Thebe welkt und Athen; rauschen die Waffen nicht mehr
In Olympia, nicht die goldnen Wagen des Kampfspiels,
Und bekränzen sich denn nimmer die Schiffe Korinths?
Warum schweigen auch sie, die alten heilgen Theater?
Warum freuet sich denn nicht der geweihete Tanz?
Warum zeichnet, wie sonst, die Stirne des Mannes ein Gott nicht,
Drükt den Stempel, wie sonst, nicht dem Getroffenen auf?
Oder er kam auch selbst und nahm des Menschen Gestalt an
Und vollendet und schloß tröstend das himmlische Fest.

VII

Aber Freund! wir kommen zu spät. Zwar leben die Götter,
Aber über dem Haupt droben in anderer Welt.
Endlos wirken sie da und scheinens wenig zu achten,
Ob wir leben, so sehr schonen die Himmlischen uns.
Denn nicht immer vermag ein schwaches Gefäß sie zu fassen,
Nur zu Zeiten erträgt göttliche Fülle der Mensch.
Traum von ihnen ist drauf das Leben. Aber das Irrsaal
Hilft, wie Schlummer und stark machet die Noth und die Nacht,
Biß daß Helden genug in der ehernen Wiege gewachsen,
Herzen an Kraft, wie sonst, ähnlich den Himmlischen sind.
Donnernd kommen sie drauf. Indessen dünket mir öfters
Besser zu schlafen, wie so ohne Genossen zu seyn,
So zu harren und was zu thun indeß und zu sagen,
Weiß ich nicht und wozu Dichter in dürftiger Zeit?
Aber sie sind, sagst du, wie des Weingotts heilige Priester,
Welche von Lande zu Land zogen in heiliger Nacht.

VIII

Nemlich, als vor einiger Zeit, uns dünket sie lange,
Aufwärts stiegen sie all, welche das Leben beglükt,
Als der Vater gewandt sein Angesicht von den Menschen,
Und das Trauern mit Recht über der Erde begann,
Als erschienen zu lezt ein stiller Genius, himmlisch

Tröstend, welcher des Tags Ende verkündet' und schwand,
Ließ zum Zeichen, daß einst er da gewesen und wieder
Käme, der himmlische Chor einige Gaaben zurük,
Derer menschlich, wie sonst, wir uns zu freuen vermöchten,
Denn zur Freude, mit Geist, wurde das Größre zu groß
Unter den Menschen und noch, noch fehlen die Starken zu
    höchsten
Freuden, aber es lebt stille noch einiger Dank.
Brod ist der Erde Frucht, doch ists vom Lichte geseegnet,
Und vom donnernden Gott kommet die Freude des Weins.
Darum denken wir auch dabei der Himmlischen, die sonst
Da gewesen und die kehren in richtiger Zeit,
Darum singen sie auch mit Ernst die Sänger den Weingott
Und nicht eitel erdacht tönet dem Alten das Lob.

IX

Ja! sie sagen mit Recht, er söhne den Tag mit der Nacht aus,
Führe des Himmels Gestirn ewig hinunter, hinauf,
Allzeit froh, wie das Laub der immergrünenden Fichte,
Das er liebt, und der Kranz, den er von Epheu gewählt,
Weil er bleibet und selbst die Spur der entflohenen Götter
Götterlosen hinab unter das Finstere bringt.
Was der Alten Gesang von Kindern Gottes geweissagt,
Siehe! wir sind es, wir; Frucht von Hesperien ists!
Wunderbar und genau ists als an Menschen erfüllet,
Glaube, wer es geprüft! aber so vieles geschieht,
Keines wirket, denn wir sind herzlos, Schatten, bis unser
Vater Äther erkannt jeden und allen gehört.
Aber indessen kommt als Fakelschwinger des Höchsten
Sohn, der Syrier, unter die Schatten herab.
Seelige Weise sehns; ein Lächeln aus der gefangnen
Seele leuchtet, dem Licht thauet ihr Auge noch auf.
Sanfter träumet und schläft in Armen der Erde der Titan,
Selbst der neidische, selbst Cerberus trinket und schläft.

Der Rhein

I

Im dunkeln Epheu saß ich, an der Pforte
Des Waldes, eben, da der goldene Mittag,
Den Quell besuchend, herunterkam
Von Treppen des Alpengebirgs,
Das mir die göttlichgebaute,
Die Burg der Himmlischen heißt
Nach alter Meinung, wo aber
Geheim noch manches entschieden
Zu Menschen gelanget; so
Vernahm ich ohne Vermuthen
Ein Schiksaal, denn noch kaum
War mir im warmen Schatten
Sich manches beredend, die Seele
Italia zu geschweift
Und fernhin an die Küsten Moreas.

Jezt aber, drinn im Gebirg,
Tief unter den silbernen Gipfeln,
Und unter fröhlichem Grün,
Wo die Wälder schauernd zu ihm
Und der Felsen Häupter übereinander
Hinabschaun, taglang, dort
Im kältesten Abgrund hört'
Ich um Erlösung jammern
Den Jüngling, es hörten ihn, wie er tobt',
Und die Mutter Erd' anklagt'
Und den Donnerer, der ihn gezeuget,
Erbarmend die Eltern, doch
Die Sterblichen flohn von dem Ort,
Denn furchtbar war, da lichtlos er
In den Fesseln sich wälzte,
Das Rasen des Halbgotts.

Die Stimme wars des edelsten der Ströme,
Des freigeborenen Rheins,

Und anderes hoffte der, als droben von den Brüdern,
Dem Tessin und dem Rhodanus
Er schied und wandern wollt', und ungeduldig ihn
Nach Asia trieb die königliche Seele.
Doch unverständig ist
Das Wünschen vor dem Schiksaal.
Die Blindesten aber
Sind Göttersöhne. Denn es kennet der Mensch
Sein Haus, und dem Thier ward, wo
Es bauen solle, doch jenen ist
Der Fehl, daß sie nicht wissen wohin,
In die unerfahrne Seele gegeben.

II

Ein Räthsel ist Reinentsprungenes. Auch
Der Gesang kaum darf es enthüllen. Denn
Wie du anfiengst, wirst du bleiben.
So viel auch wirket die Noth
Und die Zucht, das meiste nemlich
Vermag die Geburt,
Und der Lichtstral, der
Dem Neugebornen begegnet.
Wo aber ist einer,
Um frei zu bleiben
Sein Leben lang, und des Herzens Wunsch
Allein zu erfüllen, so
Aus günstigen Höhn, wie der Rhein.
Und so aus heiligem Schoose
Glüklich geboren, wie jener?

Drum ist ein Jauchzen sein Wort.
Nicht liebt er, wie andere Kinder,
In Wikelbanden zu weinen;
Denn wo die Ufer zuerst
An die Seit ihm schleichen, die krummen,
Und durstig umwindend ihn,
Den Unbedachten, zu ziehn

Und wohl zu behüten begehren
Im eigenen Zahne, lachend
Zerreißt er die Schlangen und stürzt
Mit der Beut und wenn in der Eil'
Ein Größerer ihn nicht zähmt,
Ihn wachsen läßt, wie der Bliz, muß er
Die Erde spalten, und wie Bezauberte fliehn
Die Wälder ihm nach und zusammensinkend
   die Berge.

Ein Gott will aber sparen den Söhnen
Das eilende Leben und lächelt,
Wenn unenthaltsam, aber gehemmt
Von heiligen Alpen, ihm
In der Tiefe, wie jener, zürnen die Ströme.
In solcher Esse wird dann
Auch alles Lautre geschmiedet,
Und schön ists, wie er drauf,
Nachdem er die Berge verlassen,
Stillwandelnd sich im deutschen Lande
Begnüget und das Sehnen stillt
Im guten Geschäffte, wenn er das Land baut
Der Vater Rhein und liebe Kinder nährt
In Städten, die er gegründet.

III

Doch nimmer, nimmer vergißt ers.
Denn eher muß die Wohnung vergehn,
Und die Sazung, und zum Unbild werden
Der Tag der Menschen, ehe vergessen
Ein solcher dürfte den Ursprung
Und die reine Stimme der Jugend
Wer war es, der zuerst
Die Liebesbande verderbt
Und Strike von ihnen gemacht hat?
Dann haben des eigenen Rechts
Und gewiß des himmlischen Feuers

Gespottet die Trozigen, dann erst,
Die sterblichen Pfade verachtend,
Verwegnes erwählt
Und den Göttern gleich zu werden getrachtet.

Es haben aber an eigner
Unsterblichkeit die Götter genug und bedürfen
Die Himmlischen eines Dings,
So sinds Heroën und Menschen
Und Sterbliche sonst. Denn weil
Die Seeligsten nichts fühlen von selbst,
Muß wohl, wenn solches zu sagen
Erlaubt ist, in der Götter Nahmen
Theilnehmend fühlen ein Andrer,
Den brauchen sie; jedoch ihr Gericht
Ist, daß sein eigenes Haus
Zerbreche der und das Liebste
Wie den Feind schelt' und sich Vater und Kind
Begrabe unter den Trümmern,
Wenn einer, wie sie, seyn will und nicht
Ungleiches dulden, der Schwärmer.

Drum wohl ihm, welcher fand
Ein wohlbeschiedenes Schiksaal,
Wo noch der Wanderungen
Und süß der Leiden Erinnerung
Aufrauscht am sichern Gestade,
Daß da und dorthin gern
Er sehn mag bis an die Grenzen,
Die bei der Geburt ihm Gott
Zum Aufenthalte gezeichnet.
Dann ruht er, seeligbescheiden,
Denn alles, was er gewollt,
Das Himmlische, von selber umfängt
Es unbezwungen, lächelnd
Jezt, da er ruhet, den Kühnen.

IV

Halbgötter denk' ich jezt
Und kennen muß ich die Theuern,
Weil oft ihr Leben so
Die sehnende Brust mir beweget.
Wem aber, wie, Rousseau, dir,
Unüberwindlich die Seele,
Die starkausdauernde, ward,
Und sicherer Sinn
Und süße Gaabe zu hören,
Zu reden so, daß er aus heiliger Fülle
Wie der Weingott, thörig göttlich
Und gesezlos sie, die Sprache der Reinesten giebt
Verständlich den Guten, aber mit Recht
Die Achtungslosen mit Blindheit schlägt
Die entweihenden Knechte, wie nenn ich den
     Fremden?

Die Söhne der Erde sind, wie die Mutter,
Allliebend, so empfangen sie auch
Mühlos, die Glüklichen, Alles.
Drum überraschet es auch
Und schrökt den sterblichen Mann,
Wenn er den Himmel, den
Er mit den liebenden Armen
Sich auf die Schultern gehäufft,
Und die Last der Freude bedenket;
Dann scheint ihm oft das Beste
Fast ganz vergessen da,
Wo der Stral nicht brennt,
Im Schatten des Walds
Am Bielersee in frischer Grüne zu seyn,
Und sorglosarm an Tönen,
Anfängern gleich, bei Nachtigallen zu lernen.

Und herrlich ists, aus heiligem Schlafe dann
Erstehen und aus Waldes Kühle

Erwachend, Abends nun
Dem milderen Licht entgegenzugehn,
Wenn, der die Berge gebaut
Und den Pfad der Ströme gezeichnet,
Nachdem er lächelnd auch
Der Menschen geschäfftiges Leben
Das othemarme, wie Seegel
Mit seinen Lüften gelenkt hat,
Auch ruht und zu der Schülerin jezt,
Der Bildner, gutes mehr
Denn böses findend,
Zur heutigen Erde der Tag sich neiget.

V

Dann feiern das Brautfest Menschen und Götter
Es feiern die Lebenden all,
Und ausgeglichen
Ist ein Weile das Schiksaal.
Und die Flüchtlinge suchen die Heerberg,
Und süßen Schlummer die Tapfern,
Die Liebenden aber
Sind, was sie waren; sie sind
Zu Hauße, wo die Blume sich freuet
Unschädlicher Gluth und die finsteren Bäume
Der Geist umsäuselt, aber die Unversöhnten
Sind umgewandelt und eilen
Die Hände sich ehe zu reichen,
Bevor das freundliche Licht
Hinuntergeht und die Nacht kommt.

Doch einigen eilt
Diß schnell vorüber, andere
Behalten es länger.
Die ewigen Götter sind
Voll Lebens allzeit; bis in den Tod
Kann aber ein Mensch auch
Im Gedächtniß doch das Beste behalten,

Und dann erlebt er das Höchste.
Nur hat ein jeder sein Maas.
Denn schwer ist zu tragen
Das Unglük, aber schwerer das Glük.
Ein Weiser aber vermocht es
Vom Mittag bis in die Mitternacht
Und bis der Morgen erglänzte
Beim Gastmahl helle zu bleiben.

Dir mag auf heißem Pfade unter Tannen oder
Im Dunkel des Eichwalds gehüllt
In Stahl, mein Sinklair![1] Gott erscheinen oder
In Wolken, du kennst ihn, da du kennest, jugendlich,
Des Guten Kraft, und nimmer ist dir
Verborgen das Lächeln des Herrschers
Bei Tage, wenn
Es fieberhaft und angekettet das
Lebendige scheinet oder auch
Bei Nacht, wenn alles gemischt
Ist ordnungslos und wiederkehrt
Uralte Verwirrung.

[1] Hölderlin's friend

SOPHIE MEREAU (BRENTANO)

(1770?–1806)

An einen Freund

Es rauscht der Strom, es weht der Wind,
Wie Wind und Strom die Zeit verrinnt!
Es rauscht ihr Strom bergauf, bergab,
Und manches Blümchen fällt hinab.

Mit Adlerschwingen angetan
Fleugt Phantasie dem Strom voran;
Zurück in stille Dämmerung
Schifft einsam die Erinnerung.

Sie sucht bei bleichem Mondenglanz
Die Blümchen auf im Wogentanz;
Betaut von süßer Tränen Lauf,
Blüht manches Blümchen wieder auf.

Bist, Lieber! du einst fern von mir,
So folg' ihr gern, o! folge ihr
Zurück ins stille Schattenland:
Ich harre dein an ihrer Hand!

Der Dichter

Lenz und Winter umarmen den Busen der Erde, und fliehen;
    Aber es hält die Natur ewig ein denkender Geist.
Leicht, wie Schatten der Wolken, geh'n die Gefühle vorüber,
    Menschen erscheinen und flieh'n, aber die Menschheit besteht.

NOVALIS
(FRIEDRICH VON HARDENBERG)
(1772–1801)

Hymnen an die Nacht

II

Muß immer der Morgen wieder kommen?
Endet nie des Irdischen Gewalt?
Unselige Geschäftigkeit verzehrt
Den himmlischen Anflug der Nacht?
Wird nie der Liebe geheimes Opfer
Ewig brennen?
Zugemessen ward
Dem Lichte seine Zeit
Und dem Wachen —
Aber zeitlos ist der Nacht Herrschaft,

Ewig ist die Dauer des Schlafs.
Heiliger Schlaf!
Beglücke zu selten nicht
Der Nacht Geweihte —
In diesem irdischen Tagwerk.
Nur die Toren verkennen dich
Und wissen von keinem Schlaf
Als dem Schatten,
Den du mitleidig auf uns wirfst
In jener Dämmrung
Der wahrhaften Nacht.
Sie fühlen dich nicht
In der goldnen Flut der Trauben,
In des Mandelbaums
Wunderöl
Und dem braunen Safte des Mohns.
Sie wissen nicht,
Daß du es bist,
Der des zarten Mädchens
Busen umschwebt
Und zum Himmel den Schoß macht —
Ahnen nicht,
Daß aus alten Geschichten
Du himmelöffnend entgegen trittst
Und den Schlüssel trägst
Zu den Wohnungen der Seligen,
Unendlicher Geheimnisse
Schweigender Bote.

IV

Nun weiß ich, wenn der letzte Morgen sein wird — wenn das
Licht nicht mehr die Nacht und die Liebe scheucht, wenn der
Schlummer ewig, und nur e i n unerschöpflicher Traum sein wird.
Himmlische Müdigkeit verläßt mich nun nicht wieder. Weit
und mühsam war der Weg zum heiligen Grabe, und das Kreuz
war schwer. Wessen Mund einmal die kristallene Woge netzte,
die, gemeinen Sinnen unsichtbar, quillt in des Hügels dunkelm

Schoos, an dessen Fuß die irdische Flut bricht, wer oben stand auf diesem Grenzgebirge der Welt und hinübersah in das neue Land, in der Nacht Wohnsitz: wahrlich, der kehrt nicht in das Treiben der Welt zurück, in das Land, wo das Licht regiert und ewige Unruh haust. Oben baut er sich Hütten, Hütten des Friedens, sehnt sich und liebt, schaut hinüber, bis die willkommenste aller Stunden hinunter ihn — in den Brunnen der Quelle zieht. Alles Irdische schwimmt obenauf und wird von der Höhe hinabgespült, aber was heilig ward durch der Liebe Berührung, rinnt aufgelöst in verborgnen Gängen auf das jenseitige Gebiet, wo es, wie Wolken, sich mit entschlummerten Lieben mischt ...

Wenn ich ihn nur habe ...

Wenn ich ihn nur habe,
Wenn er mein nur ist,
Wenn mein Herz bis hin zum Grabe
Seine Treue nie vergißt:
Weiß ich nichts von Leide,
Fühle nichts als Andacht, Lieb' und Freude.

Wenn ich ihn nur habe,
Laß ich alles gern,
Folg an meinem Wanderstabe
Treugesinnt nur meinem Herrn;
Lasse still die andern
Breite, lichte, volle Straßen wandern.

Wenn ich ihn nur habe,
Schlaf ich fröhlich ein,
Ewig wird zu süßer Labe
Seines Herzens Flut mir sein,
Die mit sanftem Zwingen
Alles wird erweichen und durchdringen.

Wenn ich ihn nur habe,
Hab ich auch die Welt.

[294]

Selig wie ein Himmelsknabe,
Der der Jungfrau Schleier hält.
Hingesenkt im Schauen
Kann mir vor dem Irdischen nicht grauen.

Wo ich ihn nur habe,
Ist mein Vaterland;
Und es fällt mir jede Gabe
Wie ein Erbteil in die Hand:
Längst vermißte Brüder
Find ich nun in seinen Jüngern wieder.

Lied des Einsiedlers

Gern verweil ich noch im Tale,
Lächelnd in der tiefen Nacht,
Denn der Liebe volle Schale
Wird mir täglich dargebracht.

Ihre heil'gen Tropfen heben
Meine Seele hoch empor,
Und ich steh in diesem Leben
Trunken an des Himmels Tor.

Eingewiegt in sel'ges Schauen
Ängstigt mein Gemüt kein Schmerz.
O! die Königin der Frauen
Gibt mir ihr getreues Herz.

Bangverweinte Jahre haben
Diesen schlechten Ton verklärt
Und ein Bild ihm eingegraben,
Das ihm Ewigkeit gewährt.

Jene lange Zahl von Tagen
Dünkt mir nur ein Augenblick;
Werd ich einst von hier getragen,
Schau ich dankbar noch zurück.

Heinrich von Ofterdingen

JOHANN LUDWIG TIECK

(1773–1853)

Waldeinsamkeit

Waldeinsamkeit,
Die mich erfreut,
So morgen wie heut
In ew'ger Zeit,
O wie mich freut
Waldeinsamkeit.

Waldeinsamkeit,
Wie liegst du weit!
O, dich gereut
Einst mit der Zeit.
Ach, einz'ge Freud,
Waldeinsamkeit!

Waldeinsamkeit,
Mich wieder freut,
Mir geschieht kein Leid,
Hier wohnt kein Neid,
Von neuem mich freut
Waldeinsamkeit.

Der blonde Eckbert

Mondbeglänzte Zaubernacht . . .

Mondbeglänzte Zaubernacht,
Die den Sinn gefangen hält,
Wundervolle Märchenwelt,
Steig auf in der alten Pracht!

Aufzug der Romanze (Kaiser Oktavianus)

FRIEDRICH, BARON DE LA MOTTE-FOUQUÉ
(1777–1843)
Kriegslied für die freiwilligen Jäger

Frisch auf, zum fröhlichen Jagen,
Es ist nun an der Zeit,
Es fängt schon an zu tagen,
Der Kampf ist nicht mehr weit!
Auf! laßt die Faulen liegen,
Laßt sie in ihrer Ruh'!
Wir rücken mit Vergnügen
Dem lieben König zu.

Der König hat gesprochen:
„ Wo sind meine Jäger nun? "
Da sind wir aufgebrochen,
Ein wackres Werk zu tun.
Wir woll'n ein Heil erbauen
Für all das deutsche Land,
Im frohen Gottvertrauen,
Mit rüst'ger, starker Hand.

Schlaft ruhig nun, ihr Lieben
Am väterlichen Herd,
Derweil mit Feindeshieben
Wir ringen keck bewehrt.
O Wonne, die zu schützen,
Die uns das Liebste sind!
Hei! laßt Kanonen blitzen,
Ein frommer Mut gewinnt.

Die mehrsten ziehn einst wieder
Zurück in Siegerreihn,
Dann tönen Jubellieder,
Das wird 'ne Freude sein!
Wie glühn davor die Herzen
So froh und stark und weich!

Wer fällt, der kann's verschmerzen,
Der hat das Himmelreich.

Ins Feld, ins Feld gezogen,
Zu Roß und auch zu Fuß!
Gott ist uns wohl gewogen,
Schickt manchen frohen Gruß.
Ihr Jäger all zusammen,
Dringt lustig in den Feind;
Die Freudenfeuer flammen,
Die Lebenssonne scheint.

Aussaat

Schweigen und entsagen lernen,
Das ist unser Erdenlauf;
Tönend blühn in sel'gen Fernen
Einst die stummen Saaten auf.

HEINRICH VON KLEIST

(1777–1811)

Nun, o Unsterblichkeit, bist du ganz mein! . . .

Nun, o Unsterblichkeit, bist du ganz mein!
Du strahlst mir durch die Binde meiner Augen
Mit Glanz der tausendfachen Sonne zu!
Es wachsen Flügel mir an beiden Schultern,
Durch stille Ätherräume schwingt mein Geist;
Und wie ein Schiff, vom Hauch des Winds entführt,
Die muntre Hafenstadt versinken sieht,
So geht mir dämmernd alles Leben unter:
Jetzt unterscheid ich Farben noch und Formen,
Und jetzt liegt Nebel alles unter mir . . .

Ach, wie die Nachtviole lieblich duftet!
Spürest du es nicht? . . .

Prinz Friedrich von Homburg (Fünfter Akt, 10 Auftritt)

Sie sank, weil sie zu stolz und kräftig blühte! . . .

[Prothoe's last words concerning Penthcsilea.]

Sie sank, weil sie zu stolz und kräftig blühte!
Die abgestorbne Eiche steht im Sturm,
doch die gesunde stürzt er schmetternd nieder,
weil er in ihre Krone greifen kann.

Penthesilea (24 Auftritt)

CLEMENS MARIA BRENTANO

(1778–1842)

Auf dem Rhein

Ein Fischer saß im Kahne,
Ihm war das Herz so schwer,
Sein Lieb war ihm gestorben,
Das glaubt er nimmermehr.

Und bis die Sternlein blinken,
Und bis zum Mondenschein,
Harrt er, sein Lieb zu fahren
Wohl auf dem tiefen Rhein.

Da kommt sie bleich geschlichen,
Und schwebet in den Kahn,
Und schwanket in den Knien,
Hat nur ein Hemdlein an.

Sie schimmern auf den Wellen,
Hinab in tiefer Ruh',
Da zittert sie und wanket:
„ Feinsliebchen frierest du? "

„ Dein Hemdlein spielt im Winde,
Das Schifflein treibt so schnell,
Hüll dich in meinen Mantel,
Die Nacht ist kühl und hell."

Stumm streckt sie nach den Bergen
Die weißen Arme aus,
Und lächelt, da der Vollmond
Aus Wolken blickt heraus.

Und nickt den alten Türmen,
Und will den Sternenschein
Mit ihren schlanken Händlein
Erfassen in dem Rhein.

„ O halte dich doch stille,
Herzallerliebstes Gut,
Dein Hemdlein spielt im Winde,
Und reißt dich in die Flut."

Da fliegen große Städte
An ihrem Kahn vorbei,
Und in den Städten klingen
Wohl Glocken mancherlei.

Da kniet das Mägdlein nieder,
Und faltet seine Händ',
Aus seinen hellen Augen
Ein tiefes Feuer brennt.

„ Feinsliebchen bet' hübsch stille,
Schwank nicht so hin und her,
Der Kahn möcht uns versinken,
Der Wirbel reißt so sehr."

In einem Nonnenkloster
Da singen Stimmen fein,
Und aus dem Kirchenfenster
Bricht her der Kerzenschein.

Da singt Feinslieb gar helle
Die Metten in dem Kahn,
Und sieht dabei mit Tränen
Den Fischerknaben an.

Da singt der Knab' gar traurig
Die Metten in dem Kahn,
Und sieht dazu Feinsliebchen
Mit stummen Blicken an.

Und rot und immer röter
Wird nun die tiefe Flut,
Und bleich und immer bleicher
Feinsliebchen werden tut.

Der Mond ist schon zerronnen,
Kein Sternlein mehr zu sehn,
Und auch dem lieben Mägdlein
Die Augen schon vergehn.

„ Lieb Mägdlein, guten Morgen!
Lieb Mägdlein, gute Nacht!
Warum willst du nun schlafen,
Da schon der Tag erwacht? "

Die Türme blinken sonnig,
Es rauscht der grüne Wald,
In wildentbrannten Weisen
Der Vogelsang erschallt.

Da will er sie erwecken,
Daß sie die Freude hör',
Er schaut zu ihr hinüber,
Und findet sie nicht mehr.

Ein Schwälblein strich vorüber
Und netzte seine Brust,
Woher, wohin geflogen,
Das hat kein Mensch gewußt.

Der Knabe liegt im Kahne,
Läßt alles Rudern sein,
Und treibet weiter, weiter
Bis in die See hinein.

Ich schwamm im Meeresschiffe
Aus fremder Welt einher,
Und dacht an Lieb und Leben,
Und sehnte mich so sehr.

Ein Schwälbchen flog vorüber,
Der Kahn schwamm still einher,
Der Fischer sang dies Liedchen,
Als ob ich's selber wär.

Lore Lay

Zu Bacharach am Rheine
Wohnt eine Zauberin,
Sie war so schön und feine
Und riß viel Herzen hin.

Und machte viel zu Schanden
Der Männer ringsumher,
Aus ihren Liebesbanden
War keine Rettung mehr.

Der Bischof ließ sie laden
Vor geistliche Gewalt —
Und mußte sie begnaden,
So schön war ihr' Gestalt!

Er sprach zu ihr gerühret:
„ Du arme Lore Lay!
Wer hat dich denn verführet
Zu böser Zauberei? " —

„ Herr Bischof, laßt mich sterben,
Ich bin des Lebens müd',
Weil jeder muß verderben,
Der meine Augen sieht!

Die Augen sind zwei Flammen,
Mein Arm ein Zauberstab —
O, legt mich in die Flammen,
O, brechet mir den Stab! " —

„ Ich kann dich nicht verdammen,
Bis du mir erst bekennt,
Warum in diesen Flammen
Mein eigen Herz schon brennt.

Den Stab kann ich nicht brechen,
Du schöne Lore Lay!
Ich müßte dann zerbrechen
Mein eigen Herz entzwei."

„ Herr Bischof, mit mir Armen
Treibt nicht so bösen Spott
Und bittet um Erbarmen
Für mich den lieben Gott!

Ich darf nicht länger leben,
Ich liebe keinen mehr —
Den Tod sollt Ihr mir geben,
Drum kam ich zu Euch her!

Mein Schatz hat mich betrogen,
Hat sich von mir gewandt,
Ist fort von hier gezogen,
Fort in ein fremdes Land.

Die Augen sanft und milde,
Die Wangen rot und weiß,
Die Worte still und milde,
Die sind mein Zauberkreis.

Ich selbst muß drin verderben,
Das Herz tut mir so weh,
Vor Schmerzen möcht ich sterben,
Wenn ich mein Bildnis seh'.

Drum laßt mein Recht mich finden,
Mich sterben wie ein Christ,
Denn alles muß verschwinden,
Weil er nicht bei mir ist."

Drei Ritter läßt er holen:
„ Bringt sie ins Kloster hin!
Geh, Lore! — Gott befohlen
Sei dein berückter Sinn!

Du sollst ein Nönnchen werden,
Ein Nönnchen schwarz und weiß,
Bereite dich auf Erden
Zu deines Todes Reis'! "

Zum Kloster sie nun ritten,
Die Ritter alle drei,
Und traurig in der Mitten
Die schöne Lore Lay.

„ O Ritter, laßt mich gehen
Auf diesen Felsen groß,
Ich will noch einmal sehen
Nach meines Lieben Schloß!

Ich will noch einmal sehen
Wohl in den tiefen Rhein
Und dann ins Kloster gehen
Und Gottes Jungfrau sein! "

Der Felsen ist so jähe,
So steil ist seine Wand,
Doch klimmt sie in die Höhe,
Bis daß sie oben stand.

Es binden die drei Reiter
Die Rosse unten an
Und klettern immer weiter
Zum Felsen auch hinan.

Die Jungfrau sprach: „ Da gehet
Ein Schifflein auf dem Rhein;
Der in dem Schifflein stehet,
Der soll mein Liebster sein!

Mein Herz wird mir so munter,
Er muß mein Liebster sein! " —
Da lehnt sie sich hinunter
Und stürzet in den Rhein.

Die Ritter mußten sterben,
Sie konnten nicht hinab,
Sie mußten all' verderben
Ohn Priester und ohn Grab.

Wer hat dies Lied gesungen?
Ein Schiffer auf dem Rhein,
Und immer hat's geklungen
Von dem Dreiritterstein:
      Lore Lay!
      Lore Lay!
      Lore Lay!
Als wären es meiner drei!

Sprich aus der Ferne . . .

Sprich aus der Ferne
Heimliche Welt,
Die sich so gerne
Zu mir gesellt.

Wenn das Abendrot niedergesunken,
Keine freudige Farbe mehr spricht,
Und die Kränze still leuchtender Funken
Die Nacht um die schattige Stirne flicht:
Wehet der Sterne
Heiliger Sinn
Leis durch die Ferne
Bis zu mir hin.

Wenn des Mondes still lindernde Tränen
Lösen der Nächte verborgenes Weh,
Dann wehet Friede. In goldenen Kähnen
Schiffen die Geister im himmlischen See.
Glänzender Lieder
Klingender Lauf
Ringelt sich nieder,
Wallet hinauf.

Wenn der Mitternacht heiliges Grauen
Bang durch die dunklen Wälder hinschleicht,
Und die Büsche gar wundersam schauen,
Alles sich finster, tiefsinnig bezeugt,
Wandelt im Dunkeln
Freundliches Spiel,
Still Lichter funkeln,
Schimmerndes Ziel.

Alles ist freundlich wohlwollend verbunden,
Bietet sich tröstend und trauernd die Hand,
Sind durch die Nächte die Lichter gewunden,
Alles ist ewig im Innern verwandt.

Sprich aus der Ferne
Heimliche Welt,
Die sich so gerne
Zu mir gesellt.

Wiegenlied

Singet leise, leise, leise,
Singt ein flüsternd Wiegenlied,
Von dem Monde lernt die Weise,
Der so still am Himmel zieht.

Singt ein Lied so süß gelinde,
Wie die Quellen auf den Kieseln,
Wie die Bienen um die Linde
Summen, murmeln, flüstern, rieseln.

KAROLINE VON GÜNDERODE

(1780–1806)

Die eine Klage

Wer die tiefste aller Wunden
Hat in Geist und Sinn empfunden,
Bittrer Trennung Schmerz;
Wer geliebt, was er verloren,
Lassen muß, was er erkoren,
Das geliebte Herz,

Der versteht in Lust die Tränen
Und der Liebe ewig Sehnen
Eins in Zwei zu sein,
Eins im andern sich zu finden,
Daß der Zweiheit Grenzen schwinden
Und des Daseins Pein.

Wer so ganz in Herz und Sinnen
Konnt ein Wesen lieb gewinnen,
Oh! den tröstet's nicht,
Daß für Freuden, die verloren,
Neue werden neu geboren:
Jene sind's doch nicht.

Das geliebte, süße Leben,
Dieses Nehmen und dies Geben,
Wort und Sinn und Blick,
Dieses Suchen und dies Finden,
Dieses Denken und Empfinden
Gibt kein Gott zurück.

LUDWIG ACHIM VON ARNIM

(1781–1831)

Mir ist zu licht zum Schlafen . . .

Mir ist zu licht zum Schlafen,
Der Tag bricht in die Nacht,
Die Seele ruht im Hafen,
Ich bin so froh erwacht.

Ich hauchte meine Seele
Im ersten Kusse aus,
Was ist's, daß ich mich quäle
Ob sie auch fand ein Haus.

Sie hat es wohl gefunden
Auf ihren Lippen schön,
O welche sel'ge Stunden,
Wie ist mir so geschehn!

Was soll ich nun noch sehen?
Ach, alles ist in ihr.

Was fühlen, was erflehen?
Es ward ja alles mir.

Ich habe was zu sinnen,
Ich hab', was mich beglückt:
In allen meinen Sinnen
Bin ich von ihr entzückt.

ADALBERT VON CHAMISSO

(1781–1838)

Seit ich ihn gesehen . . .

Seit ich ihn gesehen,
Glaub' ich blind zu sein;
Wo ich hin nur blicke,
Seh' ich ihn allein;
Wie im wachen Traume
Schwebt sein Bild mir vor,
Taucht aus tiefstem Dunkel
Heller nur empor.

Sonst ist licht- und farblos
Alles um mich her,
Nach der Schwestern Spiele
Nicht begehr' ich mehr,
Möchte lieber weinen
Still im Kämmerlein;
Seit ich ihn gesehen,
Glaub' ich blind zu sein.

Frauenliebe und -leben

Das Schloß Boncourt

Ich träum' als Kind mich zurücke
Und schüttle mein greises Haupt;
Wie sucht ihr mich heim, ihr Bilder,
Die lang' ich vergessen geglaubt!

Hoch ragt aus schatt'gen Gehegen
Ein schimmerndes Schloß hervor;
Ich kenne die Türme, die Zinnen,
Die steinerne Brücke, das Tor.

Es schauen vom Wappenschilde
Die Löwen so traulich mich an,
Ich grüße die alten Bekannten
Und eile den Burghof hinan.

Dort liegt die Sphinx am Brunnen,
Dort grünt der Feigenbaum,
Dort hinter diesen Fenstern,
Verträumt' ich den ersten Traum.

Ich tret' in die Burgkapelle
Und suche des Ahnherrn Grab;
Dort ist's, dort hängt vom Pfeiler
Das alte Gewaffen herab.

Noch lesen umflort die Augen
Die Züge der Inschrift nicht,
Wie hell durch die bunten Scheiben
Das Licht darüber auch bricht.

So stehst du, o Schloß meiner Väter,
Mir treu und fest in dem Sinn,
Und bist von der Erde verschwunden,
Der Pflug geht über dich hin.

Sei fruchtbar, o teurer Boden!
Ich segne dich mild und gerührt
Und segn' ihn zwiefach, wer immer
Den Pflug nun über dich führt.

Ich aber will auf mich raffen,
Mein Saitenspiel in der Hand,
Die Weiten der Erde durchschweifen
Und singen von Land zu Land.

MAX VON SCHENKENDORF

(1783–1817)

Freiheit

Freiheit, die ich meine,[1]
Die mein Herz erfüllt,
Komm mit deinem Scheine,
Süßes Engelsbild.

Magst du nie dich zeigen
Der bedrängten Welt?
Führest deinen Reigen
Nur am Sternenzelt?

Auch bei grünen Bäumen
In dem lust'gen Wald,
Unter Blütenträumen
Ist dein Aufenthalt.

Ach! das ist ein Leben,
Wenn es weht und klingt,
Wenn dein stilles Weben
Wonnig uns durchdringt,

Wenn die Blätter rauschen
Süßen Freundesgruß,
Wenn wir Blicke tauschen,
Liebeswort und Kuß.

Aber immer weiter
Nimmt das Herz den Lauf,
Auf der Himmelsleiter
Steigt die Sehnsucht auf.

Aus den stillen Kreisen
Kommt mein Hirtenkind,
Will der Welt beweisen,
Was es denkt und minnt.

Blüht ihm doch ein Garten,
Reift ihm doch ein Feld
Auch in jener harten,
Steinerbauten Welt.

Wo sich Gottes Flamme
In ein Herz gesenkt,
Das am alten Stamme
Treu und liebend hängt;

Wo sich Männer finden,
Die für Ehr' und Recht
Mutig sich verbinden,
Weilt ein frei Geschlecht.

Hinter dunklen Wällen,
Hinter eh'rnem Tor
Kann das Herz noch schwellen
Zu dem Licht empor.

Für die Kirchenhallen,
Für der Väter Gruft,
Für die Liebsten fallen,
Wenn die Freiheit ruft:

Das ist rechtes Glühen,
Frisch und rosenrot,
Heldenwangen blühen
Schöner auf im Tod.

Wollest auf uns lenken
Gottes Lieb' und Lust,
Wollest gern dich senken
In die deutsche Brust!

Freiheit, holdes Wesen,
Gläubig, kühn und zart,
Hast ja lang erlesen
Dir die deutsche Art.

¹ *meine* = *minne*

Muttersprache, Mutterlaut

Muttersprache, Mutterlaut!
Wie so wonnesam, so traut!
Erstes Wort, das mir erschallet,
Süßes, erstes Liebeswort,
Erster Ton, den ich gelallet,
Klingest ewig in mir fort.

Ach, wie trüb ist meinem Sinn,
Wenn ich in der Fremde bin,
Wenn ich fremde Zungen üben,
Fremde Worte brauchen muß,
Die ich nimmermehr kann lieben,
Die nicht klingen als ein Gruß!

Sprache schön und wunderbar,
Ach wie klingest du so klar!
Will noch tiefer mich vertiefen
In den Reichtum, in die Pracht;
Ist mir's doch, als ob mich riefen
Väter aus des Grabes Nacht.

Klinge, klinge fort und fort,
Heldensprache, Liebeswort,
Steig empor aus tiefen Grüften,
Längst verschollnes altes Lied,
Leb aufs neu in heil'gen Schriften,
Daß dir jedes Herz erglüht!

Überall weht Gottes Hauch,
Heilig ist wohl mancher Brauch;
Aber soll ich beten, danken,
Geb' ich meine Liebe kund:
Meine seligsten Gedanken
Sprech' ich wie der Mutter Mund.

JUSTINUS KERNER

(1786–1862)

Der Wanderer in der Sägemühle

Dort unten in der Mühle
Saß ich in süßer Ruh'
Und sah dem Räderspiele
Und sah den Wassern zu.

Sah zu der blanken Säge —
Es war mir wie ein Traum —
Die bahnte lange Wege
In einen Tannenbaum.

Die Tanne war wie lebend:
In Trauermelodie,
Durch alle Fasern bebend,
Sang diese Worte sie:

„ Du kehrst zur rechten Stunde,
O Wanderer, hier ein;

Du bist's, für den die Wunde
Mir dringt ins Herz hinein.

Du bist's, für den wird werden,
Wenn kurz gewandert du,
Dies Holz im Schoß der Erden
Ein Schrein zur langen Ruh'."

Vier Bretter sah ich fallen,
Mir ward's ums Herze schwer;
Ein Wörtlein wollt' ich lallen,
Da ging das Rad nicht mehr.

Wanderlied

Wohlauf! noch getrunken
Den funkelnden Wein!
Ade nun, ihr Lieben!
Geschieden muß sein.
Ade nun, ihr Berge,
Du väterlich Haus!
Es treibt in die Ferne
Mich mächtig hinaus.

Die Sonne, sie bleibet
Am Himmel nicht stehn,
Es treibt sie, durch Länder
Und Meere zu gehn.
Die Woge nicht haftet
Am einsamen Strand,
Die Stürme, sie brausen
Mit Macht durch das Land.

Mit eilenden Wolken
Der Vogel dort zieht
Und singt in der Ferne
Ein heimatlich Lied.

So treibt es den Burschen
Durch Wälder und Feld,
Zu gleichen der Mutter,
Der wandernden Welt.

Da grüßen ihn Vögel
Bekannt überm Meer,
Sie flogen von Fluren
Der Heimat hieher;
Da duften die Blumen
Vertraulich um ihn,
Sie trieben vom Lande
Die Lüfte dahin.

Die Vögel, die kennen
Sein väterlich Haus.
Die Blumen einst pflanzt' er
Der Liebe zum Strauß,
Und Liebe, die folgt ihm,
Sie geht ihm zur Hand:
So wird ihm zur Heimat
Das ferneste Land.

LUDWIG UHLAND

(1787–1862)

Frühlingsglaube

Die linden Lüfte sind erwacht,
Sie säuseln und weben Tag und Nacht,
Sie schaffen an allen Enden.
O frischer Duft, o neuer Klang!
Nun, armes Herze, sei nicht bang!
Nun muß sich alles, alles wenden.

[316]

Die Welt wird schöner mit jedem Tag,
Man weiß nicht, was noch werden mag,
Das Blühen will nicht enden.
Es blüht das fernste, tiefste Tal:
Nun, armes Herz, vergiß der Qual!
Nun muß sich alles, alles wenden.

Das Schloß am Meere

Hast du das Schloß gesehen,
Das hohe Schloß am Meer?
Golden und rosig wehen
Die Wolken drüber her.

Es möchte sich niederneigen
In die spiegelklare Flut,
Es möchte streben und steigen
In der Abendwolken Glut.

„ Wohl hab' ich es gesehen,
Das hohe Schloß am Meer,
Und den Mond darüber stehen,
Und Nebel weit umher.‟

Der Wind und des Meeres Wallen,
Gaben sie frischen Klang?
Vernahmst du aus hohen Hallen
Saiten und Festgesang?

„ Die Winde, die Wogen alle
Lagen in tiefer Ruh';
Einem Klagelied aus der Halle
Hört' ich mit Tränen zu.‟

Sahest du oben gehen
Den König und sein Gemahl,
Der roten Mäntel Wehen,
Der goldnen Kronen Strahl?

Führten sie nicht mit Wonne
Eine schöne Jungfrau dar,
Herrlich wie eine Sonne,
Strahlend im goldenen Haar?

„ Wohl sah ich die Eltern beide,
Ohne der Kronen Licht,
Im schwarzen Trauerkleide;
Die Jungfrau sah ich nicht."

Der Wirtin Töchterlein

Es zogen drei Bursche wohl über den Rhein,
Bei einer Frau Wirtin da kehrten sie ein.

„ Frau Wirtin! hat sie gut Bier und Wein?
Wo hat sie ihr schönes Töchterlein? "

„ Mein Bier und Wein ist frisch und klar.
Mein Töchterlein liegt auf der Totenbahr."

Und als sie traten zur Kammer hinein,
Da lag sie in einem schwarzen Schrein.

Der erste, der schlug den Schleier zurück
Und schaute sie an mit traurigem Blick:

„ Ach, lebtest du noch, du schöne Maid!
Ich würde dich lieben von dieser Zeit."

Der zweite deckte den Schleier zu
Und kehrte sich ab und weinte dazu:

„ Ach, daß du liegst auf der Totenbahr'!
Ich hab' dich geliebet so manches Jahr."

Der dritte hub ihn wieder sogleich
Und küßte sie an den Mund so bleich:

„Dich lieb' ich immer, dich lieb' ich noch heut'
Und werde dich lieben in Ewigkeit."

Der gute Kamerad

Ich hatt' einen Kameraden,
Einen bessern findst du nit.
Die Trommel schlug zum Streite,
Er ging an meiner Seite
In gleichem Schritt und Tritt.

Eine Kugel kam geflogen,
Gilt's mir oder gilt es dir?
Ihn hat es weggerissen,
Er liegt mir vor den Füßen,
Als wär's ein Stück von mir.

Will mir die Hand noch reichen,
Derweil ich eben lad':
„Kann dir die Hand nicht geben,
Bleib du im ew'gen Leben
Mein guter Kamerad!"

Die Rache

Der Knecht hat erstochen den edeln Herrn,
Der Knecht wär' selber ein Ritter gern.

Er hat ihn erstochen im dunkeln Hain
Und den Leib versenket im tiefen Rhein.

Hat angeleget die Rüstung blank,
Auf des Herren Roß sich geschwungen frank.

Und als er sprengen will über die Brück',
Da stutzet das Roß und bäumt sich zurück.

Und als er die güldnen Sporen ihm gab,
Da schleudert's ihn wild in den Strom hinab.

Mit Arm, mit Fuß er rudert und ringt,
Der schwere Panzer ihn niederzwingt.

Die Kapelle

Droben stehet die Kapelle,
Schauet still ins Tal hinab,
Drunten singt bei Wies' und Quelle
Froh und hell der Hirtenknab'.

Traurig tönt das Glöcklein nieder,
Schauerlich der Leichenchor;
Stille sind die frohen Lieder
Und der Knabe lauscht empor.

Droben bringt man sie zu Grabe,
Die sich freuten in dem Tal;
Hirtenknabe! Hirtenknabe!
Dir auch singt man dort einmal.

JOSEPH FREIHERR VON EICHENDORFF

(1788–1857)

Der Jäger Abschied

Wer hat dich, du schöner Wald,
Aufgebaut so hoch da droben?
Wohl den Meister will ich loben,
So lang' noch mein' Stimm' erschallt.
Lebe wohl,
Lebe wohl, du schöner Wald!

Tief die Welt verworren schallt,
Oben einsam Rehe grasen,
Und wir ziehen fort und blasen,
Daß es tausendfach verhallt:
Lebe wohl,
Lebe wohl, du schöner Wald!

Banner, das so kühle wallt!
Unter deinen grünen Wogen
Hast du treu uns aufgezogen,
Frommer Sagen Aufenthalt.
Lebe wohl,
Lebe wohl, du schöner Wald!

Was wir still gelobt im Wald,
Wollen's draußen ehrlich halten,
Ewig bleiben treu die Alten.
Deutsch Panier, das rauschend wallt,
Lebe wohl,
Schirm' dich Gott, du deutscher Wald!

Sehnsucht

Es schienen so golden die Sterne,
Am Fenster ich einsam stand
Und hörte aus weiter Ferne
Ein Posthorn im stillen Land.
Das Herz mir im Leib entbrennte,
Da hab' ich mir heimlich gedacht:
Ach, wer da mitreisen könnte
In der prächtigen Sommernacht!

Zwei junge Gesellen gingen
Vorüber am Bergeshang,
Ich hörte im Wandern sie singen
Die stille Gegend entlang:
Von schwindelnden Felsenschlüften,

Wo die Wälder rauschen so sacht,
Von Quellen, die von den Klüften
Sich stürzen in die Waldesnacht.

Sie sangen von Marmorbildern,
Von Gärten, die überm Gestein
In dämmernden Lauben verwildern,
Palästen im Mondenschein,
Wo die Mädchen am Fenster lauschen,
Wann der Lauten Klang erwacht,
Und die Brunnen verschlafen rauschen
In der prächtigen Sommernacht.

Mondnacht

Es war, als hätt' der Himmel
Die Erde still geküßt,
Daß sie im Blütenschimmer
Von ihm nun träumen müßt'.

Die Luft ging durch die Felder,
Die Ähren wogten sacht,
Es rauschten leis die Wälder,
So sternklar war die Nacht.

Und meine Seele spannte
Weit ihre Flügel aus,
Flog durch die stillen Lande,
Als flöge sie nach Haus.

Das zerbrochene Ringlein

In einem kühlen Grunde
Da geht ein Mühlenrad,
Mein' Liebste ist verschwunden,
Die dort gewohnet hat.

Sie hat mir Treu versprochen,
Gab mir ein'n Ring dabei,
Sie hat die Treu gebrochen,
Mein Ringlein sprang entzwei.

Ich möcht' als Spielmann reisen
Weit in die Welt hinaus
Und singen meine Weisen
Und gehn von Haus zu Haus.

Ich möcht' als Reiter fliegen
Wohl in die blut'ge Schlacht,
Um stille Feuer liegen
Im Feld bei dunkler Nacht.

Hör' ich das Mühlrad gehen:
Ich weiß nicht, was ich will —
Ich möcht' am liebsten sterben,
Da wär's auf einmal still!

Lorelei

Es ist schon spät, es wird schon kalt,
Was reit'st du einsam durch den Wald?
Der Wald ist lang, du bist allein,
Du schöne Braut! Ich führ' dich heim!

„ Groß ist der Männer Trug und List,
Vor Schmerz mein Herz gebrochen ist,
Wohl irrt das Waldhorn her und hin,
O flieh! Du weißt nicht, wer ich bin."

So reich geschmückt ist Roß und Weib,
So wunderschön der junge Leib,
Jetzt kenn ich dich — Gott steh mir bei!
Du bist die Hexe Lorelei!

„ Du kennst mich wohl — von hohem Stein
Schaut still mein Schloß tief in den Rhein.
Es ist schon spät, es wird schon kalt,
Kommst nimmermehr aus diesem Wald! "

Meeresstille

Ich seh' von des Schiffes Rande
Tief in die Flut hinein;
Gebirge und grüne Lande
Und Trümmer im falben Schein
Und zackige Türme im Grunde,
Wie ich's oft im Traum mir gedacht,
Das dämmert alles da unten
Als wie eine prächtige Nacht.

Seekönig auf seiner Warte
Sitzt in der Dämm'rung tief,
Als ob er mit langem Barte
Über seiner Harfe schlief';
Da kommen und gehen die Schiffe
Darüber, er merkt es kaum,
Von seinem Korallenriffe
Grüßt er sie wie im Traum.

Heimweh

Wer in die Fremde will wandern,
Der muß mit der Liebsten gehn,
Es jubeln und lassen die andern
Den Fremden alleine stehn.

Was wisset ihr, dunkle Wipfel,
Von der alten, schönen Zeit?
Ach, die Heimat hinter den Gipfeln,
Wie liegt sie von hier so weit!

Am liebsten betracht ich die Sterne,
Die schienen, wie ich ging zu ihr,
Die Nachtigall hör' ich so gerne,
Sie sang vor der Liebsten Tür.

Der Morgen, das ist meine Freude!
Da steig' ich in stiller Stund
Auf den höchsten Berg in die Weite,
Grüß dich, Deutschland, aus Herzensgrund!

Der Einsiedler

Komm, Trost der Welt, du stille Nacht!
Wie steigst du von den Bergen sacht,
Die Lüfte alle schlafen,
Ein Schiffer nur noch, wandermüd,
Singt übers Meer sein Abendlied
Zu Gottes Lob im Hafen.

Die Jahre wie die Wolken gehn
Und lassen mich hier einsam stehn,
Die Welt hat mich vergessen,
Da tratst du wunderbar zu mir,
Wenn ich beim Waldesrauschen hier
Gedankenvoll gesessen.

O Trost der Welt, du stille Nacht!
Der Tag hat mich so müd' gemacht,
Das weite Meer schon dunkelt,
Laß ausruhn mich von Lust und Not,
Bis daß das ew'ge Morgenrot
Den stillen Wald durchfunkelt.

Wanderlied der Prager Studenten

Nach Süden nun sich lenken
Die Vöglein allzumal,

Viel' Wandrer lustig schwenken
Die Hüt' im Morgenstrahl.
Das sind die Herrn Studenten,
Zum Tor hinaus es geht,
Auf ihren Instrumenten
Sie blasen zum Valet:
Ade in die Läng' und Breite,
O Prag, wir ziehn in die Weite:
Et habeat bonam pacem
Qui sedet post fornacem!

Nachts wir durchs Städtlein schweifen,
Die Fenster schimmern weit,
Am Fenster drehn und schleifen
Viel schön geputzte Leut'.
Wir blasen vor den Türen
Und haben Durst genung,
Das kommt vom Musizieren,
Herr Wirt, einen frischen Trunk!
Und siehe, über ein kleines
Mit einer Kanne Weines
Venit ex sua domo
Beatus ille homo!

Nun weht schon durch die Wälder
Der kalte Boreas,
Wir streichen durch die Felder,
Von Schnee und Regen naß,
Der Mantel fliegt im Winde,
Zerrissen sind die Schuh,
Da blasen wir geschwinde
Und singen noch dazu:
Beatus ille homo,
Qui sedet in sua domo
Et sedet post fornacem
Et habet bonam pacem!

Der stille Grund

Der Mondenschein verwirret
Die Täler weit und breit,
Die Bächlein, wie verirret,
Gehn durch die Einsamkeit.

Da drüben sah ich stehen
Den Wald auf steiler Höh',
Die finstern Tannen sehen
In einen tiefen See.

Ein' Kahn wohl sah ich ragen,
Doch niemand, der ihn lenkt,
Das Ruder war zerschlagen,
Das Schifflein halb versenkt.

Ein' Nixe auf dem Steine
Flocht dort ihr goldnes Haar,
Sie meint', sie wär' alleine,
Und sang so wunderbar.

Sie sang und sang, in den Bäumen
Und Quellen rauscht' es sacht
Und flüsterte wie in Träumen
Die mondbeglänzte Nacht.

Ich aber stand erschrocken,
Denn über Wald und Kluft
Erklangen Morgenglocken
Schon ferne durch die Luft.

Und hätt' ich nicht vernommen
Den Klang zu guter Stund',
Wär' nimmer mehr gekommen
Aus diesem stillen Grund.

I

Das Kindlein spielt' draußen im Frühlingschein,
und freut' sich und hatte so viel zu sehen,
wie die Felder schimmern und die Ströme gehen —
da sah der Abend durch die Bäume herein,
der alle die schönen Bilder verwirrt.
Und wie es nun ringsum so stille wird,
beginnt aus den Tälern ein heimlich Singen,
als wollt's mit Wehmut die Welt umschlingen,
die Farben vergehn und die Erde wird blaß.
Voll Staunen fragt's Kindlein: Ach, was ist das?
Und legt sich träumend ins säuselnde Gras;
da rühren die Blumen ihm kühle ans Herz,
und lächelnd fühlt es so süßen Schmerz,
und die Erde, die Mutter, so schön und bleich,
küßt das Kindlein und läßts nicht los,
zieht es herzinnig in ihren Schoß
und bettet es drunten gar warm und weich,
still unter Blumen und Moos. —

„ Und was weint ihr, Vater und Mutter, um mich?
In einem viel schöneren Garten bin ich,
der ist so groß und weit und wunderbar,
viel Blumen stehen dort von Golde klar,
und schöne Kindlein mit Flügeln schwingen
auf und nieder sich drauf und singen. —
Die kenn ich gar wohl aus der Frühlingszeit,
wie sie zogen über Berge und Täler weit,
und mancher mich da aus dem Himmelblau rief,
wenn ich drunten im Garten schlief. —
Und mitten zwischen den Blumen und Scheinen
steht die schönste von allen Frauen,
ein glänzend Kindlein an ihrer Brust. —
Ich kann nicht sprechen und auch nicht weinen,
nur singen immer und wieder dann schauen,
still vor großer, seliger Lust." . . .

II

Das ists, was mich ganz verstöret:
daß die Nacht nicht Ruhe hält,
wenn zu atmen aufgehöret
lange schon die müde Welt.

Daß die Glocken, die da schlagen,
und im Wald der leise Wind
jede Nacht von neuem klagen
um mein liebes, süßes Kind.

Daß mein Herz nicht konnte brechen
bei dem letzten Todeskuß,
daß ich wie im Wahnsinn sprechen
nun in irren Liedern muß...

III

Von fern die Uhren schlagen,
es ist schon tiefe Nacht,
die Lampe brennt so düster,
dein Bettlein ist gemacht.

Die Winde nur noch gehen
wehklagend um das Haus,
wir sitzen einsam drinne
und lauschen oft hinaus.

Es ist, als müßtest leise
du klopfen an die Tür,
du hätt'st dich nur verirret,
und kämst nun müd zurück.

Wir armen, armen Toren!
Wir irren ja im Graus
des Dunkels noch verloren —
Du fand'st ja längst nach Haus.

(1788–1866)

Du meine Seele, du mein Herz . . .

Du meine Seele, du mein Herz,
Du meine Wonn', o du mein Schmerz,
Du meine Welt, in der ich lebe,
Mein Himmel du, darein ich schwebe,
O du mein Grab, in das hinab
Ich ewig meinen Kummer gab!
Du bist die Ruh', du bist der Frieden,
Du bist der Himmel mir beschieden.
Daß du mich liebst, macht mich mir wert,
Dein Blick hat mich vor mir verklärt,
Du hebst mich liebend über mich,
Mein guter Geist, mein bessres Ich!

Liebesfrühling

Kehr' ein bei mir!

Du bist die Ruh',
Der Friede mild,
Die Sehnsucht du,
Und was sie stillt.

Ich weihe dir
Voll Lust und Schmerz
Zur Wohnung hier
Mein Aug' und Herz.

Kehr' ein bei mir
Und schließe du
Still hinter dir
Die Pforten zu.

Treib andern Schmerz
Aus dieser Brust!

Voll sei dies Herz
Von deiner Lust.

Dies Augenzelt
Von deinem Glanz
Allein erhellt,
O füll' es ganz!

Ghasel

Pan, der Hirte, spielet seine
Flöt' im letzten Abendscheine.
Da verschmelzen alle Stimmen
Der Natur, und werden eine.
Durch die sieben Rohre hauchen
Sieben Himmel im Vereine.
Pan, der Hirte, spielt, und säuselnd
Geht der Schlummer durch die Haine.
Dryas schläft in ihren Zweigen,
Oreas in ihrem Steine;
Und Endymion, der ew'ge
Schläfer, schläft in Lunas Scheine . . .
Pan, der Hirte, spielt, und trunken
Ist die Welt vom Schlummerweine.

KARL THEODOR KÖRNER

(1791–1813)

Gebet während der Schlacht

Vater, ich rufe dich!
Brüllend umwölkt mich der Dampf der Geschütze,
Sprühend umzucken mich rasselnde Blitze.
Lenker der Schlachten, ich rufe dich!
Vater du, führe mich!

Vater du, führe mich!
Führ' mich zum Siege, führ' mich zum Tode:
Herr, ich erkenne deine Gebote;
Herr, wie du willst, so führe mich!
  Gott, ich erkenne dich!

  Gott, ich erkenne dich!
So im herbstlichen Rauschen der Blätter,
Als im Schlachtendonnerwetter,
Urquell der Gnade, erkenn' ich dich.
  Vater du, segne mich!

  Vater du, segne mich!
In deine Hand befehl' ich mein Leben,
Du kannst es nehmen, du hast es gegeben;
Zum Leben, zum Sterben segne mich!
  Vater, ich preise dich!

  Vater, ich preise dich!
'S ist ja kein Kampf für die Güter der Erde;
Das Heiligste schützen wir mit dem Schwerte:
D'rum, fallend und siegend, preis' ich dich.
  Gott, dir ergeb' ich mich!

  Gott, dir ergeb' ich mich!
Wenn mich die Donner des Todes begrüßen,
Wenn meine Adern geöffnet fließen:
Dir, mein Gott, dir ergeb' ich mich!
  Vater, ich rufe dich!

Leyer und Schwerdt

FRANZ GRILLPARZER

(1791–1872)

Abschied von Gastein

[Written in the summer of 1818]

Die Trennungsstunde schlägt und ich muß scheiden;
So leb denn wohl, mein freundliches Gastein!
Du Trösterin so mancher bittern Leiden,
Auch meine Leiden lulltest du mir ein.
Was Gott mir gab, warum sie mich beneiden
Und was der Quell doch ist von meiner Pein,
Der Qualen Grund, von wenigen ermessen,
Du ließest mich's auf kurze Zeit vergessen.

Denn wie der Baum, auf den der Blitz gefallen,
Mit einem Male strahlend sich verklärt,
Rings hörst du der Verwundrung Ruf erschallen,
Und jedes Aug' ist staunend hingekehrt;
Indes in dieser Flammen glühndem Wallen
Des Stammes Mark und Leben sich verzehrt,
Der, wie die Lohe steigt vom glühnden Herde,
Um desto tiefer niedersinkt zur Erde;

Und wie die Perlen, die die Schönheit schmücken,
Des Wasserreiches wasserhelle Zier,
Den Finder, nicht die Geberin beglücken,
Das freudenlose, stille Muscheltier;
Denn Krankheit nur und langer Schmerz entdrücken
Das heißgesuchte, traur'ge Kleinod ihr,
Und was euch so entzückt mit seinen Strahlen,
Es wird erzeugt in Todesnot und Qualen;

Und wie der Wasserfall, des lautes Wogen
Die Gegend füllt mit Nebel und Getos,
Auf seinem Busen ruht der Regenbogen,
Und Diamanten schütteln rings sich los;

[333]

Er wäre gern im stillen Tal gezogen
Gleich seinen Brüdern in der Wiesen Schoß,
Die Klippen, die sich ihm entgegensetzen,
Verschönen ihn, indem sie ihn verletzen:

Der Dichter so; wenn auch vom Glück getragen,
Umjubelt von des Beifalls lautem Schall,
Er ist der welke Baum, vom Blitz geschlagen,
Das arme Muscheltier, der Wasserfall;
Was ihr für Lieder haltet, es sind Klagen,
Gesprochen in ein freudenloses All,
Und Flammen, Perlen, Schmuck, die euch umschweben,
Gelöste Teile sind's von seinem Leben.

Die Ruinen des Campo vaccino in Rom

[Written in Rome, April 1819.]

Seid gegrüßt, ihr heil'gen Trümmer,
    Auch als Trümmer mir gegrüßt!
Obgleich nur noch Mondesschimmer
    Einer Sonn', die nicht mehr ist.
Nennt euch mir, ich will euch kennen,
    Ich will wissen, was ihr war't;
Was ihr seid, braucht's nicht zu nennen,
    Da die Schmach euch gleich gepaart.

Eintrachts-Tempel, du der erste,
    Der sich meinem Blick enthüllt,
Deine letzte Säule berste,
    Schlecht hast du dein Amt erfüllt!
Solltest deine Brüder hüten,
    Wardst als Wächter hingesetzt;
Und du ließest Zwietracht wüten,
    Die sie fällt und dich zuletzt.

Jupiter! aus deinem Tempel,
    Stator, der zu stehn gebeut,

Brich des Schweigens Sklavenstempel,
  Heiß sie stehn, die neue Zeit!
Doch umsonst ist hier dein Walten,
  Du stehst selber nur mit Müh',
Unaufhaltsam gehn die Alten,
  Und das Neue über sie.

Warum in dies Feld der Leichen,
  Ist, Septimius Sever,
Eingang dies dein Siegeszeichen?
  Ausgang dünkt es mich vielmehr.
Als dem letzten, der's zu fassen —
  Wenn auch nicht zu tun verstand,
Sei ein Plätzchen dir gelassen —
  Doch nicht hier am äußern Rand.

Titus, nicht dem Ruhm — dem Frieden
  Bautest du dein Heiligtum;
Doch dir ward, was du vermieden,
  Jeder Stein spricht deinen Ruhm.
Auch den Frieden in dem Munde
  Ging ein andrer drauf ins Haus;
Doch der Friede zog zur Stunde
  Aus dem Friedenstempel aus.

Curia, die aus ihren Toren
  Krieg der Welt und Frieden ließ;
Harrst du deiner Senatoren?
  Einer doch ist dir gewiß.
Sieh ihn stehn dort, an den Stufen,
  Bei dem Mann in Purpurkleid!
Sieh, er kömmt, wird er gerufen,
  Und er geht, wenn man's gebeut.

In des Purpurs reichen Falten
  Majestätisch steht er da;
Ja, du suchst nach deinen Alten?
  Schließ die Pforten, Curia!

[335]

Unten such', die unten wohnen,
　　Wir sind oben leicht und froh;
Rom hat nur noch Ciceronen,
　　Aber keinen Cicero.

Hat der Bruder dich erstochen,
　　Remus, mit dem weichen Sinn?
Doch dafür, was er verbrochen,
　　Ist sein Reich gleich dir dahin.
Dort in seines Tempels Hallen,
　　Wie in deinem, Mönchezug; —
Horch, des Mesners Glöcklein schallen!
　　Dünkt die Rache dir genug? —

Roma, Venus; Schönheit, Stärke;
　　Pulse ihr der alten Welt,
Hier in Mitte eurer Werke
　　Euer Tempel aufgestellt.
In Ruinen Schönheitsprangen?
　　Kraft in Trümmern, wankend, schwach?
Was ihr zeugtet, ist vergangen,
　　Folget euren Kindern nach.

Dort der Bogen, klein und enge,
　　Schwach gestützt und schwer verletzt,
Wem, von all der Helden Menge,
　　Ward so ärmlich Mal gesetzt?
Titus! — o so laßt es fallen,
　　Ob's auch ganz zusammenbricht:
Solang Menschenherzen wallen,
　　Brauchst du, Titus, Steine nicht!

Hoch vor allen sei verkläret,
　　Konstantin, dein Siegesdom!
Mancher hat manch Reich zerstöret,
　　Aber du das größte — Rom.

[336]

Über Romas Heldentrümmern,
  Hobst du deiner Meinung Thron.
In der Meinung magst du schimmern —
  Die Geschichte spricht dir Hohn.

Mit dem Raub von Trajans Ehren
  Hast du plump dein Werk behängt;
Trajan kann des Schmucks entbehren,
  Er lebt ewig, unverdrängt.
Aber eine Zeit wird kommen,
  Da zerstäubt geraubte Zier,
Da erborgter Schein verglommen;
  Wer spricht dann noch mehr von dir?

Kolosseum, Riesenschatten
  Von der Vorwelt Machtkoloß!
Liegst du da in Tods-Ermatten,
  Selber noch im Sterben groß.
Und damit verhöhnt, zerschlagen,
  Du den Martyrtod erwarbst,
Mußtest du das Kreuz noch tragen,
  An dem, Herrlicher, du starbst.

Tut es weg, dies heil'ge Zeichen,
  Alle Welt gehört ja dir;
Übrall, nur bei diesen Leichen,
  Übrall stehe — nur nicht hier!
Wenn ein Stamm sich losgerissen,
  Und den Vater mir erschlug,
Soll ich wohl das Werkzeug küssen —
  Wenn's auch Gottes Zeichen trug?

Kolosseum — die dich bauten,
  Die sich freuten um dich her,
Sprachen in bekannten Lauten,
  Dich verstanden — sind nicht mehr.

Deine Größe ist gefallen,
  Und die Großen sind's mit ihr;
Eingestürzt sind deine Hallen,
  Eingebrochen deine Zier.

O so stürz' denn ganz zusammen!
  Und ihr andern stürzet nach!
Decket, Erde, Fluten, Flammen,
  Ihre Größe, ihre Schmach!
Hauch' ihn aus, den letzten Oden,
  Riesige Vergangenheit!
Flach dahin, auf flachem Boden
  Geht die neue flache Zeit!

Allgegenwart

Wo ich bin, fern und nah,
Stehen zwei Augen da,
    Dunkelhell,
    Blitzesschnell,
Schimmernd wie Felsenquell,
    Schattenumkränzt.

Wer in die Sonne sieht,
Weiß es, wie mir geschieht;
    Schließt er das Auge sein,
    Schwarz und klein,
Sieht er zwei Pünktelein
    Übrall vor sich.

So auch mir immerdar
Zeigt sich dies Augenpaar,
    Wachend in Busch und Feld,
    Nachts, wenn mich Schlaf befällt;
Nichts in der ganzen Welt
    Hüllt mir es ein.

Gerne beschrieb' ich sie,
Doch ihr verstündet's nie;
    Tag und Nacht,
    Ernst, der lacht,
Wassers und Feuers Macht
Sind hier in eins gebracht,
    Lächeln mich an.

Abends, wenn's dämmert noch,
Steig' ich vier Treppen hoch,
    Poch' ans Tor,
Streckt sich ein Hälslein vor;
    Wangen rund,
    Purpurmund,
    Nächtig Haar,
    Stirne klar,
Drunter mein Augenpaar!

Mein Vaterland

[Written in March 1848]

Sei mir gegrüßt, mein Österreich,
Auf deinen neuen Wegen!
Es schlägt mein Herz wie immer gleich
Auch heute dir entgegen.

Was dir gefehlt zu deiner Zier,
Du hast es dir errungen,
Halb kindlich fromm erbeten dir
Und halb durch Mut erzwungen.

Die Freiheit strahlt ob deinem Haupt
Wie längst in deinem Herzen;
Denn freier warst du, als man glaubt,
Es zeigten's deine Schmerzen.

Nun aber, Östreich, sieh dich vor,
Es gilt die höchsten Güter;
Leih nicht dem Schmeichellaut dein Ohr
Und sei dein eigner Hüter!

Geh nicht zur Schule da und dort,
Wo laute Redner lärmen,
Wo der Gedanke nur im Wort,
Zu leuchten, statt zu wärmen;

Wo längst die Wege abgebracht,
Die Kopf und Herz vereinen,
Und statt der Überzeugung Macht
Der Mensch ein grübelnd Meinen;

Wo Falsch und Wahr und Schlimm und **Gut**
Sie längst auf Formeln brachten,
Rasch wechselnd die erlogne Glut
Gleich bunten Kleidertrachten;

Wo selbst die Freiheit, die zur Zeit
Hinjauchzt in tausend Stimmen,
Halb großgesäugt von Eitelkeit,
Und von der Lust am Schlimmen.

Bleib du das Land, das stets du warst,
Nur Morgen wie sonst Abend,
Die Unschuld die du noch bewahrst,
An heitrem Sinn erlabend.

Denn was der Mensch erdacht, erfand,
Als Höchstes wird er finden:
Gesund natürlichen Verstand
Und richtiges Empfinden.

Wohin?

Ich hört' ein Bächlein rauschen
Wohl aus dem Felsenquell,
Hinab zum Tale rauschen
So frisch und wunderhell.

Ich weiß nicht, wie mir wurde,
Nicht, wer den Rat mir gab,
Ich mußte gleich hinunter
Mit meinem Wanderstab.

Hinunter und immer weiter
Und immer dem Bache nach
Und immer frischer rauschte
Und immer heller der Bach.

Ist das denn meine Straße?
O Bächlein, sprich, wohin?
Du hast mit deinem Rauschen
Mir ganz berauscht den Sinn.

Was sag' ich denn vom Rauschen?
Das kann kein Rauschen sein:
Es singen wohl die Nixen
Dort unten ihren Reihn.

Laß singen, Gesell, laß rauschen
Und wandre fröhlich nach!
Es gehn ja Mühlenräder
In jedem klaren Bach.

Der Lindenbaum

Am Brunnen vor dem Tore,
Da steht ein Lindenbaum;
Ich träumt' in seinem Schatten
So manchen süßen Traum.

Ich schnitt in seine Rinde
So manches liebe Wort;
Es zog in Freud' und Leide
Zu ihm mich immer fort.

Ich mußt' auch heute wandern
Vorbei in tiefer Nacht,
Da hab' ich noch im Dunkel
Die Augen zugemacht.

Und seine Zweige rauschten,
Als riefen sie mir zu:
Komm her zu mir, Geselle,
Hier find'st du deine Ruh!

Die kalten Winde bliesen
Mir grad ins Angesicht,
Der Hut flog mir vom Kopfe,
Ich wendete mich nicht.

Nun bin ich manche Stunde
Entfernt von jenem Ort,
Und immer hör' ich's rauschen:
Du fändest Ruhe dort!

Vergebt, daß alle meine Lieder klagen ...

Vergebt, daß alle meine Lieder klagen,
Und manche Träne diesen Blick umflort,
Auch ich, o glaubt mir! habe viel ertragen,
Das Schwert der Schmerzen hat auch mich durchbohrt.

Ihr könnt mich nur nach leichten Worten messen,
In diesen Busen konntet ihr nicht sehn:
Ach, jeder Scherz ist nur ein Selbstvergessen
Und jedes Lächeln kommt mich hoch zu stehn.

Tristan

Wer die Schönheit angeschaut mit Augen,
Ist dem Tode schon anheimgegeben,
Wird für keinen Dienst auf Erden taugen,
Und doch wird er vor dem Tode beben,
Wer die Schönheit angeschaut mit Augen!

Ewig währt für ihn der Schmerz der Liebe,
Denn ein Tor nur kann auf Erden hoffen
Zu genügen einem solchen Triebe:
Wen der Pfeil des Schönen je getroffen,
Ewig währt für ihn der Schmerz der Liebe!

Ach, er möchte wie ein Quell versiechen,
Jedem Hauch der Luft ein Gift entsaugen
Und den Tod aus jeder Blume riechen:
Wer die Schönheit angeschaut mit Augen,
Ach, er möchte wie ein Quell versiechen!

Venedig

I

Mein Auge ließ das hohe Meer zurück,
Als aus der Flut Palladios Tempel stiegen,
An deren Staffeln sich die Wellen schmiegen,
Die uns getragen ohne Falsch und Tücke.

Wir landen an, wir danken es dem Glücke,
Und die Lagune scheint zurück zu fliegen,
Der Dogen alte Säulengänge liegen
Vor uns gigantisch mit der Seufzerbrücke.

Venedigs Löwen, sonst Venedigs Wonne,
Mit ehrnen Flügeln sehen wir ihn ragen
Auf seiner kolossalischen Kolonne.

Ich steig' ans Land, nicht ohne Furcht und Zagen,
Da glänzt der Markusplatz im Licht der Sonne:
Soll ich ihn wirklich zu betreten wagen?

II

Dies Labyrinth von Brücken und von Gassen,
Die tausendfach sich ineinander schlingen,
Wie wird hindurchzugehn mir je gelingen?
Wie werd' ich je dies große Rätsel fassen?

Ersteigend erst des Markusturms Terrassen,
Vermag ich vorwärts mit dem Blick zu dringen,
Und aus den Wundern, welche mich umringen,
Entsteht ein Bild, es teilen sich die Massen.

Ich grüße dort den Ozean, den blauen,
Und hier die Alpen, die im weiten Bogen
Auf die Laguneninseln niederschauen.

Und sieh! da kam ein mut'ges Volk gezogen,
Paläste sich und Tempel sich zu bauen
Auf Eichenpfähle mitten in die Wogen.

III

Wie lieblich ists, wenn sich der Tag verkühlet,
Hinaus zu sehn, wo Schiff und Gondel schweben,
Wenn die Lagune ruhig, spiegeleben,
In sich verfließt, Venedig sanft umspület!

Ins Innre wieder dann gezogen fühlet
Das Auge sich, wo nach den Wolken streben
Palast und Kirche, wo ein lautes Leben
Auf allen Stufen des Rialto wühlet.

Ein frohes Völkchen lieber Müßiggänger,
Es schwärmt umher, es läßt durch nichts sich stören,
Und stört auch niemals einen Grillenfänger.

Des Abends sammelt sich's zu ganzen Chören,
Denn auf dem Markusplatze will's den Sänger,
Und den Erzähler auf der Riva hören.

IV

Venedig liegt nur noch im Land der Träume,
Und wirft nur Schatten her aus alten Tagen,
Es liegt der Leu der Republik erschlagen,
Und öde feiern seines Kerkers Räume.

Die ehrnen Hengste, die durch salz'ge Schäume
Dahergeschleppt, auf jener Kirche ragen,
Nicht mehr dieselben sind sie, ach, sie tragen
Des korsikan'schen Überwinders Zäume.

Wo ist das Volk von Königen geblieben,
Das diese Marmorhäuser durfte bauen,
Die nun verfallen und gemach zerstieben?

Nur selten finden auf des Enkels Brauen
Der Ahnen große Züge sich geschrieben,
An Dogengräbern in den Stein gehauen.

V

Es scheint ein langes, ew'ges Ach zu wohnen
In diesen Lüften, die sich leise regen,
Aus jenen Hallen weht es mir entgegen,
Wo Scherz und Jubel sonst gepflegt zu thronen.

Venedig fiel, wiewohl's getrotzt Äonen,
Das Rad des Glücks kann nichts zurückbewegen:
Öd ist der Hafen, wen'ge Schiffe legen
Sich an die schöne Riva der Sklavonen.

Wie hast du sonst, Venetia, geprahlet
Als stolzes Weib mit goldenen Gewändern,
So wie dich Paolo Veronese malet!

Nun steht ein Dichter an den Prachtgeländern
Der Riesentreppe staunend und bezahlet
Den Tränenzoll, der nichts vermag zu ändern!

VI

Hier seht ihr freilich keine grünen Auen,
Und könnt euch nicht im Duft der Rose baden;
Doch was ihr saht an blumigern Gestaden,
Vergeßt ihr hier und wünscht es kaum zu schauen.

Die stern'ge Nacht beginnt gemach zu tauen,
Und auf den Markus alles einzuladen:
Da sitzen unter herrlichen Arkaden,
In langen Reihn, Venedigs schönste Frauen.

Doch auf des Platzes Mitte treibt geschwinde,
Wie Canaletto das versucht zu malen,
Sich Schar an Schar, Musik verhaucht gelinde.

Indessen wehn, auf ehrnen Piedestalen,
Die Flaggen dreier Monarchien im Winde,
Die von Venedigs altem Ruhme strahlen.

VII

Wenn tiefe Schwermut meine Seele wieget,
Mags um die Buden am Rialto flittern:
Um nicht den Geist im Tande zu zersplittern,
Such' ich die Stille, die den Tag besieget.

Dann blick' ich oft, an Brücken angeschmieget,
In öde Wellen, die nur leise zittern,
Wo über Mauern, welche halb verwittern,
Ein wilder Lorbeerbusch die Zweige bieget.

Und wann ich, stehend auf versteinten Pfählen,
Den Blick hinaus ins dunkle Meer verliere,
Dem fürder keine Dogen sich vermählen:

Dann stört mich kaum im schweigenden Reviere,
Herschallend aus entlegenen Kanälen,
Von Zeit zu Zeit ein Ruf der Gondoliere.

VIII

Ich liebe dich, wie jener Formen eine,
Die hier in Bildern uns Venedig zeiget:
Wie sehr das Herz sich auch nach ihnen neiget,
Wir ziehn davon und wir besitzen keine.

Wohl bist du gleich dem schöngeformten Steine,
Der aber nie dem Piedestal entsteiget,
Der selbst Pygmalions Begierden schweiget;
Doch sei's darum; ich bleibe stets der deine.

Dich aber hat Venedig auferzogen,
Du bleibst zurück in diesem Himmelreiche,
Von allen Engeln Gian Bellins umflogen:

Ich fühle mich, indem ich weiterschleiche,
Um eine Welt von Herrlichkeit betrogen,
Die ich den Träumen einer Nacht vergleiche.

IX

Was läßt im Leben sich zuletzt gewinnen?
Was sichern wir von seinen Schätzen allen?
Das goldne Glück, das süße Wohlgefallen,
Sie eilen — treu ist nur der Schmerz — von hinnen.

Eh mir ins Nichts die letzten Stunden rinnen,
Will noch einmal ich auf und nieder wallen,
Venedigs Meer, Venedigs Marmorhallen
Beschaun mit sehnsuchtsvoll erstauntem Sinnen.

Das Auge schweift mit emsigem Bestreben,
Als ob zurück in seinem Spiegel bliebe,
Was länger nicht vor ihm vermag zu schweben;

Zuletzt, entziehend sich dem letzten Triebe,
Fällt ach! zum letztenmal im kurzen Leben,
Auf jenes Angesicht ein Blick der Liebe.

Das Grab im Busento

Nächtlich am Busento lispeln bei Cosenza dumpfe Lieder,
Aus den Wassern schallt es Antwort, und in Wirbeln klingt es
    wider!

Und den Fluß hinauf, hinunter ziehn die Schatten tapfrer Goten,
Die den Alarich beweinen, ihres Volkes besten Toten.

Allzufrüh und fern der Heimat mußten hier sie ihn begraben,
Während noch die Jugendlocken seine Schulter blond umgaben.

Und am Ufer des Busento reihten sie sich um die Wette;
Um die Strömung abzuleiten, gruben sie ein frisches Bette.

In der wogenleeren Höhlung wühlten sie empor die Erde,
Senkten tief hinein den Leichnam mit der Rüstung auf dem
    Pferde.

Deckten dann mit Erde wieder ihn und seine stolze Habe,
Daß die hohen Stromgewächse wüchsen aus dem Heldengrabe.

Abgelenkt zum zweiten Male, ward der Fluß herbeigezogen;
Mächtig in ihr altes Bette schäumten die Busentowogen.

Und es sang ein Chor von Männern: „ Schlaf in deinen Helden-
    ehren!
Keines Römers schnöde Habsucht soll dir je das Grab versehren! "

Sangen's, und die Lobgesänge tönten fort im Gotenheere;
Wälze sie, Busentowelle, wälze sie von Meer zu Meere!

Los des Lyrikers

Stets am Stoff klebt unsere Seele, Handlung
Ist der Welt allmächtiger Puls und deshalb
Flötet oftmals tauberem Ohr der hohe
    Lyrische Dichter.

Gerne zeigt jedwedem bequem Homer sich,
Breitet aus buntfarbigen Fabelteppich;
Leicht das Volk hinreißend, erhöht des Dramas
    Schöpfer den Schauplatz:

Aber Pindars Flug und die Kunst des Flaccus,
Aber dein schwerwiegendes Wort, Petrarca,
Prägt sich uns langsamer ins Herz, der Menge
    Bleibt's ein Geheimnis.

Jenen ward bloß geistiger Reiz, des Liedchens
Leichter Takt nicht, der den umschwärmten Putztisch
Ziert. Es dringt kein flüchtiger Blick in ihre
    Mächtige Seele.

[349]

Ewig bleibt ihr Name genannt und tönt im
Ohr der Menschheit; doch es gesellt sich ihnen
Selten freundschaftsvoll ein Gemüt und huldigt
    Körnigem Tiefsinn.

Im Wasser wogt die Lilie . . .

Im Wasser wogt die Lilie, die blanke, hin und her,
Doch irrst du, Freund, sobald du sagst, sie schwanke hin und her!
Es wurzelt ja so fest ihr Fuß im tiefen Meeresgrund,
Ihr Haupt nur wiegt ein lieblicher Gedanke hin und her!

Ghaselen

Das Sonett an Goethe

Dich selbst, Gewalt'ger, den ich noch vor Jahren
Mein tiefes Wesen witzig sah verneinen,
Dich selbst nun zähl' ich heute zu den Meinen,
Zu denen, welche meine Gunst erfahren.

Denn wer durchdrungen ist vom innig Wahren,
Dem muß die Form sich unbewußt vereinen,
Und was dem Stümper mag gefährlich scheinen,
Das muß den Meister göttlich offenbaren.

Wem Kraft und Fülle tief im Busen keimen,
Das Wort beherrscht er mit gerechtem Stolze,
Bewegt sich leicht, wenn auch in schweren Reimen.

Er schneidet sich des Liedes flücht'ge Bolze
Gewandt und sicher, ohne je zu leimen,
Und was er fertigt, ist aus ganzem Holze.

(1797–1856)

Im Rhein, im schönen Strome . . .

Im Rhein, im schönen Strome,
Da spiegelt sich in den Well'n,
Mit seinem großen Dome,
Das große, heilige Köln.

Im Dom, da steht ein Bildnis,
Auf goldenem Leder gemalt;
In meines Lebens Wildnis
Hat's freundlich hineingestrahlt.

Es schweben Blumen und Englein
Um unsre liebe Frau;
Die Augen, die Lippen, die Wänglein,
Die gleichen der Liebsten genau.

Es glänzt so schön die sinkende Sonne . . .

Es glänzt so schön die sinkende Sonne,
Doch schöner ist deiner Augen Schein.
Das Abendrot und deine Augen,
Sie strahlen mir traurig ins Herz hinein.

Das Abendrot bedeutet Scheiden
Und Herzensnacht und Herzensweh.
Bald fließet zwischen meinem Herzen
Und deinen Augen die weite See.

Lorelei

Ich weiß nicht, was soll es bedeuten,
Daß ich so traurig bin;

Ein Märchen aus alten Zeiten,
Das kommt mir nicht aus dem Sinn.

Die Luft ist kühl, und es dunkelt,
Und ruhig fließt der Rhein;
Der Gipfel des Berges funkelt
Im Abendsonnenschein.

Die schönste Jungfrau sitzet
Dort oben wunderbar,
Ihr goldnes Geschmeide blitzet,
Sie kämmt ihr goldenes Haar.

Sie kämmt es mit goldenem Kamme
Und singt ein Lied dabei;
Das hat eine wundersame,
Gewaltige Melodei.

Den Schiffer im kleinen Schiffe
Ergreift es mit wildem Weh;
Er schaut nicht die Felsenriffe,
Er schaut nur hinauf in die Höh'.

Ich glaube, die Wellen verschlingen
Am Ende Schiffer und Kahn;
Und das hat mit ihrem Singen
Die Lorelei getan.

Die Grenadiere

Nach Frankreich zogen zwei Grenadier',
Die waren in Rußland gefangen;
Und als sie kamen ins deutsche Quartier,
Sie ließen die Köpfe hangen.

Da hörten sie beide die traurige Mär':
Daß Frankreich verloren gegangen,
Besiegt und zerschlagen das große Heer —
Und der Kaiser, der Kaiser gefangen.

Da weinten zusammen die Grenadier'
Wohl ob der kläglichen Kunde.
Der eine sprach: „ Wie weh wird mir,
Wie brennt meine alte Wunde!"

Der andre sprach: „ Das Lied ist aus,
Auch ich möcht' mit dir sterben;
Doch hab' ich Weib und Kind zu Haus,
Die ohne mich verderben."

„ Was schert mich Weib, was schert mich Kind,
Ich trage weit beßres Verlangen;
Laß sie betteln gehn, wenn sie hungrig sind —
Mein Kaiser, mein Kaiser gefangen!

Gewähr mir, Bruder, eine Bitt':
Wenn ich jetzt sterben werde,
So nimm meine Leiche nach Frankreich mit,
Begrab mich in Frankreichs Erde.

Das Ehrenkreuz am roten Band
Sollst du aufs Herz mir legen;
Die Flinte gib mir in die Hand,
Und gürt' mir um den Degen.

So will ich liegen und horchen still,
Wie eine Schildwach', im Grabe,
Bis einst ich höre Kanonengebrüll
Und wiehernder Rosse Getrabe.

Dann reitet mein Kaiser wohl über mein Grab,
Viel Schwerter klirren und blitzen;
Dann steig' ich gewaffnet hervor aus dem Grab —
Den Kaiser, den Kaiser zu schützen!"

Ein Fichtenbaum steht einsam . . .

Ein Fichtenbaum steht einsam
Im Norden auf kahler Höh'.
Ihn schläfert; mit weißer Decke
Umhüllen ihn Eis und Schnee.

Er träumt von einer Palme,
Die fern im Morgenland
Einsam und schweigend trauert
Auf brennender Felsenwand.

Sonnenuntergang

Die glühend rote Sonne steigt
Hinab ins weit aufschauernde,
Silbergraue Weltmeer;
Luftgebilde, rosig angehaucht,
Wallen ihr nach; und gegenüber,
Aus herbstlich dämmernden Wolkenschleiern,
Ein traurig todblasses Antlitz,
Bricht hervor der Mond,
Und hinter ihm, Lichtfünkchen,
Nebelweit, schimmern die Sterne.

Einst am Himmel glänzten,
Ehlich vereint,
Luna, die Göttin, und Sol, der Gott,
Und es wimmelten um sie her die Sterne,
Die kleinen, unschuldigen Kinder.

Doch böse Zungen zischelten Zwiespalt,
Und es trennte sich feindlich
Das hohe, leuchtende Eh'paar.
Jetzt am Tage, in einsamer Pracht,
Ergeht sich dort oben der Sonnengott,
Ob seiner Herrlichkeit
Angebetet und viel besungen

Von stolzen, glückgehärteten Menschen.
Aber des Nachts
Am Himmel wandelt Luna
Die arme Mutter,
Mit ihren verwaisten Sternenkindern,
Und sie glänzt in stiller Wehmut,
Und liebende Mädchen und sanfte Dichter
Weihen ihr Tränen und Lieder.

Die weiche Luna! Weiblich gesinnt
Liebt sie noch immer den schönen Gemahl.
Gegen Abend, zitternd und bleich,
Lauscht sie hervor aus leichtem Gewölk
Und schaut nach dem Scheidenden schmerzlich,
Und möchte ihm ängstlich rufen: Komm!
Komm! die Kinder verlangen nach dir. —
Aber der trotzige Sonnengott,
Bei dem Anblick der Gattin erglüht er
In doppeltem Purpur
Vor Zorn und Schmerz,
Und unerbittlich eilt er hinab
In sein flutenkaltes Witwerbett.

Böse, zischelnde Zungen
Brachten also Schmerz und Verderben
Selbst über ewige Götter.
Und die armen Götter, oben am Himmel
Wandeln sie, qualvoll,
Trostlos unendliche Bahnen,
Und können nicht sterben,
Und schleppen mit sich
Ihr strahlendes Elend.

Ich aber, der Mensch,
Der Niedriggepflanzte, der Todbeglückte,
Ich klage nicht länger.

Die Nordsee

[355]

Erklärung

Herangedämmert kam der Abend,
Wilder toste die Flut,
Und ich saß am Strand und schaute zu
Dem weißen Tanz der Wellen,
Und meine Brust schwoll auf wie das Meer,
Und sehnend ergriff mich ein tiefes Heimweh
Nach dir, du holdes Bild,
Das überall mich umschwebt,
Und überall mich ruft,
Überall, überall,
Im Sausen des Windes, im Brausen des Meers,
Und im Seufzen der eigenen Brust.

Mit leichtem Rohr schrieb ich in den Sand:
Agnes, ich liebe dich!
Doch böse Wellen ergossen sich
Über das süße Bekenntnis
Und löschten es aus.

Zerbrechliches Rohr, zerstiebender Sand,
Zerfließende Wellen, euch trau' ich nicht mehr!
Der Himmel wird dunkler, mein Herz wird wilder,
Und mit starker Hand, aus Norwegs Wäldern,
Reiß' ich die höchste Tanne
Und tauche sie ein
In des Ätnas glühenden Schlund, und mit solcher
Feuergetränkten Riesenfeder
Schreib' ich an die dunkle Himmelsdecke:
„ Agnes, ich liebe dich! "

Jedwede Nacht lodert alsdann
Dort oben die ewige Flammenschrift,
Und alle nachwachsenden Enkelgeschlechter
Lesen jauchzend die Himmelsworte:
„ Agnes, ich liebe dich! "

Ibid.

Seegespenst

Ich aber lag am Rande des Schiffes
Und schaute träumenden Auges
Hinab in das spiegelklare Wasser,
Und schaute tiefer und tiefer —
Bis tief im Meeresgrunde,
Anfangs wie dämmernde Nebel,
Jedoch allmählich farbenbestimmter,
Kirchenkuppel und Türme sich zeigten,
Und endlich, sonnenklar, eine ganze Stadt,
Altertümlich niederländisch,
Und menschenbelebt.
Bedächtige Männer, schwarzbemäntelt,
Mit weißen Halskrausen und Ehrenketten
Und langen Degen und langen Gesichtern,
Schreiten über den wimmelnden Marktplatz
Nach dem treppenhohen Rathaus,
Wo steinerne Kaiserbilder
Wacht halten mit Zepter und Schwert.
Unferne, vor langen Häuserreihn,
Wo spiegelblanke Fenster
Und pyramidisch beschnittene Linden,
Wandeln seidenrauschende Jungfern,
Schlanke Leibchen, die Blumengesichter
Sittsam umschlossen von schwarzen Mützchen
Und hervorquellendem Goldhaar.
Bunte Gesellen in spanischer Tracht
Stolzieren vorüber und nicken.
Bejahrte Frauen,
In braunen, verschollnen Gewändern,
Gesangbuch und Rosenkranz in der Hand,
Eilen trippelnden Schritts,
Nach dem großen Dome,
Getrieben von Glockengeläute
Und rauschendem Orgelton.

Mich selbst ergreift des fernen Klangs
Geheimnisvoller Schauer!
Unendliches Sehnen, tiefe Wehmut
Beschleicht mein Herz,
Mein kaum geheiltes Herz;
Mir ist, als würden seine Wunden
Von lieben Lippen aufgeküßt
Und täten wieder bluten —
Heiße, rote Tropfen,
Die lang und langsam niederfalln
Auf ein altes Haus dort unten
In der tiefen Meerstadt,
Auf ein altes hochgegiebeltes Haus,
Das melancholisch menschenleer ist,
Nur daß am untern Fenster
Ein Mädchen sitzt,
Den Kopf auf den Arm gestützt,
Wie ein armes, vergessenes Kind —
Und ich kenne dich, armes, vergessenes Kind!

So tief, meertief also
Verstecktest du dich vor mir
Aus kindischer Laune,
Und konntest nicht mehr herauf
Und saßest fremd unter fremden Leuten,
Jahrhundertelang,
Derweilen ich, die Seele voll Gram,
Auf der ganzen Erde dich suchte,
Und immer dich suchte,
Du Immergeliebte,
Du Längstverlorene,
Du Endlichgefundene —
Ich hab' dich gefunden und schaue wieder
Dein süßes Gesicht,
Die klugen, treuen Augen,
Das liebe Lächeln —
Und nimmer will ich dich wieder verlassen,
Und ich komme hinab zu dir,

Und mit ausgebreiteten Armen
Stürz' ich hinab an dein Herz —

Aber zur rechten Zeit noch
Ergriff mich beim Fuß der Kapitän,
Und zog mich vom Schiffsrand
Und rief, ärgerlich lachend:
„ Doktor, sind Sie des Teufels? "

Ibid.

Auf Flügeln des Gesanges . . .

Auf Flügeln des Gesanges,
Herzliebchen, trag' ich dich fort,
Fort nach den Fluren des Ganges,
Dort weiß ich den schönsten Ort.

Dort liegt ein rotblühender Garten;
Im stillen Mondenschein;
Die Lotosblumen erwarten
Ihr trautes Schwesterlein.

Die Veilchen kichern und kosen
Und schaun nach den Sternen empor;
Heimlich erzählen die Rosen
Sich duftende Märchen ins Ohr.

Es hüpfen herbei und lauschen
Die frommen, klugen Gazelln;
Und in der Ferne rauschen
Des heiligen Stromes Welln.

Dort wollen wir niedersinken
Unter dem Palmenbaum,
Und Lieb' und Ruhe trinken
Und träumen seligen Traum.

[359]

Ein Jüngling liebt ein Mädchen . . .

Ein Jüngling liebt ein Mädchen,
Die hat einen andern erwählt;
Der andre liebt eine andre
Und hat sich mit dieser vermählt.

Das Mädchen heiratet aus Ärger
Den ersten besten Mann,
Der ihr in den Weg gelaufen;
Der Jüngling ist übel dran.

Es ist eine alte Geschichte,
Doch bleibt sie immer neu;
Und wem sie just passieret,
Dem bricht das Herz entzwei.

Das Meer erglänzte weit hinaus . . .

Das Meer erglänzte weit hinaus
Im letzten Abendscheine;
Wir saßen am einsamen Fischerhaus,
Wir saßen stumm und alleine.

Der Nebel stieg, das Wasser schwoll,
Die Möwe flog hin und wieder;
Aus deinen Augen liebevoll
Fielen die Tränen nieder.

Ich sah sie fallen auf deine Hand
Und bin aufs Knie gesunken;
Ich hab' von deiner weißen Hand
Die Tränen fortgetrunken.

Seit jener Stunde verzehrt sich mein Leib,
Die Seele stirbt vor Sehnen; —
Mich hat das unglücksel'ge Weib
Vergiftet mit ihren Tränen.

Herz, mein Herz, sei nicht beklommen ...

Herz, mein Herz, sei nicht beklommen
Und ertrage dein Geschick,
Neuer Frühling gibt zurück,
Was der Winter dir genommen.

Und wie viel ist dir geblieben!
Und wie schön ist noch die Welt!
Und mein Herz, was dir gefällt,
Alles, alles darfst du lieben!

Wir saßen am Fischerhause ...

Wir saßen am Fischerhause
Und schauten nach der See;
Die Abendnebel kamen
Und stiegen in die Höh'.

Im Leuchtturm wurden die Lichter
Allmählich angesteckt,
Und in der weiten Ferne
Ward noch ein Schiff entdeckt.

Wir sprachen von Sturm und Schiffbruch,
Vom Seeman und wie er lebt,
Und zwischen Himmel und Wasser
Und Angst und Freude schwebt.

Wir sprachen von fernen Küsten,
Vom Süden und vom Nord,
Und von den seltsamen Völkern
Und seltsamen Sitten dort.

Am Ganges duftet's und leuchtet's,
Und Riesenbäume blühn,
Und schöne, stille Menschen
Vor Lotosblumen knien.

In Lappland sind schmutzige Leute,
Plattköpfig, breitmäulig und klein;
Sie kauern ums Feuer und backen
Sich Fische und quäken und schrein.

Die Mädchen horchten ernsthaft,
Und endlich sprach niemand mehr;
Das Schiff war nicht mehr sichtbar,
Es dunkelte gar zu sehr.

Du schönes Fischermädchen . . .

Du schönes Fischermädchen,
Treibe den Kahn ans Land;
Komm' zu mir und setze dich nieder,
Wir kosen Hand in Hand.

Leg' an mein Herz dein Köpfchen,
Und fürchte dich nicht so sehr;
Vertraust du dich doch sorglos
Täglich dem wilden Meer!

Mein Herz gleicht ganz dem Meere,
Hat Sturm und Ebb' und Flut,
Und manche schöne Perle
In seiner Tiefe ruht.

Leise zieht durch mein Gemüt . . .

Leise zieht durch mein Gemüt
Liebliches Geläute,
Klinge, kleines Frühlingslied,
Kling' hinaus ins Weite.

Kling' hinaus, bis an das Haus,
Wo die Blumen sprießen.
Wenn du eine Rose schaust,
Sag', ich lass' sie grüßen.

Die schlesischen Weber

Im düstern Auge keine Träne,
Sie sitzen am Webstuhl und fletschen die Zähne:
„ Deutschland, wir weben dein Leichentuch,
Wir weben hinein den dreifachen Fluch —
    Wir weben, wir weben!

„ Ein Fluch dem Gotte, zu dem wir gebeten
In Winterskälte und Hungersnöten;
Wir haben vergebens gehofft und geharrt,
    Er hat uns geäfft und gefoppt und genarrt —
    Wir weben, wir weben!

„ Ein Fluch dem König, dem König der Reichen,
Den unser Elend nicht konnte erweichen,
Der den letzten Groschen von uns erpreßt
Und uns wie Hunde erschießen läßt —
    Wir weben, wir weben!

„ Ein Fluch dem falschen Vaterlande,
Wo nur gedeihen Schmach und Schande,
Wo jede Blume früh geknickt,
Wo Fäulnis und Moder den Wurm erquickt —
    Wir weben, wir weben!

„ Das Schiffchen fliegt, der Webstuhl kracht,
Wir weben emsig Tag und Nacht —
Altdeutschland, wir weben dein Leichentuch,
Wir weben hinein den dreifachen Fluch,
    Wir weben und weben! "

ANNETTE VON DROSTE-HÜLSHOFF

(1797–1848)

Das Spiegelbild

Schaust du mich an aus dem Kristall
Mit deiner Augen Nebelball,
Kometen gleich, die im Verbleichen;
Mit Zügen, worin wunderlich
Zwei Seelen wie Spione sich
Umschleichen, ja, dann flüstre ich:
Phantom, du bist nicht meinesgleichen!

Bist nur entschlüpft der Träume Hut,
Zu eisen mir das warme Blut,
Die dunkle Locke mir zu blassen;
Und dennoch dämmerndes Gesicht,
Drin seltsam spielt ein Doppellicht,
Trätest du vor, ich weiß es nicht,
Würd' ich dich lieben oder hassen?

Zu deiner Stirne Herrscherthron,
Wo die Gedanken leisten Fron
Wie Knechte, würd' ich schüchtern blicken;
Doch von des Auges kaltem Glast,
Voll toten Lichts, gebrochen fast,
Gespenstig, würd', ein scheuer Gast,
Weit, weit ich meinen Schemel rücken.

Und was den Mund umspielt so lind,
So weich und hilflos wie ein Kind,
Das möcht' in treuer Hut ich bergen;
Und wieder, wenn er höhnend spielt,
Wie von gespanntem Bogen zielt,
Wenn leis' es durch die Züge wühlt,
Dann möcht' ich fliehen wie vor Schergen.

Es ist gewiß, du bist nicht Ich,
Ein fremdes Dasein, dem ich mich
Wie Moses nahe, unbeschuhet,
Voll Kräfte, die mir nicht bewußt,
Voll fremden Leides, fremder Lust;
Gnade mir Gott, wenn in der Brust
Mir schlummernd deine Seele ruhet!

Und dennoch fühl' ich, wie verwandt,
Zu deinen Schauern mich gebannt,
Und Liebe muß der Furcht sich einen.
Ja, trätest aus Kristalles Rund,
Phantom, du lebend auf den Grund,
Nur leise zittern würd' ich, und
Mich dünkt — ich würde um dich weinen!

Mondesaufgang

An des Balkones Gitter lehnte ich
Und wartete, du mildes Licht, auf dich.
Hoch über mir, gleich trübem Eiskristalle,
Zerschmolzen, schwamm des Firmamentes Halle;
Der See verschimmerte mit leisem Dehnen,
Zerfloßne Perlen oder Wolkentränen?
Es rieselte, es dämmerte um mich,
Ich wartete, du mildes Licht, auf dich.

Hoch stand ich, neben mir der Linden Kamm,
Tief unter mir Gezweige, Ast und Stamm;
Im Laube summte der Phalänen Reigen,
Die Feuerfliege sah ich glimmend steigen,
Und Blüten taumelten wie halb entschlafen;
Mir war, als treibe hier ein Herz zum Hafen,
Ein Herz, das übervoll von Glück und Leid
Und Bildern seliger Vergangenheit. — —

Das Dunkel stieg, die Schatten drangen ein —
Wo weilst du, weilst du denn, mein milder Schein? —
Sie drangen ein, wie sündige Gedanken,
Des Firmamentes Woge schien zu schwanken,
Verzittert war der Feuerfliege Funken,
Längst die Phaläne an den Grund gesunken,
Nur Bergeshäupter standen hart und nah,
Ein düstrer Richterkreis, im Düster da.

Und Zweige zischelten an meinem Fuß,
Wie Warnungsflüstern oder Todesgruß;
Ein Summen stieg im weiten Wassertale,
Wie Volksgemurmel vor dem Tribunale;
Mir war, als müßte etwas Rechnung geben,
Als stehe zagend ein verlornes Leben,
Als stehe ein verkümmert Herz allein,
Einsam mit seiner Schuld und seiner Pein.— —

Da — auf die Wellen sank ein Silberflor,
Und langsam stiegst du, frommes Licht, empor;
Der Alpen finstre Stirnen strichst du leise,
Und aus den Richtern wurden sanfte Greise;
Der Wellen Zucken ward ein lächelnd Winken,
An jedem Zweige sah ich Tropfen blinken,
Und jeder Tropfen schien ein Kämmerlein,
Drin flimmerte der Heimatlampe Schein.

O Mond, du bist mir wie ein später Freund,
Der seine Jugend dem Verarmten eint,
Um seine sterbenden Erinnerungen
Des Lebens zarten Widerschein geschlungen,
Bist keine Sonne, die entzückt und blendet,
In Feuerströmen lebt, in Blute endet —
Bist, was dem kranken Sänger sein Gedicht,
Ein fremdes, aber o! ein mildes Licht.

Der Heidemann

„ Geht, Kinder, nicht zu weit ins Bruch,
Die Sonne sinkt, schon surrt den Flug
Die Biene matter, schlafgehemmt,
Am Grunde schwimmt ein blasses Tuch,
Der Heidemann kömmt! " —

Die Knaben spielen fort am Raine,
Sie rupfen Gräser, schnellen Steine,
Sie plätschern in des Teiches Rinne,
Erhaschen die Phalän' am Ried
Und freun sich, wenn die Wasserspinne
Langbeinig in die Binsen flieht.

„ Ihr Kinder, legt euch nicht ins Gras! —
Seht, wo noch grad' die Biene saß,
Wie weißer Rauch die Glocken füllt.
Scheu aus dem Busche glotzt der Has,
Der Heidemann schwillt! " —

Kaum hebt ihr schweres Haupt die Schmele
Noch aus dem Dunst, in seine Höhle
Schiebt sich der Käfer, und am Halme
Die träge Motte höher kreucht,
Sich flüchtend vor dem feuchten Qualme,
Der unter ihre Flügel steigt.

„ Ihr Kinder, haltet euch bei Haus!
Lauft ja nicht in das Bruch hinaus;
Seht, wie bereits der Dorn ergraut,
Die Drossel ächzt zum Nest hinaus;
Der Heidemann braut! " —

Man sieht des Hirten Pfeife glimmen
Und vor ihm her die Herde schwimmen,
Wie Proteus seine Robbenscharen
Heimschwemmt im grauen Ozean.

Am Dach die Schwalben zwitschernd fahren,
Und melancholisch kräht der Hahn.

„ Ihr Kinder, bleibt am Hofe dicht!
Seht, wie die feuchte Nebelschicht
Schon an des Pförtchens Klinke reicht;
Am Grunde schwimmt ein falsches Licht,
Der Heidemann steigt! “ —

Nun strecken nur der Föhren Wipfel
Noch aus dem Dunste grüne Gipfel
Wie übern Schnee Wacholderbüsche;
Ein leises Brodeln quillt im Moor,
Ein schwaches Schrillen, ein Gezische
Dringt aus der Niederung hervor.

„ Ihr Kinder, kommt, kommt schnell herein!
Das Irrlicht zündet seinen Schein,
Die Kröte schwillt, die Schlang’ im Ried;
Jetzt ist’s unheimlich draußen sein,
Der Heidemann zieht! “ —

Nun sinkt die letzte Nadel, rauchend
Zergeht die Fichte, langsam tauchend
Steigt Nebelschemen aus dem Moore,
Mit Hünenschritten gleitet’s fort;
Ein irres Leuchten zuckt im Rohre,
Der Krötenchor beginnt am Bord.

Und plötzlich scheint ein schwaches Glühen
Des Hünen Glieder zu durchziehen;
Es siedet auf, es färbt die Wellen,
Der Nord, der Nord entzündet sich —
Glutpfeile, Feuerspeere schnellen,
Der Horizont e i n Lavastrich!

„ Gott gnad’ uns! wie es zuckt und dräut,
Wie’s schwelet an der Dünenscheid’!

Ihr Kinder, faltet eure Händ',
Das bringt uns Pest und teure Zeit —
Der Heidemann brennt!" —

Der Knabe im Moor

O, schaurig ist's übers Moor zu gehn,
Wenn es wimmelt vom Heiderauche,
Sich wie Phantome die Dünste drehn
Und die Ranke häkelt am Strauche,
Unter jedem Tritte ein Quellchen springt,
Wenn aus der Spalte es zischt und singt,
O, schaurig ist's übers Moor zu gehn,
Wenn das Röhricht knistert im Hauche!

Fest hält die Fibel das zitternde Kind
Und rennt, als ob man es jage;
Hohl über die Fläche sauset der Wind —
Was raschelt drüben am Hage?
Das ist der gespenstische Gräberknecht,
Der dem Meister die besten Torfe verzecht;
Hu, hu, es bricht wie ein irres Rind!
Hinducket das Knäblein zage.

Vom Ufer starret Gestumpf hervor,
Unheimlich nicket die Föhre,
Der Knabe rennt, gespannt das Ohr,
Durch Riesenhalme wie Speere;
Und wie es rieselt und knittert darin!
Das ist die unselige Spinnerin,
Das ist die gebannte Spinnlenor',
Die den Haspel dreht im Geröhre!

Voran, voran! nur immer im Lauf,
Voran, als woll' es ihn holen!
Vor seinem Fuße brodelt es auf,
Es pfeift ihm unter den Sohlen
Wie eine gespenstige Melodei;

Das ist der Geigemann ungetreu,
Das ist der diebische Fiedler Knauf,
Der den Hochzeitheller gestohlen!

Da birst das Moor, ein Seufzer geht
Hervor aus der klaffenden Höhle;
Weh, weh, da ruft die verdammte Margret:
„ Ho, ho, meine arme Seele!“
Der Knabe springt wie ein wundes Reh;
Wär nicht Schutzengel in seiner Näh,
Seine bleichenden Knöchelchen fände spät
Ein Gräber im Moorgeschwele.

Da mählich gründet der Boden sich,
Und drüben, neben der Weide,
Die Lampe flimmert so heimatlich,
Der Knabe steht an der Scheide.
Tief atmet er auf, zum Moor zurück
Noch immer wirft er den scheuen Blick:
Ja, im Geröhre war's fürchterlich,
O, schaurig war's in der Heide!

AUGUST HEINRICH HOFFMANN VON FALLERSLEBEN

(1798–1874)

Bienchen

Summ', summ', summ'! Bienchen, summ' herum!
Ei, wir tun dir nichts zu leide, flieg nur
aus in Wald und Heide!

Summ', summ', summ'! Bienchen, summ' herum!
Such' in Blumen, such' in Blümchen dir ein Tröpfchen,
dir ein Krümchen!

Summ', summ', summ'! Bienchen, summ' herum!
Kehre heim mit reicher Habe, bau' uns manche
volle Wabe!

Abendlied

Abend wird es wieder:
Über Wald und Feld
Säuselt Frieden nieder
Und es ruht die Welt.

Nur der Bach ergießet
Sich am Felsen dort,
Und er braust und fließet
Immer, immer fort.

Und kein Abend bringet
Frieden ihm und Ruh'.
Keine Glocke klinget
Ihm ein Rastlied zu.

So in deinem Streben
Bist, mein Herz, auch du:
Gott nur kann dir geben
Wahre Abendruh'.

Das Lied der Deutschen

[Written in Heligoland on 26 August, 1841.]

Deutschland, Deutschland über alles,
Über alles in der Welt,
Wenn es stets zu Schutz und Trutze
Brüderlich zusammenhält,
Von der Maas bis an die Memel,
Von der Etsch bis an den Belt —
Deutschland, Deutschland über alles,
Über alles in der Welt!

Deutsche Frauen, deutsche Treue,
Deutscher Wein und deutscher Sang
Sollen in der Welt behalten
Ihren alten schönen Klang,
Uns zu edler Tat begeistern
Unser ganzes Leben lang —
Deutsche Frauen, deutsche Treue,
Deutscher Wein und deutscher Sang!

Einigkeit und Recht und Freiheit
Für das deutsche Vaterland!
Danach laßt uns alle streben
Brüderlich mit Herz und Hand!
Einigkeit und Recht und Freiheit
Sind des Glückes Unterpfand —
Blüh' im Glanze dieses Glückes,
Blühe, deutsches Vaterland!

WILHELM HAUFF

(1802–27)

Reiters Morgengesang[1]

Morgenrot,
Leuchtest mir zum frühen Tod?
Bald wird die Trompete blasen,
Dann muß ich mein Leben lassen,
Ich und mancher Kamerad!

Kaum gedacht,
War der Lust ein End' gemacht
Gestern noch auf stolzen Rossen,
Heute durch die Brust geschossen,
Morgen in das kühle Grab!

Ach, wie bald
Schwindet Schönheit und Gestalt!
Tust du stolz mit deinen Wangen,
Die wie Milch und Purpur prangen?
Ach, die Rosen welken all!

Darum still
Füg' ich mich, wie Gott es will.
Nun, so will ich wacker streiten,
Und sollt' ich den Tod erleiden,
Stirbt ein braver Reitersmann.

[1] Based on a Swabian folksong.

Soldatenliebe

Steh' ich in finstrer Mitternacht
So einsam auf der fernen Wacht,
So denk' ich an mein fernes Lieb,
Ob mir's auch treu und hold verblieb.

Als ich zur Fahne fortgemüßt,
Hat sie so herzlich mich geküßt,
Mit Bändern meinen Hut geschmückt
Und weinend mich ans Herz gedrückt!

Sie liebt mich noch, sie ist mir gut,
Drum bin ich froh und wohlgemut;
Mein Herz schlägt warm in kalter Nacht,
Wenn es ans treue Lieb gedacht.

Jetzt bei der Lampe mildem Schein
Gehst du wohl in dein Kämmerlein
Und schickst dein Nachtgebet zum Herrn
Auch für den Liebsten in der Fern'!

Doch, wenn du traurig bist und weinst,
Mich von Gefahr umrungen meinst —
Sei ruhig! Bin in Gottes Hut.
Er liebt ein treu Soldatenblut.

Die Glocke schlägt, bald naht die Rund'
Und löst mich ab zu dieser Stund';
Schlaf wohl im stillen Kämmerlein
Und denk in deinen Träumen mein!

NIKOLAUS LENAU

(NIEMBSCH VON STREHLENAU)

(1802–50)

Bitte

Weil' auf mir, du dunkles Auge,
Übe deine ganze Macht,
Ernste, milde, träumerische,
Unergründlich süße Nacht!

Nimm mit deinem Zauberdunkel
Diese Welt von hinnen mir,
Daß du über meinem Leben
Einsam schwebest für und für.

Schilflied

Auf dem Teich, dem regungslosen,
Weilt des Mondes holder Glanz,
Flechtend seine bleichen Rosen
In des Schilfes grünen Kranz.

Hirsche wandeln dort am Hügel
Blicken in die Nacht empor;

Manchmal regt sich das Geflügel
Träumerisch im tiefen Rohr.

Weinend muß mein Blick sich senken;
Durch die tiefste Seele geht
Mir ein süßes Deingedenken,
Wie ein stilles Nachtgebet!

Der Postillon

Lieblich war die Maiennacht,
Silberwölklein flogen,
Ob der holden Frühlingspracht
Freudig hingezogen.

Schlummernd lagen Wies' und Hain,
Jeder Pfad verlassen;
Niemand als der Mondenschein
Wachte auf der Straßen.

Leise nur das Lüftchen sprach,
Und es zog gelinder
Durch das stille Schlafgemach
All der Frühlingskinder.

Heimlich nur das Bächlein schlich,
Denn der Blüten Träume
Dufteten gar wonniglich
Durch die stillen Räume.

Rauher war mein Postillon,
Ließ die Geißel knallen,
Über Berg und Tal davon
Frisch sein Horn erschallen.

Und von flinken Rossen vier
Scholl der Hufe Schlagen,

Die durchs blühende Revier
Trabten mit Behagen.

Wald und Flur im schnellen Zug
Kaum gegrüßt — gemieden;
Und vorbei, wie Traumesflug,
Schwand der Dörfer Frieden.

Mitten in dem Maienglück
Lag ein Kirchhof innen,
Der den raschen Wanderblick
Hielt zu ernstem Sinnen.

Hingelehnt an Bergesrand
War die bleiche Mauer,
Und das Kreuzbild Gottes stand
Hoch, in stummer Trauer.

Schwager ritt auf seiner Bahn
Stiller jetzt und trüber;
Und die Rosse hielt er an,
Sah zum Kreuz hinüber:

,, Halten muß hier Roß und Rad,
Mag's Euch nicht gefährden;
Drüben liegt mein Kamerad
In der kühlen Erden!

Ein gar herzlieber Gesell!
Herr, 's ist ewig schade!
Keiner blies das Horn so hell
Wie mein Kamerade!

Hier ich immer halten muß,
Dem dort unterm Rasen
Zum getreuen Brudergruß
Sein Leiblied zu blasen! "

Und dem Kirchhof sandt' er zu
Frohe Wandersänge,
Daß es in die Grabesruh'
Seinem Bruder dränge.

Und des Hornes heller Ton
Klang vom Berge wieder,
Ob der tote Postillon
Stimmt' in seine Lieder. —

Weiter ging's durch Feld und Hag
Mit verhängtem Zügel;
Lang mir noch im Ohre lag
Jener Klang vom Hügel.

Die drei Zigeuner

Drei Zigeuner fand ich einmal
Liegen an einer Weide,
Als mein Fuhrwerk mit müder Qual
Schlich durch sandige Heide.

Hielt der eine für sich allein
In den Händen die Fiedel,
Spielte, umglüht vom Abendschein,
Sich ein feuriges Liedel.

Hielt der zweite die Pfeif' im Mund,
Blickte nach seinem Rauche,
Froh, als ob er vom Erdenrund
Nichts zum Glücke mehr brauche.

Und der dritte behaglich schlief,
Und sein Zimbal am Baum hing,
Über die Saiten der Windhauch lief,
Über sein Herz ein Traum ging.

An den Kleidern trugen die drei
Löcher und bunte Flicken,
Aber sie boten trotzig frei
Spott den Erdengeschicken.

Dreifach haben sie mir gezeigt,
Wenn das Leben uns nachtet,
Wie man's verraucht, verschläft, vergeigt
Und es dreimal verachtet.

Nach den Zigeunern lang noch schaun
Mußt' ich im Weiterfahren,
Nach den Gesichtern dunkelbraun,
Den schwarzlockigen Haaren.

Das Mondlicht

Dein gedenkend, irr' ich einsam
Diesen Strom entlang;
Könnten lauschen wir gemeinsam
Seinem Wellenklang!

Könnten wir zusammen schauen
In den Mond empor,
Der da drüben aus den Auen
Leise taucht empor.

Freundlich streut er meinem Blicke
Aus dem Silberschein
Stromhinüber eine Brücke
Bis zum stillen Hain. —

Wo des Stromes frohe Wellen
Durch den Schimmer ziehn,
Seh' ich, wie hinab die schnellen
Unaufhaltsam fliehn.

Aber wo im schimmerlosen
Dunkel geht die Flut,
Ist sie nur ein dumpfes Tosen,
Das dem Auge ruht. —

Daß doch mein Geschick mir brächte
Einen Blick von dir!
Süßes Mondlicht meiner Nächte,
Mädchen, bist du mir!

Wenn nach dir ich oft vergebens
In die Nacht gesehn,
Scheint der dunkle Strom des Lebens
Trauernd stillzustehn.

Wenn du über seinen Wogen
Strahlest zauberhell,
Seh' ich sie dahingezogen,
Ach! nur allzuschnell!

Meeresstille

Sturm mit seinen Donnerschlägen
Kann mir nicht wie du
So das tiefste Herz bewegen,
Tiefe Meeresruh'!

Du allein nur konntest lehren
Uns den schönen Wahn
Seliger Musik der Sphären,
Stiller Ozean!

Nächtlich Meer, nun ist dein Schweigen
So tief ungestört,
Daß die Seele wohl ihr eigen
Träumen klingen hört;

Daß, im Schutz geschlossnen Mundes,
Doch mein Herz erschrickt,
Das Geheimnis heil'gen Bundes
Fester an sich drückt.

EDUARD MÖRIKE

(1804–75)

An eine Äolsharfe

> *Tu semper urges flebilibus modis*
> *Mysten ademptum: nec tibi Vespero*
> *Surgente decedunt amores,*
> *Nec rapidum fugiente Solem.*
>
> HORAZ

Angelehnt an die Efeuwand
Dieser alten Terrasse,
Du, einer luftgebornen Muse
Geheimnisvolles Saitenspiel,
Fang an,
Fange wieder an
Deine melodische Klage!

Ihr kommet, Winde, fern herüber,
Ach! von des Knaben,
Der mir so lieb war,
Frisch grünendem Hügel.
Und Frühlingsblüten unterweges streifend,
Übersättigt mit Wohlgerüchen,
Wie süß bedrängt ihr dies Herz!
Und säuselt her in die Saiten,
Angezogen von wohllautender Wehmut,
Wachsend im Zug meiner Sehnsucht.
Und hinsterbend wieder.

[380]

Aber auf einmal,
Wie der Wind heftiger herstößt,
Ein holder Schrei der Harfe
Wiederholt, mir zu süßem Erschrecken,
Meiner Seele plötzliche Regung;
Und hier — die volle Rose streut, geschüttelt,
All ihr Blätter vor meine Füße!

Peregrina

I

Der Spiegel dieser treuen, braunen Augen
Ist wie von innerm Gold ein Widerschein;
Tief aus dem Busen scheint er's anzusaugen,
Dort mag solch Gold in heil'gem Gram gedeihn.

In diese Nacht des Blickes mich zu tauchen,
Unwissend Kind, du selber lädst mich ein —
Willst, ich soll kecklich mich und dich entzünden,
Reichst lächelnd mir den Tod im Kelch der Sünden!

II

Aufgeschmückt ist der Freudensaal.
Lichterhell, bunt, in laulicher Sommernacht
Stehet das offene Gartengezelte.
Säulengleich steigen, gepaart,
Grün-umranket, eherne Schlangen,
Zwölf, mit verschlungenen Hälsen,
Tragend und stützend das
Leicht gegitterte Dach.
Aber die Braut noch wartet verborgen
In dem Kämmerlein ihres Hauses.
Endlich bewegt sich der Zug der Hochzeit,
Fackeln tragend,
Feierlich stumm.

Und in der Mitte,
Mich an der rechten Hand,
Schwarz gekleidet, geht einfach die Braut;
Schöngefaltet ein Scharlachtuch
Liegt um den zierlichen Kopf geschlagen.
Lächelnd geht sie dahin; das Mahl schon duftet.

Später im Lärmen des Fests
Stahlen wir seitwärts uns beide
Weg, nach dem Schatten des Gartens wandelnd,
Wo im Gebüsche die Rosen brannten,
Wo der Mondstrahl um Lilien zuckte,
Wo die Weymouthsfichte mit schwarzem Haar
Den Spiegel des Teiches halb verhängt.

Auf seidnem Rasen dort, ach, Herz am Herzen,
Wie verschlangen, erstickten meine Küsse den
    scheueren Kuß!
Indes der Springquell, unteilnehmend
An überschwenglicher Liebe Geflüster,
Sich ewig des eigenen Plätscherns freute;
Uns aber neckten von fern und lockten
Freundliche Stimmen,
Flöten und Saiten umsonst.

Ermüdet lag, zu bald für mein Verlangen,
Das leichte, liebe Haupt auf meinem Schoß.
Spielender Weise mein Aug' auf ihres drückend,
Fühlt' ich ein Weilchen die langen Wimpern,
Bis der Schlaf sie stellte,
Wie Schmetterlingsgefieder auf und nieder gehn.

Eh' das Frührot schien,
Eh' das Lämpchen erlosch im Brautgemache,
Weckt' ich die Schläferin,
Führte das seltsame Kind in mein Haus ein.

Ein Irrsal kam in die Mondscheingärten
Einer einst heiligen Liebe.
Schaudernd entdeckt' ich verjährten Betrug.
Und mit weinendem Blick, doch grausam,
Hieß ich das schlanke,
Zauberhafte Mädchen
Ferne gehen von mir.
Ach, ihre hohe Stirn
War gesenkt, denn sie liebte mich;
Aber sie zog mit Schweigen
Fort in die graue
Welt hinaus.

Krank seitdem,
Wund ist und wehe mein Herz.
Nimmer wird es genesen!

Als ginge, luftgesponnen, ein Zauberfaden
Von ihr zu mir, ein ängstig Band,
So zieht es, zieht mich schmachtend ihr nach!
— Wie? wenn ich eines Tags auf meiner Schwelle
Sie sitzen fände, wie einst, im Morgen-Zwielicht,
Das Wanderbündel neben ihr,
Und ihr Auge, treuherzig zu mir aufschauend,
Sagte: da bin ich wieder
Hergekommen aus weiter Welt!

Warum, Geliebte, denk' ich dein
Auf einmal nun mit tausend Tränen,
Und kann gar nicht zufrieden sein,
Und will die Brust in alle Weite dehnen?

Ach, gestern in den hellen Kindersaal,
Beim Flimmer zierlich aufgesteckter Kerzen,
Wo ich mein selbst vergaß in Lärm und Scherzen,

Tratst du, o Bildnis mitleid-schöner Qual;
Es war dein Geist, er setzte sich ans Mahl,
Fremd saßen wir mit stumm verhalt'nen Schmerzen;
Zuletzt brach ich in lautes Schluchzen aus,
Und Hand in Hand verließen wir das Haus.

V

Die Liebe, sagt man, steht am Pfahl gebunden,
Geht endlich arm, zerrüttet, unbeschuht;
Dies edle Haupt hat nicht mehr, wo es ruht,
Mit Tränen netzet sie der Füße Wunden.

Ach, Peregrinen hab' ich so gefunden!
Schön war ihr Wahnsinn, ihrer Wange Glut,
Noch scherzend in der Frühlingsstürme Wut,
Und wilde Kränze in das Haar gewunden.

War's möglich, solche Schönheit zu verlassen?
— So kehrt nur reizender das alte Glück!
O komm, in diese Arme dich zu fassen!

Doch weh! o weh! was soll mir dieser Blick?
Sie küßt mich zwischen Lieben noch und Hassen,
Sie kehrt sich ab, und kehrt mir nie zurück.

Maler Nolten

Erinna an Sappho

[Erinna, eine hochgepriesene Dichterin des griechischen Altertums, um
600 v. Chr., Freundin und Schülerin Sapphos zu Mytilene auf Lesbos.
Sie starb als Mädchen von neunzehn Jahren.]

„ Vielfach sind zum Hades die Pfade ", heißt ein
Altes Liedchen — „ und einen gehst du selber,
Zweifle nicht! " Wer, süßeste Sappho, zweifelt?
Sagt es nicht jeglicher Tag?

Doch den Lebenden haftet nur leicht im Busen
Solch ein Wort, und dem Meer anwohnend ein Fischer von Kind
    auf
Hört im stumpferen Ohr der Wogen Geräusch nicht mehr.
— Wundersam aber erschrak mir heute das Herz. Vernimm!

Sonniger Morgenglanz im Garten,
Ergossen um der Bäume Wipfel,
Lockte die Langschläferin (denn so schaltest du jüngst Erinna!)
Früh vom schwüligen Lager hinweg.
Stille war mein Gemüt; in den Adern aber
Unstet klopfte das Blut bei der Wangen Blässe.

Als ich am Putztisch jetzo die Flechten löste,
Dann mit nardeduftendem Kamm vor der Stirn den Haar-
Schleier teilte, — seltsam betraf mich im Spiegel Blick in Blick.
Augen, sagt' ich, ihr Augen, was wollt ihr?
Du, mein Geist, heute noch sicher behaust da drinne,
Lebendigen Sinnen traulich vermählt,
Wie mit fremdendem Ernst, lächelnd halb, ein Dämon,
Nickst du mich an, Tod weissagend!
— Ha, da mit eins durchzuckt' es mich
Wie Wetterschein! wie wenn schwarzgefiedert ein tödlicher Pfeil
Streifte die Schläfe hart vorbei,
Daß ich, die Hände gedeckt aufs Antlitz, lange
Staunend blieb, in die nachtschaurige Kluft schwindelnd hinab.

Und das eigene Todesgeschick erwog ich;
Trockenen Aug's noch erst,
Bis da ich dein, o Sappho, dachte
Und der Freundinnen all,
Und anmutiger Musenkunst,
Gleich da quollen die Tränen mir.

Und dort blinkte vom Tisch das schöne Kopfnetz, dein Geschenk,
Köstliches Byssosgeweb', von goldnen Bienlein schwärmend.
Dieses, wenn wir demnächst das blumige Fest
Feiern der herrlichen Tochter Demeters,
Möcht' ich ihr weihn, für meinen Teil und deinen;

Daß sie hold uns bleibe (denn viel vermag sie),
Daß du zu früh dir nicht die braune Locke mögest
Für Erinna vom lieben Haupte trennen.

Früh im Wagen

Es graut vom Morgenreif
In Dämmerung das Feld,
Da schon ein blasser Streif
Den fernen Ost erhellt;

Man sieht im Lichte bald
Den Morgenstern vergehn,
Und doch am Fichtenwald
Den vollen Mond noch stehn:

So ist mein scheuer Blick,
Den schon die Ferne drängt,
Noch in das Schmerzensglück
Der Abschiedsnacht versenkt.

Dein blaues Auge steht,
Ein dunkler See, vor mir,
Dein Kuß, dein Hauch umweht,
Dein Flüstern mich noch hier.

An deinem Hals begräbt
Sich weinend mein Gesicht,
Und Purpurschwärze webt
Mir vor dem Auge dicht.

Die Sonne kommt; — sie scheucht
Den Traum hinweg im Nu,
Und von den Bergen streicht
Ein Schauer auf mich zu.

Mein Fluß

O Fluß, mein Fluß im Morgenstrahl!
Empfange nun, empfange
Den sehnsuchtsvollen Leib einmal,
Und küsse Brust und Wange!
— Er fühlt mir schon herauf die Brust,
Er kühlt mit Liebesschauerlust
Und jauchzendem Gesange.

Es schlüpft der goldne Sonnenschein
In Tropfen an mir nieder,
Die Woge wieget aus und ein
Die hingegebnen Glieder;
Die Arme hab' ich ausgespannt,
Sie kommt auf mich herzugerannt,
Sie faßt und läßt mich wieder.

Du murmelst so, mein Fluß, warum?
Du trägst seit alten Tagen
Ein seltsam Märchen mit dir um,
Und mühst dich, es zu sagen;
Du eilst so sehr und läufst so sehr,
Als müßtest du im Land umher,
Man weiß nicht wen, drum fragen.

Der Himmel, blau und kinderrein,
Worin die Wellen singen,
Der Himmel ist die Seele dein:
O laß mich ihn durchdringen!
Ich tauche mich mit Geist und Sinn
Durch die vertiefte Bläue hin,
Und kann sie nicht erschwingen!

Was ist so tief, so tief wie sie?
Die Liebe nur alleine.
Sie wird nicht satt und sättigt nie
Mit ihrem Wechselscheine.

— Schwill an, mein Fluß, und hebe dich!
Mit Grausen übergieße mich!
Mein Leben um das deine!

Du weisest schmeichelnd mich zurück
Zu deiner Blumenschwelle.
So trage denn allein dein Glück,
Und wieg auf deiner Welle
Der Sonne Pracht, des Mondes Ruh':
Nach tausend Irren kehrest du
Zur ew'gen Mutterquelle!

Um Mitternacht

Gelassen stieg die Nacht ans Land,
Lehnt träumend an der Berge Wand,
Ihr Auge sieht die goldne Wage nun
Der Zeit in gleichen Schalen stille ruhn;
    Und kecker rauschen die Quellen hervor,
    Sie singen der Mutter, der Nacht, ins Ohr
    Vom Tage,
    Vom heute gewesenen Tage.

Das uralt alte Schlummerlied,
Sie achtet's nicht, sie ist es müd';
Ihr klingt des Himmels Bläue süßer noch,
Der flücht'gen Stunden gleichgeschwung'nes Joch.
    Doch immer behalten die Quellen das Wort,
    Es singen die Wasser im Schlafe noch fort
    Vom Tage,
    Vom heute gewesenen Tage.

Gebet

Herr! schicke was du willt,
Ein Liebes oder Leides;
Ich bin vergnügt, daß beides
Aus deinen Händen quillt.

[388]

Wollest mit Freuden
Und wollest mit Leiden
Mich nicht überschütten!
Doch in der Mitten
Liegt holdes Bescheiden.

Das verlassene Mägdelein

Früh, wann die Hähne krähn,
Eh' die Sternlein verschwinden,
Muß ich am Herde stehn,
Muß Feuer zünden.

Schön ist der Flammen Schein,
Es springen die Funken;
Ich schaue so drein,
In Leid versunken.

Plötzlich, da kommt es mir,
Treuloser Knabe,
Daß ich die Nacht von dir
Geträumet habe.

Träne auf Träne dann
Stürzet hernieder;
So kommt der Tag heran —
O ging' er wieder!

Er ist's

Frühling läßt sein blaues Band
Wieder flattern durch die Lüfte;
Süße, wohlbekannte Düfte
Streifen ahnungsvoll das Land.
Veilchen träumen schon,
Wollen balde kommen.

— Horch: von fern ein leiser Harfenton!
Frühling, ja du bist's!
Dich hab' ich vernommen!

Elfenlied

Bei Nacht im Dorf der Wächter rief: „ Elfe! "
Ein ganz kleines Elfchen im Walde schlief — Wohl
   um die Elfe —
Und meint, es rief ihm aus dem Tal
Bei seinem Namen die Nachtigall,
Oder Silpelit hätt' ihm gerufen.
Reibt sich der Elf die Augen aus,
Begibt sich vor sein Schneckenhaus
Und ist als wie ein trunken Mann,
Sein Schläflein war nicht voll getan,
Und humpelt also tippe tapp
Durchs Haselholz ins Tal hinab,
Schlupft an der Mauer hin so dicht,
Da sitzt der Glühwurm, Licht an Licht.
„ Was sind das helle Fensterlein?
Da drin wird eine Hochzeit sein:
Die Kleinen sitzen beim Mahle,
Und treiben's in dem Saale;
Da guck' ich wohl ein wenig 'nein! "
— Pfui, stößt den Kopf an harten Stein!
Elfe, gelt, du hast genug?
        Guckuck! Guckuck!!

In der Frühe

Kein Schlaf noch kühlt das Auge mir,
Dort gehet schon der Tag herfür
An meinem Kammerfenster.
Es wühlet mein zerstörter Sinn
Noch zwischen Zweifeln her und hin
Und schaffet Nachtgespenster.

— Ängste, quäle
Dich nicht länger, meine Seele!
Freu dich! schon sind da und dorten
Morgenglocken wach geworden.

An einem Wintermorgen, vor Sonnenaufgang

O flaumenleichte Zeit der dunkeln Frühe!
Welch neue Welt bewegest du in mir?
Was ist's, daß ich auf einmal nun in dir
Von sanfter Wollust meines Daseins glühe?

Einem Kristall gleicht meine Seele nun,
Den noch kein falscher Strahl des Lichts getroffen;
Zu fluten scheint mein Geist, er scheint zu ruhn,
Dem Eindruck naher Wunderkräfte offen,
Die aus dem klaren Gürtel blauer Luft
Zuletzt ein Zauberwort vor meine Sinne ruft.

Bei hellen Augen glaub' ich doch zu schwanken;
Ich schließe sie, daß nicht der Traum entweiche.
Seh' ich hinab in lichte Feenreiche?
Wer hat den bunten Schwarm von Bildern und Gedanken
Zur Pforte meines Herzens hergeladen,
Die glänzend sich in diesem Busen baden,
Goldfarb'gen Fischlein gleich im Gartenteiche?

Ich höre bald der Hirtenflöten Klänge,
Wie um die Krippe jener Wundernacht,
Bald weinbekränzter Jugend Lustgesänge;
Wer hat das friedenselige Gedränge
In meine traurigen Wände hergebracht?

Und welch Gefühl entzückter Stärke,
Indem mein Sinn sich frisch zur Ferne lenkt!
Vom ersten Mark des heut'gen Tags getränkt,
Fühl' ich mir Mut zu jedem frommen Werke.

Die Seele fliegt, so weit der Himmel reicht,
Der Genius jauchzt in mir! Doch sage,
Warum wird jetzt der Blick von Wehmut feucht?
Ist's ein verloren Glück, was mich erweicht?
Ist es ein werdendes, was ich im Herzen trage?
— Hinweg, mein Geist! Hier gilt kein Stillestehn:
Es ist ein Augenblick, und alles wird verwehn!

Dort, sieh! am Horizont lüpft sich der Vorhang schon!
Es träumt der Tag, nun sei die Nacht entflohn;
Die Purpurlippe, die geschlossen lag,
Haucht halbgeöffnet süße Atemzüge:
Auf einmal blitzt das Aug', und, wie ein Gott, der Tag
Beginnt im Sprung die königlichen Flüge!

Der Feuerreiter

Sehet ihr am Fensterlein
dort die rote Mütze wieder?
Nicht geheuer muß es sein,
denn er geht schon auf und nieder.
Und auf einmal welch Gewühle
bei der Brücke, nach dem Feld!
Horch! das Feuerglöcklein gellt:
    Hinterm Berg,
    hinterm Berg
brennt es in der Mühle!

Schaut! da sprengt er wütend schier
durch das Tor, der Feuerreiter,
auf dem rippendürren Tier,
als auf einer Feuerleiter!
Querfeldein! Durch Qualm und Schwüle
rennt er schon und ist am Ort!
Drüben schallt es fort und fort:
    Hinterm Berg,
    hinterm Berg
brennt es in der Mühle!

Der so oft den roten Hahn
meilenweit von fern gerochen,
mit des heil'gen Kreuzes Span
freventlich die Glut besprochen —
weh! dir grinst vom Dachgestühle
dort der Feind im Höllenschein.
Gnade Gott der Seele dein!
    Hinterm Berg,
    hinterm Berg
rast er in der Mühle!

Keine Stunde hielt es an,
bis die Mühle borst in Trümmer;
doch den kecken Reitersmann
sah man von der Stunde nimmer.
Volk und Wagen im Gewühle
kehren heim von all dem Graus;
auch das Glöcklein klinget aus:
    Hinterm Berg,
    hinterm Berg
brennt's! —

Nach der Zeit ein Müller fand
ein Gerippe samt der Mützen
aufrecht an der Kellerwand
auf der beinern' Mähre sitzen:
Feuerreiter, wie so kühle
reitest du in deinem Grab!
Husch! da fällt's in Asche ab.
    Ruhe wohl,
    ruhe wohl
drunten in der Mühle!

An die Geliebte

Wenn ich, von deinem Anschaun tief gestillt,
Mich stumm an deinem heil'gen Wert vergnüge,

Dann hör' ich recht die leisen Atemzüge
Des Engels, welcher sich in dir verhüllt,

Und ein erstaunt, ein fragend Lächeln quillt
Auf meinem Mund, ob mich kein Traum betrüge,
Daß nun in dir, zu ewiger Genüge,
Mein kühnster Wunsch, mein einz'ger, sich erfüllt?

Von Tiefe dann zu Tiefen stürzt mein Sinn,
Ich höre aus der Gottheit nächt'ger Ferne
Die Quellen des Geschicks melodisch rauschen.

Betäubt kehr' ich den Blick nach oben hin
Zum Himmel auf — da lächeln alle Sterne;
Ich kniee, ihrem Lichtgesang zu lauschen.

Denk' es, o Seele!

Ein Tännlein grünet wo,
Wer weiß, im Walde,
Ein Rosenstrauch, wer sagt,
In welchem Garten?
Sie sind erlesen schon,
Denk' es, o Seele,
Auf deinem Grab zu wurzeln
Und zu wachsen.

Zwei schwarze Rößlein weiden
Auf der Wiese,
Sie kehren heim zur Stadt
In muntern Sprüngen.
Sie werden schrittweis gehn
Mit deiner Leiche;
Vielleicht, vielleicht noch eh'
An ihren Hufen
Das Eisen los wird,
Das ich blitzen sehe!

Auf eine Lampe

Noch unverrückt, o schöne Lampe, schmückest du,
An leichten Ketten zierlich aufgehangen hier,
Die Decke des nun fast vergeßnen Lustgemachs.
Auf deiner weißen Marmorschale, deren Rand
Der Efeukranz von goldengrünem Erz umflicht,
Schlingt fröhlich eine Kinderschar den Ringelreih'n.
Wie reizend alles! lachend, und ein sanfter Geist
Des Ernstes doch ergossen um die ganze Form —
Ein Kunstgebild der echten Art. Wer achtet sein?
Was aber schön ist, selig scheint es in ihm selbst.

ERNST VON FEUCHTERSLEBEN

(1806–49)

Es ist bestimmt in Gottes Rat

Es ist bestimmt in Gottes Rat,
Daß man, was man am liebsten hat,
Muß meiden;
Wiewohl nichts in dem Lauf der Welt
Dem Herzen, ach! so sauer fällt
Als Scheiden! ja Scheiden!

So dir geschenkt ein Knösplein was,
So tu es in ein Wasserglas —
Doch wisse:
Blüht morgen dir ein Röslein auf,
Es welkt wohl noch die Nacht darauf;
Das wisse! ja wisse!

Und hat dir Gott ein Lieb beschert,
Und hältst du sie recht innig wert,
Die deine —
Es werden wohl acht Bretter sein,
Da legst du sie, wie bald! hinein;
Dann weine! ja weine!

Nur mußt du mich auch recht verstehn,
Ja recht verstehn!
Wenn Menschen auseinander gehn,
So sagen sie: Auf Wiedersehn!
Ja Wiedersehn!

FERDINAND FREILIGRATH

(1810–76)

Prinz Eugen, der edle Ritter

Zelte, Posten, Werdarufer!
Lust'ge Nacht am Donauufer!
Pferde stehn im Kreis umher
Angebunden an den Pflöcken;
An den engen Sattelböcken
Hangen Karabiner schwer.

Um das Feuer auf der Erde,
Vor den Hufen seiner Pferde
Liegt das östreich'sche Pikett.
Auf dem Mantel liegt ein jeder,
Von den Tschakos weht die Feder,
Leutnant würfelt und Kornett.

Neben seinem müden Schecken
Ruht auf einer wollnen Decken
Der Trompeter ganz allein:
„ Laßt die Knöchel, laßt die Karten!
Kaiserliche Feldstandarten
Wird ein Reiterlied erfreun!

Vor acht Tagen die Affäre
Hab' ich, zu Nutz dem ganzen Heere,
In gehör'gen Reim gebracht,
Selber auch gesetzt die Noten;

Drum, ihr Weißen und ihr Roten,
Merket auf und gebet acht!"

Und er singt die neue Weise
Einmal, zweimal, dreimal leise
Denen Reitersleuten vor;
Und wie er zum letztenmale
Endet, bricht mit einemmale
Los der volle, kräft'ge Chor:

„Prinz Eugen, der edle Ritter!"
Hei, das klang wie Ungewitter
Weit ins Türkenlager hin.
Der Trompeter tät den Schnurrbart streichen
Und sich auf die Seite schleichen
Zu der Marketenderin.

O lieb, so lang du lieben kannst!

O lieb, so lang du lieben kannst!
O lieb, so lang du lieben magst!
Die Stunde kommt, die Stunde kommt,
Wo du an Gräbern stehst und klagst.

Und sorge, daß dein Herze glüht
Und Liebe hegt und Liebe trägt,
So lang ihm noch ein andres Herz
In Liebe warm entgegenschlägt.

Und wer dir seine Brust erschließt,
O tu ihm, was du kannst, zulieb
Und mach ihm jede Stunde froh
Und mach ihm keine Stunde trüb!

Und hüte deine Zunge wohl!
Bald ist ein böses Wort gesagt.
O Gott, es war nicht bös gemeint —
Der andre aber gegt und kiagt.

O lieb, so lang du lieben kannst!
O lieb, so lang du lieben magst!
Die Stunde kommt, die Stunde kommt,
Wo du an Gräbern stehst und klagst.

Dann kniest du nieder an der Gruft
Und birgst die Augen trüb und naß
— Sie sehen den andern nimmermehr —
Ins lange, feuchte Kirchhofgras.

Und sprichst: „ O schau auf mich herab,
Der hier an deinem Grabe weint;
Vergib, daß ich gekränkt dich hab',
O Gott, es war nicht bös gemeint! “

Er aber sieht und hört dich nicht,
Kommt nicht, daß du ihn froh umfängst;
Der Mund, der oft dich küßte, spricht
Nie wieder: „ Ich vergab dir längst."

Er tat's, vergab dir lange schon;
Doch manche heiße Träne fiel
Um dich und um dein herbes Wort —
Doch still — er ruht, er ist am Ziel.

O lieb, so lang du lieben kannst!
O lieb, so lang du lieben magst!
Die Stunde kommt, die Stunde kommt,
Wo du an Gräbern stehst und klagst!

FRITZ REUTER

(1810–74)

Rindfleisch un Plummen [1]

„ Den ganzen Dag bi't Döschen [2] stahn
Un ümmer achter'n Haken [3] gahn,

Un up den Acker Kluten pedden,[4]
Un denn mal wedder Ossen ledden,[5]
Un denn mal drög [6] un denn mal natt,
Wo, mine Herr'n, geföllt Sei dat?
Un denn? — wat krig ik denn för Eten?
So slicht un ma so'n lüttes Beten!
Un ümmer Tüften, ümmer Räuwen,[7]
Dor mag der Deuwel länger täuwen! [8]
Ne Herrn: denn hett 'ne Uhl dor seten,[9]
Bi drögen Tüften kann ik nich bestahn."
„ , Na gaud, min Soehn, du kannst nu gahn,' "
Seggt de Burmeister. — As hei 'rut,
Seggt hei tau'm Ratsherrn Wohlgemuth:
„ , Ich glaube fast und mir will es bedünken:
Der Mensch hat Recht' " ...

Lauschen un Rimels [10]

---

[1] *Pflaumen*   [2] *Dreschen*   [3] *hinterm Pfluge: „ Haken " = Pflug*
[4] *Erdklöße treten*   [5] *Ochsen leiten (führen)*   [6] *trocken*
[7] *Kartoffeln, immer Rüben*   [8] *warten*
[9] *dann hat eine Eule da gesessen (Sprichw.) = dann war es nichts damit*
[10] *Anekdoten und Reime*

HERMANN VON GILM ZU ROSENEGG

(1812–64)

Allerseelen

Stell' auf den Tisch die duftenden Reseden,
Die letzten roten Astern trag' herbei
Und laß uns wieder von der Liebe reden
Wie einst im Mai.

Gib mir die Hand, daß ich sie heimlich drücke,
Und wenn man's sieht, mir ist es einerlei;
Gib mir nur einen deiner süßen Blicke,
Wie einst im Mai.

Es blüht und funkelt heut auf jedem Grabe,
Ein Tag im Jahre ist den Toten frei;
Komm an mein Herz, daß ich dich wieder habe,
Wie einst im Mai.

RICHARD WAGNER

(1813–83)

Westwärts schweift der Blick . . .

*Stimme eines jungen Seemannes (aus der Höhe, wie vom Maste her,
vernehmbar)*

Westwärts
schweift der Blick;
ostwärts
streicht das Schiff.
Frisch weht der Wind
der Heimat zu: —
mein irisch Kind,
wo weilest du?
Sind's deiner Seufzer Wehen,
die mir die Segel blähen? —
Wehe! Wehe, du Wind!
Weh'! Ach wehe, mein Kind!
  Frische Maid,
du wilde, minnige Maid!

Tristan und Isolde (Erster Aufzug)

O sink' hernieder . . .

TRISTAN UND ISOLDE

*(zu immer innigerer Umarmung auf einer Blumenbank sich
niederlassend)*

O sink' hernieder,
Nacht der Liebe,

[400]

gib Vergessen,
daß ich lebe;
nimm mich auf
in deinen Schoß,
löse von
der Welt mich los
Verloschen nun
die letzte Leuchte;
was wir dachten
was uns deuchte,
all' Gedenken,
all' Gemahnen,
heil'ger Dämm'rung
hehres Ahnen
löscht des Wähnens Graus
welt-erlösend aus.
Barg im Busen
uns sich die Sonne,
leuchten lachend
Sterne der Wonne.
Von deinem Zauber
sanft umsponnen,
vor deinen Augen
süß zerronnen,
Herz an Herz dir,
Mund an Mund,
eines Atems
einiger Bund; —
bricht mein Blick sich
wonn'-erblindet,
erbleicht die Welt
mit ihrem Blenden:
die mir der Tag
trügend erhellt,
zu täuschendem Wahn
entgegenstellt,
selbst dann
bin ich die Welt:

liebe-heiligstes Leben,
wonne-hehrstes Weben,
nie-wieder-Erwachens
wahnlos
hold bewußter Wunsch.

(mit zurückgesenkten Häuptern lange schweigende Umarmung beider)

BRANGÄNE

(unsichtbar, von der Höhe der Zinne)

Einsam wachend
in der Nacht,
wem der Traum
der Liebe lacht,
hab' der Einen
Ruf in acht,
die den Schläfern
Schlimmes ahnt,
bange zum
Erwachen mahnt.
Habet acht!
Habet acht!
Bald entweicht die Nacht.

Ibid. (Zweiter Aufzug)

FRIEDRICH HEBBEL

(1813–63)

Sommerbild

Ich sah des Sommers letzte Rose steh'n,
Sie war, als ob sie bluten könne, rot;
Da sprach ich schauernd im Vorübergeh'n:
So weit im Leben, ist zu nah' am Tod!

[402]

Es regte sich kein Hauch am heißen Tag,
Nur leise strich ein weißer Schmetterling;
Doch, ob auch kaum die Luft sein Flügelschlag
Bewegte, sie empfand es und verging.

Herbstbild

Dies ist ein Herbsttag, wie ich keinen sah!
Die Luft ist still, als atmete man kaum,
Und dennoch fallen raschelnd, fern und nah',
Die schönsten Früchte ab von jedem Baum.

O stört sie nicht, die Feier der Natur!
Dies ist die Lese, die sie selber hält,
Denn heute lös't sich von den Zweigen nur,
Was vor dem milden Strahl der Sonne fällt.

Die Weihe der Nacht

Nächtliche Stille!
Heilige Fülle,
Wie von göttlichem Segen schwer,
Säuselt aus ewiger Ferne daher.

Was da lebte,
Was aus engem Kreise
Auf ins Weit'ste strebte,
Sanft und leise
Sank es in sich selbst zurück
Und quillt auf in unbewußtem Glück.

Und von allen Sternen nieder
Strömt ein wunderbarer Segen,
Daß die müden Kräfte wieder
Sich in neuer Frische regen,

Und aus seinen Finsternissen
Tritt der Herr, so weit er kann,
Und die Fäden, die zerrissen,
Knüpft er alle wieder an.

Der Haideknabe

Der Knabe träumt, man schicke ihn fort
Mit dreißig Talern zum Haide-Ort,
Er ward drum erschlagen am Wege
Und war doch nicht langsam und träge.

Noch liegt er im Angstschweiß, da rüttelt ihn
Sein Meister und heißt ihm, sich anzuzieh'n,
Und legt ihm das Geld auf die Decke
Und fragt ihn, warum er erschrecke.

„ Ach, Meister, mein Meister, sie schlagen mich tot,
Die Sonne, sie ist ja wie Blut so rot! "
„ Sie ist es für dich nicht alleine,
Drum schnell, sonst mach' ich dir Beine! "

„ Ach, Meister, mein Meister, so sprachst du schon,
Das war das Gesicht, der Blick, der Ton,
Gleich greifst du " — zum Stock, will er sagen,
Er sagt's nicht, er wird schon geschlagen.

„ Ach, Meister, mein Meister, ich geh', ich geh',
Bring' meiner Mutter das letzte Ade!
Und sucht sie nach allen vier Winden,
Am Weidenbaum bin ich zu finden! "

Hinaus aus der Stadt! Und da dehnt sie sich,
Die Haide, nebelnd, gespenstiglich,
Die Winde darüber sausend;
„ Ach, wär' hier ein Schritt wie tausend! "

Und alles so still und alles so stumm,
Man sieht sich umsonst nach Lebendigem um,
Nur hungrige Vögel schießen
Aus Wolken, um Würmer zu spießen.

Er kommt ans einsame Hirtenhaus,
Der alte Hirt schaut eben heraus,
Des Knaben Angst ist gestiegen,
Am Wege bleibt er noch liegen.

„ Ach, Hirte, du bist ja von frommer Art,
Vier gute Groschen hab' ich erspart,
Gib deinen Knecht mir zur Seite,
Daß er bis zum Dorf mich begleite.

Ich will sie ihm geben, er trinke dafür
Am nächsten Sonntag ein gutes Bier,
Dies Geld hier, ich trag' es mit Beben,
Man nahm mir im Traum drum das Leben! “

Der Hirt, der winkte dem langen Knecht,
Er schnitt sich eben den Stecken zurecht,
Jetzt trat er hervor — wie graute
Dem Knaben, als er ihn schaute!

„ Ach, Meister Hirte, ach nein, ach nein,
Es ist doch besser, ich geh' allein! “
Der Lange spricht grinsend zum Alten:
„ Er will die vier Groschen behalten.“

„ Da sind die vier Groschen! “ Er wirft sie hin
Und eilt hinweg mit verstörtem Sinn.
Schon kann er die Weide erblicken,
Da klopft ihn der Knecht in den Rücken.

„ Du hältst es nicht aus, du gehst zu geschwind,
Ei, eile mit Weile, du bist ja noch Kind,
Auch muß das Geld dich beschweren,
Wer kann dir das Ausruh'n verwehren!

Komm, setz' dich unter den Weidenbaum
Und dort erzähl' mir den häßlichen Traum,
Mir träumte — Gott soll mich verdammen,
Trifft's nicht mit deinem zusammen!"

Er faßt den Knaben wohl bei der Hand,
Der leistet auch nimmermehr Widerstand,
Die Blätter flüstern so schaurig,
Das Wässerlein rieselt so traurig!

„Nun sprich, du träumtest" — „Es kam ein Mann" —
„War ich das? Sieh mich doch näher an,
Ich denke, du hast mich gesehen!
Nun weiter, wie ist es geschehen?"

„Er zog ein Messer!" — „War das wie dies?"
„Ach ja, ach ja!" — „Er zog's?" — „Und stieß" —
„Er stieß dir's wohl so durch die Kehle?
Was hilft es auch, daß ich dich quäle!"

Und fragt ihr, wie's weiter gekommen sei?
So fragt zwei Vögel, sie saßen dabei,
Der Rabe verweilte gar heiter,
Die Taube konnte nicht weiter!

Der Rabe erzählt, was der Böse noch tat,
Und auch, wie's der Henker gerochen hat,
Die Taube erzählt, wie der Knabe
Geweint und gebetet habe.

Ich und Du

Wir träumten voneinander
    Und sind davon erwacht,
Wir leben, um uns zu lieben,
    Und sinken zurück in die Nacht.

Du tratst aus meinem Traume,
  Aus deinem trat ich hervor,
Wir sterben, wenn sich Eines
  Im Andern ganz verlor.

Auf einer Lilie zittern
  Zwei Tropfen, rein und rund,
Zerfließen in Eins und rollen
  Hinab in des Kelches Grund.

EMANUEL GEIBEL
(1815–84)

Mein Herz ist wie die dunkle Nacht

Mein Herz ist wie die dunkle Nacht,
Wenn alle Wipfel rauschen;
Da steigt der Mond in voller Pracht
Aus Wolken sacht —
Und sieh, der Wald verstummt in tiefem Lauschen.

Der Mond, der helle Mond bist du,
Aus deiner Liebesfülle
Wirf einen, einen Blick mir zu
Voll Himmelsruh —
Und sieh, das ungestüme Herz wird stille.

Die schöne Form macht kein Gedicht . . .

Die schöne Form macht kein Gedicht,
Der schöne Gedanke tut's auch noch nicht;
Es kommt drauf an, daß Leib und Seele
Zur guten Stunde sich vermähle.

Sprüche

[407]

Zweck? Das Kunstwerk hat nur einen,
Still im eignen Glanz zu ruhn;
Aber durch ihr bloß Erscheinen
Mag die Schönheit Wunder tun.

Ibid.

Der Mai ist gekommen

Der Mai ist gekommen, die Bäume schlagen aus,
Da bleibe, wer Lust hat, mit Sorgen zu Haus!
Wie die Wolken wandern am himmlischen Zelt,
So steht auch mir der Sinn in die weite, weite Welt.

Herr Vater, Frau Mutter, daß Gott euch behüt!
Wer weiß, wo in der Ferne mein Glück mir noch blüht!
Es gibt so manche Straße, da nimmer ich marschiert,
Es gibt so manchen Wein, den ich nimmer noch probiert.

Frisch auf drum, frisch auf im hellen Sonnenstrahl
Wohl über die Berge, wohl durch das tiefe Tal!
Die Quellen erklingen, die Bäume rauschen all,
Mein Herz ist wie 'ne Lerche und stimmet ein mit Schall.

Und abends im Städtlein, da kehr' ich durstig ein:
,,Herr Wirt, Herr Wirt, eine Kanne blanken Wein!
Ergreife die Fiedel, du lust'ger Spielmann du,
Von meinem Schatz das Liedel, das sing' ich dazu.''

Und find' ich keine Herberg, so lieg' ich zu Nacht
Wohl unter blauem Himmel, die Sterne halten Wacht;
Im Winde die Linde, die rauscht mich ein gemach,
Es küsset in der Früh' das Morgenrot mich wach.

O Wandern, o Wandern, du freie Burschenlust!
Da wehet Gottes Odem so frisch in die Brust;
Da singet und jauchzet das Herz zum Himmelszelt:
Wie bist du doch so schön, o du weite, weite Welt!

Sanssouci

Dies ist der Königspark. Rings Bäume, Blumen, Vasen!
Sieh, wie ins Muschelhorn die Steintritonen blasen!
Die Nymphe spiegelt klar sich in des Beckens Schoß;
Sieh hier der Flora Bild in hoher Rosen Mitten,
Die Laubengänge sieh, so regelrecht geschnitten,
Als wären's Verse Boileaus!

Vorbei am luft'gen Haus voll fremder Vögel Stimmen
Laß uns den Hang empor zu den Terrassen klimmen,
Die der Orange Wuchs umkränzt mit falbem Grün!
Dort oben ragt, wo frisch sich Tann' und Buche mischen,
Das schmucklos heitre Schloß mit breiten Fensternischen,
Darin des Abends Feuer glühn.

Dort lehnt ein Mann im Stuhl, sein Haupt ist vorgesunken,
Sein blaues Auge sinnt, und oft in hellen Funken
Entzündet sich's; so sprüht aus dunkler Luft ein Blitz.
Ein dreigespitzter Hut bedeckt der Schläfe Weichen,
Sein Krückstock irrt im Sand und schreibt verworrne Zeichen —
Nicht irrst du: das ist König Fritz.

Er sitzt und sinnt und schreibt. Kannst du sein Brüten deuten?
Denkt er an Kunersdorf, an Roßbach oder Leuthen,
An Hochkirchs Nacht, durchglüht von Flammen hundertfach?
Wie dort im roten Qualm gegrollt die Feldkanonen,
Indes die Reiterei mit rasselnden Schwadronen
Der Grenadiere Viereck brach!

Schwebt ein Gesetz ihm vor, mit dem er weis' und milde
Sein schlachterstarktes Volk zu schöner Menschheit bilde,
Ein Friedensgruß, wo jüngst die Kriegespauke scholl?
Ersinnt er einen Reim, der seinen Sieg verkläre,
Oder ein Epigramm, mit dem bei Tisch Voltaire,
Der Schalk, gezüchtigt werden soll?

[409]

Vielleicht auch treten ihm die Bilder nah, die alten,
Da er im Mondenlicht in seines Schlafrocks Falten
Die sanfte Flöt' ergriff, des Vaters Ärgernis;
Des treuen Freundes Geist will er heraufbeschwören,
Dem — ach, um ihn! — das Blei aus sieben Feuerröhren
Die kühne Jünglingsbrust zerriß.

Träumt in die Zukunft er? Zeigt ihm den immer vollern,
Den immer kühnern Flug des Aars von Hohenzollern,
Der schon den Doppelaar gebändigt, ein Gesicht?
Gedenkt er, wie dereinst ganz Deutschland hoffend lausche
Und bangend, wenn daher sein schwarzer Fittich rausche? —
O nein, das alles ist es nicht.

Er murrt: „ O Schmerz, als Held gesandt sein einem Volke,
Dem nie der Muse Bild erschien auf goldner Wolke!
August sein auf dem Thron, wenn kein Horaz ihm singt!
Was hilft's, vom fremden Schwan die weißen Federn borgen!
Und doch, was bleibt uns sonst? — Erschein, erschein, o Morgen,
Der uns den Götterliebling bringt! "

Er spricht's und ahnet nicht, daß jene Morgenröte
Den Horizont schon küßt, daß schon der junge Goethe
Mit seiner Rechten fast den vollen Kranz berührt,
Er, der das scheue Kind, noch rot von süßem Schrecken,
Die deutsche Poesie aus welschen Taxushecken
Zum freien Dichterwalde führt.

Ich sah den Wald sich färben

Ich sah den Wald sich färben,
Die Luft war grau und stumm;
Mir war betrübt zum Sterben,
Und wußt' es kaum, warum.

Durchs Feld vom Herbstgestäude
Her trieb das dürre Laub;

Da dacht' ich: deine Freude
Ward so des Windes Raub;

Dein Lenz, der blütenvolle,
Dein reicher Sommer schwand;
An die gefrorne Scholle
Bist du nun festgebannt.

Da plötzlich floß ein klares
Getön in Lüften hoch:
Ein Wandervogel war es,
Der nach dem Süden zog.

Ach, wie der Schlag der Schwingen,
Das Lied ins Ohr mir kam,
Fühlt' ich's wie Trost mir dringen
Zum Herzen wundersam.

Es mahnt' aus heller Kehle
Mich ja der flücht'ge Gast:
Vergiß, o Menschenseele,
Nicht, daß du Flügel hast!

GEORG HERWEGH

(1817–75)

Reiterlied

Die bange Nacht ist nun herum,
Wir reiten still, wir reiten stumm,
    Und reiten ins Verderben.
Wie weht so scharf der Morgenwind!
Frau Wirtin, noch ein Glas geschwind
    Vorm Sterben, vorm Sterben!

Du junges Gras, was stehst so grün?
Mußt bald wie lauter Röslein blühn,
   Mein Blut ja soll dich färben.
Den ersten Schluck, ans Schwert die Hand,
Den trink' ich, für das Vaterland
   Zu sterben, zu sterben.

Und schnell den zweiten hinterdrein,
Und der soll für die Freiheit sein,
   Der zweite Schluck vom Herben!
Dies Restchen — nun, wem bring' ich's gleich?
Dies Restchen dir, o Römisch Reich,
   Zum Sterben, zum Sterben!

Dem Liebchen — doch das Glas ist leer,
Die Kugel saust, es blitzt der Speer;
   Bringt meinem Kind die Scherben!
Auf! In den Feind wie Wetterschlag!
O Reiterlust, am frühen Tag
   Zu sterben, zu sterben!

Aufruf

Reißt die Kreuze aus der Erden!
Alle sollen Schwerter werden,
   Gott im Himmel wird's verzeihn.
Laßt, o laßt das Verseschweißen!
Auf den Amboß legt das Eisen!
   Heiland soll das Eisen sein.

Eure Tannen, eure Eichen —
Habt die grünen Fragezeichen
   Deutscher Freiheit ihr gewahrt?
Nein, sie soll nicht untergehen!
Doch ihr fröhlich Auferstehen
   Kostet eine Höllenfahrt.

Deutsche, glaubet euren Sehern,
Unsre Tage werden ehern,
Unsre Zukunft klirrt in Erz;
Schwarzer Tod ist unser Sold nur,
Unser Gold ein Abendgold nur,
Unser Rot ein blutend Herz!

Reißt die Kreuze aus der Erden!
Alle sollen Schwerter werden,
Gott im Himmel wird's verzeihn.
Hört er unsre Feuer brausen
Und sein heilig Eisen sausen,
Spricht er wohl den Segen drein.

Vor der Freiheit sei kein Frieden,
Sei dem Mann kein Weib beschieden
Und kein golden Korn dem Feld;
Vor der Freiheit, vor dem Siege
Seh' kein Säugling aus der Wiege
Frohen Blickes in die Welt!

In den Städten sei nur Trauern,
Bis die Freiheit von den Mauern
Schwingt die Fahnen in das Land;
Bis du, Rhein, durch freie Bogen
Donnerst, laß die letzten Wogen
Fluchend knirschen in den Sand.

Reißt die Kreuze aus der Erden!
Alle sollen Schwerter werden,
Gott im Himmel wird's verzeihn,
Gen Tyrannen und Philister!
Auch das Schwert hat seine Priester
Und wir wollen Priester sein!

THEODOR STORM
(1817–88)

Die Stadt

Am grauen Strand, am grauen Meer
Und seitab liegt die Stadt;
Der Nebel drückt die Dächer schwer,
Und durch die Stille braust das Meer
Eintönig um die Stadt.

Es rauscht kein Wald, es schlägt im Mai
Kein Vogel ohn' Unterlaß;
Die Wandergans mit hartem Schrei
Nur fliegt in Herbstesnacht vorbei,
Am Strande weht das Gras.

Doch hängt mein ganzes Herz an dir,
Du graue Stadt am Meer;
Der Jugend Zauber für und für
Ruht lächelnd doch auf dir, auf dir,
Du graue Stadt am Meer.

Schließe mir die Augen beide

Schließe mir die Augen beide
Mit den lieben Händen zu!
Geht doch alles, was ich leide,
Unter deiner Hand zur Ruh.

Und wie leise sich der Schmerz
Well' um Welle schlafen leget,
Wie der letzte Schlag sich reget,
Füllest du mein ganzes Herz.

Trost

So komme, was da kommen mag!
So lang du lebest, ist es Tag.

Und geht es in die Welt hinaus,
Wo du mir bist, bin ich zu Haus.

Ich seh' dein liebes Angesicht,
Ich sehe die Schatten der Zukunft nicht.

Oktoberlied

Der Nebel steigt, es fällt das Laub;
Schenk ein den Wein, den holden!
Wir wollen uns den grauen Tag
Vergolden, ja vergolden!

Und geht es draußen noch so
Unchristlich oder christlich,
Ist doch die Welt, die schöne Welt,
So gänzlich unverwüstlich!

Und wimmert auch einmal das Herz —
Stoß an und laß es klingen!
Wir wissen's doch, ein rechtes Herz
Ist gar nicht umzubringen.

Der Nebel steigt, es fällt das Laub;
Schenk ein den Wein, den holden!
Wir wollen uns den grauen Tag
Vergolden, ja vergolden!

Wohl ist es Herbst; doch warte nur,
Doch warte nur ein Weilchen!
Der Frühling kommt, der Himmel lacht,
Es steht die Welt in Veilchen.

Die blauen Tage brechen an,
Und ehe sie verfließen,
Wir wollen sie, mein wackrer Freund,
Genießen, ja genießen!

Meeresstrand

Ans Haff nun fliegt die Möwe,
Und Dämmrung bricht herein;
Über die feuchten Watten
Spiegelt der Abendschein.

Graues Geflügel huschet
Neben dem Wasser her;
Wie Träume liegen die Inseln
Im Nebel auf dem Meer.

Ich höre des gärenden Schlammes
Geheimnisvollen Ton,
Einsames Vogelrufen —
So war es immer schon.

Noch einmal schauert leise
Und schweiget dann der Wind;
Vernehmlich werden die Stimmen,
Die über der Tiefe sind.

Gode Nacht

Öwer de stillen Straten
Geit klar de Klokkenslag;
God' Nacht! Din Hart will slapen,
Un morgen is ok en Dag.

Din Kind liggt in de Weegen,
Un ik bün ok bi di;
Din Sorgen un din Leven
Is allens um un bi. [1]

Noch eenmal lat uns spräken:
Goden Abend, gode Nacht!
De Maand schient ob de Däken,
Uns' Herrgott hölt de Wacht.

¹ *ist alles um (dich) und bei (dir)*

Die Nachtigall

Das macht, es hat die Nachtigall
Die ganze Nacht gesungen;
Da sind von ihrem süßen Schall,
Da sind in Hall und Widerhall
Die Rosen aufgesprungen.

Sie war doch sonst ein wildes Kind;
Nun geht sie tief in Sinnen,
Trägt in der Hand den Sommerhut
Und duldet still der Sonne Glut
Und weiß nicht, was beginnen.

Das macht, es hat die Nachtigall
Die ganze Nacht gesungen;
Da sind von ihrem süßen Schall,
Da sind in Hall und Widerhall
Die Rosen aufgesprungen.

Im Walde

Hier an der Bergeshalde
Verstummet ganz der Wind;
Die Zweige hängen nieder,
Darunter sitzt das Kind.

Sie sitzt in Thymiane,
Sie sitzt in lauter Duft;
Die blauen Fliegen summen
Und blitzen durch die Luft.

Es steht der Wald so schweigend,
Sie schaut so klug darein;
Um ihre braunen Locken
Hinfließt der Sonnenschein.

Der Kuckuck lacht von ferne,
Es geht mir durch den Sinn;
Sie hat die goldnen Augen
Der Waldeskönigin.

Immensee

GOTTFRIED KELLER

(1819–90)

Abendlied

Augen, meine lieben Fensterlein,
Gebt mir schon so lange holden Schein,
Lasset freundlich Bild um Bild herein:
Einmal werdet ihr verdunkelt sein!

Fallen einst die müden Lider zu,
Löscht ihr aus, dann hat die Seele Ruh;
Tastend streift sie ab die Wanderschuh,
Legt sich auch in ihre finstre Truh.

Noch zwei Fünklein sieht sie glimmend stehn
Wie zwei Sternlein, innerlich zu sehn,
Bis sie schwanken und dann auch vergehn,
Wie von eines Falters Flügelwehn.

Doch noch wandl' ich auf dem Abendfeld,
Nur dem sinkenden Gestirn gesellt;
Trinkt, o Augen, was die Wimper hält,
Von dem goldnen Überfluß der Welt!

Stille der Nacht

Willkommen, klare Sommernacht,
Die auf betauten Fluren liegt!
Gegrüßt mir, goldne Sternenpracht,
Die spielend sich im Weltraum wiegt

Das Urgebirge um mich her
Ist schweigend, wie mein Nachtgebet;
Weit hinter ihm hör' ich das Meer
Im Geist und wie die Brandung geht.

Ich höre einen Flötenton,
Den mir die Luft von Westen bringt,
Indes herauf im Osten schon
Des Tages leise Ahnung dringt.

Ich sinne, wo in weiter Welt
Jetzt sterben mag ein Menschenkind —
Und ob vielleicht den Einzug hält
Das vielersehnte Heldenkind.

Doch wie im dunklen Erdental
Ein unergründlich Schweigen ruht,
Ich fühle mich so leicht zumal
Und wie die Welt so still und gut.

Der letzte leise Schmerz und Spott
Verschwindet aus des Herzens Grund;
Es ist, als tät der alte Gott
Mir endlich seinen Namen kund.

Die Zeit geht nicht

Die Zeit geht nicht, sie stehet still,
Wir ziehen durch sie hin;
Sie ist ein' Karawanserai,
Wir sind die Pilger drin.

Ein Etwas, form- und farbenlos,
Das nur Gestalt gewinnt,
Wo ihr drin auf und nieder taucht,
Bis wieder ihr zerrinnt.

Es blitzt ein Tropfen Morgentau
Im Strahl des Sonnenlichts;
Ein Tag kann eine Perle sein
Und ein Jahrhundert nichts.

Es ist ein weißes Pergament
Die Zeit, und jeder schreibt
Mit seinem roten Blut darauf,
Bis ihn der Strom vertreibt.

An dich, du wunderbare Welt,
Du Schönheit ohne End,
Auch ich schreib' meinen Liebesbrief
Auf dieses Pergament.

Froh bin ich, daß ich aufgeblüht
In deinem runden Kranz;
Zum Dank trüb' ich die Quelle nicht
Und lobe deinen Glanz.

THEODOR FONTANE

(1819–98)

Archibald Douglas

„ Ich hab' es getragen sieben Jahr,
Und ich kann es nicht tragen mehr,
Wo immer die Welt am schönsten war,
Da war sie öd' und leer.

Ich will hintreten vor sein Gesicht
In dieser Knechtsgestalt,
Er kann meine Bitte versagen nicht,
Ich bin ja worden alt.

Und trüg' er noch den alten Groll,
Frisch wie am ersten Tag,
So komme, was da kommen soll,
Und komme was da mag."

Graf Douglas spricht's. Am Weg ein Stein
Lud ihn zu harter Ruh,
Er sah in Wald und Feld hinein,
Die Augen fielen ihm zu.

Er trug einen Harnisch, rostig und schwer,
Darüber ein Pilgerkleid. —
Da, horch, vom Waldrand scholl es her
Wie von Hörnern und Jagdgeleit.

Und Kies und Staub aufwirbelte dicht,
Herjagte Meut' und Mann,
Und ehe der Graf sich aufgericht't,
Waren Roß und Reiter heran.

König Jakob saß auf hohem Roß,
Graf Douglas grüßte tief,
Dem König das Blut in die Wange schoß,
Der Douglas aber rief:

,, König Jakob, schaue mich gnädig an
Und höre mich in Geduld,
Was meine Brüder dir angetan,
Es war nicht meine Schuld.

Denk nicht an den alten Douglas-Neid,
Der trotzig dich bekriegt,
Denk lieber an deine Kinderzeit,
Wo ich dich auf den Knieen gewiegt.

Denk lieber zurück an Stirling-Schloß,
Wo ich Spielzeug dir geschnitzt,
Dich gehoben auf deines Vaters Roß
Und Pfeile dir zugespitzt.

Denk lieber zurück an Linlithgow,
An den See und den Vogelherd,
Wo ich dich fischen und jagen froh
Und schwimmen und springen gelehrt.

O denk an alles, was einsten war,
Und sänftige deinen Sinn —
Ich hab' es gebüßet sieben Jahr,
Daß ich ein Douglas bin!"

„ Ich seh' dich nicht, Graf Archibald,
Ich hör' deine Stimme nicht,
Mir ist, als ob ein Rauschen im Wald
Von alten Zeiten spricht.

Mir klingt das Rauschen süß und traut,
Ich lausch' ihm immer noch,
Dazwischen aber klingt es laut:
Er ist ein Douglas doch!

Ich seh' dich nicht, ich höre dich nicht,
Das ist alles, was ich kann;
Ein Douglas vor meinem Angesicht
Wär' ein verlorener Mann."

König Jakob gab seinem Roß den Sporn,
Bergan ging jetzt sein Ritt,
Graf Douglas faßte den Zügel vorn
Und hielt mit dem Könige Schritt.

Der Weg war steil, und die Sonne stach,
Und sein Panzerhemd war schwer;
Doch ob er schier zusammenbrach,
Er lief doch nebenher.

„König Jakob, ich war dein Seneschall,
Ich will es nicht fürder sein,
Ich will nur warten dein Roß im Stall
Und ihm schütten Körner ein.

Ich will ihm selber machen die Streu
Und es tränken mit eigner Hand,
Nur laß mich atmen wieder aufs neu
Die Luft im Vaterland.

Und willst du nicht, so hab' einen Mut,
Und ich will es danken dir,
Und zieh dein Schwert und triff mich gut
Und laß mich sterben hier! "

König Jakob sprang herab vom Pferd,
Hell leuchtete sein Gesicht,
Aus der Scheide zog er sein breites Schwert,
Aber fallen ließ er es nicht.

„ Nimm's hin, nimm's hin und trag es neu
Und bewache mir meine Ruh;
Der ist in tiefster Seele treu,
Wer die Heimat liebt wie du.

Zu Roß, wir reiten nach Linlithgow,
Und du reitest an meiner Seit';
Da wollen wir fischen und jagen froh
Als wie in alter Zeit."

Lied des James Monmouth

Es zieht sich eine blutige Spur
Durch unser Haus von alters,
Meine Mutter war seine Buhle nur,
Die schöne Lucy Walters.

Am Abend wars, leicht wogte das Korn,
Sie küßten sich unter der Linde,
Eine Lerche klang und ein Jägerhorn —
Ich bin ein Kind der Sünde.

Meine Mutter hat mir oft erzählt
Von jenes Abends Sonne,
Ihre Lippen sprachen: „ Ich habe gefehlt! "
Ihre Augen lachten vor Wonne.

Ein Kind der Sünde, ein Stuartkind,
Es blitzt wie Beil vom Weiten,
Den Weg, den alle geschritten sind,
Ich werd ihn auch beschreiten.

Das Leben geliebt und die Krone geküßt,
Und den Frauen das Herz gegeben,
Und den letzten Kuß auf das schwarze Gerüst, —
Das ist ein Stuartleben.

FRIEDRICH VON BODENSTEDT

(1819–92)

Der Rose süßer Duft genügt . . .

Der Rose süßer Duft genügt,
Man braucht sie nicht zu brechen —
Und wer sich mit dem Duft begnügt,
Den wird ihr Dorn nicht stechen!

Lieder des Mirza Schaffy

In jedes Menschen Gesichte . . .

In jedes Menschen Gesichte
Steht seine Geschichte,

[424]

Sein Hassen und Lieben
Deutlich geschrieben;
Sein innerstes Wesen,
Es tritt hier ans Licht —
Doch nicht jeder kann's lesen,
Verstehn jeder nicht.

Ibid.

Im Garten klagt die Nachtigall . . .

Im Garten klagt die Nachtigall
Und hängt das feine Köpfchen nieder;
Was hilft's, daß ich so schöne Lieder
Und wundersüße Töne habe —
Solange ich dies grau Gefieder,
Und nicht der Rose Schöne habe!

Im Blumenbeet die Rose klagt:
Wie soll das Leben mir gefallen?
Was hilft's, daß vor den Blumen allen
Ich Anmut, Duft und Schöne habe —
Solang ich nicht der Nachtigallen
Gesang und süße Töne habe!

Mirza Schaffy entschied den Streit.
Er sprach: „Laßt euer Klagen beide,
Du Rose mit dem duft'gen Kleide,
Du Nachtigall mit deinen Liedern:
Vereint, zur Lust und Ohrenweide
Der Menschen, euch in meinen Liedern!"

Ibid.

KLAUS GROTH
(1819–99)

Keen Graff

Keen Graff[1] is so breet un keen Müer so hoch,
Wenn Twee sik man gut sünd, so drapt[2] se sik doch.

Keen Wedder so gruli, so düster keen Nacht,
Wenn Twee sik man sehn wüllt, so seht se sik sacht.[3]

Dat gift wul en Maanschin, dar schint wul en Steern,
Dat gift noch en Licht oder Lücht un Lantern.

Dar finnt sik en Ledder,[4] en Stegelsch[5] un Steg:
Wenn Twee sik man leef hebbt — keen Sorg voer den Weg.

Quickborn

[1] *Der breite Graben um den Bauernhof*   [2] *treffen*   [3] *leicht*
[4] *Leiter*   [5] *Brett zum Übersteigen des Zaunes*

Min Modersprak

Min Modersprak, wa klingst du schön!
Wa büst du mi vertrut!
Weer ok min Hart as Stahl un Steen,
Du drevst den Stolt herut.

Du bögst min stiwe Nack so licht
As Moder mit ern Arm,
Du fichelst[1] mi umt Angesicht
Un still is alle Larm.

Ik föhl mi as en lüttjet[2] Kind,
De ganze Welt is weg.
Du pust[3] mi as en Voerjahrswind[4]
De kranke Boss[5] torecht.

[426]

Min Obbe [6] folt [7] mi noch de Hann',
Un seggt to mi: „ Nu be! " [8]
Un „ Vaderunser " fang ik an,
As ik wul fröher de.[9]

Un föhl so deep: dat ward verstan,
So sprickt dat Hart sik ut.
Un Rau [10] vunn Himmel weiht mi an
Un Allus is wedder gut!

Min Modersprak, so slicht un recht,
Du ole frame [11] Red!
Wenn blot en Mund „ min Vader " seggt,
So klingt mi't as en Bed.

So herrli klingt mi keen Musik
Un singt keen Nachdigal;
Mi lopt je glik in Ogenblick
De hellen Tran hendal.[12]

Ibid.

[1] *streichelst*   [2] *kleines*   [3] *bläst*   [4] *Frühlingswind*
[5] *Brust*   [6] *Großvater*   [7] *faltet*   [8] *bete*   [9] *tat*
[10] *Ruhe*   [11] *fromme*   [12] *hinab*

HIERONYMUS LORM (HEINRICH LANDESMANN)

(1821–1902)

Sphärengesang

Solang die Sterne kreisen
Am Himmelszelt,
Vernimmt manch Ohr den leisen
Gesang der Welt:

[427]

„ Dem sel'gen Nichts entstiegen,
Der ew'gen Ruh',
Um ruhelos zu fliegen —
Wozu? Wozu? "

Dennoch!

Und droht auch Nacht der Schmerzen ganz
Mein Leben zu umfassen —
Ein unvernünft'ger Sonnenglanz
Will nicht mein Herz verlassen.

MORITZ GRAF VON STRACHWITZ
(1822–47)

Das Herz von Douglas

„ Graf Douglas, presse den Helm ins Haar,
Gürt um dein lichtblau Schwert,
Schnall an dein schärfstes Sporenpaar
Und sattle dein schnellstes Pferd!

Der Totenwurm pickt in Scones Saal,
Ganz Schottland hört ihn hämmern,
König Robert liegt in Todesqual,
Sieht nimmer den Morgen dämmern! " —

Sie ritten vierzig Meilen fast
Und sprachen Worte nicht vier,
Und als sie kamen vor Königs Palast,
Da blutete Sporn und Tier.

König Robert lag in Norderturn,
Sein Auge begann zu zittern:
„ Ich höre das Schwert von Bannockburn
Auf der Treppe rasseln und schüttern!

Ha! Gottwillkomm, mein tapfrer Lord!
Es geht mit mir zu End',
Und du sollst hören mein letztes Wort
Und schreiben mein Testament:

Es war am Tag vor Bannockburn,
Da aufging Schottlands Stern,
Es war am Tag von Bannockburn,
Da schwur ich's Gott dem Herrn:

Ich schwur, wenn der Sieg mir sei verliehn
Und fest mein Diadem,
Mit tausend Lanzen wollt' ich ziehn
Hin gen Jerusalem.

Der Schwur wird falsch, mein Herz steht still,
Es brach in Müh' und Streit;
Es hat, wer Schottland bänd'gen will,
Zum Pilgern wenig Zeit.

Du aber, wenn mein Wort verhallt
Und aus ist Stolz und Schmerz,
Sollst schneiden aus meiner Brust alsbald
Mein schlachtenmüdes Herz.

Du sollst es hüllen in roten Samt
Und schließen in gelbes Gold,
Und es sei, wenn gelesen mein Totenamt,
Im Banner das Kreuz entrollt.

Und nehmen sollst du tausend Pferd'
Und tausend Helden frei
Und geleiten mein Herz in des Heilands Erd',
Damit es ruhig sei!"

,, Nun vorwärts, Angus und Lothian,
Laßt flattern den Busch vom Haupt!
Der Douglas hat des Königs Herz,
Wer ist es, der's ihm raubt!

Mit den Schwertern schneidet die Taue ab,
Alle Segel in die Höh'!
Der König fährt in das schwarze Grab
Und wir in die schwarzblaue See!"

Sie fuhren Tage neunzig und neun,
Gen Ost war der Wind gewandt,
Und bei dem hundertsten Morgenschein,
Da stießen sie an das Land.

Sie ritten über die Wüste gelb,
Wie im Tale blitzt der Fluß;
Die Sonne stach durchs Helmgewölb'
Als wie ein Bogenschuß.

Und die Wüste war still, und kein Lufthauch blies,
Und schlaff hing Schärpe und Fahn';
Da flog in die Wolken der stäubende Kies,
Draus flimmernde Spitzen sahn.

Und die Wüste ward voll, und die Luft erscholl,
Und es erhob sich Wolk' an Wolk';
Aus jeder berstenden Wolke quoll
Speerwerfendes Reitervolk.

Zehntausend Lanzen funkelten rechts,
Zehntausend schimmerten links.
„ Allah il Allah!" scholl es rechts,
„ Il Allah!" scholl es links. —

Der Douglas zog die Zügel an,
Und still stand Herr und Knecht:
„ Beim heil'gen Kreuz und St. Alban,
Das gibt ein grimmig Gefecht!"

Eine Kette von Gold um den Hals ihm ging,
Dreimal um ging sie rund,
Eine Kapsel an der Kette hing,
Die zog er an den Mund:

[430]

„ Du bist mir immer gegangen voran,
Mein Herz! bei Tag und Nacht,
Drum sollst du auch heut', wie du stets getan,
Vorangehn in die Schlacht!

Und verlasse der Herr mich drüben nicht,
Wie hier ich d i r treu verblieb,
Und gönne mir noch auf das Heidengezücht
Einen christlichen Schwerteshieb! "

Er warf den Schild auf die linke Seit'
Und band den Helm herauf,
Und als zum Würgen er saß bereit,
In den Bügeln stand er auf:

„ Wer dies Geschmeid' mir wieder schafft,
Des Tages Ruhm sei s e i n ! "
Da warf er das Herz mit aller Kraft
In die Feinde mitten hinein.

Sie schlugen das Kreuz mit dem linken Daum',
Die Rechte den Schaft legt' ein,
Die Schilde zurück und los den Zaum!
Und sie ritten drauf und drein. —

Und es war ein Stoß, und es war eine Flucht
Und rasender Tod rundum,
Und die Sonne versank in die Meeresbucht,
Und die Wüste war wieder stumm.

Und der Stolz des Ostens, er lag gefällt
In meilenweitem Kreis,
Und der Sand ward rot auf dem Leichenfeld,
Der nie mehr wurde weiß.

Von den Heiden allen durch Gottes Huld
Entrann nicht Mann noch Pferd;
Kurz ist die schottische Geduld
Und lang ein schottisch Schwert!

[431]

Doch wo am dicksten ringsumher
Die Feinde lagen im Sand,
Da hatte ein falscher Heidenspeer
Dem Grafen das Herz durchrannt.

Und er schlief mit klaffendem Kettenhemd,
Längst aus war Stolz und Schmerz;
Doch unter dem Schilde festgeklemmt
Lag König Roberts Herz.

CONRAD FERDINAND MEYER

(1825–98)

Säerspruch

Bemeßt den Schritt! Bemeßt den Schwung!
Die Erde bleibt noch lange jung!
Dort fällt ein Korn, das stirbt und ruht.
Die Ruh ist süß. Es hat es gut.
Hier eins, das durch die Scholle bricht.
Es hat es gut. Süß ist das Licht.
Und keines fällt aus dieser Welt,
Und jedes fällt, wie's Gott gefällt.

Schwarzschattende Kastanie

Schwarzschattende Kastanie,
Mein windgeregtes Sommerzelt,
Du senkst zur Flut dein weit Geäst,
Dein Laub, es durstet und es trinkt,
Schwarzschattende Kastanie!
Im Porte badet junge Brut
Mit Hader oder Lustgeschrei,
Und Kinder schwimmen leuchtend weiß
Im Gitter deines Blätterwerks,

Schwarzschattende Kastanie!
Und dämmern See und Ufer ein
Und rauscht vorbei das Abendboot,
So zuckt aus roter Schiffslatern'
Ein Blitz und wandert auf dem Schwung
Der Flut, gebrochnen Lettern gleich,
Bis unter deinem Laub erlischt
Die rätselhafte Flammenschrift,
Schwarzschattende Kastanie!

Die Krypte

Baut, junge Meister, bauet hell und weit
Der Macht, dem Mut, der Tat, der Gunst der Stunde,
Der Dinge wahr und tief geschöpfter Kunde,
Dem ganzen Genienkreis der neuen Zeit!

Des Lebens unerschöpften Kräften weiht
Die freud'ge, lichtdurchflutete Rotunde —
Baut auch die Krypte drunter, wo das wunde
Gemüt sich flüchten darf in Einsamkeit:

Vergeßt die Krypte nicht! Dort soll sich neigen
Das heil'ge Haupt, das Dornen scharf umwinden!
Ich glaube: Ein'ge werden niedersteigen.

Dort unten werden ein'ge Trost empfinden.
Wir mögen, wenn die Leiden uns umnachten,
Nicht Glück noch Ruhm, nur größern Schmerz betrachten.

Die Füße im Feuer

Wild zuckt der Blitz. In fahlem Lichte steht ein Turm.
Der Donner rollt. Ein Reiter kämpft mit seinem Roß,
springt ab und pocht ans Tor und lärmt. Sein Mantel saust
im Wind. Er hält den scheuen Fuchs am Zügel fest.

Ein schmales Gitterfenster schimmert goldenhell,
und knarrend öffnet jetzt das Tor ein Edelmann...

— „ Ich bin ein Knecht des Königs, als Kurier geschickt
nach Nîmes. Herbergt mich! Ihr kennt des Königs Rock! "
— „ Es stürmt. Mein Gast bist du. Dein Kleid, was kümmert's
  mich?
Tritt ein und wärme dich! Ich sorge für dein Tier! "
Der Reiter tritt in einen dunkeln Ahnensaal,
von eines weiten Herdes Feuer schwach erhellt,
und je nach seines Flackerns launenhaftem Licht
droht hier ein Hugenott im Harnisch, dort ein Weib,
ein stolzes Edelweib aus braunem Ahnenbild...
Der Reiter wirft sich in den Sessel vor dem Herd
und starrt in den lebend'gen Brand. Er brütet, gafft...
leis sträubt sich ihm das Haar. Er kennt den Herd, den Saal...
Die Flamme zischt. Zwei Füße zucken in der Glut.

Den Abendtisch bestellt die greise Schaffnerin
mit Linnen blendend weiß. Das Edelmägdlein hilft.
Ein Knabe trug den Krug mit Wein. Der Kinder Blick
hangt schreckensstarr am Gast und hangt am Herd entsetzt...
Die Flamme zischt. Zwei Füße zucken in der Glut.

„ Verdammt! Dasselbe Wappen! Dieser selbe Saal!
Drei Jahre sind's... Auf einer Hugenottenjagd...
Ein fein halsstarrig Weib..., ‚Wo steckt der Junker? Sprich?'
Sie schweigt. ‚Bekenn!' Sie schweigt. ‚Gib ihn heraus!'...
  Sie schweigt.
Ich werde wild. Der Stolz! Ich zerre das Geschöpf...
Die nackten Füße pack' ich ihr und strecke sie
tief mitten in die Glut..., ‚Gib ihn heraus!' Sie schweigt...
Sie windet sich... Sahst du das Wappen nicht am Tor?
Wer hieß dich hier zu Gaste gehen, dummer Narr?
Hat er nur einen Tropfen Bluts, erwürgt er dich."
Eintritt der Edelmann. „ Du träumst! Zu Tische, Gast..."

Da sitzen sie. Die drei in ihrer schwarzen Tracht
und er. Doch keins der Kinder spricht das Tischgebet.
Ihn starren sie mit aufgerißnen Augen an —
Den Becher füllt und übergießt er, stürzt den Trunk,
springt auf: „ Herr, gebet jetzt mir meine Lagerstatt!
Müd' bin ich wie ein Hund! " Ein Diener leuchtet ihm,
doch auf der Schwelle wirft er einen Blick zurück
und sieht den Knaben flüstern in des Vaters Ohr ...
Dem Diener folgt er taumelnd in das Turmgemach.

Fest riegelt er die Tür. Er prüft Pistol und Schwert.
Gell pfeift der Sturm. Die Diele bebt. Die Decke stöhnt.
Die Treppe kracht ... Dröhnt hier ein Tritt? ... Schleicht dort
        ein Schritt? ...
Ihn täuscht das Ohr. Vorüber wandelt Mitternacht.
Auf seinen Lidern lastet Blei, und schlummernd sinkt
er auf das Lager. Draußen plätschert Regenflut.

Er träumt. , Gesteh! ' Sie schweigt. , Gib ihn heraus! ' Sie
        schweigt.
Er zerrt das Weib. Zwei Füße zucken in der Glut.
Aufsprüht und zischt ein Feuermeer, das ihn verschlingt ...
— „ Erwach! Du solltest längst von hinnen sein! Es tagt! "
Durch die Tapetentür in das Gemach gelangt,
vor seinem Lager steht des Schlosses Herr ergraut,
dem gestern dunkelbraun sich noch gekraust das Haar.

Sie reiten durch den Wald. Kein Lüftchen regt sich heut.
Zersplittert liegen Ästetrümmer quer im Pfad.
Die frühsten Vögel zwitschern, halb im Traume noch.
Friedsel'ge Wolken schwimmen durch die klare Luft,
als kehrten Engel heim von einer nächt'gen Wacht.
Die dunkeln Schollen atmen kräft'gen Erdgeruch.
Die Eb'ne öffnet sich. Im Felde geht ein Pflug.
Der Reiter lauert aus den Augenwinkeln: „ Herr,
Ihr seid ein kluger Mann und voll Besonnenheit
und wißt, daß ich dem größten König eigen bin.

Lebt wohl. Auf Nimmerwiedersehn!" Der andre spricht:
„Du sagst's! Dem größten König eigen! Heute ward
sein Dienst mir schwer ... Gemordet hast du teuflisch mir
mein Weib! Und lebst ... Mein ist die Rache, redet Gott."

In der Sistina

In der Sistine dämmerhohem Raum,
Das Bibelbuch in seiner nerv'gen Hand,
Sitzt Michel Angelo in wachem Traum,
Umhellt von einer kleinen Ampel Brand.

Laut spricht hinein er in die Mitternacht,
Als lauscht' ein Gast ihm gegenüber hier,
Bald wie mit einer allgewalt'gen Macht,
Bald wieder wie mit seinesgleichen schier:

„Umfaßt, umgrenzt hab' ich dich, ewig Sein,
Mit meinen großen Linien fünfmal dort!
Ich hüllte dich in lichte Mäntel ein
Und gab dir Leib wie dieses Bibelwort.

Mit weh'nden Haaren stürmst du feurigwild
Von Sonnen immer neuen Sonnen zu,
Für deinen Menschen bist in meinem Bild
Entgegenschwebend und barmherzig du!

So schuf ich dich mit meiner nicht'gen Kraft:
Damit ich nicht der größre Künstler sei,
Schaff mich — ich bin ein Knecht der Leidenschaft —
Nach deinem Bilde schaff' mich rein und frei!

Den ersten Menschen formtest du aus Ton,
Ich werde schon von härterm Stoffe sein;
Da, Meister, brauchst du deinen Hammer schon.
Bildhauer Gott, schlag zu! Ich bin der Stein."

Schillers Bestattung

Ein ärmlich düster brennend Fackelpaar, das Sturm
Und Regen jeden Augenblick zu löschen droht.
Ein flatternd Bahrtuch. Ein gemeiner Tannensarg
Mit keinem Kranz, dem kargsten nicht, und kein Geleit!
Als brächte eilig einen Frevel man zu Grab.
Die Träger hasteten. Ein Unbekannter nur,
Von eines weiten Mantels kühnem Schwung umweht,
Schritt dieser Bahre nach. Der Menschheit Genius war's.

Der römische Brunnen

Aufsteigt der Strahl und fallend gießt
Er voll der Marmorschale Rund,
Die, sich verschleiernd, überfließt
In einer zweiten Schale Grund;
Die zweite gibt, sie wird zu reich,
Der dritten wallend ihre Flut,
Und jede nimmt und gibt zugleich
Und strömt und ruht.

Auf Goldgrund

Ins Museum bin zu später
Stunde heut ich noch gegangen,
Wo die Heil'gen, wo die Beter,
Auf den goldnen Gründen prangen.

Dann durchs Feld bin ich geschritten
Heißer Abendglut entgegen,
Sah, die heut das Korn geschnitten,
Garben auf die Wagen legen.

Um die Lasten in den Armen,
Um den Schnitter und die Garbe
Floß der Abendglut, der warmen,
Wunderbare Goldesfarbe.

Auch des Tages letzte Bürde,
Auch der Fleiß der Feierstunde
War umflammt von heil'ger Würde,
Stand auf schimmernd goldnem Grunde.

Die sterbende Meduse

Ein kurzes Schwert gezückt in nerv'ger Rechten,
Belauert Perseus bang in seinem Schild
Der schlummernden Meduse Spiegelbild,
Das süße Haupt mit müden Schlangenflechten.
Zur Hälfte zeigt der Spiegel längs der Erde
Des jungen Wuchses atmende Gebärde —
„ Raub' ich das arge Haupt mit raschem Hiebe,
Verderblich der Verderberin genaht?
Wenn nur die blonde Wimper schlummern bliebe!
Der Blick versteint! Gefährlich ist die Tat.
Die Mörderin! Sie schließt vielleicht aus List
Die wachen Augen! Sie, die grausam ist!
Durch weiße Lider schimmert blaues Licht
Und— zischte dort der Kopf der Natter nicht? "

Medusen träumt, daß einen Kranz sie winde,
Der Menschen schöner Liebling, der sie war,
Bevor die Stirn der Göttin Angebinde
Verschattet ihr mit wirrem Schlangenhaar.
Mit den Gespielen glaubt sie noch zu wandern
Und spendet ihnen lockenschüttelnd Grüße,
In blüh'ndem Reigen regt sie mit den andern
Die freudehellen, die beschwingten Füße,
Ihr Antlitz hat vergessen, daß es töte,
Es glaubt, es glaubt an die barmherz'ge Lüge
Des Traums. Es lauscht dem Hauch der Hirtenflöte,
Der weichmelodisch zieht durch seine Züge.
Es lächelt still, von schwerem Bann befreit,
In unverlorner erster Lieblichkeit.

Der Mörder tritt an ihre Seite dicht
Und dunkler träumt Medusens Angesicht.

Ihr ist, sie habe Haß empfunden schon,
Vor sich geschaudert, dumpf und bang gelitten,
Die Menschen habe scheu sie erst geflohn,
Dann ihnen nachgestellt mit Meuchlerschritten —
Sie sinnt, was Unheilbares sie gequält,
Daß sie dem eignen Leben feind geworden,
Und andres Leben sich ergötzt zu morden —
Sie sinnt umsonst. Ihr hält's der Traum verhehlt,
Die grause Larve, die sie lang geschreckt,
Ist wie mit einem Purpurtuch bedeckt.
Das Graun ist aufgelöst in Seligkeit,
Begonnen hat der Seele Feierzeit.
Der Dämmer herrscht. Das harte Licht verblich.
Als eine der Erlösten fühlt sie sich.
Sie fürchtet keines Schreckens Wiederkehr,
Sie weiß, die Qualen kommen nimmermehr,
Nein nimmermehr, und nun ist alles gut!

Sie liegt, den Hals gebogen, auf dem Rasen,
Sie hört die Hirtenflöte wieder blasen
Und lauscht. Sie zuckt. Sie windet sich. Sie ruht.

Die Karyatide

Im Hof des Louvre trägt ein Weib
Die Zinne mit dem Marmorhaupt,
Mit einem allerliebsten Haupt.
Als Meister Goujon sie geformt
In feinen Linien, überschlank,
Und stehend auf dem Baugerüst
Die letzte Locke meißelte,
Erschoß den Meister hinterrücks
(Am Tag der Saint-Barthélemy)
Ein überzeugter Katholik.

Vorstürzend überflutet' er
Den feinen Busen ganz mit Blut,
Dann sank er rücklings in den Hof.
Die Marmormagd entschlummerte
Und schlief dreihundert Jahre lang,
Ein Feuerschein erwärmte sie
(Am Tag, da die Kommüne focht.)
Sie gähnt' und blickte rings sich um:
Wo bin ich denn? In welcher Stadt?
Sie morden sich. Es ist Paris.

JOSEPH VIKTOR VON SCHEFFEL

(1826–86)

Das ist im Leben häßlich eingerichtet . . .

Das ist im Leben häßlich eingerichtet,
Daß bei den Rosen gleich die Dornen steh'n,
Und was das arme Herz auch sehnt und dichtet,
Zum Schlusse kommt das Auseinandergeh'n.
In deinen Augen hab' ich einst gelesen,
Es blitzte drinn' von Lieb' und Glück ein Schein:
    Behüet' dich Gott! es wär' zu schön gewesen,
    Behüet' dich Gott, es hat nicht sollen sein! —

Leid, Neid und Haß, auch ich hab' sie empfunden,
Ein sturmgeprüfter, müder Wandersmann.
Ich träumt' von Frieden dann und stillen Stunden,
Da führte mich der Weg zu dir hinan.
In deinen Armen wollt' ich ganz genesen,
Zum Danke dir mein junges Leben weih'n:
    Behüet' dich Gott! es wär' zu schön gewesen,
    Behüet' dich Gott, es hat nicht sollen sein!—

Die Wolken flieh'n, der Wind saust durch die Blätter,
Ein Regenschauer zieht durch Wald und Feld,

Zum Abschiednehmen just das rechte Wetter,
Grau wie der Himmel steht vor mir die Welt.
Doch wend' es sich zum Guten oder Bösen,
Du schlanke Maid, in Treuen denk' ich dein!
    Behüet' dich Gott! es wär' so schön gewesen,
    Behüet' dich Gott, es hat nicht sollen sein.—

Der Trompeter von Säkkingen

Alt Heidelberg, du feine

Alt Heidelberg, du feine,
Du Stadt an Ehren reich,
Am Neckar und am Rheine
Kein' andre kommt dir gleich.

Stadt fröhlicher Gesellen,
An Weisheit schwer und Wein,
Klar ziehn des Stromes Wellen
Blauäuglein blitzen drein.

Und kommt aus lindem Süden
Der Frühling übers Land,
So webt er dir aus Blüten
Ein schimmernd Brautgewand.

Auch mir stehst du geschrieben
Ins Herz gleich einer Braut,
Es klingt wie junges Lieben
Dein Name mir so traut.

Und stechen mich die Dornen,
Und wird mir's drauß zu kahl,
Geb' ich dem Roß die Spornen
Und reit' ins Neckartal.

Ibid.

(1827–79)

Der Waldsee

Wie bist du schön, du tiefer, blauer See!
Es zagt der laue West, dich anzuhauchen,
Und nur der Wasserlilie reiner Schnee
Wagt schüchtern aus der stillen Flut zu tauchen.
   Hier wirft kein Fischer seine Angelschnur,
Kein Nachen wird auf deinem Spiegel gleiten;
Wie Chorgesang der feiernden Natur
Rauscht nur der Wald durch diese Einsamkeiten.
   Waldrosen streun dir ihren Weihrauch aus
Und würzge Tannen, die dich rings umragen,
Und die wie Säulen eines Tempelbaus
Das wolkenlose Blau des Himmels tragen.
   Einst kannt ich eine Seele, ernst, voll Ruh,
Die sich der Welt verschloß mit sieben Siegeln,
Die, rein und tief, geschaffen schien wie du,
Nur um den Himmel in sich abzuspiegeln.

PAUL HEYSE

(1830–1914)

Über ein Stündlein

Dulde, gedulde dich fein!
Über ein Stündlein
Ist deine Kammer voll Sonne.

Über den First, wo die Glocken hangen,
Ist schon lange der Schein gegangen,
Ging in Türmers Fenster ein.

Wer am nächsten dem Sturm der Glocken,
Einsam wohnt er, oft erschrocken,
Doch am frühsten tröstet ihn Sonnenschein.

Wer in tiefen Gassen gebaut,
Hütt' an Hüttlein lehnt sich traut,
Glocken haben ihn nie erschüttert,
Wetterstrahl ihn nie umzittert,
Aber spät sein Morgen graut.
Höh' und Tiefe hat Lust und Leid.
Sag' ihm ab, dem törichten Neid:
Andrer Gram birgt andre Wonne.

Dulde, gedulde dich fein!
Über ein Stündlein
Ist deine Kammer voll Sonne.

WILHELM BUSCH

(1832–1908)

Es sitzt ein Vogel auf dem Leim . . .

Es sitzt ein Vogel auf dem Leim,
Er flattert sehr und kann nicht heim.
Ein schwarzer Kater schleicht herzu,
Die Krallen scharf, die Augen gluh.
Am Baum hinauf und immer höher
Kommt er dem armen Vogel näher.
Der Vogel denkt: Weil das so ist
Und weil mich doch der Kater frißt,
So will ich keine Zeit verlieren.
Will noch ein wenig quinquilieren,
Und lustig pfeifen wie zuvor.
Der Vogel, scheint mir, hat Humor!

FERDINAND VON SAAR

(1833–1906)

Drahtklänge

Ihr dunklen Drähte, hingezogen
Soweit mein Aug' zur Ferne schweift,
Wie tönt ihr, wenn der Lüfte Wogen
In euch so wie in Saiten greift!

O welch ein seltsam leises Klingen,
Durchzuckt von schrillem Klagelaut,
Als hallte nach, was euren Schwingen
Zu raschem Flug ward anvertraut.

Als zitterten in euch die Schmerzen,
Als zitterte in euch die Lust,
Die ihr aus Millionen Herzen,
Verkündend, tragt von Brust zu Brust.

Und so, ihr wundersamen Saiten,
Wenn euch des Windes Hauch befällt,
Erklingt ihr in die stillen Weiten
Als Äolsharfe dieser Welt!

Arbeitergruß

Vom nahen Eisenwerke,
Berußt, mit schwerem Gang,
Kommt mir ein Mann entgegen,
Den Wiesenpfad entlang.

Mit trotzig finstrer Miene,
Wie mit sich selbst im Streit,
Greift er an seine Mütze —
Gewohnheit alter Zeit.

[444]

Es blickt dabei sein Auge
Mir musternd auf den Rock
Und dann beim Weiterschreiten
Schwingt er den Knotenstock.

Ich ahne, was im Herzen
Und was im Hirn ihm brennt:
„Das ist auch einer", denkt er,
„Der nicht die Arbeit kennt.

Lustwandelnd hier im Freien,
Verdaut er üpp'ges Mahl,
Indes wir darbend schmieden
Das Eisen und den Stahl.

Er sucht den Waldesschatten,
Da wir am Feuer stehn
Und in dem heißen Brodem
Langsam zugrunde gehn.

Der soll es noch erfahren,
Wie es dem Menschen tut,
Muß er das Atmen zahlen
Mit seinem Schweiß und Blut! " —

Verziehen sei dir alles,
Womit du schwer mich kränkst,
Verziehen sei dir's gerne:
Du weißt nicht, was du denkst

Du hast ja nie erfahren
Des Geistes tiefe Mühn
Und ahnst nicht, wie die Schläfen
Mir heiß vom Denken glühn;

Du ahnst nicht, wie ich hämmre
Und feile Tag für Tag —
Und wie ich mich verblute
Mit jedem Herzensschlag!

[445]

MARTIN GREIF (HERMANN FREY)

(1839–1911)

Hochsommernacht

Stille ruht die weite Welt,
Schlummer füllt des Mondes Horn,
Das der Herr in Händen hält,
Nur am Berge rauscht der Born —
Zu der Ernte Hut bestellt,
Wallen Engel durch das Korn

Abend

Goldgewölk und Nachtgewölke
Regenmüde still vereint!
Also lächelt eine welke
Seele, die sich satt geweint.

Doch die Sonne sinkt und ziehet
Nieder alle eitle Pracht,
Und das Goldgewölk verglühet
Und verbrüdert sich der Nacht.

FRIEDRICH NIETZSCHE

(1844–1900)

Dem unbekannten Gott

Noch einmal, eh ich weiter ziehe
und meine Blicke vorwärts sende,
heb ich vereinsamt meine Hände
zu dir empor, zu dem ich fliehe,
dem ich in tiefster Herzentiefe
Altäre feierlich geweiht,
daß allezeit
mich deine Stimme wieder riefe.

Darauf erglüht tiefeingeschrieben
das Wort: Dem unbekannten Gotte.
Sein bin ich, ob ich in der Frevler Rotte
auch bis zur Stunde bin geblieben:
sein bin ich — und ich fühl die Schlingen,
die mich im Kampf darniederziehn
und, mag ich fliehn,
mich doch zu seinem Dienste zwingen.

Ich will dich kennen, Unbekannter,
du tief in meine Seele Greifender,
mein Leben wie ein Sturm Durchschweifender,
du Unfaßbarer, mir Verwandter!
Ich will dich kennen, selbst dir dienen.

Vereinsamt

Die Krähen schrein
und ziehen schwirren Flugs zur Stadt:
bald wird es schnein, —
wohl dem, der jetzt noch — Heimat hat!

Nun stehst du starr,
schaust rückwärts, ach, wie lange schon!
Was bist du, Narr,
vor Winters in die Welt entflohn?

Die Welt — ein Tor
zu tausend Wüsten stumm und kalt!
Wer das verlor,
was du verlorst, macht nirgends halt.

Nun stehst du bleich,
zur Winter-Wanderschaft verflucht,
dem Rauche gleich,
der stets nach kältern Himmeln sucht.

Flieg, Vogel, schnarr
dein Lied im Wüstenvogel-Ton!—
Versteck, du Narr,
dein blutend Herz in Eis und Hohn!

Die Krähen schrein
und ziehen schwirren Flugs zur Stadt:
bald wird es schnein, —
weh dem, der keine Heimat hat!

Venedig

An der Brücke stand
jüngst ich in brauner Nacht.
Fernher kam Gesang:
goldener Tropfen quoll's
über die zitternde Fläche weg.
Gondeln, Lichter, Musik —
trunken schwamm's in die Dämmrung hinaus ...

Meine Seele, ein Saitenspiel,
sang sich, unsichtbar berührt,
heimlich ein Gondellied dazu,
zitternd vor bunter Seligkeit.
— Hörte jemand ihr zu? ...

Das trunkne Lied

O Mensch! Gib acht!
Was spricht die tiefe Mitternacht?
„ Ich schlief, ich schlief —,
aus tiefem Traum bin ich erwacht: —
Die Welt ist tief,
und tiefer, als der Tag gedacht.
Tief ist ihr Weh —,
Lust — tiefer noch als Herzeleid:
Weh spricht: Vergeh!

doch alle Lust will Ewigkeit —,
— Will tiefe, tiefe Ewigkeit! "

Ecce homo

Ja! Ich weiß, woher ich stamme!
Ungesättigt gleich der Flamme
glühe und verzehr ich mich.
Licht wird alles, was ich fasse,
Kohle alles, was ich lasse:
Flamme bin ich sicherlich!

Nur Narr! Nur Dichter!

Bei abgehellter Luft,
wenn schon des Taus Tröstung
zur Erde niederquillt,
unsichtbar, auch ungehört
— denn zartes Schuhwerk trägt
der Tröster Tau gleich allen Trostmilden —:
gedenkst du da, gedenkst du, heißes Herz,
wie einst du durstetest,
nach himmlischen Tränen und Taugeträufel
versengt und müde durstetest,
dieweil auf gelben Graspfaden
boshaft abendliche Sonnenblicke
durch schwarze Bäume um dich liefen,
blendende Sonnen-Glutblicke, schadenfrohe.

,, Der Wahrheit Freier — du? " so höhnten sie —
,, nein! nur ein Dichter!
ein Tier, ein listiges, raubendes, schleichendes,
das lügen muß,
das wissentlich, willentlich lügen muß,
nach Beute lüstern,
bunt verlarvt,
sich selbst zur Larve,

sich selbst zur Beute,
das — der Wahrheit Freier? . . .
Nur Narr! Nur Dichter!
Nur Buntes redend,
aus Narrenlarven bunt herausredend,
herumsteigend auf lügnerischen Wortbrücken,
auf Lügen-Regenbogen
zwischen falschen Himmeln
herumschweifend, herumschleichend —
nur Narr! nur Dichter! . . .

Das — der Wahrheit Freier? . . .
Nicht still, starr, glatt, kalt,
zum Bilde worden,
zur Gottes-Säule,
nicht aufgestellt vor Tempeln,
eines Gottes Türwart:
nein! feindselig solchen Tugend-Standbildern,
in jeder Wildnis heimischer als in Tempeln,
voll Katzen-Mutwillens
durch jedes Fenster springend
husch! in jeden Zufall,
jedem Urwald zuschnüffelnd,
daß du in Urwäldern
unter buntzottigen Raubtieren
sündlich gesund und schön und bunt liefest,
mit lüsternen Lefzen,
selig-höhnisch, selig-höllisch, selig-blutgierig,
raubend, schleichend, lugend liefest . . .

Oder dem Adler gleich, der lange,
lange starr in Abgründe blickt,
in seine Abgründe . . .
— o wie sie sich hier hinab,
hinunter, hinein,
in immer tiefere Tiefen ringeln! —
Dann,
plötzlich,

geraden Flugs,
gezückten Zugs
auf Lämmer stoßen,
jach hinab, heißhungrig,
nach Lämmern lüstern,
gram allen Lamms-Seelen,
grimmig gram allem, was blickt
tugendhaft, schafmäßig, krauswollig,
dumm, mit Lammsmilch-Wohlwollen ...

Also
adlerhaft, pantherhaft
sind des Dichters Sehnsüchte,
sind deine Sehnsüchte unter tausend Larven,
du Narr! du Dichter! ...

Der du den Menschen schautest
so Gott als Schaf —,
den Gott zerreißen im Menschen
wie das Schaf im Menschen
und zerreißend lachen —

Das, das ist deine Seligkeit,
eines Panthers und Adlers Seligkeit,
eines Dichters und Narren Seligkeit! "

Bei abgehellter Luft,
wenn schon des Monds Sichel
grün zwischen Purpurröten
und neidisch hinschleicht,
— dem Tage feind,
mit jedem Schritte heimlich
an Rosen-Hängematten
hinsichelnd, bis sie sinken,
nachtabwärts blaß hinabsinken: —

so sank ich selber einstmals
aus meinem Wahrheits-Wahnsinne,

aus meinen Tages-Sehnsüchten,
des Tages müde, krank vom Lichte,
— sank abwärts, abendwärts, schattenwärts,
von Einer Wahrheit
verbrannt und durstig:
— gedenkst du noch, gedenkst, du, heißes Herz,
wie da du durstetest?
Daß ich verbannt sei
von aller Wahrheit!
Nur Narr! Nur Dichter!...

Die Sonne sinkt

Nicht lange durstest du noch,
        verbranntes Herz!
Verheißung ist in der Luft,
aus unbekannten Mündern bläst michs an,
    — die große Kühle kommt...

Meine Sonne stand heiß über mir im Mittage:
seid mir gegrüßt, daß ihr kommt,
        ihr plötzlichen Winde,
ihr kühlen Geister des Nachmittags!

Die Luft geht fremd und rein.
Schielt nicht mit schiefem
        Verführerblick
die Nacht mich an?...
Bleib stark, mein tapferes Herz!
Frag nicht: warum? —

Tag meines Lebens!
die Sonne sinkt.
Schon steht die glatte
        Flut vergüldet.
Warm atmet der Fels:

schlief wohl zu Mittag
das Glück auf ihm seinen Mittagsschlaf?
      In grünen Lichtern
spielt Glück noch der braune Abgrund herauf.

Tag meines Lebens!
gen Abend gehts!
Schon glüht dein Auge
      halbgebrochen,
schon quillt deines Taus
      Tränengeträufel,
schon läuft still über weiße Meere
deiner Liebe Purpur,
deine letzte zögernde Seligkeit...

Heiterkeit, güldene, komm!
      du des Todes
heimlichster, süßester Vorgenuß!
— Lief ich zu rasch meines Wegs?
Jetzt erst, wo der Fuß müde ward,
      holt dein Blick mich noch ein,
      holt dein Glück mich noch ein.

Rings nur Welle und Spiel.
      Was je schwer war,
sank in blaue Vergessenheit, —
müßig steht nun mein Kahn.
Sturm und Fahrt — wie verlernt' er das!
      Wunsch und Hoffen ertrank,
      glatt liegt Seele und Meer.

Siebente Einsamkeit!
      Nie empfand ich
näher mir süße Sicherheit,
wärmer der Sonne Blick.
— Glüht nicht das Eis meiner Gipfel noch?
      Silbern, leicht, ein Fisch,
      schwimmt nun mein Nachen hinaus...

[453]

DETLEV VON LILIENCRON

(1844–1909)

Heidebilder

Die Mittagssonne brütet auf der Heide,
Im Süden droht ein schwarzer Ring.
Verdurstet hängt das magere Getreide,
Behaglich treibt ein Schmetterling.

Ermattet ruh'n der Hirt und seine Schafe,
Die Ente träumt im Binsenkraut,
Die Ringelnatter sonnt in trägem Schlafe
Unregbar ihre Tigerhaut.

Im Zickzack zuckt ein Blitz, und Wasserfluten
Entstürzen gierig dunklem Zelt.
Es jauchzt der Sturm und peitscht mit seinen Ruten
Erlösend meine Heidewelt.

      ★   ★   ★

In Herbstestagen bricht mit starkem Flügel
Der Reiher durch den Nebelduft.
Wie still es ist! Kaum hör' ich um den Hügel
Noch einen Laut in weiter Luft.

Auf eines Birkenstämmchens schwanker Krone
Ruht sich ein Wanderfalke aus.
Doch schläft er nicht, von seinem leichten Throne
Äugt er durchdringend scharf hinaus.

Der alte Bauer mit verhaltnem Schritte
Schleicht neben seinem Wagen Torf.
Und holpernd, stolpernd schleppt mit lahmem Tritte
Der alte Schimmel ihn ins Dorf.

      ★   ★   ★

[454]

Die Sonne leiht dem Schnee das Prachtgeschmeide;
Doch ach! wie kurz ist Schein und Licht.
Ein Nebel tropft, und traurig zieht im Leide
Die Landschaft ihren Schleier dicht...

Kleine Ballade

Hoch weht mein Busch, hell klirrt mein Schild
Im Wolkenbruch der Feindesklingen.
Die malen kein Madonnenbild
Und tönen nicht wie Harfensingen.

Und in den Staub der letzte Schelm,
Der mich vom Sattel wollte stechen!
Ich schlug ihm Feuer aus dem Helm
Und sah ihn tot zusammenbrechen.

Ihr wolltet stören meinen Herd?
Ich zeigte euch die Mannessehne.
Und lachend trockne ich mein Schwert
An meines Hengstes schwarzer Mähne.

Wer weiß wo

[*Schlacht bei Kolin*, 18. *Juni* 1757]

Auf Blut und Leichen, Schutt und Qualm,
Auf roßzerstampften Sommerhalm
Die Sonne schien.
Es sank die Nacht. Die Schlacht ist aus,
Und mancher kehrte nicht nach Haus
Einst von Kolin.

Ein Junker auch, ein Knabe noch,
Der heut das erste Pulver roch,
Er mußte dahin.

Wie hoch er auch die Fahne schwang,
Der Tod in seinen Arm ihn zwang,
Er mußte dahin.

Ihm nahe lag ein frommes Buch,
Das stets der Junker bei sich trug,
Am Degenknauf.
Ein Grenadier von Bevern fand
Den kleinen erdbeschmutzten Band
Und hob ihn auf.

Und brachte heim mit schnellem Fuß
Dem Vater diesen letzten Gruß,
Der klang nicht froh.
Dann schrieb hinein die Zitterhand:
„Kolin. Mein Sohn verscharrt im Sand.
Wer weiß wo.“

Und der gesungen dieses Lied,
Und der es liest, im Leben zieht
Noch frisch und froh.
Doch einst bin ich und bist auch du,
Verscharrt im Sand, zur ewigen Ruh,
Wer weiß wo.

Viererzug

Vorne vier nickende Pferdeköpfe,
Neben mir zwei blonde Mädchenzöpfe,
Hinten der Groom mit wichtigen Mienen,
An den Rädern Gebell.

In den Dörfern windstillen Lebens Genüge,
Auf den Feldern fleißige Spaten und Pflüge,
Alles das von der Sonne beschienen
So hell, so hell.

Nach dem Ball

Setz in des Wagens Finsternis
Getrost den Atlasschuh!
Die Füchse schäumen ins Gebiß,
Und nun, Johann, fahr zu!
     Es ruht an meiner Schulter aus
     Und schläft, ein müder Veilchenstrauß,
     Die kleine blonde Komtesse.

Die Nacht versinkt in Sumpf und Moor;
Ein erster roter Streif.
Der Kiebitz schüttelt sich im Rohr
Aus Schopf und Pelz den Reif.
     Noch hört im Traum der Rosse Lauf,
     Dann schlägt die blauen Augen auf
     Die kleine blonde Komtesse.

Die Sichel klingt vom Wiesengrund,
Der Tauber gurrt und lacht,
Am Rade kläfft der Bauernhund,
All Leben ist erwacht.
     Ach, wie die Sonne köstlich schien,
     Wir fuhren schnell nach Gretna Green,
     Ich und die kleine Komtesse.

Pidder Lüng

> *„ Frii es de Feskfang,*
> *frii es de Jaght,*
> *frii es de Strönthgang,*
> *frii es de Naght,*
> *frii es de See, de wilde See*
> *en de Hörnemmer Rhee."*

Der Amtmann von Tondern, Henning **Pogwisch**,
Schlägt mit der Faust auf den Eichentisch:
„ Heut' fahr' ich selbst hinüber nach Sylt,
Und hol' mir mit eigner Hand Zins und Gült.

[457]

Und kann ich die Abgaben der Fischer nicht fassen,
Sollen sie Nasen und Ohren lassen,
Und ich höhn' ihrem Wort: Lewwer duad üs Slaav."

Im Schiff vorn der Ritter, panzerbewehrt,
Stützt finster sich auf sein langes Schwert.
Hinter ihm, von der hohen Geistlichkeit,
Steht Jürgen, der Priester, beflissen, bereit.
Er reibt sich die Hände, er bückt den Nacken.
„ Der Obrigkeit helf' ich, die Frevler packen,
In den Pfuhl das Wort: Lewwer duad üs Slaav."

Gen Hörnum hat die Prunkbarke den Schnabel gewetzt,
Ihr folgen die Ewer, kriegsvolkbesetzt.
Und es knirschen die Kiele auf den Sand,
Und der Ritter, der Priester springen ans Land,
Und waffenrasselnd hinter den beiden
Entreißen die Söldner die Klingen den Scheiden.
Nun gilt es, Friesen: Lewwer duad üs Slaav!

Die Knechte umzingeln das erste Haus,
Pidder Lüng schaut verwundert zum Fenster heraus.
Der Ritter, der Priester treten allein
Über die ärmliche Schwelle hinein.
Des langen Peters starkzählige Sippe
Sitzt grad an der kargen Mittagskrippe.
Jetzt zeige dich, Pidder: Lewwer duad üs Slaav!

Der Ritter verneigt sich mit hämischem Hohn,
Der Priester will anheben seinen Sermon.
Der Ritter nimmt spöttisch den Helm vom Haupt
Und verbeugt sich noch einmal: „ Ihr erlaubt,
Daß wir euch stören bei euerm Essen,
Bringt hurtig den Zehnten, den ihr vergessen,
Und euer Spruch ist ein Dreck: Lewwer duad üs Slaav."

Da reckt sich Pidder, steht wie ein Baum:
„ Henning Pogwisch, halt' deine Reden im Zaum.

Wir waren der Steuern von jeher frei,
Und ob du sie wünschst, ist uns einerlei.
Zieh ab mit deinen Hungergesellen,
Hörst du meine Hunde bellen?
Und das Wort bleibt stehn: Lewwer duad üs Slaav!"

„ Bettelpack", fährt ihn der Amtmann an,
Und die Stirnader schwillt dem geschienten Mann:
„ Du frißt deinen Grünkohl nicht eher auf,
Als bis dein Geld hier liegt zuhauf."
Der Priester zischelt von Trotzkopf und Bücken,
Und verkriecht sich hinter des Eisernen Rücken.
O Wort, geh nicht unter: Lewwer duad üs Slaav!

Pidder Lüng starrt wie wirrsinnig den Amtmann an
Immer heftiger in Wut gerät der Tyrann,
Und er speit in den dampfenden Kohl hinein:
„ Nun geh an deinen Trog, du Schwein!"
Und er will, um die peinliche Stunde zu enden,
Zu seinen Leuten nach draußen sich wenden.
Dumpf dröhnt's von drinnen: „ Lewwer duad üs Slaav!"

Einen einzigen Sprung hat Pidder getan,
Er schleppt an den Napf den Amtmann heran,
Und taucht ihm den Kopf ein, und läßt ihn nicht frei,
Bis der Ritter erstickt ist im glühheißen Brei.
Die Fäuste dann lassend vom furchtbaren Gittern,
Brüllt er, die Türen und Wände zittern,
Das stolzeste Wort: „ Lewwer duad üs Slaav!"

Der Priester liegt ohnmächtig ihm am Fuß,
Die Häscher stürmen mit höllischem Gruß,
Durchbohren den Fischer und zerren ihn fort,
In den Dünen, im Dorf rasen Messer und Mord.
Pidder Lüng doch, ehe sie ganz ihn verderben,
Ruft noch einmal im Leben, im Sterben
Sein Herrenwort: „ Lewwer duad üs Slaav!"

Heimgang in der Frühe

In der Dämmerung
Um Glock zwei, Glock dreie,
Trat ich aus der Tür
In die Morgenweihe.

Klanglos liegt der Weg,
Und die Bäume schweigen,
Und das Vogellied
Schläft noch in den Zweigen.

Hör ich hinter mir
Sacht ein Fenster schließen,
Will mein strömend Herz
Übers Ufer fließen?

Sieht mein Sehnen nur
Blond und blaue Farben?
Himmelsrot und Grün
Samt den andern starben.

Ihrer Augen Blau
Küßt die Wölkchenherde,
Und ihr blondes Haar
Deckt die ganze Erde.

Was die Nacht mir gab,
Wird mich lang durchbeben;
Meine Arme weit
Fangen Lust und Leben.

Eine Drossel weckt
Plötzlich aus den Bäumen,
Und der Tag erwacht
Still aus Liebesträumen.

Die Musik kommt

Klingling, bumbum und tschingdada,
Zieht im Triumph der Perserschah?
Und um die Ecke brausend bricht's
Wie Tubaton des Weltgerichts,
    Voran der Schellenträger.

Brumbrum, das große Bombardon,
Der Beckenschlag, das Helikon,
Die Pikkolo, der Zinkenist,
Die Türkentrommel, der Flötist,
    Und dann der Herre Hauptmann.

Der Hauptmann naht mit stolzem Sinn,
Die Schuppenketten unterm Kinn,
Die Schärpe schnürt den schlanken Leib,
Beim Zeus! das ist kein Zeitvertreib,
    Und dann die Herren Leutnants.

Zwei Leutnants, rosenrot und braun,
Die Fahne schützen sie als Zaun;
Die Fahne kommt, den Hut nimm ab,
Der sind wir treu bis an das Grab!
    Und dann die Grenadiere.

Der Grenadier im strammen Tritt,
In Schritt und Tritt und Tritt und Schritt,
Das stampft und dröhnt und klappt und flirrt,
Laternenglas und Fenster klirrt,
    Und dann die kleinen Mädchen.

Die Mädchen alle, Kopf an Kopf,
Das Auge blau und blond der Zopf,
Aus Tür und Tor und Hof und Haus
Schaut Mine, Trine, Stine aus,
    Vorbei ist die Musike.

Klingling, tschingtsching und Paukenkrach,
Noch aus der Ferne tönt es schwach,
Ganz leise bumbumbumbum tsching,
Zog da ein bunter Schmetterling,
    Tschingtsching bum, um die Ecke?

Märztag

Wolkenschatten fliehen über Felder,
Blau umdunstet stehen ferne Wälder.

Kraniche, die hoch die Luft durchpflügen,
Kommen schreiend an in Wanderzügen.

Lerchen steigen schon in lauten Schwärmen,
Überall ein erstes Frühlingslärmen.

Lustig flattern, Mädchen, deine Bänder;
Kurzes Glück träumt durch die weiten Länder.

Kurzes Glück schwamm mit den Wolkenmassen;
Wollt' es halten, mußt' es schwimmen lassen.

CARL SPITTELER

(1845–1924)

Die Frühglocke

Kein Ende dämmerte der schwarzen Fiebernacht.
Wahnwitzige Höllen hatt' ich zwecklos durchgedacht.
Ich führe sonst dort innen straffes Regiment,
's ist kein Gedanke, der nicht meine Handschrift kennt.
Heut' aber ward vom Fieber mir die Macht entrückt;
In wüstem Traumgetümmel, fratzenhaft zerstückt,
Tappte der irre Geist; kein Halt, kein Heft zu fassen;
Entwaffnet lag ich da, den Furien überlassen.

Horch! durch die Finsternis, wo noch kein Schimmer graut,
Summt einer fernen Glocke sanfter Trosteslaut.
Erlösung! Tag! Junggläubig Leben atmet: „Ich."
Und Morgenschlummer lispelt: „Menschen grüßen dich."

Glockenlieder

PRINZ EMIL VON SCHOENAICH-CAROLATH
(1852–1908)

Daheim

Ein Weg durch Korn und roten Klee,
Darüber der Lerche Singen,
Das stille Dorf, der helle See
Süßes Wehen, frohes Klingen,

Es wogt das Korn im Sonnenbrand,
Darüber die Glocken schallen —
Sei mir gegrüßt mein deutsches Land,
Du schönstes Land vor allen.

Stierkampf

Es drängt das Volk an der Barrera Reifen,
Ein braver Stier ward heut zum Kampf gesendet;
Seht, wie er rast, von Staub und Wut geblendet,
Röchelnd und wild, bedeckt mit Blut und Schleifen!

Das brechend Auge läßt im Kreise schweifen
Ein Picador, vom Horne umgewendet,
Acht Pferde liegen aufgeschlitzt, verendet —
Ein Toben ist's, ein Stampfen und ein Pfeifen.

Das Händchen ballt, das blasse und nervöse,
Die Marquesita — doch schon naht der Rächer,
Mit Schwert und Capa tritt er aus dem Tore.

Und toller, brausender wird das Getöse;
Sie lacht vor Glück — Armbänder, Blumen, Fächer
Wirft an den Kopf sie dem Toreadore.

GUSTAV FALKE

(1853–1916)

Späte Rosen

Jahrelang sehnten wir uns,
Einen Garten unser zu nennen,
Darin eine kühle Laube steht
Und rote Rosen brennen.

Nun steht das Gärtchen im ersten Grün,
Die Laube in dichten Reben,
Und die erste Rose will
Uns all ihre Schönheit geben.

Wie sind nun deine Wangen so blaß,
Und so müde deine Hände.
Wenn ich nun aus den Rosen dir
Ein rotes Kränzlein bände

Und setzte es auf dein schwarzes Haar,
Wie sollt ich es ertragen,
Wenn unter den leuchtenden Rosen hervor
Zwei stille Augen klagen.

GERHART HAUPTMANN

(1862–1946)

Rautendeleins Lied

Wohin?... Wohin? — Ich saß beim Mahl,
Erdmännlein durchlärmten den Hochzeitssaal,

[464]

Sie brachten mir ein Becherlein,
Darinnen glühte Blut, statt Wein:
Den Becher mußt ich trinken.

Und als ich getrunken den Hochzeitstrank,
Da ward mir so enge die Brust, so bang,
Da griff hinein eine eiserne Hand —
Da ward mir das ganze Herze verbrannt.
Das Herze muß ich kühlen!

Ein Krönlein lag auf dem Hochzeitstisch —
Zwischen roten Korallen ein Silberfisch —
Das zog ich heran, das setzt' ich mir auf:
Nun bin ich des Wassermannes Braut,
Mein Herze mußt ich kühlen . . .

Es fielen drei Äpfel in meinen Schoß
Weiß, gold und rosenrot — :
Das war die Hochzeitsgabe.
Ich aß den weißen und wurde bleich,
Ich aß den goldnen und wurde reich,
Zuletzt den rosenroten.

Weiß, bleich und rosenrot
Saß ein Mägdlein — und das war tot.
Wassermann! tu nun auf die Tür:
Die tote Braut, die bring ich dir.
Zwischen Silberfischlein, Molch und Gestein
Ins Tiefe, Dunkle, Kühle hinein . . .
O, du verbranntes Herze!

Die versunkene Glocke
(*Fünfter Akt*)

RICHARD DEHMEL

(1863–1920)

Das Ideal

Drum hab ich meine Sehnsucht stets gebüßt;
Ich ging nach Liebe aus auf allen Wegen,
Auf allen kam die Liebe mir entgegen,
Doch hab ich meine Sehnsucht stets gebüßt.

Es stand ein Baum in einem Zaubergarten,
Von tausend Blüten duftete sein Schein,
Und eine leuchtete vor allen rein;
Es stand ein Baum in einem Zaubergarten.

Und aus den tausend pflückte ich die eine,
Sie war noch schöner mir in meinen Händen,
Sodaß ich kniete, Dank dem Baum zu spenden,
Von dem aus tausend ich gepflückt die eine.

Ich hob die Augen zu dem Zauberbaume,
Und wieder schien vor allen Eine licht,
Und meine welkte schon — ich dankte nicht;
Ich hob die Augen zu dem Zauberbaume.

Doch hab ich meine Sehnsucht nie verlernt;
Ich ging nach Liebe aus auf allen Wegen,
Auf jedem reifte mir ein andrer Segen,
Drum hab ich meine Sehnsucht nie verlernt.

Die stille Stadt

Liegt eine Stadt im Tale,
Ein blasser Tag vergeht;
Es wird nicht lange dauern mehr,
Bis weder Mond noch Sterne,
Nur Nacht am Himmel steht.

[466]

Von allen Bergen drücken
Nebel auf die Stadt;
Es dringt kein Dach, nicht Hof noch Haus,
Kein Laut aus ihrem Rauch heraus,
Kaum Türme noch und Brücken.

Doch als dem Wandrer graute,
Da ging ein Lichtlein auf im Grund;
Und durch den Rauch und Nebel
Begann ein leiser Lobgesang,
Aus Kindermund.

Heimat

Und auch im alten Elternhause
Und noch am Abend keine Ruh?
Sehnsüchtig hör' ich dem Gebrause
Der hohen Pappeln draußen zu.

Und höre sacht die Türe klinken,
Mutter tritt mit der Lampe ein;
Und alle Sehnsüchte versinken,
O Mutter, in dein Licht hinein.

Anno Domini 1812

Über Rußlands Leichenwüstenei
Faltet hoch die Nacht die blassen Hände;
Funkeläugig durch die weiße, weite,
Kalte Stille starrt die Nacht und lauscht.
Schrill kommt ein Geläute.

Dumpf ein Stampfen von Hufen, fahl flatternder Reif;
Ein Schlitten knirscht, die Kufe pflügt
Stiebende Furchen, die Peitsche pfeift,
Es dampfen die Pferde, Atem fliegt,
Flimmernd zittern die Birken.

„ Du — was hörtest du von Bonaparte? " —
Und der Bauer horcht und will's nicht glauben,
Daß da hinter ihm der steinern starre
Fremdling mit den harten Lippen
Worte so voll Trauer sprach.

Antwort sucht der Alte, sucht und stockt,
Stockt und staunt mit frommer Furchtgebärde:
Aus dem Wolkensaum der Erde,
Brandrot aus dem schwarzen Saum,
Taucht das Horn des Mondes hoch.

Düster wie von Blutschnee glimmt die lange Straße,
Wie von Blutfrost perlt es in den Birken,
Wie von Blut umtropft sitzt Der im Schlitten.
„ Mensch, was sagt man von dem großen Kaiser! "
Düster schrillt das Geläute.

Die Glocken rasseln; es klingt, es klagt;
Der Bauer horcht, hohl rauscht's im Schnee.
Und schwer nun, feiervoll und sacht,
Wie uralt Lied so dumpf und weh
Tönt sein Wort ins Öde:

„ Groß am Himmel stand die schwarze Wolke;
Fressen wollte sie den heiligen Mond.
Doch der heilige Mond steht noch am Himmel,
Und zerstoben ist die schwarze Wolke.
Volk, was weinst du?

Trieb ein stolzer kalter Sturm die Wolke,
Fressen sollte sie die stillen Sterne.
Aber ewig blühn die stillen Sterne;
Nur die Wolke hat der Sturm zerrissen,
Und den Sturm verschlingt die Ferne.

Und es war ein großes schwarzes Heer,
Und es war ein stolzer kalter Kaiser.

Aber unser Mütterchen, das heilige Rußland,
Hat viel tausend tausend stille warme Herzen:
Ewig, ewig blüht das Volk."

Hohl verschluckt der Mund der Nacht die Laute,
Dumpfhin rauschen die Hufe, die Glocken wimmern;
Auf den kahlen Birken flimmert
Rot der Reif, der mondbetaute.
Den Kaiser schauert.

Durch die leere Ebne irrt sein Blick:
Über Rußlands Leichenwüstenei
Faltet hoch die Nacht die blassen Hände,
Glänzt der dunkelrot gekrümmte Mond,
Eine blutige Sichel — Gottes.

Manche Nacht

Wenn die Felder sich verdunkeln,
Fühl ich, wird mein Auge heller;
Schon versucht ein Stern zu funkeln,
Und die Grillen wispern schneller.

Jeder Laut wird bilderreicher,
Das Gewohnte sonderbarer,
Hinterm Wald der Himmel bleicher,
Jeder Wipfel hebt sich klarer.

Und du merkst es nicht im Schreiten,
Wie das Licht verhundertfältigt
Sich entringt den Dunkelheiten.
Plötzlich stehst du überwältigt.

Der Arbeitsmann

Wir haben ein Bett, wir haben ein Kind
Mein Weib!

Wir haben auch Arbeit, und gar zu zweit,
Und haben die Sonne und Regen und Wind,
Und uns fehlt nur eine Kleinigkeit,
Um so frei zu sein wie die Vögel sind:
Nur Zeit.

Wenn wir Sonntags durch die Felder gehn,
Mein Kind,
Und über den Ähren weit und breit
Das blaue Schwalbenvolk blitzen sehn;
Oh, dann fehlt uns nicht das bißchen Kleid,
Um so schön zu sein, wie die Vögel sind:
Nur Zeit.

Nur Zeit! Wir wittern Gewitterwind,
Wir Volk.
Nur eine kleine Ewigkeit;
Uns fehlt ja nichts, mein Weib, mein Kind,
Als all das, was durch uns gedeiht,
Um so kühn zu sein, wie die Vögel sind.
Nur Zeit.

Sommerabend

Klar ruhn die Lüfte auf der weiten Flur;
Fern dampft der See, das hohe Röhricht flimmert,
Im Schilfe glüht die letzte Sonnenspur,
Ein blasses Wölkchen rötet sich und schimmert.

Vom Wiesengrunde naht ein Glockenton,
Ein Duft von Tau entweicht der warmen Erde,
Im stillen Walde lauscht die Dämmrung schon,
Der Hirte sammelt seine satte Herde.

Im jungen Roggen rührt sich nicht ein Halm,
Die Glocke schweigt wie aus der Welt geschieden;
Nur noch die Grillen singen ihren Psalm.
So sei doch froh, mein Herz, in all dem Frieden!

Mein Trinklied

Noch eine Stunde, dann ist Nacht;
Trinkt, bis die Seele überläuft, Wein her, trinkt!
Seht doch, wie rot die Sonne lacht,
Die dort in ihrem Blut ersäuft; Glas hoch, singt!
Singt mir das Lied vom Tode und vom Leben,
   Djagloni gleia glühlala!
Klingklang, seht: schon welken die Reben.
   Aber sie haben uns Trauben gegeben!
       Hei! —

Noch eine Stunde, dann ist Nacht;
Im blassen Stromfall ruckt und blinzt ein Geglüh:
   Der rote Mond ist aufgewacht,
Da kuckt er übern Berg und grinst: Sonne, hüh!
Singt mir das Lied vom Tode und vom Leben;
Mund auf, lacht! Das klingt zwar sündlich,
Klingklang, sündlich! Aber eben:
Trinken und lachen k a n n man bloß mündlich!
       Hüh! —

Noch eine Stunde, dann ist Nacht;
Wächst übern Strom ein Brückenjoch, hoch, o hoch.
Ein Reiter kommt, die Brücke kracht;
Saht ihr den schwarzen Reiter noch? Dreimal hoch!!!
Singt mir das Lied vom Tode und vom Leben,
   Djagloni, Scherben, klirrlala!
Klingklang: neues Glas! Trinkt! wir schweben
Über dem Leben, an dem wir kleben!
       Hoch! —

Lied an meinen Sohn

Der Sturm behorcht mein Vaterhaus,
Mein Herz klopft in die Nacht hinaus,
Laut; so erwacht' ich vom Gebraus
Des Forstes schon als Kind.

Mein junger Sohn, hör zu, hör zu:
In deine ferne Wiegenruh
Stöhnt meine Worte dir im Traum der Wind.

Einst hab ich auch im Schlaf gelacht,
Mein Sohn, und bin nicht aufgewacht
Vom Sturm; bis eine graue Nacht
Wie heute kam.
Dumpf brandet heut im Forst der Föhn,
Wie damals, als ich sein Getön
Vor Furcht wie meines Vaters Wort vernahm.

Horch, wie der knospige Wipfelsaum
Sich sträubt, sich beugt, von Baum zu Baum
Mein Sohn, in deinen Wiegentraum
Zornlacht der Sturm — hör zu, hör zu!
Er hat sich nie vor Furcht gebeugt!
Horch, wie er durch die Kronen keucht:
Sei Du! sei Du!

Und wenn dir einst von Sohnespflicht,
Mein Sohn, dein alter Vater spricht,
Gehorch ihm nicht, gehorch ihm nicht:
Horch, wie der Föhn im Forst den Frühling braut!
Horch, er bestürmt mein Vaterhaus;
Mein Herz tönt in die Nacht hinaus,
Laut — —

Helle Nacht [1]

Weich küßt die Zweige
der weiße Mond.
Ein Flüstern wohnt
im Laub, als neige,
als schweige sich der Hain zur Ruh:
Geliebte du —

Der Weiher ruht, und
die Weide schimmert.
Ihr Schatten flimmert
in seiner Flut, und
der Wind weint in den Bäumen:
Wir träumen — träumen —

Die Weiten leuchten
Beruhigung.
Die Niederung
hebt bleich den feuchten
Schleier hin zum Himmelssaum:
O hin — o Traum —

¹ Based on Verlaine's *La lune blanche*

ARNO HOLZ

(1863–1929)

Über die Welt hin ziehen die Wolken …

Über die Welt hin ziehen die Wolken.
Grün durch die Wälder
fließt ihr Licht.

Herz, vergiß!

In stiller Sonne
webt linderndster Zauber,
unter wehenden Blumen blüht tausend Trost.

Vergiß! Vergiß!

Aus fernem Grund pfeift, horch, ein Vogel …
Er singt sein Lied.

Das Lied vom Glück!

Phantasus

Sieben Billionen Jahre . . .

Sieben Billionen Jahre vor meiner
Geburt war ich eine Schwertlilie.

Meine Wurzeln
saugten sich
in einen Stern.

Auf seinen dunklen Wassern
schwamm
meine blaue Riesenblüte.

Ibid.

Schönes, grünes, weiches Gras

Schönes, grünes, weiches Gras.
Drin liege ich,
mitten zwischen Butterblumen!

Über mir,
warm,
der Himmel:
ein weites, zitterndes Weiß,
das mir die Augen langsam, ganz langsam
schließt.

. . . Wehende Luft . . . ein zartes Summen . . .

Nun bin ich fern
von jeder Welt,
ein sanftes Rot erfüllt mich ganz
und deutlich spüre ich,
wie die Sonne mir durchs Blut rinnt —
minutenlang.

Versunken alles. Nur noch ich.

Selig!

Ibid.

[474]

Draußen die Düne . . .

Draußen die Düne.

Einsam das Haus,
eintönig,
ans Fenster
der Regen.

Hinter mir,
tictac,
eine Uhr,
meine Stirn
gegen die Scheibe.

Nichts.

Alles vorbei.

Grau der Himmel,
grau die See
und grau
das Herz.

Ibid.

Rote Rosen

Rote Rosen

winden sich um meine düstre Lanze.

Durch weiße Lilienwälder
schnaubt mein Hengst.

Aus grünen Seen,
Schilf im Haar,

[475]

tauchen schlanke, schleierlose Jungfraun.

Ich reite wie aus Erz.

Immer,

dicht vor mir,

fliegt der Vogel Phönix

und singt.

Ibid.

CÄSAR FLAISCHLEN (CÄSAR STUART)

(1864–1920)

Gedichte in Prosa

I

So regnet es sich langsam ein und immer kürzer wird der Tag
    und immer seltener der Sonnenschein.
Ich sah am Waldrand gestern ein paar Rosen stehn ...
Gib mir die Hand und komm ... wir wollen sie uns pflücken
    gehn ...
Es werden wohl die letzten sein!

II

Steigende Abendwolken ... blei-grau-blau-schwer
... wie ferne Alpen sich auftürmend ...
die sinkende Sonne dahinter, die Ränder mit
blendendem Gold umkantend ...

Auf der Hügelhöhe mitten im glühenden Feuer
des Abendrots eine Mühle,
langsam die Flügel drehend,
als schaufle sie der Sonne rinnend Gold in
ihre Tenne.

RICARDA HUCH

(1864–1947)

Du

Seit du mir fern bist,
Hab' ich nur Leid,
Weiß ich, was Sehnsucht ist
Und freudenlose Zeit.

Ich hab' an dich gedacht
Ohn' Unterlaß
Und weine jede Nacht
Nach dir mein Kissen naß.

Und schließt mein Auge zu
Des Schlafes Band,
So wähn' ich, das tust du
Mit deiner weichen Hand.

HUGO SALUS

(1866–1929)

Sommernacht

In dieser lauen Sommernacht
Bin ich vom Schlafe aufgewacht.
Mein ganzes Zimmer war voll Licht,
Ich konnte fürder schlafen nicht.

Zum Fenster beugt' ich mich hinaus:
Verwundert liegen Markt und Haus
Im silberweißen Mondesschein
Und staunen in die Nacht hinaus.

Der Marktbrunn brummt und murmelt was
In seinem dunklen Gurgelbaß,
Die Linden stehn um ihn herum
Und hören zu und nicken stumm.

Und auf der Bank dort unterm Baum
Träumt still der Wächter seinen Traum;
Sein Tuthorn war der Hand zu schwer,
Am Boden liegt's und schläft wie er.

Mir ist so märchenstill zu Sinn;
Ich schaue träumend vor mich hin
Und fühle: Solch ein Mondesschein
Kann nur in deutschen Nächten sein ...

Kammermusik

Der Apotheker, der Kaufmann, der Arzt und der Richter,
Es sind immer wieder dieselben Gesichter;
So eine Kleinstadt, es ist ein Graus,
Gott gebe, ich wäre schon wieder heraus.

Aber am Sonntag lädt der Herr Richter
„ Auf einen Löffel Suppe " den Großstadtdichter.
Der Apotheker, der Kaufmann, der Arzt, die drei
Sind natürlich auch dabei.

Das Essen ist gut, da ist nichts zu sagen,
Ihr Minister des Innern ist eben der Magen;
Und der Wein nicht übel; nun ja, man spürt,
„ Man " hat eben in der Hauptstadt studiert.

Dann spricht man und raucht; es geschieht auch zuweilen,
Daß Minuten ohne Gespräch enteilen,
Dann spricht man wieder. Und dann, auf Ehr',
Bringt die Hausfrau Notenständer her.

Und dann, da ich seufze: „ Es ist nicht zu ändern! "
Sitzen die Alten schon vor ihren Ständern,
Ein jeder den Fiedelbogen nimmt,
Zwei Geigen, Viola und Cello. „ Es stimmt."

Und sie spielen: Beethoven. Erst etwas befangen;
Dann steigen Flämmlein in ihre Wangen
Und herrlich durch das Zimmer ziehn
Die unendlichen, mächtigen Melodien.

Ich sitze und lausche, aufs tiefste erschüttert;
Mein Herz wird mild und die Seele erzittert.
Der Flügelschlag der Kunst durchrauscht
Die Luft, der fromm die Seele lauscht.

Mir wird, versunken im Anblick der Alten,
Als müßt' zum Gebet ich die Hände falten:
O Himmel, im Alter bewahre auch mir
Die Freude am Schönen wie diesen hier!

HERMANN LÖNS

(1866–1914)

Der späte Mai

Die roten Blätter rauschen,
Der Sommer ist lange vorbei,
Es leuchten unsere Augen,
Es blüht uns der Mai.

Wir können die Liebe nicht bergen,
Wir sind uns viel zu gut,
Es brennen unsere Lippen,
In den Schläfen klopft unser Blut.

[479]

Wir reden schüchterne Worte,
Wir sehn aneinander vorbei,
Scheu wie die erste Liebe
Macht uns der späte Mai.

Was zögerst du, was zagst du,
Wer weiß, bald fällt der Schnee,
Die ungeküßten Küsse,
Das ist das bitterste Weh.

MAX DAUTHENDEY

(1867–1918)

Rosenduft

Weinrot brennen Gewitterwinde.
Purpurblau der Seerand.
Hyazinthentief die ferne Küste.

Ein Regenbogen, veilchenschwül,
Schmilzt durch weihrauchblaue Abendwolken.

Im Taudunkel lacht
Eine heiße Nachtigall.

STEFAN GEORGE

(1868–1933)

Ein Angelico

Auf zierliche kapitel der legende
— Den erdenstreit bewacht von ewgem rat,
Des strengen ahnen wirkungsvolle sende —
Errichtet er die glorreich große tat:

Er nahm das gold von heiligen pokalen,
Zu hellem haar das reife weizenstroh,
Das rosa kindern die mit schiefer malen,
Der wäscherin am bach den indigo.

Der herr im glanze reinen königtumes!
Zur seite sanfte sänger seines ruhmes
Und sieger der Chariten und Medusen.

Die braut mit immerstillem kindesbusen
Voll demut aber froh mit ihrem lohne
Empfängt aus seiner hand die erste krone.

Die Spange

Ich wollte sie aus kühlem eisen
Und wie ein glatter fester streif,
Doch war im schacht in allen gleisen
So kein metall zum gusse reif.

Nun aber soll sie also sein:
Wie eine große fremde dolde
Geformt aus feuerrotem golde
Und reichem blitzendem gestein.

Vogelschau

Weiße schwalben sah ich fliegen,
Schwalben schnee- und silberweiß,
Sah sie sich im winde wiegen,
In dem winde hell und heiß.

Bunte häher sah ich hüpfen,
Papagei und kolibri
Durch die wunder-bäume schlüpfen
In dem wald der Tusferi.

Große raben sah ich flattern,
Dohlen schwarz und dunkelgrau
Nah am grunde über nattern
Im verzauberten gehau.

Schwalben seh ich wieder fliegen,
Schnee- und silberweiße schar,
Wie sie sich im winde wiegen
In dem winde kalt und klar!

Jahrestag

O schwester nimm den krug aus grauem thon,
Begleite mich! denn du vergaßest nicht
Was wir in frommer wiederholung pflegten.
Heut sind es sieben sommer daß wirs hörten
Als wir am brunnen schöpfend uns besprachen:
Uns starb am selben tag der bräutigam.
Wir wollen an der quelle wo zwei pappeln
Mit einer fichte in den wiesen stehn
Im krug aus grauem thone wasser holen.

Sporenwache

Die lichte zucken auf in der kapelle.
Der edelknecht hat drinnen einsam wacht
Nach dem gesetze vor altares schwelle
„ Ich werde bei des nahen morgens helle
Empfangen von der feierlichen pracht

Durch einen schlag zur ritterschar erkoren,
Nachdem der kindheit sang und sehnen schwieg
Dem strengen dienste widmen wehr und sporen
Und streiter geben in dem guten krieg.

Ich muß mich würdig rüsten zu der wahl,
Zur weihe meines unbefleckten schwertes

[482]

Vor meines gottes zelt und diesem Mal,
Dem zeugnis echten heldenhaften wertes: "

Da lag der ahn in grauen stein gehauen,
Um ihn der schlanken wölbung blumenzier,
Die starren finger faltend im vertrauen,
Auf seiner brust gebreitet ein panier.

Den blick verdunkelt von des helmes klappen —
Ein cherub hält mit hocherhobner schwinge
Zu häupten ihm den schild mit seinem wappen.
In glattem felde die geflammte klinge. . .

Der hügel wo wir wandeln liegt im schatten . . .

Der hügel wo wir wandeln liegt im schatten,
Indes der drüben noch im lichte webt
Der mond auf seinen zarten grünen matten
Nur erst als kleine weiße wolke schwebt.

Die straßen weithin-deutend werden blasser,
Den wandrern bietet ein gelispel halt,
Ist es vom berg ein unsichtbares wasser
Ist es ein vogel der sein schlaflied lallt?

Der dunkelfalter zwei die sich verfrühten
Verfolgen sich von halm zu halm im scherz . . .
Der rain bereitet aus gesträuch und blüten
Den duft des abends für gedämpften schmerz.

Komm in den totgesagten park und schau . . .

Komm in den totgesagten park und schau:
Der schimmer ferner lächelnder gestade,
Der reinen wolken unverhofftes blau
Erhellt die weiher und die bunten pfade.

Dort nimm das tiefe gelb, das weiche grau
Von birken und von buchs, der wind ist lau,
Die späten rosen welkten noch nicht ganz.
Erlese küsse sie und flicht den kranz,

Vergiß auch diese lezten astern nicht,
Den purpur um die ranken wilder reben
Und auch was übrig blieb von grünem leben
Verwinde leicht im herbstlichen gesicht.

Der Teppich

Hier schlingen menschen mit gewächsen tieren
Sich fremd zum bund unrahmt von seidner franze
Und blaue sicheln weiße sterne zieren
Und queren sie in dem erstarrten tanze.

Und kahle linien ziehn in reich-gestickten
Und teil um teil ist wirr und gegenwendig
Und keiner ahnt das rätsel der verstrickten . . .
Da eines abends wird das werk lebendig.

Da regen schauernd sich die toten äste
Die wesen eng von strich und kreis umspannet
Und treten klar vor die geknüpften quäste
Die lösung bringend über die ihr sannet!

Sie ist nach willen nicht: ist nicht für jede
Gewohne stunde: ist kein schatz der gilde.
Sie wird den vielen nie und nie durch rede
Sie wird den seltnen selten im gebilde.

Der Freund der Fluren

Kurz vor dem frührot sieht man in den fähren
Ihn schreiten, in der hand die blanke hippe
Und wägend greifen in die vollen ähren
Die gelben körner prüfend mit der lippe.

Dann sieht man zwischen reben ihn mit basten
Die losen binden an die starken schäfte
Die harten grünen herlinge betasten
Und brechen einer ranke überkräfte.

Er schüttelt dann ob er dem wetter trutze
Den jungen baum und mißt der wolken schieben
Er gibt dem liebling einen pfahl zum schutze
Und lächelt ihm dem erste früchte trieben.

Er schöpft und gießt mit einem kürbisnapfe
Er beugt sich oft die quecken auszuharken
Und üppig blühen unter seinem stapfe
Und reifend schwellen um ihn die gemarken.

Die Gräber in Speier

Uns zuckt die hand im aufgescharrten chore
Der leichenschändung frische trümmer streifend.
Wir müssen mit den tränen unsres zornes
Den raum entsühnen und mit unserm blut
Das alte blut besprechen daß es hafte,
Daß nicht der Spätre schleicht um tote steine
Beraubte tempel ausgesognen boden . . .
Und der Erlauchten schar entsteigt beim bann:

Des weihtums gründer, strenge kronenstirnen,
Im mißglück fest, in buße groß: nach Konrad
Der dritte Heinrich mit dem stärksten zepter —
In wälschen wirren, in des sohnes aufruhr
Der Vierte reichsten schicksals: haft und flucht,
Doch wer ihn wegen sack und asche höhnte
Den schweigt er stolz: der orte sind für euch
Von schmählicherem klange als Kanossa.

Urvater Rudolf steigt herauf mit sippe,
Er sah in seinem haus des Reiches pracht

Bis zu dem edlen Max dem letzten ritter,
Sah tiefste schmach noch heut nicht heiler wunde
Durch mönchezank empörung fremdengeißel,
Sah der jahrtausendalten herrschaft ende
Und nun die grausigen blitze um die reste
Des stamms dem unsre treue klage gilt.

Vor allen aber strahlte von der Staufischen
Ahnmutter aus dem süden her zu gast
Gerufen an dem arm des schönen Enzio
Der Größte Friedrich, wahren volkes sehnen,
Zum Karlen- und Ottonen-plan im blick
Des Morgenlandes ungeheuren traum,
Weisheit der Kabbala und Römerwürde
Feste von Agrigent und Selinunt.

Hehre Harfe

Sucht ihr neben noch das übel
Greift ihr außen nach dem heile;
Gießt ihr noch in lecke kübel,
Müht ihr euch noch um das feile.

Alles seid ihr selbst und drinne:
Des gebets entzückter laut
Schmilzt in eins mit jeder minne,
Nennt sie Gott und freund und braut!

Keine zeiten können borgen...
Fegt der sturm die erde sauber:
Tretet ihr in euren morgen,
Werfet euren blick voll zauber

Auf die euch verliehnen gaue
Auf das volk das euch umfahet
Und das land das dämmergraue
Das ihr früh im brunnen sahet.

Hegt den wahn nicht: mehr zu lernen
Als aus staunen überschwang
Holden blumen hohen sternen
EINEN sonnigen lobgesang.

Auf stiller stadt lag fern ein blutiger streif . . .

Auf stiller stadt lag fern ein blutiger streif.
Da zog vom dunkel über mir ein wetter
Und zwischen seinen stößen hört ich schritte
Von scharen, dumpf, dann nah. Ein eisern klirren . . .
Und jubelnd drohend klang ein dreigeteilter
Metallen heller ruf und wut und kraft
Und schauer überfielen mich als legte
Sich eine flache klinge mir aufs haupt —
Ein schleunig pochen trieb zum trab der rotten . . .
Und immer weitere scharen und derselbe
Gelle fanfaren-ton . . . Ist das der lezte
Aufruhr der götter über diesem land?

Der Mensch und der Drud

DER DRUD:
. . . Wir reden nie von ihnen, doch ihr toren
Meint daß sie selbst euch helfen. Unvermittelt
Sind sie euch nie genaht. Du wirst du stirbst —
Weß wahr geschöpf du bist erfährst du nie.

DER MENSCH:
Bald ist kein raum mehr für dein zuchtlos spiel.

DER DRUD:
Bald rufst du drinnen den du draußen schmähst.

DER MENSCH:
Du giftiger unhold mit dem schiefen mund
Trotz deiner mißgestalt bist du der unsren
Zu nah, sonst träfe jezt dich mein geschoß . . .

[487]

DER DRUD:
Das tier kennt nicht die scham der mensch nicht dank.
Mit allen künsten lernt ihr nie was euch
Am meisten frommt . . . wir aber dienen still.
So hör nur dies: uns tilgend tilgt ihr euch.
Wo unsre zotte streift nur da kommt milch
Wo unser huf nicht hintritt wächst kein halm.
Wär nur dein geist am werk gewesen: längst
Wär euer schlag zerstört und all sein tun
Wär euer holz verdorrt und saatfeld brach . . .
Nur durch den zauber bleibt das leben wach.

CHRISTIAN MORGENSTERN

(1871–1914)

Palmström steht an einem Teiche . . .

Palmström steht an einem Teiche
Und entfaltet groß ein rotes Taschentuch:
Auf dem Tuch ist eine Eiche
Dargestellt, sowie ein Mensch mit einem Buch.

Palmström wagt nicht sich hineinzuschneuzen, —
Er gehört zu jenen Käuzen,
Die oft unvermittelt-nackt
Ehrfurcht vor dem Schönen packt.

Zärtlich faltet er zusammen,
Was er eben erst entbreitet.
Und kein Fühlender wird ihn verdammen,
Weil er ungeschneuzt entschreitet.

Galgenlieder

Das Perlhuhn

Das Perlhuhn zählt: eins, zwei, drei, vier ...
Was zählt es wohl, das gute Tier,
  Dort unter den dunklen Erlen?

Es zählt, von Wissensdrang gejückt,
(Die es sowohl wie uns entzückt):
  Die Anzahl seiner Perlen.

Ibid.

Der Aesthet

Wenn ich sitze, will ich nicht
Sitzen, wie mein Sitz-Fleisch möchte,
Sondern wie mein Sitz-Geist sich,
Säße er, den Stuhl sich flöchte.

Der jedoch bedarf nicht **viel**,
Schätzt am Stuhl allein den Stil,
Überläßt den Zweck des Möbels
Ohne Grimm der Gier des Pöbels.

Ibid.

Das Leben ist kein eitel Spiel ...

Das Leben ist kein eitel Spiel
Zu Freude oder Leide.
Das Leben ist sich selber Ziel.
Wie Quellen rinnen beide
An seiner ewig jungen Brust,
Die wogt in allzu hoher Lust,
Als daß sie prüfend scheide.

Sprüche

Was braucht ein Volk für Gönner? . . .

Was braucht ein Volk für Gönner?
Wahrheit-sagen-Könner.

Ibid.

Ein jeder soll den Weg des andern achten . . .

Ein jeder soll den Weg des andern achten,
Wo zwei sich redlich zu vollenden trachten.

Ibid.

So fand ich es überall und immerdar . . .

So fand ich es überall und immerdar:
Wo etwas Großes zu schaffen war,
Stand der Erste allein.
Kein Felsen im Meer konnte einsamer sein.

Ibid.

Bild aus Sehnsucht

Über weite braune Hügel
Führt der Landmann seinen Pflug.
Droben mit gestrecktem Flügel
Schwimmt des Adlers breiter Bug.

Fern aus Höfen unter Bäumen
Zittert Rauch im Morgenglanz.
Und die fernste Ferne säumen
Wälder wie ein dunkler Kranz.

ALFRED MOMBERT

(1872–1942)

Ein Haus . . . Nur der Grille Stimme klang . . .

Ein Haus . . . Nur der Grille Stimme klang
In die stillen Bereiche.
Manchmal, eines Mädchens kühler Sang,
Der wellengleiche.
Und ein Kind, ein Knabe lag tagelang
Am zitternden Teiche.

Ich hörte den Wind durch die Eichenkronen streichen.
Mein Herz war kühl wie die Teiche meiner Heimat.
Die weißen Wolken über den grünen Hügeln!
Dann kam die Schwalbe, die Schwalbe übers Meer.

Der himmlische Zecher

Da ich hier auf den Wurzeln . . .

Da ich hier auf den Wurzeln der deutschen Eiche liege, raste,
Wird der schwere alte Baum stumm vor Glück,
Er bebt in seinen jüngsten Mondlicht-Wipfeln.

Die Nacht ruht glänzend über den stillen Hügeln.
Eine Pflanze atmet neben mir,
Ihr feuchtes Blättchen ruht an meiner Wange.
Ich bin die Musik der Welt. Den goldenen Tau
Leg' ich in jede schicksaldunkle Blüte.

Mein Schatten füllt die Felswand in der Mondnacht.
Eine Quelle glänzt zu meinen Füßen
Und löst mein Leben auf in lispelnd Wasser.
Mein Lied, so schlummervoll lieblich tönest du,
Daß ich zu leben vergesse; und sterbe.

Ibid.

[491]

LULU VON STRAUSS UND TORNEY

(1873–1956)

Einst

Und wenn ich selber längst gestorben bin,
Wird meine Erde wieder blühend stehen,
Und Saat und Sichel, Schnee und Sommerpracht
Und weißer Tag und blaue Mitternacht
Wird über die geliebte Scholle gehen.

Und werden Tage ganz wie heute sein:
Die Gärten voll vom Dufte der Syringen,
Und weiße Wolken, die im Blauen ziehn,
Und junger Felder seidnes Ährengrün,
Und drüberhin ein endlos Lerchensingen!

Und werden Kinder lachen vor dem Tor
Und an den Hecken grüne Zweige brechen,
Und werden Mädchen wandern Arm in Arm
Und durch den Sommerabend still und warm
Mit leisen Lippen von der Liebe sprechen!

Und wird wie heut der junge Erdentag
Von keinem Gestern wissen mehr noch sagen,
Und wird wie heut doch jeder Sommerwind
Aus tausend Tagen, die vergessen sind,
Geheime Süße auf den Flügeln tragen!

RICHARD SCHAUKAL

(1874–1942)

Kophetua

König Kophetua hob seine goldene Krone
Von den goldenen Locken und schwieg.

Auf sein Schwert gestützt ging er und stieg
Über die steilen Stufen, und ohne
Sich umzusehn, ließ er die staunende Schar.

Oben saß in mondlichtschimmernder Blässe
Eine Bettlerin, in den Mantel der dichten
Haare gehüllt. Ein großes Verzichten
Lag in ihrer Augen blinkender Nässe.
Und so träumte sie, jeglichen Schmuckes bar.

König Kophetua legte die goldene Krone
Über die eisengerüsteten Knie und harrte
Auf einer der Stufen, bis ihn die traurige, zarte
Magd erblickte, flehentlich, ohne
Sich umzusehn, wo sein Gefolge war . . .

HUGO VON HOFMANNSTHAL

(1874–1929)

Ballade des äußeren Lebens

Und Kinder wachsen auf mit tiefen Augen,
Die von nichts wissen, wachsen auf und sterben
Und alle Menschen gehen ihre Wege.

Und süße Früchte werden aus den herben
Und fallen nachts wie tote Vögel nieder
Und liegen wenig Tage und verderben.

Und immer weht der Wind, und immer wieder
Vernehmen wir und reden viele Worte
Und spüren Lust und Müdigkeit der Glieder.

Und Straßen laufen durch das Gras, und Orte
Sind da und dort, voll Fackeln, Bäumen, Teichen,
Und drohende und totenhaft verdorrte . . .

[493]

Wozu sind diese aufgebaut? und gleichen
Einander nie? und sind unzählig viele?
Was wechselt Lachen, Weinen und Erbleichen?

Was frommt das alles uns und diese Spiele,
Die wir doch groß und ewig einsam sind
Und wandernd nimmer suchen irgend Ziele?

Was frommts, dergleichen viel gesehen haben?
Und dennoch sagt der viel, der „ Abend " sagt,
Ein Wort, daraus Tiefsinn und Trauer rinnt

Wie schwerer Honig aus den hohlen Waben.

Die Beiden

Sie trug den Becher in der Hand
— Ihr Kinn und Mund glich seinem Rand —
So leicht und sicher war ihr Gang,
Kein Tropfen aus dem Becher sprang.

So leicht und fest war seine Hand:
Er ritt auf einem jungen Pferde,
Und mit nachlässiger Gebärde
Erzwang er, daß es zitternd stand.

Jedoch, wenn er aus ihrer Hand
Den leichten Becher nehmen sollte,
So war es beiden allzuschwer:
Denn beide bebten sie so sehr,
Daß keine Hand die andre fand
Und dunkler Wein am Boden rollte.

Manche freilich . . .

Manche freilich müssen drunten sterben,
Wo die schweren Ruder der Schiffe streifen,

Andre wohnen bei dem Steuer droben,
Kennen Vogelflug und die Länder der Sterne.

Manche liegen immer mit schweren Gliedern
Bei den Wurzeln des verworrenen Lebens,
Andern sind die Stühle gerichtet
Bei den Sibyllen, den Königinnen,
Und da sitzen sie wie zu Hause,
Leichten Hauptes und leichter Hände.

Doch ein Schatten fällt von jenen Leben
In die anderen Leben hinüber,
Und die leichten sind an die schweren
Wie an Luft und Erde gebunden:

Ganz vergessener Völker Müdigkeiten
Kann ich nicht abtun von meinen Lidern,
Noch weghalten von der erschrockenen Seele
Stummes Niederfallen ferner Sterne.

Viele Geschicke weben neben dem meinen,
Durcheinander spielt sie alle das Dasein,
Und mein Teil ist mehr als dieses Lebens
Schlanke Flamme oder schmale Leier.

Wohl keinem etwas, keiner etwas mir ...

CLAUDIO:
Wohl keinem etwas, keiner etwas mir.

Sich langsam aufrichtend

Wie auf der Bühn ein schlechter Komödiant —
Aufs Stichwort kommt er, redt sein Teil und geht
Gleichgültig gegen alles andre, stumpf,
Vom Klang der eignen Stimme ungerührt
Und hohlen Tones andre rührend nicht:
So über diese Lebensbühne hin
Bin ich gegangen ohne Kraft und Wert.

[495]

Warum geschah mir das? Warum, du Tod,
Mußt du mich lehren erst das Leben sehen,
Nicht wie durch einen Schleier, wach und ganz,
Da etwas weckend, so vorübergehen?
Warum bemächtigt sich des Kindersinns
So hohe Ahnung von den Lebensdingen,
Daß dann die Dinge, wenn sie wirklich sind,
Nur schale Schauer des Erinnerns bringen?
Warum erklingt uns nicht dein Geigenspiel,
Aufwühlend die verborgne Geisterwelt,
Die unser Busen heimlich hält,
Verschüttet, dem Bewußtsein so verschwiegen,
Wie Blumen im Geröll verschüttet liegen?
Könnt ich mit dir sein, wo man dich nur hört,
Nicht von verworrner Kleinlichkeit verstört!
Ich kanns! Gewähre, was du mir gedroht:
Da tot mein Leben war, sei du mein Leben, Tod!
Was zwingt mich, der ich beides nicht erkenne,
Daß ich dich Tod und jenes Leben nenne?
In eine Stunde kannst du Leben pressen,
Mehr als das ganze Leben konnte halten,
Das schattenhafte will ich ganz vergessen
Und weih mich deinen Wundern und Gewalten.

Er besinnt sich einen Augenblick.

Kann sein, dies ist nur sterbendes Besinnen,
Heraufgespült vom tödlich wachen Blut,
Doch hab ich nie mit allen Lebenssinnen
So viel ergriffen, und so nenn ichs gut!
Wenn ich jetzt ausgelöscht hinsterben soll,
Mein Hirn von dieser Stunde also voll,
Dann schwinde alles blasse Leben hin:
Erst da ich sterbe, spür ich, daß ich bin.
Wenn einer träumt, so kann ein Übermaß
Geträumten Fühlens ihn erwachen machen,
So wach ich jetzt, im Fühlensübermaß
Vom Lebenstraum wohl auf im Todeswachen.

Er sinkt tot zu den Füßen des Todes nieder.

DER TOD, *indem er kopfschüttelnd langsam ab geht*
Wie wundervoll sind diese Wesen,
Die, was nicht deutbar, dennoch deuten,
Was nie geschrieben wurde, lesen,
Verworrenes beherrschend binden
Und Wege noch im Ewig-Dunkeln finden.

*Er verschwindet in der Mitteltür, seine Worte verklingen. Im
Zimmer bleibt es still. Draußen sieht man durchs Fenster den Tod
geigenspielend vorübergehen, hinter ihm die Mutter, auch das Mädchen,
dicht bei ihnen eine Claudio gleichende Gestalt.*

Der Tor und der Tod

AUGUST STRAMM

(1874–1915)

Untreu

Dein Lächeln weint in meiner Brust
Die glutverbißnen Lippen eisen
Im Atem wittert Laubwelk!
Dein Blick versargt
Und
Hastet polternd Worte drauf.
Vergessen
Bröckeln nach die Hände!
Frei
Buhlt dein Kleidsaum
Schlenkrig
Drüber rüber!

Patrouille

Die Steine feinden
Fenster grinst Verrat

[497]

Äste würgen
Berge Sträucher blättern raschlig
Gellen
Tod.

RAINER MARIA RILKE

(1875–1926)

Das ist die Sehnsucht . . .

Das ist die Sehnsucht: wohnen im Gewoge
Und keine Heimat haben in der Zeit.
Und das sind Wünsche: leise Dialoge
Täglicher Stunden mit der Ewigkeit.

Und das ist Leben. Bis aus einem Gestern
Die einsamste von allen Stunden steigt,
Die, anders lächelnd als die andern Schwestern,
Dem Ewigen entgegenschweigt.

O Herr, gib jedem seinen eignen Tod . . .

O Herr, gib jedem seinen eignen Tod,
Das Sterben, das aus jenem Leben geht,
Darin er Liebe hatte, Sinn und Not.

Das Stunden-Buch

Denn wir sind nur die Schale und das Blatt . . .

Denn wir sind nur die Schale und das Blatt.
Der große Tod, den jeder in sich hat,
Das ist die Frucht, um die sich alles dreht.

Ibid.

Der Ast vom Baume Gott . . .

Der Ast vom Baume Gott, der über Italien reicht,
Hat schon geblüht.
Er hätte vielleicht
Sich schon gerne, mit Früchten gefüllt, verfrüht,
Doch er wurde mitten im Blühen müd,
Und er wird keine Früchte haben.

Nur der Frühling Gottes war dort,
Nur sein Sohn, das Wort,
Vollendete sich.
Es wendete sich
Alle Kraft zu dem strahlenden Knaben.
Alle kamen mit Gaben
Zu ihm:
Alle sangen wie Cherubim
Seinen Preis.

Und er duftete leis
Als Rose der Rosen.
Er war ein Kreis
Um die Heimatlosen.
Er ging in Mänteln und Metamorphosen
Durch alle steigenden Stimmen der Zeit.

———————————

Mit einem Ast, der jenem niemals glich,
Wird Gott, der Baum, auch einmal sommerlich
Verkündend werden und aus Reife rauschen;
In einem Lande, wo die Menschen lauschen,
Wo jeder ähnlich einsam ist wie ich.

Ibid.

Herbsttag

Herr: es ist Zeit. Der Sommer war sehr groß.
Leg deinen Schatten auf die Sonnenuhren,
und auf den Fluren laß die Winde los.

[499]

Befiehl den letzten Früchten voll zu sein;
gib ihnen noch zwei südlichere Tage,
dränge sie zur Vollendung hin und jage
die letzte Süße in den schweren Wein.

Wer jetzt kein Haus hat, baut sich keines mehr.
Wer jetzt allein ist, wird es lange bleiben,
wird wachen, lesen, lange Briefe schreiben
und wird in den Alleen hin und her
unruhig wandern, wenn die Blätter treiben.

Römische Fontäne

(Borghese)

Zwei Becken, eins das andre übersteigend
Aus einem alten runden Marmorrand,
Und aus dem oberen Wasser leis sich neigend
Zum Wasser, welches unten wartend stand,

Dem leise redenden entgegenschweigend
Und heimlich, gleichsam in der hohlen Hand
Ihm Himmel hinter Grün und Dunkel zeigend
Wie einen unbekannten Gegenstand;

Sich selber ruhig in der schönen Schale
Verbreitend ohne Heimweh, Kreis aus Kreis,
Nur manchmal träumerisch und tropfenweis

Sich niederlassend an den Moosbehängen
Zum letzten Spiegel, der sein Becken leis
Von unten lächeln macht mit Übergängen.

Das Karussell

(Jardin du Luxembourg)

Mit einem Dach und seinem Schatten dreht
Sich eine kleine Weile der Bestand
Von bunten Pferden, alle aus dem Land,
Das lange zögert, eh es untergeht.
Zwar manche sind an Wagen angespannt,
Doch alle haben Mut in ihren Mienen;
Ein böser roter Löwe geht mit ihnen
Und dann und wann ein weißer Elefant.

Sogar ein Hirsch ist da ganz wie im Wald,
Nur daß er einen Sattel trägt und drüber
Ein kleines blaues Mädchen aufgeschnallt.

Und auf dem Löwen reitet weiß ein Junge
Und hält sich mit der kleinen heißen Hand,
Dieweil der Löwe Zähne zeigt und Zunge.

Und dann und wann ein weißer Elefant.

Und auf den Pferden kommen sie vorüber,
Auch Mädchen, helle, diesem Pferdesprunge
Fast schon entwachsen; mitten in dem Schwunge
Schauen sie auf, irgendwohin, herüber —

Und dann und wann ein weißer Elefant.

Und das geht hin und eilt sich, daß es endet,
Und kreist und dreht sich nur und hat kein Ziel.
Ein Rot, ein Grün, ein Grau vorbeigesendet,
Ein kleines kaum begonnenes Profil.
Und manchesmal ein Lächeln, hergewendet,
Ein seliges, das blendet und verschwendet
An dieses atemlose blinde Spiel.

Die Gazelle

(Gazella Dorcas)

Verzauberte: wie kann der Einklang zweier
Erwählter Worte je den Reim erreichen,
Der in dir kommt und geht, wie auf ein Zeichen.
Aus deiner Stirne steigen Laub und Leier,

Und alles Deine geht schon im Vergleich
Durch Liebeslieder, deren Worte, weich
Wie Rosenblätter, dem, der nicht mehr liest,
Sich auf die Augen legen, die er schließt,

Um dich zu sehen: hingetragen, als
Wäre mit Sprüngen jeder Lauf geladen
Und schösse nur nicht ab, solang der Hals

Das Haupt ins Horchen hält: wie wenn beim Baden
Im Wald die Badende sich unterbricht,
Den Waldsee im gewendeten Gesicht.

Der Panther

(Im Jardin des Plantes, Paris)

Sein Blick ist vom Vorübergehn der Stäbe
So müd geworden, daß er nichts mehr hält.
Ihm ist, als ob es tausend Stäbe gäbe
Und hinter tausend Stäben keine Welt.

Der weiche Gang geschmeidig starker Schritte,
Der sich im allerkleinsten Kreise dreht,
Ist wie ein Tanz von Kraft um eine Mitte,
In der betäubt ein großer Wille steht.

Nur manchmal schiebt der Vorhang der Pupille
Sich lautlos auf —. Dann geht ein Bild hinein,

Geht durch der Glieder angespannte Stille —
Und hört im Herzen auf zu sein.

Die Fensterrose

Da drin: das träge Treten ihrer Tatzen
Macht eine Stille, die dich fast verwirrt;
Und wie dann plötzlich eine von den Katzen
Den Blick an ihr, der hin und wieder irrt,

Gewaltsam in ihr großes Auge nimmt, —
Den Blick, der wie von eines Wirbels Kreis
Ergriffen, eine kleine Weile schwimmt
Und dann versinkt und nichts mehr von sich weiß,

Wenn dieses Auge, welches scheinbar ruht,
Sich auftut und zusammenschlägt mit Tosen
Und ihn hineinreißt bis ins rote Blut — :

So griffen einstmals aus dem Dunkelsein
Der Kathedralen große Fensterrosen
Ein Herz und rissen es in Gott hinein.

Ausgesetzt auf den Bergen des Herzens

Ausgesetzt auf den Bergen des Herzens. Siehe, wie klein dort,
Siehe: die letzte Ortschaft der Worte, und höher,
Aber wie klein auch, noch ein letztes
Gehöft von Gefühl. Erkennst du's? —
Ausgesetzt auf den Bergen des Herzens. Steingrund
Unter den Händen. Hier blüht wohl
Einiges auf; aus stummem Absturz
Blüht ein unwissendes Kraut singend hervor.
Aber der Wissende? Ach, der zu wissen begann,
Und schweigt nun, ausgesetzt auf den Bergen des Herzens.

[503]

Da geht wohl, heilen Bewußtseins,
Manches umher, manches gesicherte Bergtier,
Wechselt und weilt. Und der große geborgene Voge
Kreist um der Gipfel reine Verweigerung. — Aber
Ungeborgen, hier auf den Bergen des Herzens —

Sonette an Orpheus: Erster Teil

I

Da stieg ein Baum. O reine Übersteigung!
O Orpheus singt! O hoher Baum im Ohr!
Und alles schwieg. Doch selbst in der Verschweigung
Ging neuer Anfang, Wink und Wandlung vor.

Tiere aus Stille drangen aus dem klaren
Gelösten Wald von Lager und Genist;
Und da ergab sich, daß sie nicht aus List
Und nicht aus Angst in sich so leise waren,

Sondern aus Hören. Brüllen, Schrei, Geröhr
Schien klein in ihren Herzen. Und wo eben
Kaum eine Hütte war, dies zu empfangen,

Ein Unterschlupf aus dunkelstem Verlangen
Mit einem Zugang, dessen Pfosten beben, —
Da schufst du ihnen Tempel im Gehör.

II

Und fast ein Mädchen wars und ging hervor
Aus diesem einigen Glück von Sang und Leier
Und glänzte klar durch ihre Frühlingsschleier
Und machte sich ein Bett in meinem Ohr.

Und schlief in mir. Und alles war ihr Schlaf.
Die Bäume, die ich je bewundert, diese
Fühlbare Ferne, die gefühlte Wiese
Und jedes Staunen, das mich selbst betraf.

Sie schlief die Welt. Singender Gott, wie hast
Du sie vollendet, daß sie nicht begehrte,
Erst wach zu sein? Sieh, sie erstand und schlief.

Wo ist ihr Tod? Oh, wirst du dies Motiv
Erfinden noch, eh sich dein Lied verzehrte? —
Wo sinkt sie hin aus mir? . . . Ein Mädchen fast . . .

III

Ein Gott vermags. Wie aber, sag mir, soll
Ein Mann ihm folgen durch die schmale Leier?
Sein Sinn ist Zwiespalt. An der Kreuzung zweier
Herzwege steht kein Tempel für Apoll.

Gesang, wie du ihn lehrst, ist nicht Begehr,
Nicht Werbung um ein endlich noch Erreichtes;
Gesang ist Dasein. Für den Gott ein Leichtes.
Wann aber sind wir? Und wann wendet er

An unser Sein die Erde und die Sterne?
Dies ists nicht, Jüngling, daß du liebst, wenn auch
Die Stimme dann den Mund dir aufstößt, — lerne

Vergessen, daß du aufsangst. Das verrinnt.
In Wahrheit singen, ist ein andrer Hauch.
Ein Hauch um nichts. Ein Wehn im Gott. Ein Wind.

O ihr Zärtlichen, tretet zuweilen
In den Atem, der euch nicht meint,
Laßt ihn an eueren Wangen sich teilen,
Hinter euch zittert er, wieder vereint.

O ihr Seligen, o ihr Heilen,
Die ihr der Anfang der Herzen scheint.
Bogen der Pfeile und Ziele von Pfeilen,
Ewiger glänzt euer Lächeln verweint.

Fürchtet euch nicht zu leiden, die Schwere,
Gebt sie zurück an der Erde Gewicht;
Schwer sind die Berge, schwer sind die Meere.

Selbst die als Kinder ihr pflanztet, die Bäume,
Wrden zu schwer längst; ihr trüget sie nicht.
Auber die Lüfte . . . aber die Räume . . .

V

Errichtet keinen Denkstein. Laßt die Rose
Nur jedes Jahr zu seinen Gunsten blühn.
Denn Orpheus ists. Seine Metamorphose
In dem und dem. Wir sollen uns nicht mühn

Um andre Namen. Ein für alle Male
Ists Orpheus, wenn es singt. Er kommt und geht.
Ists nicht schon viel, wenn er die Rosenschale
Um ein paar Tage manchmal übersteht?

O wie er schwinden muß, daß ihrs begrifft!
Und wenn ihm selbst auch bangte, daß er schwände.
Indem sein Wort das Hiersein übertrifft,

Ist er schon dort, wohin ihrs nicht begleitet.
Der Leier Gitter zwängt ihm nicht die Hände.
Und er gehorcht, indem er überschreitet.

VI

Ist er ein Hiesiger? Nein, aus beiden
Reichen erwuchs seine weite Natur.
Kundiger böge die Zweige der Weiden,
Wer die Wurzeln der Weiden erfuhr.

Geht ihr zu Bette, so laßt auf dem Tische
Brot nicht und Milch nicht; die Toten ziehts —
Aber er, der Beschwörende, mische
Unter der Milde des Augenlids

Ihre Erscheinung in alles Geschaute;
Und der Zauber von Erdrauch und Raute
Sei ihm so wahr wie der klarste Bezug.

Nichts kann das gültige Bild ihm verschlimmern;
Sei es aus Gräbern, sei es aus Zimmern,
Rühme er Fingerring, Spange und Krug.

VII

Rühmen, das ists! Ein zum Rühmen Bestellter,
Ging er hervor wie das Erz aus des Steins
Schweigen. Sein Herz, o vergängliche Kelter
Eines den Menschen unendlichen Weins.

Nie versagt ihm die Stimme am Staube,
Wenn ihn das göttliche Beispiel ergreift.
Alles wird Weinberg, alles wird Traube,
In seinem fühlenden Süden gereift.

Nicht in den Grüften der Könige Moder
Straft ihn die Rühmung Lügen, oder
Daß von den Göttern ein Schatten fällt.

Er ist einer der bleibenden Boten,
Der noch weit in die Türen der Toten
Schalen mit rühmlichen Früchten hält.

VIII

Nur im Raum der Rühmung darf die Klage
Gehn, die Nymphe des geweinten Quells,
Wachend über unserm Niederschlage,
Daß er klar sei an demselben Fels,

Der die Tore trägt und die Altäre. —
Sieh, um ihre stillen Schultern früht
Das Gefühl, daß sie die jüngste wäre
Unter den Geschwistern im Gemüt.

Jubel weiß, und Sehnsucht ist geständig, —
Nur die Klage lernt noch; mädchenhändig
Zählt sie nächtelang das alte Schlimme.

Aber plötzlich, schräg und ungeübt,
Hält sie doch ein Sternbild unsrer Stimme
In den Himmel, den ihr Hauch nicht trübt.

IX

Nur wer die Leier schon hob
Auch unter Schatten,
Darf das unendliche Lob
Ahnend erstatten.

[508]

Nur wer mit Toten vom Mohn
Aß, von dem ihren,
Wird nicht den leisesten Ton
Wieder verlieren.

Mag auch die Spieglung im Teich
Oft uns verschwimmen:
Wisse das Bild.

Erst in dem Doppelbereich
Werden die Stimmen
Ewig und mild.

THEODOR DÄUBLER

(1876–1934)

Orpheus

Den Inselkranz bewachsen kalte Farren.
Der Tauwind weht vom Süden und vom Meere.
Der Regen stürzt sich in die Wintersleere.
Die Farren aber müssen weiter harren.

Auf einmal scheint ein Rausch den Wind zu narren.
Die Liebe bringt das Lied vom Lichtbegehre:
Sie schwimmt im vollen Mittag durch die Quere.
Ja, Tongestalten müssen schlank erstarren.

Das ist ein Wundertier mit goldnen Flossen.
Ein Lied weht seinen Sänger hold zum Strande,
Und Farren lösen alle Wurzelbande.

Durchs Lied sind Lieblingsblüten voll entsprossen,
Vertierte Formen drohn vom Pflanzenrande,
Der Sang harrt: steil in Bäumen eingegossen.

Das Nordlicht

[509]

Das ferne Schloß (Miramar)

Du heller Fürst auf ewig grünen Hügeln,
Noch kennt dein blaues Auge nicht das Meer,
Umsonst erscheint mir deine Wehmutswehr,
Du kannst auf einmal keine Wünsche zügeln.

Du glaubst nur traumhaft hin und her zu klügeln,
Doch weht dein unergründlicher Begehr
Vom Meer, von dort, vom großen Meere her!
Und dein Entschluß wird Bangen überflügeln.

Du bleiches Schloß, das Meer hat doch gewonnen!
Wohl grünen deine Lauben, trotzen noch die Mauern,
Doch kurzes Glück im Schloß war bald zerronnen.

Du sollst vor deiner Leere tief erschauern!
Nun bist du schon von Sagen sacht umsponnen:
Das Meer und deine Trauer werden dauern.

Ibid.

ELSE LASKER-SCHÜLER

(1869–1945)

Nur Dich

Der Himmel trägt im Wolkengürtel
Den gebogenen Mond.

Unter dem Sichelbild
Will ich in deiner Hand ruhn.

Immer muß ich wie der Sturm will,
Bin ein Meer ohne Strand.

[510]

Aber seit du meine Muscheln suchst,
Leuchtet mein Herz.

Das liegt auf meinem Grund
Verzaubert.

Vielleicht ist mein Herz die Welt,
Pocht —

Und sucht nur noch dich —
Wie soll ich dich rufen?

HANS CAROSSA

(1878–1956)

Heimweg

Dämmert mein Garten?
Rauscht schon der Fluß?
Noch glüht mein Leben
Von deinem Kuß...

Noch trinkt mein Auge,
Von dir erhellt,
Nur dich, nur deinen Bann
Im Bann der Welt.

Vom Himmel atmet
Des Mondes Traum,
Bleich webt eine Wolke,
Grün schmilzt ihr Saum...

Das Wasser führt Schollen
Herab aus der Nacht,
Es trägt jede Scholle
Von Licht schwere Fracht.

Eine Harfe von Drähten
Summt in der Allee,
Spuren von Rädern
Glänzen im Schnee,

Glänzen und deuten
Heilig zu dir zurück, —
Ich weiß, daß du noch wachst
Tief, tief im Glück . . .

Der Schirm deiner Lampe
Färbt dich wie Wein,
Du hauchst in das Eis
Deines Fensters hinein,

Deine Augen träumen
Herüber zum Fluß, —
Du bist nur noch Leben
Von meinem Kuß . . .

RUDOLF ALEXANDER SCHRÖDER

(1878–1962)

Ists schon spät?

Ists schon spät im Jahr?
Hab noch im Ohr der Lerche Ton,
Und doch wandert schon der Star,
Schon der Storch davon.

Falbes Haar ward weiß?
Durch seine Strähne brach noch kaum
Morgenrot in Morgentraum,
Und nun kahl und greis?

[512]

Heiliger Herr und Gott!
So war ich jung, so ward ich alt?
Herr, und käm die Stunde bald,
Hilf mir in der Not.

Vater mein und Trost!
Der bunte Herbst ist bald verweht.
Hilf, daß keiner nackend geht
In den Winterfrost.

In der Nacht gesungen

Hohe, feierliche Nacht,
Unbegreifliches Gepränge,
Aug, das über unsrer Enge
Fragend in der Fremde wacht,
Hohe, feierliche Nacht!

Goldne Schrift am Firmament,
Ach, wer deutet uns im Blauen,
Das wir nur durch Tränen schauen,
Was so fern, so selig brennt,
Goldne Schrift am Firmament?

Dunkler Saal voll Sphärenklang,
Taub vom Lärm des eignen Lebens
Hört dies dumpfe Ohr vergebens
Deiner Lichter Lobgesang,
Dunkler Saal voll Sphärenklang!

Holde Nacht, von Sternen klar,
Spende Trost, wem Trost mag werden,
Überm Elend aller Erden
Wunder, ewig wunderbar,
Holde Nacht, von Sternen klar!

AGNES MIEGEL

(1879–1964)

Agnes Bernauerin

Sie sangen am Herd, als die Flamme schied:
„Es ist ein Ros entsprungen."
Sie sprachen zu ihr, als verklungen das Lied:
„Was hast du nicht mitgesungen?

Was bist du so blaß, Agnes Bernauerin,
Was starrst du so vor dich nieder?"
Sie sprach wie schlafend vor sich hin
Und schloß ihre schweren Lider:

„Mir träumte in der Andreasnacht,
Ich sei an die Donau gegangen,
Der Himmel glomm in blutiger Pracht
Und die roten Wellen sangen.

Sie trugen mir zu in schaukelndem Tanz
Eine Krone, sternbeschienen, —
Und wie ich sie hob, war's ein Sterbekranz
Von welkenden Rosmarinen."

Jane

Sechs Schritt vom Fenster zum Kamin,
Drunten der Richtplatz von Tower Green,
Auf und ab, tausendmal
Maß den Weg Unrast und Qual.

Das Kerkerfenster ist blind und grau,
Die Wände sind tief, verwittert und rauh,
Sind rauh von Schrift. In Kreuz und Stein
Schrieb Jammer mit feurigen Fingern ein.

[514]

So bunt und schaurig ist kein Buch,
Worte, Verse, Gebet und Fluch,
Wappen, Kreuze und Schilderei,
Und unter allem der Liebe Schrei.

Lord Dudley schriebs. Seine Seele fand
Ein Wort nur: Jane. Und Jane schrieb die Hand
Schriebs in den Stein: eh zum Tod er ging,
Ins Glas noch schrieb ers mit seinem Ring.

Ein buntes Buch, Blut, Tränen und Leid,
Fern klingts und verworren aus toter Zeit,
Doch laut und heiß durch der Jahre Gehn
Ruft seine Liebe: Jane, — ah — Jane!...

Frühling

Der Wind sprang um.
In allen Traufen
Rieselnde sprudelnde
Tauwasser laufen.

Der Amsel erstes
Zärtliches Singen
Hör ich vom Garten
Herüberklingen.

Und aus dem verschleierten
Schwülen, feuchten,
Ahnungsbangen
Märzabend leuchten

Lockend mir deine
Augen entgegen,
Wie erste Veilchen
Im Frühlingsregen.

WILHELM LEHMANN

(1882–1968)

Ahnung im Januar

Münchhausens Horn ist aufgetaut,
Zerbrochene Gefangenschaft!
Erstarrter Ton wird leise laut,
In Holz und Stengel treibt der Saft.

Dem Anruf als ein Widerhall,
Aus Lehmesklumpen, eisig, kahl,
Steigt Ammernleib, ein Federball,
Schon viele Male, erstes Mal!

Ob Juniluft den Stier umblaut,
Den Winterstall ein Wald durchlaubt?
Ist es Europa, die ihn kraut?
Leicht richtet er das schwere Haupt.

So warmen Fußes, Sommergeist,
Daß unter dir das Eis zerreißt —
Verheißung, und schon brenne ich,
Erfüllung, wie ertrag' ich dich?

ERNST STADLER

(1883–1914)

Form ist Wollust

Form und Riegel mußten erst zerspringen,
Welt durch aufgeschloßne Röhren dringen:
Form ist Wollust, Friede, himmlisches Genügen,
Doch mich reißt es, Ackerschollen umzupflügen.

Form will mich verschnüren und verengen,
Doch ich will mein Sein in alle Weiten drängen —
Form ist klare Härte ohn' Erbarmen,
Doch mich treibt es zu den Dumpfen, zu den Armen,
Und in grenzenlosem Michverschenken
Will mich Leben mit Erfüllung tränken.

OSKAR LOERKE

(1884–1941)

Großer Seele Gesang . . .

Großer Seele Gesang stirbt den spätesten Tod,
Ein reiner, gerechter.
Vor ihm verfliegen sich der Raben „ Krieg " und „ Not "
Viele Geschlechter.

Er ist in ihnen der Recke Namenlos
Und tut nicht ihre Taten.
Durch alle Sintflut ist der Schwimmerstoß
Dem Tagblinden, ihm, geraten.

Den bröckelnden Gebirgen überlegen
Ist er an Dauer,
Und aller Schmerzen endlich versiegendem Regen
An Trauer.

GOTTFRIED BENN

(1886–1956)

Mann und Frau gehn durch die Krebsbaracke

DER MANN:
Hier diese Reihe sind zerfallene Schöße

[517]

Und diese Reihe ist zerfallene Brust.
Bett stinkt bei Bett. Die Schwestern wechseln stündlich.

Komm, hebe ruhig diese Decke auf.
Sieh, dieser Klumpen Fett und faule Säfte,
Das war einst irgendeinem Mann groß
Und hieß auch Rausch und Heimat. —

Komm, sieh auf diese Narbe an der Brust.
Fühlst du den Rosenkranz von weichen Knoten?
Fühl ruhig hin. Das Fleisch ist weich und schmerzt nicht.

Hier diese blutet wie aus dreißig Leibern.
Kein Mensch hat so viel Blut.
Hier dieser schnitt man
Erst noch ein Kind aus dem verkrebsten Schoß.

Man läßt sie schlafen. Tag und Nacht. — Den Neuen
Sagt man: hier schläft man sich gesund — Nur Sonntags
Für den Besuch läßt man sie etwas wacher.

Nahrung wird wenig noch verzehrt. Die Rücken
Sind wund. Du siehst die Fliegen. Manchmal
Wäscht sie die Schwester. Wie man Bänke wäscht.

Hier schwillt der Acker schon um jedes Bett.
Fleisch ebnet sich zu Land. Glut gibt sich fort.
Saft schickt sich an zu rinnen. Erde ruft.

Leben — niederer Wahn!

Leben — niederer Wahn!
Traum für Knaben und Knechte,
Doch du von altem Geschlechte,
Rasse am Ende der Bahn,

Was erwartest du hier?
Immer noch eine Berauschung,
Eine Stundenvertauschung
Von Welt und dir?

Suchst du noch Frau und Mann?
Ward dir nicht alles bereitet,
Glauben und wie es entgleitet
Und die Zerstörung dann?

Form nur ist Glaube und Tat,
Die erst von Händen berührten,
Doch dann den Händen entführten
Statuen bergen die Saat.

Einsamer nie . . .

Einsamer nie als im August:
Erfüllungsstunde —, im Gelände
Die roten und die goldenen Brände,
Doch wo ist deiner Gärten Lust?

Die Seen hell, die Himmel weich,
Die Äcker rein und glänzen leise,
Doch wo sind Sieg und Siegsbeweise
Aus dem von dir vertretenen Reich?

Wo alles sich durch Glück beweist
Und tauscht den Blick und tauscht die Ringe
Im Weingeruch, im Rausch der Dinge —:
Dienst du dem Gegenglück, dem Geist.

Dann —

Wenn ein Gesicht, das man als junges kannte
Und dem man Glanz und Tränen fortgeküßt,

Sich in den ersten Zug des Alters wandte,
Den frühen Zauber lebend eingebüßt.

Der Bogen einst, dem jeder Pfeil gelungen,
Purpurgefiedert lag das Rohr im Blau,
Die Cymbel auch, die jedes Lied gesungen:
— „Funkelnde Schale" — „Wiesen im Dämmergrau" —,

Dem ersten Zug der zweite schon im Bunde,
Ach, an der Stirne hält sie schon die Wacht,
Die einsame, die letzte Stunde —,
Das ganze liebe Antlitz dann in Nacht.

MAX HERRMANN-NEISSE

(1886–1941)

Stadt ohne Kinder

So tot sind Plätze, Gärten jetzt und Gassen
Wie Hameln nach des Rattenfängers Rache:
Die Kinder alle haben uns verlassen,
Ein Mutterherz bangt unter jedem Dache

Läuft unser Leben noch im alten Gleise,
So ist ihm sein Verderben schon bereitet:
Die Kinder aber werden auf der Reise
Von ihren Engeln liebevoll begleitet.

Uns hat der Friedensengel längst verlassen,
Sein Flügelschlag ist nicht mehr sanft zu hören;
Mit dröhnenderem stürmt in unsere Gassen
Der Todesengel, alles zu zerstören.

Verwandelt sind des Parkes Lieblings-Stellen,
Es fehlt das heitre Spielgeschrei der Knaben;
Statt dessen jagt uns der Sirenen Gellen
Wie wahngetrieben in den Luftschutzgraben.

Das Paradies der Kinder ist verschwunden,
Die tote Stadt verlassen und verloren,
Das Mutterherz hat keinen Trost gefunden
Und mein Gebet vergebens Gott beschworen.

GEORG HEYM

(1887–1912)

Der Gott der Stadt

Auf einem Häuserblocke sitzt er breit.
Die Winde lagern schwarz um seine Stirn.
Er schaut voll Wut, wo fern in Einsamkeit
Die letzten Häuser in das Land verirrn.

Vom Abend glänzt der rote Bauch dem Baal,
Die großen Städte knieen um ihn her.
Der Kirchenglocken ungeheure Zahl
Wogt auf zu ihm aus schwarzer Türme Meer.

Wie Korybanten-Tanz dröhnt die Musik
Der Millionen durch die Straßen laut.
Der Schlote Rauch, die Wolken der Fabrik
Ziehn auf zu ihm, wie Duft von Weihrauch blaut.

Das Wetter schwält in seinen Augenbrauen.
Der dunkle Abend wird in Nacht betäubt.
Die Stürme flattern, die wie Geier schauen
Von seinem Haupthaar, das im Zorne sträubt.

Er streckt ins Dunkel seine Fleischerfaust.
Er schüttelt sie. Ein Meer von Feuer jagt
Durch eine Straße. Und der Glutqualm braust
Und frißt sie auf, bis spät der Morgen tagt.

Ophelia

Im Haar ein Nest von jungen Wasserratten,
Und die beringten Hände auf der Flut
Wie Flossen, also treibt sie durch den Schatten
Des großen Urwalds, der im Wasser ruht.

Die letzte Sonne, die im Dunkel irrt,
Versenkt sich tief in ihres Hirnes Schrein.
Warum sie starb? Warum sie so allein
Im Wasser treibt, das Farn und Kraut verwirrt?

Im dichten Röhricht steht der Wind. Er scheucht
Wie eine Hand die Fledermäuse auf.
Mit dunklem Fittich, von dem Wasser feucht
Stehn sie wie Rauch im dunklen Wasserlauf,

Wie Nachtgewölk. Ein langer weißer Aal
Schlüpft über ihre Brust. Ein Glühwurm scheint
Auf ihrer Stirn. Und eine Wolke weint
Das Laub auf sie und ihre stumme Qual.

GEORG TRAKL

(1887–1914)

Der Herbst des Einsamen

Der dunkle Herbst kehrt ein voll Frucht und Fülle,
Vergilbter Glanz von schönen Sommertagen.

Ein reines Blau tritt aus verfallener Hülle;
Der Flug der Vögel tönt von alten Sagen.
Gekeltert ist der Wein, die milde Stille
Erfüllt von leiser Antwort dunkler Fragen.

Und hier und dort ein Kreuz auf ödem Hügel;
Im roten Wald verliert sich eine Herde.
Die Wolke wandert übern Weiherspiegel;
Es ruht des Landmanns ruhige Gebärde.
Sehr leise rührt des Abends blauer Flügel
Ein Dach von dürrem Stroh, die schwarze Erde.

Bald nisten Sterne in des Müden Brauen;
In kühle Stuben kehrt ein still Bescheiden
Und Engel treten leise aus den blauen
Augen der Liebenden, die sanfter leiden.
Es rauscht das Rohr; anfällt ein knöchern Grauen,
Wenn schwarz der Tau tropft von den kahlen Weiden.

Unterwegs

Am Abend trugen sie den Fremden in die Totenkammer;
Ein Duft von Teer; das leise Rauschen roter Platanen;
Der dunkle Flug der Dohlen; am Platz zog eine Wache auf.
Die Sonne ist in schwarze Linnen gesunken; immer wieder kehrt
    dieser vergangene Abend.
Im Nebenzimmer spielt die Schwester eine Sonate von Schubert.
Sehr leise sinkt ihr Lächeln in den verfallenen Brunnen,
Der bläulich in der Dämmerung rauscht. O wie alt ist unser
    Geschlecht.
Jemand flüstert drunten im Garten; jemand hat diesen schwarzen
    Himmel verlassen.
Auf der Kommode duften Äpfel. Großmutter zündet goldene
    Kerzen an.

O wie mild ist der Herbst. Leise klingen unsere Schritte im alten
    Park

Unter hohen Bäumen. O wie ernst ist das hyazinthene Antlitz
　　der Dämmerung.
Der blaue Quell zu deinen Füßen, geheimnisvoll die rote Stille
　　deines Munds,
Umdüstert vom Schlummer des Laubs, dem dunklen Gold ver-
　　fallener Sonnenblumen.
Deine Lider sind schwer von Mohn und träumen leise auf meiner
　　Stirne.
Sanfte Glocken durchzittern die Brust. Eine blaue Wolke
Ist dein Antlitz auf mich gesunken in der Dämmerung.
Ein Lied zur Gitarre, das in einer fremden Schenke erklingt,
Die wilden Holunderbüsche dort, ein lang vergangener Novem-
　　bertag,
Vertraute Schritte auf der dämmernden Stiege, der Anblick
　　gebräunter Balken,
Ein offenes Fenster, an dem ein süßes Hoffen zurückblieb —
Unsäglich ist das alles, o Gott, daß man erschüttert ins Knie bricht.

O wie dunkel ist diese Nacht. Eine purpurne Flamme
Erlosch an meinem Mund. In der Stille
Erstirbt der bangen Seele einsames Saitenspiel.
Laß, wenn trunken von Wein das Haupt in die Gosse sinkt.

Grodek

(Militärspital)

Am Abend tönen die herbstlichen Wälder
Von tödlichen Waffen, die goldnen Ebenen
Und blauen Seen, darüber die Sonne
Düstrer hinrollt; umfängt die Nacht
Sterbende Krieger, die wilde Klage
Ihrer zerbrochenen Münder.
Doch stille sammelt im Weidengrund
Rotes Gewölk, darin ein zürnender Gott wohnt,
Das vergossene Blut sich, mondne Kühle;
Alle Straßen münden in schwarze Verwesung.

Unter goldnem Gezweig der Nacht und Sternen
Es schwankt der Schwester Schatten durch den schweigenden
    Hain,
Zu grüßen die Geister der Helden, die blutenden Häupter;
Und leise tönen im Rohr die dunkeln Flöten des Herbstes.
O stolzere Trauer! ihr ehernen Altäre,
Die heiße Flamme des Geistes nährt heute ein gewaltiger
    Schmerz,
Die ungebornen Enkel.

Ein Winterabend

Wenn der Schnee ans Fenster fällt,
Lang die Abendglocke läutet,
Vielen ist der Tisch bereitet
Und das Haus ist wohlbestellt.

Mancher auf der Wanderschaft
Kommt ans Tor auf dunklen Pfaden,
Golden blüht der Baum der Gnaden
Aus der Erde kühlem Saft.

Wanderer tritt still herein;
Schmerz versteinerte die Schwelle,
Da erglänzt in reiner Helle
Auf dem Tische Brot und Wein.

GEORG VON DER VRING

(1889-1968)

Zwielicht

Der Mond hing im Raum als reife
Mirabelle,
Es hob sich der Rauch meiner Pfeife
Ins Helle.

Es war, als ob an den Hängen
Das Zwielicht
Treue und Untreue menge
Bis weit in die Fernsicht,

Als ob, wo Blätter an Teichen
Auf blitzten,
Liebende ständen, die Trauerzeichen
In Stämme ritzten.

Und weil wir den Schattenraum keine Nacht
Niemals ermessen,
Schwindet wie Rauch, was wir unbedacht
Jemals besessen.

FRANZ WERFEL

(1890–1945)

Trinklied

Wir sind wie Trinker,
Gelassen über unsern Mord gebeugt.

In schattiger Ausflucht
Wanken wir dämmernd.
Welch ein Geheimnis da?
Was klopft von unten da?
Nichts, kein Geheimnis da,
Nichts da klopft an.

Laß du uns leben!
Daß wir uns stärken an letzter Eitelkeit,
Die gut trunken macht und dumpf!
Laß uns die gute Lüge,
Die wohlernährende Heimat!

Woher wir leben?
Wir wissen's nicht . . .
Doch reden wir hinüber, herüber
Zufälliges Zungenwort.

Wir wollen nicht die Arme sehn,
Die nachts aus schwarzem Flusse stehn.

Ist tiefer Wald in uns,
Glockenturm über Wipfeln?
Hinweg, hinweg!
Wir leben hin und her.
Reich du voll schwarzen Schlafes uns den Krug!
Laß du uns leben nur,
Und trinken laß uns, trinken!

Doch wenn ihr wachtet!
Wenn ich wachte über meinem Mord!
Wie flöhen die Füße mir!
Unter den Ulmen hier wär' ich nicht.
An keiner Stätte wär' ich.
Die Bäume bräunten sich,
Wie Henker stünden die Felsen!
In jedes Feuer würf' ich mich,
Schmerzlicher zu zerglühn!

Trinker sind wir über unserem Mord.
Wort deckt uns warm zu.
Dämmerung und in die Lampe Sehn!
Ist kein Geheimnis da?
Nein, nichts da!
Kommt denn und singt ihr!
Und ihr mit Kastagnetten, Tänzerinnen!
Herbei! Wir wissen nichts.
Kämpfen wollen wir und spielen.
Nur trinken, trinken laß du uns!

Als mich dein Wandeln an den Tod verzückte

Als mich dein Dasein tränenwärts entrückte
Und ich durch dich ins Unermeßne schwärmte,
Erlebten diesen Tag nicht Abgehärmte,
Mühselig Millionen Unterdrückte?

Als mich dein Wandeln an den Tod verzückte,
War Arbeit um uns und die Erde lärmte.
Und Leere gab es, gottlos Unerwärmte,
Es lebten und es starben Niebeglückte!

Da ich von dir geschwellt war zum Entschweben,
So viele waren, die im Dumpfen stampften,
An Pulten schrumpften und vor Kesseln dampften.

Ihr Keuchenden auf Straßen und auf Flüssen,
Gibt es ein Gleichgewicht in Welt und Leben,
Wie werd' ich diese Schuld bezahlen müssen!?

KURT HEYNICKE

(1891–)

Volk

Mein Volk,
Blüh ewig, Volk.

Strom, ausgespannt von Mitternacht zu Mitternacht,
Strom, groß und tief von Meer zu Meer,
Aus deiner Tiefe stürzen Quellen,
Urewig speisend dich,
Das Volk.

Mein Volk,
Blüh ewig, Volk.
Du träumst dir Zukunft an die Brust.

Einst wird kein Tag mehr deinen Traum zerschlagen,
Die Berge deiner Seele werden in den Himmel ragen
Und uns erheben,
Uns,
Das Volk.
Ich bin ein Baum im Walde Volk.
Und meine Blätter speist die Sonne.
Doch meine Wurzeln schlafen ihren Schlaf der Kraft
In dir,
Mein Volk.

Mein Volk,
Einst werden alle Dinge knien
Vor dir.
Denn deine Seele wird entfliegen
Hoch über Schlote, Städte in dein eigenes Herz.
Und du wirst blühn,
Mein Volk.

Mein Volk,
In dir.

GEORG BRITTING

(1891-1964)

Wessen der andre auch ist . . .

Wessen der andre auch ist,
Der ewige,
Göttlich und engelumflügelt,
Droben, der glänzende,
Den das Herz nur zu ahnen vermag —
Abgespiegelt hier unten
Auch glänzt er, der unsre,
Mit Bäumen und Wind und dem lärmenden Schlag
Des unbehausten, flüchtigen Kuckucks,
Der untre,
Der irdische Tag.

NELLY SACHS

(1891–)

O die heimatlosen Farben des Abendhimmels!

O die heimatlosen Farben des Abendhimmels!
O die Blüten des Sterbens in den Wolken
wie der Neugeborenen Verbleichen!

O der Schwalben Rätselfragen
an das Geheimnis —
der Möwen entmenschter Schrei
aus der Schöpfungszeit —

Woher wir Übriggebliebenen aus Sternverdunkelung?
Woher wir mit dem Licht über dem Haupte
dessen Schatten Tod uns anmalt?
Die Zeit rauscht von unserem Heimweh
wie eine Muschel

und das Feuer in der Tiefe der Erde
weiß schon um unseren Zerfall —

JOSEF WEINHEBER

(1892–1945)

Hymnus auf die deutsche Sprache

O wie raunt, lebt, atmet in deinem Laut
Der tiefe Gott, dein Herr; unsre Seel,
Die da ist das Schicksal der Welt.
Du des Erhabenen
Starres Antlitz,
Mildes Auge des Traumes,
Eherne Schwertfaust!

Eine helle Mutter, eine dunkle Geliebte,
Stärker, fruchtbarer, süßer als all deine Schwestern;
Bittern Kampfes, jeglichen Opfers wert:
Du gibst dem Herrn die Kraft des Befehls und
Demut dem Sklaven.

Du gibst dem Dunklen Dunkles
Und dem Lichte das Licht.
Du nennst die Erde und den Himmel: deutsch!

Du unverbraucht wie dein Volk!
Du tief wie dein Volk!
Du schwer und spröd wie dein Volk!
Du wie dein Volk niemals beendet!

Im fernen Land
Furchtbar allein,
Das Dach nicht über dem Haupte
Und unter den Füßen die Erde nicht:
Du einzig seine Heimat,
Süße Heimat dem Sohn des Volks.

Du Zuflucht in das Herz hinab,
Du über Gräbern Siegel des Kommenden, teures Gefäß
Ewigen Leides!

Vaterland uns Einsamen, die es nicht kennt,
Unzerstörbar Scholle dem Schollenlosen,
Unsrer Nacktheit ein weiches Kleid,
Unserem Blut eine letzte Lust,
Unserer Angst eine tiefe Ruhe:

Sprache unser!
Die wir dich sprechen in Gnaden, dunkle Geliebte!
Die wir dich schweigen in Ehrfurcht, heilige Mutter!

Ode an die Buchstaben

Dunkles, gruftdunkles U, samten wie Juninacht!
Glockentöniges O, schwingend wie rote Bronze:
Groß und Wuchtendes malt ihr:
Ruh und Ruhende, Not und Tod.

Zielverstiegenes I, Himmel im Mittaglicht,
Zitterndes Tirili, das aus der Lerche quillt:
Lieb, ach Liebe gewittert
Flammenzüngig aus deinem Laut.

E im Weh und im Schnee, grell und wie Messer jäh
Schreckst das Herz du empor — aber wie Balsam legt
Labend auf das verzagte
Sich das Amen des klaren A.

Bebend wagt sich das B aus einer Birke Bild.
Federfein und ganz Mund, flaumig wie Frühlingsluft,
Flötenfriedlich — ach fühl im
F die sanften Empfindungen!

Doch das girrende G leiht schon den runden Gaum
Ihr, der Gier. Und das Glück, treulos und immer glatt,
Es entgleitet den Gatten,
Eh sich wandelt der Rausch in Scham.

Eh das H mit der Kraft heiliger Höhe heilt
Das gebrochene Herz. Ob auch ein Buchstab nur,
Hist hoh: Allen Lebens
Atem ist sein erhabner Hauch.

Hauch, entstoßen der Brust, wildes empörtes K,
Das voransteht der Kraft, das uns den Kampf befiehlt:
Gott ist milde und läßt dir
Leise folgen der Liebe L.

Gab das M uns im Mahl, gab uns das Maß, den Mut.
Warm und heimatlich M, wahrhafter Mutterlaut!
Wie so anders dein Nachbar,
Hat das N nur ein näselnd Nein.

Springt das P mit Galopp über Gestrüpp und Klipp,
Löst sich Lippe von Lipp, und das hochherr'sche R
Dreht, ein Reaktionär, das
Rad zurück und beraubt uns rasch.

Schwarze Luft, und sie dröhnt von der Drommeten Zorn,
Und im Sturm steht das S, sausend und steil und stark,
Und es zischen die Wasser
Schäumend über Ertrinkende.

Doch das schreckliche Wort, tönend wie Tubaton,
Formt das doppelte T. Treffendstes, tiefstes Wort:
Tot ... Wer fände noch Trost nach
Solchem furchtbaren Eisentritt?

Aber Gott will uns gut, gab auch das weiche W,
Das wie wohliger Wind über das Weinen weht.
Gab das Z uns: Es schließt den
Tanz, den Glanz und die Herzen zu.

Pro Domo

Ich will nicht die Menschheit beglücken.
Ich will keine Engel züchten.
Ich will keine Himmel stürzen.
Ich will die Kunst.

Das nackte Weinen ist häßlich.
Das trunkene Stammeln ist häßlich.
Das Bild der Landschaft ist gottlos
Ohne die Form.

[533]

Jede Bewegung ist böse.
Gott ist die ewige Ruhe.
Am tiefsten ergreift der Tote.
Das Werk sei starr!

Nur eine Tugend dem Künstler:
Er warte, bis er Mann ist.
Die Knaben spielen und lärmen.
Kunst ist schweigsam und hart.

Im Grase

Glocken und Zyanen,
Thymian und Mohn.
Ach, ein fernes Ahnen
hat das Herz davon.

Und im sanften Nachen
trägt es so dahin.
Zwischen Traum und Wachen
frag ich, wo ich bin.

Seh die Schiffe ziehen,
fühl den Wellenschlag,
weiße Wolken fliehen
durch den späten Tag —

Glocken und Zyanen,
Mohn und Thymian.
Himmlisch wehn die Fahnen
über grünem Plan:

Löwenzahn und Raden,
Klee und Rosmarin,
Lenk es, Gott, in Gnaden
nach der Heimat hin,

Das ist deine Stille.
Ja, ich hör dich schon.

Salbei und Kamille,
Thymian und Mohn,

und schon halb im Schlafen
— Mohn und Thymian —
landet sacht im Hafen
nun der Nachen an.

Späte Krone

WERNER BERGENGRUEN

(1892–1964)

*Wer will die Reinen
von den Schuldigen scheiden? . . .*

Wer will die Reinen von den Schuldigen scheiden?
Und welcher Reine hat sich nicht befleckt?
Es wird die Sichel Kraut und Unkraut schneiden,
wenn sie des Erntetages Spruch vollstreckt.

In jedem Torweg steht geheim ein Rächer.
Uns allen ist der Bittertrunk gemein.
Schlagt mich ans Kreuz! Es soll der Schächer
mit Ihm im Paradiese sein.

Dies irae

Die verborgene Frucht

Lieb um Liebe haben wir verlangt.
Eingewoben in den bunten Fries,
Haben wir geatmet und gebangt,
Nie Gestillte, und erfuhren dies:

Lieb ist bittrer als Verbannungbrot,
Süßer als der gelbe Mittagsschein,
Lieb ist bittrer als der süße Tod,
Süßer als der bittre Honigwein.

[535]

Dunkler Muttergrund vor aller Zeit,
Den kein Lot erreicht, kein Aug beglänzt,
Da noch Bitternis und Süßigkeit
Ungehälftet ruhn und ungegrenzt!

Wenn wir je uns Mund an Mund erkannt,
Hingeweht von ungeheurer Wucht,
Reckten wir die ahnungslose Hand
Nach der dunklen, ungeteilten Frucht.

Was wir faßten, ach, wir hieltens nicht.
Wars ein Schatten? Wars ein Widerglanz?
Schmale Trümmer hoben wir ins Licht.
Aber die verborgne Frucht ist ganz.

BERTOLT BRECHT

(1898–1956)

Wiegenlied

Mein Sohn, was immer auch aus dir werde
Sie stehn mit Knüppeln bereit schon jetzt
Denn für dich, mein Sohn, ist auf dieser Erde
Nur der Schuttablagerungsplatz da, und der ist besetzt.

Mein Sohn, laß es dir von deiner Mutter sagen:
Auf dich wartet ein Leben, schlimmer als die Pest.
Aber ich habe dich nicht dazu ausgetragen
Daß du dir das einmal ruhig gefallen läßt.

Was du nicht hast, das gib nicht verloren.
Was sie dir nicht geben, sieh zu, daß du's kriegst.
Ich, deine Mutter, habe dich nicht geboren
Daß du einst des Nachts unter Brückenbogen liegst.

[536]

Vielleicht bist du nicht aus besonderem Stoffe
Ich habe nicht Geld für dich noch Gebet
Und ich baue auf dich allein, wenn ich hoffe
Daß du nicht an Stempelstellen lungerst und deine Zeit vergeht.

Wenn ich nachts schlaflos neben dir liege
Fühle ich oft nach deiner kleinen Faust.
Sicher, sie planen mit dir jetzt schon Kriege —
Was soll ich nur machen, daß du nicht ihren dreckigen Lügen
    traust?

Deine Mutter, mein Sohn, hat dich nicht betrogen
Daß du etwas ganz Besonderes seist
Aber sie hat dich auch nicht mit Kummer aufgezogen
Daß du einst im Stacheldraht hängst und nach Wasser schreist.

Mein Sohn, darum halte dich an deinesgleichen
Damit ihre Macht wie ein Staub zerstiebt.
Du, mein Sohn, und ich und alle unsresgleichen
Müssen zusammenstehn und müssen erreichen
Daß es auf dieser Welt nicht mehr zweierlei Menschen gibt.

FRIEDRICH GEORG JÜNGER

(1898–)

Die Zukunft

Wie ein Fisch, der in der roten Pfanne
Aufschnellt, winden sie in harten Leiden
Sich verzweifelt, doch der roten Pfanne,
Prophezei' ich, ihr entfliehet keiner.

Wieder mehrt Verzweiflung ihre Qualen,
Feiges Dulden. Wie ein heißes Lager

Ist die Angst, und tiefes Todesgrauen
Schnauben sie wie schwarzen Dunst ins Blaue.

Gibt es Rettung? Rettung? Welche Stimmen
Hör ich rufen? Kraftlos wilde Schreie!
Wie die Städte brausen! Doch die Wüsten
Und die großen, wilden Wälder schweigen.

Schön ist die Vernichtung, wo das Niedre
Übermächtig herrscht. Und nimmer lieben
Götter das Gemeine, nicht den Aufruhr.
Ordnung lieben sie und hohe Schönheit.

Bald nun werden ihre weiten Hallen,
Ihre Säle hell von Feuern leuchten.
Widerstrahlend von der Erde Flammen
Werden sie, das Auge blendend, leuchten.

Erz ist euer Wagen, Flügel, Flosse.
In den Elementen hebt und senkt ihr
Euch wie Adler, seid dem schwarzen Löwen
Gleich und gleich den schnellen, kühnen Fischen.

Wie ein Hag von Rosen blüht das Feuer.
Duftlos brennt es. Rote Flammen stürzen
Auf die Städte, eherne Geschosse.
Wie der Wind, wie Staub verwehn die Klagen.

ELISABETH LANGGÄSSER

(1899–1950)

Rose im Oktober

Die Hacke schweigt.
Am Waldrand steigt

Mit hellem Ton
Ein Sagenroß
Aus Avalon.
Was ist's? Der Herbst verschoß
In seinem Kupferschloß
Die sanfte Munition.

Die Eichel fällt,
Und fallend, schellt
Entzwei am Grund
(O leichte Schlacht!)
In Pfeifchen und
Granate, nun gib acht,
Wie Tag sich trennt und Nacht,
Frucht, Schale, Hauch und Mund.

Es knallt, es pocht,
Und brausend, kocht
Ein fernes Tal
Der Beere Sud
Und Mark zumal,
Wie es ein Kessel tut,
Wenn Windes Liebeswut
Entfaltet sein Fanal.

Die Flamme singt.
Es überspringt
Den eignen Ort
Ihr zarter Laut
Und zeugt sich fort.
Die Luft, wie aufgerauht,
Gibt Echo ihm und baut
Vielblättrig Wort um Wort.

Tief im Azur
— Kondwiramur
Und Gral zugleich —
Trägt, Rot in Blau,
Nicht Geist, noch Fleisch,

Die Rose ihren Bau
Hoch über Feld und Au
Ein in das Ätherreich.

FRIEDRICH RASCHE

(1900–1965)

Die Flöte

O Mensch, du Kummerflöte,
darauf der Abgrund bläst.
Des Abends schwarze Kröte
hockt auf der Welt, die grau verwest.

O Mensch, du Todesflöte,
darauf das Leben spielt.
Kaum glänzte Morgenröte,
ist schon der letzte Pfeil gezielt.

O Mensch, du Liebesflöte,
daraus die Hoffnung tönt —
Tod, Kummer, alle Nöte
versungen sind sie und versöhnt.

OTTO HEUSCHELE

(1900–)

Das Feuer des Himmels

Gering ist was wir wissen,
Aber die Ahnungen sind gewaltig;
Und der Sturm, der die Herzen
Heimsucht, ist unfaßbar.

Wer aber nach Ruhe verlangt
Und Heimkehr erwartet,

[540]

Der schreitet abwärts,
Denn aufwärts ist Kampf und Gefährdung.

Und das Feuer fällt
Vom Himmel für die Knaben,
Daß sie's in ihren Herzen sammeln,
Denn ein brennend Herz vermag hier alles.

PETER HUCHEL

(1903–)

In der Bretagne

Für A. Closs

Wohin, ihr Wolken, ihr Vogelschwärme?
Kalt weht die Chaussee ins Jahr,
Wo einst der Acker warm von der Wärme
Des brütenden Rebhuhns war.
    O Marguerite,
    Kalt weht dein Haar,
    Leg dir das dunkle Tuch ums Kinn,
    Durch Morbihan wallfahre hin,
    Schöpf Wasser aus den Brunnen.

Naßkahler Ginster. Und ihr Gehäuse
Verschloß die Schnecke mit kalkiger Wand.
Gedämpft das Licht in des Regens Reuse.
Und Steine und Stimmen im heidigen Land.
    O Marguerite,
    Streich mit der Hand
    Die Asche von des Herdes Glut.
    Es leuchtet auf das alte Blut
    Im Feuer der Legenden.

REINHOLD SCHNEIDER

(1903–58)

Der dunkeln Blüten Glut

Der dunkeln Blüten Glut, getaucht ins Weben
Brennenden Abendscheins, verwehnder Hauch
Geliebten Weines und der goldne Rauch
Fern — ferner Tage, die im Dämmer schweben,

Steigende Dämmerung, mein höchstes Leben!
Ich breche keine Rose mehr vom Strauch;
Doch ist der Duft, der Schein die Rose auch,
Sind Erd und Himmel in der Kraft der Reben.

Dann ist im Glase nur ein Hauch gefangen;
Die Blüten bleichen wie das Licht verglomm,
Die Kronen raunen; mir entschwebt der Raum

Mit Schein und Duft, daran mein Herz gehangen.
O Sternennacht! Ich will nicht schaudern, komm,
Erhabne Freiheit über Bild und Traum!

STEFAN ANDRES

(1906–)

Requiem für ein Kind

Dein Leben und das unsre, liebes Kind,
Trennt nun des Todes nahtlos glatte Wand
Und ragt — unendlich! — quer durch den Verstand
Und quer durchs Herz, gefügt aus jenem Flint,

Der, porenlos für des Getrennten Qual,
Mit jedes Klettrers Griff nur glätter ragt.
Kälteste Wand! — So hab ich es gewagt
Und treff dich mit des Glaubens Feuerstahl.

O immer wieder! Feindlich klingt der Schlag,
Und nur ein Funke steigt die Hoffnung auf,
Und jede Nacht fällt jäh derselbe Föhn.

Ich aber stürze in den alten Tag:
Ich sah dich, Kind, sah deines Sternes Lauf,
Dann stand die Wand um mich. Du warst so schön.

Der Granatapfel, Oden–Gedichte–Sonette

GÜNTER EICH

(1907–)

Aurora

Aurora, Morgenröte,
du lebst, oh Göttin, noch!
Der Schall der Weidenflöte
tönt aus dem Haldenloch.

Wenn sich das Herz entzündet,
belebt sich Klang und Schein,
Ruhr oder Wupper mündet
in die Ägais ein.

Uns braust ins Ohr die Welle
vom ewigen Mittelmeer.
Wir selber sind die Stelle
von aller Wiederkehr.

In Kürbis und in Rüben
wächst Rom und Attika.
Gruß dir, du Gruß von drüben,
wo einst die Welt geschah!

[543]

BERNT VON HEISELER
(1907-)

In Memoriam Patriae: Das Reich

In Steinen lebt, in Wäldern die Klage nun
Um unsres Volkes wieder verlornes Reich,
Da Menschen stumm sind; seitwärts blickend
Gehn sie vorüber, die Leidgeschlagnen.

Das Reich — wo war es? Trübe Gewalt erschuf
Ein Scheinbild, heillos. Ach, aber teures Blut,
In Strömen, floß darum. Und wollt ihr
Leugnen, Gefährten, wie viel wir hofften?

Wie hoch wir schuldig wurden? Auch du. Auch ich.
Die Stimme, innen, warnte. Wir decktens zu
Mit Gründen, Worten. Nanntens Treue,
Vaterlandsliebe. Da fiel der Schatten

Furchtbarer Taten, welche der Knecht verübt,
Uns auf die eigne Seele: wir tragens mit.
O tuts nicht von euch! In der Schuld nur,
Die wir bekennen und auf uns nehmen,

Ist unser Reich noch wirklich, in Gottes Licht,
Gemeinschaft aller Deutschen. Bekennt und büßt!
Nicht vor dem Feind, der uns nicht kannte,
Doch vor dem Herrn, der die Völker heimruft.

Zu einem Bild von Hieronymus Bosch

Wilde Phantasiegestalten,
Mußt sie nicht für sinnlos halten;
Welt verwirrt sich wie im Traum.
Angst bedrängt uns, Angst und Wehmut —
Doch der Heiligen kühne Demut
Rührt an Gottes Mantelsaum.

ERNST MEISTER

(1911–)

Was Götter waren einst

Was Götter waren einst,
sind Schauens
hell lebendige Augen jetzt,
blaue Iris, blauende Pupille,
Blicken, das der Himmel blüht,
ein Beet aus Blick.

Nein, nicht leer
der Himmel. Nick nicht,
Staubgefäß, dem
schweren Blute, denn
von Wächtern oben, Betrachtern
deiner Wachheit, wimmelts.

Nein, nicht
leer der Himmel,
doch geklärt.

RUDOLF HAGELSTANGE

(1912–)

Alles ist Staub. Da sind nur Stufen

Eisen und Fels und der mürbe Boden,
Den dein Spaten aushebt, das feste,
Steinerne Haus und die Hütte aus Lehm,
Zerriebenes Korn, der gebrannte Teller,
Von dem du dein Brot ißt:
Staub der Zahn, der es mahlt; die lästige Notdurft.
Staub dein Leben und Fleisch, untermischt

Mit Wasser, viel Wasser, und —
Gar gebacken vom Licht, von der Hitze
Glutenden Sterns, zusammengehalten
Eine bescheidene Weile von dieser Spannung
Zwischen Gär'n und Verfall,
Zwischen Dürsten und Stillung.
Staub, aufstiebend im Lichte und funkelnd
Wie die Fruchtung von Blumen im Frühling
Oder der silbrige Puder auf Schmetterlingsflügeln;
Müder, erblindeter Staub im Dämmer von Böden und Kellern;
Wesender Staub in sechs eichenen Brettern,
Sechs Fuß unter dem Lichte.
Da sind nur Stufen.

Trotzdem gefällt es zuweilen dem Staube,
Aufzustehen gegen den Staub. Dann hassen
Fleisch sich und Fleisch. Paläste
Werfen sich über die Hütten. Das Eisen
Dringt in die Ruhe des Steins.
Unreifes Korn stirbt unter den Tritten
Kriegender Heere. Schüsseln und Teller zerbrechen,
Zähne und Wirbel ... Die ganze
Leise und lüsterne Spannung zwischen den Dingen
Springt mit einem einzigen Ruck aus den Angeln,
Ballt sich zum Knäul, zu einem
Berstenden Kern von Atomen und treibt
Alles Gehaltene irr auseinander. Am Ende
Ist da ein Staub, derselbe,
Der einmal war, einmal sein wird.
In ein paar Tagen, Wochen und Jahren
Haben sich Metamorphosen eines Jahrhunderts vollzogen.
Eisen stirbt schneller und kehrt
In die Erde zurück. Mörtel stirbt schneller.
Fleisch verbrennt in Stunden, Sekunden.
Rost und Asche und Moder, —
Ach, welche Eile ...

Ballade vom verschütteten Leben

[546]

HANS EGON HOLTHUSEN
(1913–)

Nun und nimmermehr sind wir im Fleisch ...

Nun und nimmermehr sind wir im Fleisch. Einmal in Ewigkeit
Steine im Brett für ein flüchtiges Spiel in der Zeit.
Zitternd regt sich die Liebe. Wir sagen uns Wünsche und Grüße,
Sagen: „ Leb wohl ", „ Gute Nacht " und „ Behüte Dich Gott! "
Zauberformeln gegen den Tod. Kleine, treuherzige Schwüre
Gegen die Angst, verloren zu sein. Wir wollen beweisen,
Daß wir zusammengehören. Wir wollen einander versichern,
Daß uns ein einziges Netz von Gegenwart alle umfängt,
Daß wir uns kennen von Ort zu Ort auf der Karte der Zeitwelt.
Wir versiegeln mit Küssen die Zeit, und die Siegel zerbrechen:
Briefe verschwinden auf brennenden Bahnhöfen, Schiffe gehen
    verloren,
Vor einem Kap voller Hoffnung versinken sie gurgelnd
Zwischen zwei Brechern. Freunde werden in Rußland vermißt
(Bauchschuß, Fleckfieber, Hunger: wir werden es niemals
    erfahren).
Vater und Bruder sind tot. Vor Jahren starb eine Freundin,
Der ich verschuldet sein werde bis an das jüngste Gericht.
Vater und Bruder und Caesar, die todverbreitende Stimme,
Die über alle Sender der Welt bis an die Gestade der Südsee
    drang:
Alle verschwunden im Tode. Und ganz allmählich ermüdet
Auch das Gedächtnis. Es welken die Photographien
Mit der vergangenen, sanft ins Groteske verzogenen Mode.
Stumm ist der Berg, der die Kinder von Hameln verschluckt hat.
Tränen versiegen, und Schreie verwehn, und Verzweifelte finden
    Zerstreuung.
Männer, einst barfuß im Schnee, mit Splittern im Kopf und nahe
    dem Wahnsinn,
Finden sich Zeitungen lesend und Karten spielend am Biertisch.
Stumm ist der Berg der Vergangenheit.

Acht Variationen über Zeit und Tod

Tabula Rasa

Ein Ende machen. Einen Anfang setzen,
Den unerhörten, der uns schreckt und schwächt.
Noch einmal will das menschliche Geschlecht
Mit Blut und Tränen diese Erde netzen.

Wir sind nicht mehr wir selbst. Wir sind in Scharen.
Wir sind der Bergsturz, der Vulkan, die Macht.
Der ungetüme Wille der Cäsaren
Wirft uns in großen Haufen in die Schlacht.

Was für ein Dämon, der uns ohn Erbarmen
Ergreift und wringt und schleudert hin und her!
Wir häufen Tote, ratlos, wir verarmen
Von Jahr zu Jahr. O rasender Verzehr!

Wir brechen alle Brücken ab, zerstören
Sehr rasch und unbeirrbar, was uns frommt.
Aus allen Dächern Feuer! Wir beschwören
Die Zukunft, die mit der Verzweiflung kommt.

Wir reden ungereimtes Zeug. Wir haften
Nicht mehr am Wahren. Wunderlich vergällt
Ist uns der Schmerz. Noch unsre Leidenschaften
Sind Griffe in die Luft, die nichts enthält.

Und doch, wir leiden. Sprachlos. Aber wer,
Wer schweigt aus uns, und was wird uns verschwiegen?
Wer zählt die Trümmer unsrer Welt — und mehr:
Die Dunkelheiten, die dazwischen liegen?

Wer ist es, raunend in Verborgenheit,
Und wohnt in eines Menschenherzens Enge
Und keltert einen Tropfen Ewigkeit
Im dunklen Wirbel unsrer Untergänge?

An ein zwölfjähriges Mädchen

Der Strauß aus deinen warmen runden Händen,
Der Strauß Syringen kommt mir fast zu nah.
Denn diese hoch erblühten Schwestern wenden
Sich an den Mann, der dich noch nicht ersah.

O laß den Abstand zwischen uns bestehen
Des schönen Bogens, den dein Ball beschreibt.
Süß ist es, deinen leichten Gang zu sehen,
Den noch kein Blick aus seiner Scheu vertreibt.

Dein Lächeln ist das Lächeln aller Frauen,
Die man auf Erden jemals schön genannt.
Mein Geist hat in der Wölbung deiner Brauen
Ein Gleichnis seiner letzten Form erkannt.

Wer hat dir deine Züge so verliehen,
Daß dies Ereignis eintrat, dies Gesicht,
Dies Flammende, von Liebenden beschrieen,
Dies Glänzen, das durch jeden Schleier bricht!

Welch ein Gewaltiger will sich entdecken
In deines Lächelns zarter Niederschrift!
O Vollmacht, mich zu rühren und zu schrecken,
O Schönheit, Schönheit, rätselhaftes Gift!

Der Gott, dem wir uns alle unterwerfen,
Hat sich schon jetzt in deinen Leib gedrängt.
Er wird dein sanftes Schicksal jäh verschärfen:
Leib fällt an Leib. So wird ein Kreuz verhängt.

In deines Herzens Dickicht wirst du bluten,
Die Hände ringend über deinem Schoß.
Der süße Gott, er schlägt uns wie mit Ruten,
Und Tränen rollen, heimlich, schwer und groß . . .

Halt ein, mein Kind. Die kommenden, die Jahre
Sind wie ein Nichts. Und alles ist erfüllt,
Da sich der Gott durch dieses wunderbare
Gefüge deines Angesichts enthüllt.

KARL KROLOW
(1915–)

Kirschenzeit

Mit Süße verdrängen
Läßt sich das Nichts.
Die Kirschen hängen
Sanften Gewichts.
Mund, der sie selig faßt,
Schmeckt leicht des Sommers Last.

Aber das Ohr vernimmt
Dunkleren Ton.
Zitterndes Windlicht, glimmt
Das Sterben schon,
Zeichnet des Daseins Schrift
Hin mir mit schwarzem Stift.

Lausche dem Gang der Welt,
Wenn samumheiß
Unreife Quitte fällt
Zu Boden leis.
Bin achtlos ausgesät,
Bis mich das Schweigen mäht.

Die Zeichen der Welt

KARL SCHWEDHELM
(1915–)

Ton der Muschel

War deine Stimme bei mir diese Stunde
Lähmenden Mittags
Oder flog nur dein Schatten über die Sonne,
Das blutige Gestirn der Verzweiflung?

Immerdar an Ufern zu stehen
Scheint mir bestimmt,
Im Geröll des Versäumten.

Nachts kehrt der Rechen des Gedächtnisses
Verwelkte Träume aus dem Laub des Gestern,
Verdorrte Zweige des Tuns.

Ich sah dich nicht . . .
Zittertest du vielleicht im Tau,
Durch den der Frühwind fuhr,
Oder starbst du im Schaumkranz der Wellen?
Doch du stirbst niemals:
Lebend im Perlglanz der Muschel,
Rosa Überhauchte,
Wirft dich der Gang der Gezeiten
Immer aufs neue an meinen Strand,
Braust mir der Ozean deines Bluts
Unverlierbar im Ohr.

Netz der Tage

Im Weiß der Buchten fröstelt das Vergehen,
Sein Hauch rührt auch die Frauenschultern an:
Blüten, die sich den Herbst nicht eingestehen,
Das Moos der Städte und der Schlag der Uhren
Sind Last, die niemand einzeln tragen kann.

Das Meer nur rollt in altersloser Stärke,
Doch taucht kein Wunder auf aus Rosenschaum;
Kein Stiergott mehr bläst seiner Nüstern Wut
In Sonnenluft des Mittags.

Tönt denn der Erde Gesang
Noch wie vor Zeiten?
Ist
Göttergewirkt noch das Netz,
Das sie heraufholt vom Grund?
Öl und Traube und Brot
Dauern, doch wenig nur gilt
Rede und Bildnis davor.
Hand, die den Stein einst genarbt,
Farben rieb, aus dem Holz
Töne gelockt . . . wer bewahrt
Ihren Namen noch heut?
Jäh zerbrochener Kiel,
Sand aus dem Tempelgestein,
Segel das Wagnis trug,
Sanken längst in die Bucht.
Was verändert die Welt —
Größe, Leiden und Macht?
Ach nur die Welle im Sand,
Mehr noch ein singender Mund,
Mehr noch der Liebenden Blick.

CHRISTINE LAVANT (THONHAUSER)

(1915–)

Wirf ab den Lehm, nimm zu an Hauch

Wirf ab den Lehm, nimm zu an Hauch,
dein Sternbild steht im Wanderwagen!
Hier wurde alles abgetragen
bis auf den zähen Klettenstrauch,
darin dein Kunststück hängt.

Der Mann, der Nattern fängt,
kommt jede Mitternacht vorbei
und macht dich von der Fessel frei,
bezahlt mit Staub und Asche.
Wach auf, o Herz, und wasche
dich dreimal klar im Brunnenkern,
dann folgen wir im Wanderstern
der Spur der Taube nach.
Der uns den Flug versprach,
hing hier am selben Ort im Seil
und litt sich durch und setzte heil
hinüber über das Gezelt,
er brennt den Lehm der ganzen Welt
zu einem großen Atemhauch.
O Herz, laß ab vom Klettenstrauch,
komm in den Wanderwagen!
Wir fahren nur noch kurze Zeit,
dann ist der Hauch in uns bereit,
dem Lehm zu widersagen.

JOHANNES BOBROWSKI

(1917–1965)

Am Strom

Du kamst
den Mondweg, von Ostra Brama
kamst du herab, von des alten
Bildes Glanz. In der Schürze

Abendgeleucht, vergängliche
Mühsal aus Staub,
unter dem Windfall immer
und entschwunden im Schwalbenflug

Mädchen,
dein Blick aus dem Röhricht.
Ich rief dich den langen Tag.

Füll mir die Hände mit Sand,
die Feuchte will ich, die Schwere.
Nun atmen wir tiefer die Finsternis.

Lauscht' ich über den Strom?
Dem Vogel nach oder drunten
dem Grundfisch? — „Lieber, immer
Sprunglaut hör' ich und droben
Flügelschlag. Geh mir nicht fort".

GEORGE FORESTIER (KARL EMERICH KRÄMER)
(1918-)

[George Forestier is the pseudonym of Karl Emerich Krämer, formerly a member of the Diederichs-Verlag. *Welt und Wort* (November 1955) confirms this by the following statement: „ George Forestier, der angeblich aus dem Elsaß stammende und in Indochina als Fremdenlegionär verschollene Verfasser der Gedichtbücher *Ich schreibe mein Herz in den Staub* und *Stark wie der Tod ist die Nacht, ist die Liebe* (beide im Eugen Diederichs-Verlag) ist identisch mit Dr Karl Emerich Krämer ...“]

Wir sind Gefangene

Knüpf die Regenfäden fester,
knüpf sie zwischen Himmel und Erde.
Tropfengitter vor dem
Sonnengesicht.

Netz über die Leuchtspur
der Sterne geworfen.
Siebende Schatten der Dämmerung.
Eintönige Trommel aus Wellblechhaut.

Wir sind Gefangene.
Erloschenen Auges stiert uns
der Himmel an,
gierigen Munds
die Stirn eines Bettlers.

Wo denn blüht im Käfig noch Hoffnung,
wo denn ein Licht,
das die Stäbe zerbricht
mit dem Glanz seiner Wärme?

Gitter sind rings
um die Erde gestellt
und aus den Tiefen
lockt uns der Abgrund.

Arcachon

Bitter ist die Stunde des Morgens.
Bitteres Fleisch erfrorener Oliven,
wenn die Clairons die Kasernen zerschneiden
und der Dampf der Sirenen
die Fabriken umbrodelt.
Streunende Hunde über der Dünung
Bellen die Wolken den Himmel an.

Klirrend zerbricht der Tag alle Träume.
Taumelnde Zunge klebt im Anis.
Die Sonne — ein Axthieb zerreißt
die Schleier verborgener Süße.
Hinter den schmutz'gen Gardinen
leuchtet ermattetes Fleisch.
Fische, vom Netz
an den Strand geworfen,
zappeln im blechernen Eimer
des Tags.

Corona

Aus der Hand frißt der Herbst mir sein Blatt: wir sind Freunde.
Wir schälen die Zeit aus den Nüssen und lehren sie gehn:
die Zeit kehrt zurück in die Schale.

Im Spiegel ist Sonntag,
im Traum wird geschlafen,
der Mund redet wahr.

Mein Aug steigt hinab zum Geschlecht der Geliebten:
wir sehen uns an,
wir sagen uns Dunkles,
wir lieben einander wie Mohn und Gedächtnis,
wir schlafen wie Wein in den Muscheln,
wie das Meer im Blutstrahl des Mondes.

Wir stehen umschlungen im Fenster, sie sehen uns zu von der
        Straße:
Es ist Zeit, daß man weiß!
Es ist Zeit, daß der Stein sich zu blühen bequemt,
daß der Unrast ein Herz schlägt.
Es ist Zeit, daß es Zeit wird.

Es ist Zeit.

HELMUT HEISSENBÜTTEL

(1921–)

Kombination VII

1.
Die Zeit ist bitter.
Aber im Wolkenloch brennt der grüne Stein der Verwandlung.
Farbige Flächen durchgleiten abstrakte Gerüste.

2.

HEIMWEH
Die Landschaft der Wörter zeigt Kombinationen
die der Erfindung entzogen sind.

3.

Sonderbares Leben:
Bruchstücke eines Textes in den ständig andere
Bruchstücke eingeschoben werden.
Aber welches ist der richtige Text?

4.

Herbsthände Winterblatt.
Die schönen Tage sind präpariert wie Schmetterlinge.

5.

Und Blatt um Blätter fallen
hinab auf dunklen Grund.
Der bietet ihnen allen
seinen offnen Mund.

Kombinationen

WALTER HÖLLERER

(1922–)

Schlägt er den Glockenrand

Ein grauer Stein mit kantigem Kontur
Hängt schwer an Stricken als Gewicht.
Vom Schwesterstein nur eine Schattenspur,
Schummriges Felsgesicht.

Die Zeit sitzt, Fledermaus, an alter Wand.
Das Perpendikel scharrt.
Der Arm holt aus, — schlägt er den Glockenrand?
Holt aus, — verharrt.

Der Himmel zuckt,
Als fiele bald aus ihm der Schrei, der scharfe Laut.
Und hingeduckt
Kein Haus sich mehr zu atmen traut.

Gesicht des Fischers

Europaspur im Antlitz, Geleitzug von
Trieren, Koggen, Masken des Dionys,
Verwandelte, in dunklen Rillen
Um seine Brauen.

Mehr, als du ahnst, Gesang.
Fernblickend Inseln.
Prall wie am ersten Tag die Segel.

HEINZ PIONTEK

(1925–)

Romanze vom Abschied

Okarina des Abschieds
bläst mir der heitere Herbst,
Farben von Safran und getrocknetem Blut —

ach, mit dem Rauch der Kartoffelfeuer
zieht die chimärische Dauer
hinter die Steigung des Hangs.

Was mir geliehen wurde:
wechselndes Licht an den Wänden,
Verständnis für manche Vergeblichkeit,
ein tiefer gespürter Schimmer des Laubs —
dem Unerfahrbaren geb ichs zurück.

(1926–)

Erklär mir, Liebe!

Dein Hut lüftet sich leis, grüßt, schwebt im Wind,
dein unbedeckter Kopf hats Wolken angetan,
dein Herz hat anderswo zu tun,
dein Mund verleibt sich neue Sprachen ein,
das Zittergras im Land nimmt überhand,
Sternblumen bläst der Sommer an und aus,
von Flocken blind erhebst du dein Gesicht,
du lachst und weinst und gehst an dir zugrund,
was soll dir noch geschehen —

Erklär mir, Liebe!

Der Pfau, in feierlichem Staunen, schlägt sein Rad,
die Taube stellt den Federkragen hoch,
vom Gurren überfüllt, dehnt sich die Luft,
der Entrich schreit, vom wilden Honig nimmt
das ganze Land, auch im gesetzten Park
hat jedes Beet ein goldner Staub umsäumt.
Der Fisch errötet, überholt den Schwarm
und stürzt durch Grotten ins Korallenbett.
Zur Silbersandmusik tanzt scheu der Skorpion.
Der Käfer riecht die Herrlichste von weit.
Hätt ich nur einen Sinn, ich fühlte auch,
daß Flügel unter ihrem Panzer schimmern,
und nähm den Weg zum fernen Erdbeerstrauch!

Erklär mir, Liebe!

Wasser weiß zu reden,
die Welle nimmt die Welle an der Hand,
im Weinberg schwillt die Traube, springt und fällt.
So arglos tritt die Schnecke aus dem Haus!

Ein Stein weiß einen andern zu erweichen!

Erklär mir, Liebe, was ich nicht erklären kann:
soll ich die kurze, schauerliche Zeit
nur mit Gedanken Umgang haben und allein
nichts Liebes kennen und nichts Liebes tun?
Muß einer denken? Wird er nicht vermißt?

Du sagst: es zählt ein anderer Geist auf ihn.
Erklär mir nichts. Ich seh den Salamander
durch jedes Feuer gehen.
Kein Schauer jagt ihn, und er schmerzt ihn nicht.

CHRISTA REINIG
(1926–)
Der Enkel trinkt

Wir küssen den stahl der die brücken spannt
wir haben ins herz der atome geschaut
wir pulvern die wuchtigen städte zu sand
und trommeln auf menschenhaut

wir überdämmern die peripetie
der menschheit im u-bahnschacht
versunken im rhythmus der geometrie
befällt uns erotische nacht

wir schleudern ins all unsern amoklauf
das hirn zerstäubt — der schädel blinkt
ein grauer enkel hebt ihn auf
geht an den bach und trinkt

GÜNTER GRASS
(1927–)
Kirschen

Wenn die Liebe auf Stelzen
über die Kieswege stochert

und in die Bäume reicht,
möchte ich auch gerne Kirschen
in Kirschen als Kirschen erkennen,

nicht mehr mit Armen zu kurz,
mit Leitern, denen es immer
an einer Sprosse mangelt,
von Fallobst leben, Kompott.

Süß und süßer, fast schwarz;
Amseln träumen so rot —
wer küßt hier wen,
wenn die Liebe
auf Stelzen in Bäume reicht.

HANS MAGNUS ENZENSBERGER

(1929–)

Fund im Schnee

Eine feder die hat mein bruder verloren
der rabe
drei tropfen blut hat mein vater vergossen
der räuber
ein blatt ist in den schnee gefallen
vom machandelbaum
einen feinen schuh von meiner braut
einen brief vom herrn kannitverstan
einen stein einen ring einen haufen stroh
wo sie der krieg begraben hat
das ist lang her

zerreiß den brief
zerreiß den schuh
schreib mit der feder auf das blatt:
weißer stein
schwarzes stroh

rote spur
ach wie gut daß ich nicht weiß
wie meine braut mein land mein haus
wie mein bruder
wie ich heiß

in *Expeditionen, Deutsche Lyrik seit 1945*
(edited by Wolfgang Weyrauch, 1959)

SELECTED LIST OF REFERENCE BOOKS

ANTHOLOGIES

Middle Ages:

K. LACHMANN, M. HAUPT and F. VOGT (Ed.), revised by C. VON
KRAUS: *Des Minnesangs Frühling* (Leipzig, 1950).

K. BARTSCH (Ed.), revised by W. GOLTHER: *Deutsche Liederdichter des
12. bis 14. Jahrhunderts* (Berlin, 1928).

H. ARENS and A. HÜBNER (Ed.): *Frühe deutsche Lyrik* (Berlin, 1935).

H. NAUMANN and G. WEYDT (Ed.): *Herbst des Minnesangs* (Berlin,
1936).

C. VON KRAUS: *Deutsche Liederdichter des 13. Jahrhunderts* (Tübingen,
1952 ff).

16th–17th Centuries:

A. CLOSS and W. F. MAINLAND (Ed.): *German Lyrics of the Seventeenth
Century* (London, 1940, 1947).

H. CYSARZ (Ed.): *Barocklyrik*, 3 vols. (Leipzig, 1937).

C. V. FABER DU FAUR (Ed.): *Deutsche Barocklyrik* (Leipzig, 1936).

E. HEDERER (Ed.): *Deutsche Dichtung des Barock* (München, 1954).

W. MILCH (Ed.): *Deutsche Gedichte des 16. und 17. Jahrhunderts*
(Heidelberg, 1954).

18th Century:

E. GINSBERG (Ed.): *Ihr Saiten, tönet fort. Lyrik des 18. Jahrhunderts*
(Zürich, 1946).

Romantic Period:

M. BRINK (Ed.): *Deutsche Gedichte der Romantik* (Heidelberg, 1946).

L. UHLAND (Ed.): *Althoch- und niederdeutsche Volkslieder*, 4 vols.
(Stuttgart, 1844–46, 1891–94).

19th Century:

J. BITHELL (Ed.): *An Anthology of German Poetry, 1830–1880* (London,
1947).
See also p. 565.

20th Century:

J. BITHELL (Ed.): *An Anthology of German Poetry, 1880–1940* (London,
1941, 1951).

[563]

H. BINGEL: *Deutsche Lyrik. Gedichte seit 1945* (Stuttgart 1961).

M. SCHLÖSSER and H-R. ROPERTZ: *An den Wind geschrieben. Lyrik der Freiheit: 1933–1945*. 2nd ed. (Darmstadt, 1961).

B. Q. MORGAN (Ed.): *Deutsche Lyrik seit Rilke* (New York, 1939).

H. E. HOLTHUSEN and F. KEMP (Ed.): *Ergriffenes Dasein. Deutsche Lyrik 1900–1950* (Ebenhausen bei München, 1953 ff.).

G. BENN (Ed.): *Lyrik des expressionistischen Jahrzehnts* (Wiesbaden, 1955).

K. PINTHUS (Ed.): *Menschheitsdämmerung* (Berlin, 1920).

W. ROSE (Ed.): *Modern German Poetry (Augustan Books of Poetry)* (London, 1931).

G. ABT: *Deutsche Gedichte der Gegenwart* (Gütersloh, 1954).

W. HÖLLERER (Ed.): *Transit* (Frankfurt a. M., 1956).

P. HAMM (Ed.): *Aussichten. Junge Lyriker des deutschen Sprachraums* (Munich, 1966).

General:

O. L. B. WOLFF (Ed.): *Poetischer Hausschatz des deutschen Volkes* (Leipzig, 1839 ff.).

H. G. FIEDLER (Ed.): *The Oxford Book of German Verse* (revised 3rd ed. by E. Stahl, London, 1967).

F. BRAUN: *Der tausendjährige Rosenstrauch* (Wien, 1949).

WIESE–ECHTERMEYER (Ed.): *Deutsche Gedichte* (Düsseldorf, 1954).

R. and F. JASPERT (Ed.): *Lyrik der Welt* (Berlin, 1955).

TRANSLATIONS

E. B. ASHTON: Benn, *Primal Vision. Selected Poetry and Prose* (London, 1961).

P. BRIDGWATER: Kästner, *Let's Face It. Poems* (London, 1963).

M. COTTERELL: Novalis, *Hymns to the Night*, with an Introduction by A. Closs (London, 1948).

N. K. CRUICKSHANK and G. F. CUNNINGHAM: Mörike, *Poems* (London, 1959).

M. HAMBURGER: Hölderlin, *Poems and Fragments* (London, 1966).

M. HAMBURGER: Hofmannsthal, *Poems and Verse Plays* (London, 1961).

M. HAMBURGER: Nelly Sachs, *Poems* (London, 1968).

M. Hamburger: Enzensberger, *Poems for people who don't read poems* (London, 1968).

M. Hamburger and C. Middleton: Grass, *Selected Poems* (London, 1966).

M. Knight: Morgenstern, *The Gallows Song* (London, 1963).

J. B. Leishman: Hölderlin, *Selected Poems* (London, 1944, 1954). Rilke, *Duino Elegies* (London, 1939). *Later Poems* (London, 1938). *Selected Poems* (London, 1941). *Sonnets to Orpheus* (London, 1946).

O. Marx and E. Morwitz: George, *Works* (North Carolina, 1949).

R. and M. Mead: Bobrowski, *Shadow Land* (London, 1966).

C. Middleton: Trakl, *Selected Poems* (London, 1968).

H. Salinger: Heine, *Germany. A Winter's Tale* (New York, 1944).

E. Sigler: *Georg Trakl*, with an introduction by A. Closs, in *New Road*, ed. by F. Marnau (London, 1946).

E. A. Snow: Werfel, *Poems* (Princeton, 1945).

Vernon Watkins: Heine, *The North Sea* (London, 1955).

E. H. Zeydel: Gottfried von Strassburg, *Tristan and Isolde* (Cincinnati, 1948). *Goethe, the lyrist* (North Carolina, 1955). *Poems of Goethe* (Ibid., 1957).

G. C. Schoolfield: *The German Lyric of the Baroque in English Translation* (Chapel Hill, 1961).

A. Flores: *An Anthology of German Poetry from Hölderlin to Rilke in English translation* (New York, 1960).

P. Bridgwater: *Twentieth Century German Poetry* (Penguin Books, 1968).

S. Prawer: *Penguin Book of Lieder* (Penguin Books, 1964).

M. Hamburger and C. Middleton: *Modern German Poetry 1910-60* (London, 1962).

C. Middleton (Ed.): *German Writing Today* (Penguin Books, 1967).

GENERAL CRITICISM

E. Alker: *Geschichte der deutschen Literatur von Goethes Tod bis zur Gegenwart*, 2 vols. (Stuttgart, 1949/50; revised 3rd ed. 1969).

J. Bithell: *Germany. A Companion to German Studies*, 5th rev. ed. (London, 1955).

F. Koch: *Idee und Wirklichkeit*, 2 vols. (Düsseldorf, 1956).

H. A. KORFF: *Geist der Goethe-Zeit*, 4 vols. (Leipzig, 1923–53).

P. MERKER and W. STAMMLER: *Reallexikon der deutschen Literaturge-schichte*, 3 vols. (Berlin, 1925–29). (A new edition is being prepared by W. Kohlschmidt and W. Mohr).

A. CLOSS (Ed.): *Introductions to German Literature* I (P. Salmon), II (R. Pascal), III (E. L. Stahl and W. E. Yuill), IV (A. Closs) (London, 1967ff.)

F. SCHULTZ: *Klassik und Romantik der Deutschen 1780–1830*, 2 vols. (Stuttgart, I, 1934, 1952; II, 1940, 1952).

A. SOERGEL and C. HOHOFF: *Dichtung und Dichter der Zeit*, 2 vols. (Düsseldorf, 1961–62).

O. WALZEL: *Deutsche Dichtung von Gottsched bis zur Gegenwart* (*Handbuch der Lit. Wiss.*) (Potsdam, 1927–30).

DETAILED CRITICISM AND AESTHETIC THEORY

C. M. BOWRA: *Inspiration and Poetry* (London, 1955).

W. H. BRUFORD: *Literary Interpretation in Germany* (Inaugural Lecture) (Cambridge, 1952).

H. O. BURGER (Ed.): *Gedicht und Gedanke* (Halle, 1942).

A. CLOSS: *Deutsche Dichter und Denker der Gegenwart* (London, 1931, 1947²), *The Genius of the German Lyric* (London, 1938, 1965), *Die freien Rhythmen in der deutschen Lyrik* (Bern, 1947), *Die neuere deutsche Lyrik vom Barock zur Gegenwart* (Berlin, 1952), *Substance and Symbol in Song* (*Mod. Lang. Quart.*) (Seattle, XV, 1954), *Medusa's Mirror* (London, 1957), *Reality and Creative Vision in German lyrical Poetry* (London, 1963).

M. COLLEVILLE: *La Renaissance du Lyrisme dans la Poésie Allemande au XVIIIᵉ siècle* (Paris, 1936).

R. S. CRANE: *The Languages of Criticism and the Structure of Poetry* (University of Toronto Press, 1953).

L. W. FORSTER: *German Poetry 1944–1948* (Cambridge, 1949, 1950), *G. Forestier* (*German Life and Letters*, Oct. 1956).

R. D. GRAY: *An Introduction to German Poetry* (Cambridge, 1965).

C. HESELHAUS: *Deutsche Lyrik der Moderne von Nietzsche bis Yvan Goll* (Düsseldorf, 1961).

E. HOCK (Ed.): *Motivgleiche Gedichte*, 2 vols. (Bamberg, 1953).

H. E. HOLTHUSEN: *Ja und Nein* (München, 1954).

W. KAYSER: *Das sprachliche Kunstwerk* (Bern, 1948, 1954).

B. Keith-Smith (Ed.): *Essays on Contemporary Literature. German Men of Letters*, Vol. IV (London, 1966).

A. D. Klarmann: *Expressionism in German Literature* (MLA, March, 1965).

W. Kohlschmidt: *Der deutsche Frühexpressionismus im Werke G. Heyms und G. Trakls* (*Orbis Litterarum*, IX, 1954), *Form und Innerlichkeit* (Bern, 1955).

V. Lange: *Modern German Literature 1870–1940* (Ithaca, 1945), *Forms of Contemporary German Poetry* (*Monatshefte*, XLVI, 1954).

K. Leonhard: *Moderne Lyrik: Monolog und Manifest. Ein Leitfaden* (Bremen, 1963).

A. Liede: *Dichtung als Spiel. Studien zur Unsinnspoesie an den Grenzen der Sprache* (2 vols., 1963).

E. Lunding: *Wege zur Kunstinterpretation* (Aarhus, 1953).

J. Maritain: *Creative Intuition in Art and Poetry* (Pantheon Books) (New York, 1953).

B. Markwardt: *Geschichte der deutschen Poetik*, vol. v (Berlin, 1967).

E. C. Mason: *Der Zopf des Münchhausen* (Einsiedeln, 1949).

A. Moret: *Le Lyrisme Baroque en Allemagne* (Lille, 1936), *Le Lyrisme Médiéval Allemand* (Paris, 1950).

A. Natan (Ed.): *German Men of Letters*, Vol. III (London, 1964).

K. Nonnenmann (Ed.): *Schriftsteller der Gegenwart. Deutsche Literatur, 53 Porträts* (Olten und Freiburg, 1963).

H. Oppel: *Methodenlehre der Literaturwissenschaft*, pp. 39 ff. in W. Stammler's *Aufriß*, 2nd rev. ed. (Berlin, 1956).

H. Pongs: *Das Bild in der Dichtung*, Vol. I (Marburg, 1927).

S. S. Prawer: *German Lyric Poetry* (London, 1952).

E. Purdie: *Fr. Hebbel. Poems* (Oxford, 1953).

H. Pyritz: *Probleme der Dichtung* (Bern, 1951).

M. F. Richey: *Essays on the Mediaeval German Love Lyric* (Oxford, 1943).

R. S. Samuel and R. H. Thomas: *Expressionism in German Life, Literature and the Theatre (1910–1924)* (Cambridge, 1939).

A. Schaeffer: *Dichter und Dichtung* (Leipzig, 1923).

J. C. F. von Schiller: *Über naive und sentimentalische Dichtung* (ed. W. F. Mainland) (Oxford, 1951).

W. Schneider: *Liebe zum deutschen Gedicht* (Freiburg, 1952).

F. Strich: *Deutsche Klassik und Romantik* (Bern, 1949).

R. Tymms: *German Romantic Literature* (London, 1955).
A. Warren and R. Wellek: *Theory of Literature* (London, 1949, 1953).
R. Wellek: *A History of Modern Criticism, 1750–1950*, 2 vols. (London, 1955).

STUDIES OF INDIVIDUAL AUTHORS

Goethe

J. Boyd (Ed.): *Poems* (Oxford, 1942), *Notes* (Oxford, 1944, 1949).
M. Kommerell: *Gedanken über Gedichte* (Frankfurt, 1943).
L. A. Willoughby: *Unity and Continuity in Goethe* (Oxford, 1947).
E. M. Wilkinson: *Goethe's Poetry* (German Life and Letters, N.S. II, 1948–49), *The Poet as Thinker* in German Studies presented to L. A. Willoughby (Oxford, 1952).
B. Fairley (Ed.): *Selected Poems* (London, 1954).
E. Beutler (Ed.): *Goethe: West-Östlicher Divan* (Wiesbaden, 1948).

Schiller

T. Mann: *Versuch über Schiller* (Berlin, 1955).

Hölderlin

J. C. Hammer: *Hölderlin in England* (Hamburg, 1966).
R. Peacock: *Hölderlin* (London, 1938).
A. Closs (Ed.): *Gedichte* (London, 1942, 1944).

Tieck

R. Minder: *Un Poète Romantique Allemand: Ludwig Tieck* (Paris, 1936).
E. H. Zeydel: *L. Tieck, the German Romanticist* (Princeton University Press, 1935).

Novalis

F. Hiebel: *Novalis* (Chapel Hill, North Carolina, 1954).
J. Roos: *Aspects Littéraires du Mysticisme Philosophique et l'Influence de Boehme et de Swedenborg au Début du Romantisme: William Blake, Novalis, Ballanche* (Strasbourg, 1952).

Heine

L. Untermeyer: *Heinrich Heine* (New York, 1937).
W. Rose: *Heinrich Heine* (London, 1956).

E. M. BUTLER: *Heinrich Heine* (London, 1956).

J. MÜLLER: *Heines Nordseegedichte* (Jena Univ., H.1/2, 1957).

S. S. PRAWER: *Heine. The tragic satirist. A study of the later poetry, 1827–56* (London, 1961).

Keller

H. BOESCHENSTEIN: *Gottfried Keller* (Bern, 1948).

Meyer

C. KLEE BANG: *Maske und Gesicht* (Baltimore, 1940).

H. HENEL: *The Poetry of C. F. Meyer* (Wisconsin Press, 1954).

Mörike

H. OPPEL: *Peregrina* (Mainz, 1947).

H. MAYNC: *E. Mörike* (Stuttgart, 1927⁴).

B. VON WIESE: *E. Mörike* (Tübingen, 1950).

M. MARE: *Eduard Mörike. The Man and the Poet* (London, 1957).

Nietzsche

E. BERTRAM: *Nietzsche, Versuch einer Mythologie* (Berlin, 1929).

W. D. WILLIAMS: *Nietzsche and lyric poetry*, in *Reality and Creative Vision in German lyrical poetry*, ed. A. Closs (London, 1963–64).

E. HELLER: *The Disinherited Mind* (Cambridge, 1952).

G. WILSON KNIGHT: *Christ and Nietzsche* (London, 1948).

Trakl

A. CLOSS: *Georg Trakl. Austrian Poet*, in *New Road*, 1946.

IRENE MORRIS: *Georg Trakl* in *German Life and Letters*, Jan. 1949.

George

R. BOEHRINGER: *Mein Bild von Stefan George* (München, 1951).

E. K. BENNETT: *Stefan George* (Cambridge, 1954).

J. M. M. ALER: *Im Spiegel der Form* (Amsterdam, 1947).

C. SCOTT: *Die Tragödie Stefan Georges* (Eltville, 1952).

U. K. GOLDSMITH: *Stefan George. A study of his early work* (Colorado 1959).

Werfel

A. D. KLARMANN: *Franz Werfel—das lyrische Werk* (Frankfurt, 1967).

Rilke

E. C. Mason: *Rilke's Apotheosis* (Oxford, 1938).
W. Rose and G. Craig Houston: *Rainer Maria Rilke* (London, 1938).
E. M. Butler: *Rainer Maria Rilke* (Cambridge, 1941).
H. Kunisch: *Rainer Maria Rilke* (Berlin, 1944).
D. J. Enright; *Reluctant Admiration* (*Essays in Criticism*, 1952).
J. B. Leishman: See above under TRANSLATIONS.

Benn

H. Kasack: *Mosaiksteine* (Frankfurt a. M., 1956).
W. Muschg: *Die Zerstörung der deutschen Literatur* (Bern, 1958).
M. Hamburger: *Gottfried Benn*, in his *Reason and Energy* (London, 1957).

Brecht

K. Wölfel (Ed.): *Selected Poems* (Oxford, 1965).
M. Esslin: *A Choice of Evils* (London, 1959, 1965).

Enzensberger

P. Bridgwater: *Hans Magnus Enzensberger* in *Essays on Contemporary German Literature* (London, 1966).

Celan

S. S. Prawer: *Paul Celan*, in *Essays on Contemporary German Literature* (London, 1966).

Bobrowski

P. Bridgwater: *The poetry of Johannes Bobrowski*, in *Forum for Modern Language Studies*, II 4, 1966.

GENERAL REFERENCE

W. Kosch: *Deutsches Literatur-Lexikon* (Bern, 1949 ff).
H. Kunisch: *Handbuch der deutschen Gegenwarts literatur* (Munich, 1964).
H. Pongs: *Das kleine Lexikon der Weltliteratur* (Stuttgart, 1956 ^{2}).
A. K. Thorley (Ed.): *The Penguin Companion to Literature—2* (European) (Harmondsworth, 1969).

INDEX OF AUTHORS
and titles of anonymous works

[572]